Quellen und Studien zur Geschichte und Kultur
Brandenburg – Preußens und des Alten Reiches

Heinz-Dieter Heimann (Hrsg.)

Adelige Welt und familiäre Beziehung

Aspekte der „privaten Welt" des Adels in böhmischen, polnischen und deutschen Beispielen vom 14. bis zum 16. Jahrhundert

Verlag für Berlin-Brandenburg
Potsdam

Quellen und Studien zur Geschichte und Kultur
Brandenburg – Preußens und des Alten Reiches

Herausgeber:
Prof. Dr. Peter-Michael Hahn
Prof. Dr. Heinz-Dieter Heimann

Die Deutsche Bibliothek – CIP-Einheitsaufnahme

Ein Titeldatensatz für diese Publikation ist bei der
Deutschen Bibliothek erhältlich. (http://www.ddb.de)

ISBN 3-932981-53-7

Titelbild:
Unter Verwendung einer Vorlage aus dem „Mittelalterlichen Hausbuch"
(2. Hälfte 15. Jh.)

1. Auflage 2000
© Verlag für Berlin-Brandenburg GmbH, Potsdam. Printed in Germany. Alle Rechte, auch die des Nachdrucks von Auszügen, der photomechanischen Wiedergabe und Übersetzung, vorbehalten.

Inhalt

Vorwort 7

Heinz-Dieter Heimann
Adelsherrschaft und Adelskultur in Beziehungsweisen.
Zur Einleitung 9

Václav Bůžek
Die private Welt der böhmischen adeligen Familien in ihren
Selbstzeugnissen des 16. und 17. Jahrhunderts 17

Ivan Hlaváček
Bemerkungen und Überlegungen zu den hochadeligen böhmischen
Itineraren im Spätmittelalter, besonders zu dem des Ulrich von
Rosenberg 43

Miloslav Polívka
Ulrich von Rosenberg und seine Umgebung 59

Marek Derwich
Der kleinpolnische Niederadel in seinen privaten Beziehungen zum
Benediktinerkonvent Łysiec im 15. Jahrhundert 73

Przemysław Wiszewski
Stifterfamilie und Konvent. Soziale Wechselbeziehungen zwischen
schlesischen Nonnenklöstern und Ritterfamilien im späten Mittelalter 87

Jan Wroniszewski
Alltagsleben und Privatleben des polnischen Adels im Spätmittelalter 105

Andreas Ranft
Adlige Wappen-, Turnier-, Haus- und Familienbücher.
Zur Notationspraxis von Wappen- und Namenslisten 115

Udo Geiseler
... uf schlechte erden von holtze und leyme – Zur Lebenswelt des
brandenburgischen Adels an der Schwelle zur Frühen Neuzeit　　　141

Matthias Thumser
Chronist und ritterlicher Bürokrat. Ludwig von Eyb der Ältere
(1417–1502) und seine Schriften aus dem Umkreis des Ansbacher
Markgrafenhofes　　　155

Cordula Nolte
Pey eytler finster in einem weichen pet geschieben. Eigenhändige
Briefe in der Familienkorrespondenz des Markgrafen von Brandenburg
(1470–1530)　　　177

Jörg Rogge
muterliche liebe mit ganzen truwen allecit. Wettinische
Familienkorrespondenz in der zweiten Hälfte des 15. Jahrhunderts　　　203

Vorwort

Das Interesse an der Geschichte des Adels, der Erforschung von Gruppen und Gruppenbeziehungen innerhalb und außerhalb des Adels markiert gegenwärtig eines der interessantesten Forschungsfelder für die Geschichte des Mittelalters und der Frühen Neuzeit. Die Thematik gibt Gelegenheit, eingefahrene epochenspezifische Zuweisungen der älteren Forschung zu überwinden und zugleich mit erweiterten methodischen Herangehensweisen neue Forschungsfelder international zu bearbeiten. In diesem Zusammenhang gehören auch die Beiträge dieses Sammelbandes, die als Vorträge auf der Konferenz „Die ‚private Welt' des Hofes in adeligen Selbstzeugnissen des späten Mittelalters und der Frühen Neuzeit" im vorvergangenen Jahr am Historischen Institut der Universität Potsdam gehalten wurden.

Die Tagungsthematik korrespondiert schließlich mit dem speziellen Profil der Potsdamer Geschichtswissenschaft insoweit, als in der besonderen Situation des Landes Brandenburg in Geschichte und Gegenwart die Aufgabe liegt, eingebunden in die internationale Forschung aus der Brückenfunktion des Landes Brandenburg im entstehenden Europa Arbeitsbeispiele und Perspektiven einer grenzübergreifenden Forschung zur Einbindung polnischer, tschechischer und weiterer ostmitteleuropäischer Wissenschaftlerinnen und Wissenschaftler zu gestalten. Die Geschichte des Adels bietet dafür nur ein weiteres Beispiel, in dem zugleich interdisziplinäre Zugangsweisen erarbeitet werden. Von daher gründet sich auch dieser Sammelband in Initiativen des Arbeitskreises MITTELALTERFORUM POTSDAM.

Der Herausgeber dankt der Referentin und den Referenten für ihre Beiträge, die nun veröffentlicht werden. Darin eingeschlossen sind auch die übrigen Konferenzteilnehmer, die in einer guten Diskussionsatmosphäre an der Vielgestaltigkeit der Thematik intensiv Anteil nahmen, so daß das anregende wie aber auch persönliche Gesprächsklima mit zu den Ergebnissen dieser Konferenz gehören. Von daher hat hier mit viel Geduld und hilfreicher Unterstützung von vielen Seiten ein gemeinsames Anliegen Gestalt angenommen.

Der Herausgeber dankt schließlich dem brandenburgischen Ministerium für Justiz, Bundes- und Europaangelegenheiten, durch dessen finanzielle Unterstützung dieser Tagungsband erscheinen konnte.

Potsdam, im Oktober 1999　　　　　　　　　　　　　Heinz-Dieter Heimann

Heinz-Dieter Heimann

Adelsherrschaft und Adelskultur in Beziehungsweisen. Zur Einleitung

Für den Ulmer Dominikaner Felix Fabri, dessen *tractatus de civitate ulmensi* aus dem Jahre 1488 gemeinhin als eine besondere stadtgeschichtliche Quelle gelesen wird, zeigt sich das zeitgenössische Adelsverständnis auch darin, daß man die aus der Verwandtschaft resultierende Du-Anrede übte.[1] Nach diesem Zeugnis erschöpft sich Nobilität nicht im rechtlichen, ökonomischen und materiellen Merkmalen allein, sondern zu diesen gehört nicht weniger ein spezifischer kultureller Habitus bis in das alltägliche Miteinander hinein, dessen Formierung schließlich auch in die „private" Welt des Hofes hinüberreicht und soweit Herrschaft und Emotion, Individualität und Gruppenbeziehung, Nähe und Distanz mit konstituiert. Vor diesem Horizont eine Adelsgeschichte als Geschichte von Beziehungsweisen seit dem Mittelalter anzuvisieren, birgt die Chance, wechselseitig Adelsherrschaft und Adelskultur deutlicher als eine interdisziplinäre, perspektivenreiche grenz- und epochenübergreifende Aufgabe zu erfassen.

Das Reservoir derartiger Beispiele ist nahezu unerschöpflich. Die Beiträge dieser Potsdamer Tagung wollen indes dazu einzelne Aspekte der Beziehungen ausleuchten, um darin Adelsherrschaft und Adelskultur in einem speziellen Raum zu exemplifizieren.

Adel hat man als ein universalgeschichtliches Phänomen zu begreifen, bestimmt durch das Verhältnis von Haus und Herrschaft, Geblüt und Besitz, Standesethos und Lebensform, die im Mittelalter und in der Neuzeit variantenreich die politische wie die kulturelle Leistung des Adels ausmachten.[2]

---

[1] Felix Fabri, Tractatus de civitate Ulmensi, de eius origine, regimine, de civibus eius et statu. hg. v. Gustav Veesenmeyer. (Bibliothek des Litterarischen Vereins, Bd. 186.) Tübingen 1889, S. 73. Zu Biographie und Werk: Kurt Hannemann, Felix Fabri, in: Die deutsche Literatur des Mittelalters. Verfasserlexikon. Bd. 2, Berlin ²1980, Sp. 681–691.

[2] In Auswahl: Otto Brunner, Land und Herrschaft. Wien ⁵1965. Dazu Otto G. Oexle, Sozialgeschichte – Begriffsgeschichte – Wissenschaftsgeschichte. Anmerkungen zum Werk Otto Brunners, in: Vierteljahresheft für Sozial- und Wirtschaftsgeschichte 71 (1984) S. 305–341. Gerhard Dilcher, Der europäische Adel – ein verfassungsgeschichtlicher Typus?, in: Europäischer Adel 1750–1950, hg. v. Hans-Ulrich Wehler (Geschichte und Gesellschaft, 13) Göttingen 1990, S. 68–86. Gadi Algazi, Herrengewalt und Gewalt der Her-

Die Erforschung des Adels ist in einer langen Tradition mit der deutschen Mediävistik verbunden, so daß sich auch fachspezifische und methodische Veränderungen in besonderer Weise in der Adelsforschung spiegeln. Stand zunächst der Adel in seiner sozialen Strukturierung vom 9. bis ins 12. Jahrhundert besonders im Zentrum der Forschung, so wurde der entscheidende Strukturwandel zur Dynastiebildung zugleich eine Brücke zur internationalen Forschung. Zu diesem Kreis gehören grundlegende Arbeiten zur Rechts- und Wirtschaftsgeschichte des Adels, seiner inneren Differenzierung und Neubildung, verknüpft im wesentlichen mit der Frage nach den Beziehungen von Herren und Bauern, ihren rechtlichen, ökonomischen und sozialen Ausprägungen, der Ministerialität, gebündelt in der Diskussion um die Formierung der feudalen Gesellschaft.[3] Die Erträge und Leistungen dieser Forschungstradition faßte in einem kenntnisreichen Überblick Werner Rösener jüngst zusammen, indem er Adelsherrschaft als kulturhistorisches Phänomen anspricht und Manifestationen adeligen Standesbewußtseins in der materiellen Kultur ebenso einbezieht wie in der Schriftkultur. Für ihn legten „die symbolischen Ausdrucksformen adeligen Standesbewußtseins ... die Basis für eine kulturelle Hegemonie des Adels"[4], um abschließend zu resümieren, daß „in diesem Bereich der Kulturgeschichte des Adels und seiner Lebensformen ... sich noch viele Forschungsaufgaben"[5] stellen. Werner Rösener bilanziert darüber die deutsche und auch notwendigerweise sich öffnende europäische Adelsforschung und markiert insoweit neue Perspektiven erweiterter Adelsforschung, wie er sie dazu in einer deutlich komparatistisch angelegten Geschichtswissenschaft einfordert und damit auch – stärker als er es in seiner Bilanz zum Ausdruck bringt – eine deutlichere Beachtung der sozial- und mentalitätsgeschichtlichen Seite der Erforschung der adeligen Welt als Konsequenz ziehen läßt.

Die Verknüpfung von Sozial- und Verfassungsgeschichtsforschung bedeutet für die Mediävistik eigentlich kein Neuland. Aus jüngerer Zeit resul-

---

ren im späten Mittelalter. Herrschaft, Gegenseitigkeit und Sprachgebrauch (Historische Studien 17) Frankfurt/M.-New York 1996. Karl Schmid, Geblüt, Herrschaft, Geschlechterbewußtsein. Grundlagen und Verständnis des Adels im Mittelalter (Vorträge und Forschungen, Bd. 44) Sigmaringen 1999. Michael Borgolte, Sozialgeschichte des Mittelalters. Eine Forschungsbilanz nach der deutschen Einheit (Beiheft der Historischen Zeitschrift N.F. 22) München 1996. Werner Rösener, Adelsherrschaft als kulturhistorisches Phänomen, in: Historische Zeitschrift 268 (1999) S. 1–33.

[3] Beispielsweise Thomas Zotz, Die Formierung der Ministerialität, in: Die Salier und das Reich, Bd. 3, hg. v. Stefan Weinfurter, Sigmaringen 1991, S. 3–50. Curialitas. Studien zu Grundfragen der höfisch-ritterlichen Kultur, hg. v. Josef Fleckenstein, Göttingen 1990. Franz-Reiner Erkens, Militia und Ritterschaft. Reflexionen über die Entstehung des Rittertums, in: Historische Zeitschrift 258 (1994) S. 623–659.
[4] Rösener, Adelsherrschaft (wie Anm. 2) S. 20.
[5] Ebenda S. 33.

tieren freilich vermehrt Arbeiten, die für das späte Mittelalter und die Frühe Neuzeit in diesem Anspruch das adelige Haus selbst, die soziale Gemeinschaft, die Familie und Dynastie, das Geschlecht dezidierter und in einer erweiterten methodischen Herangehensweise zum Forschungsgegenstand wählen. Dazu kommt noch eine jetzt schrittweise angegangene Verbesserung der Erschließung der Quellenbestände dieses Themenfeldes gerade für das 15. Jahrhundert.

Im Aufspüren der Entfaltungsphasen der adeligen Gesellschaft und höfischen Kultur seit dem hohen Mittelalter und dem Nachweis eines energischen Perspektivwechsels auf diese Welt in ihren internen Beziehungsgeflechten und – auch institutionalisierten – Bezugssystemen gewinnt zumal von der Sozialgeschichte her die damit verbundene und erweiterte Kulturgeschichtsforschung inzwischen ein neues Gesicht.[6] Im Horizont einer sich in diese Richtung entwickelnden Adelsforschung wird die bewährte Auseinandersetzung und erweiterte Erfassung des Systems adeliger Herrschaft darin perspektiviert, sozusagen nach der Außenseite adeliger Herrscher und ihrer Zeichen wechselweise und stärker auch die internen sozialen Beziehungsmuster, ihre Stabilität und Variabilität, und damit die eigentlichen Integrationsvoraussetzungen dieser sozialen Verbände stärker herauszuarbeiten.

Eine so verstandene historische Familiengenerationsforschung voranzutreiben[7], bedeutet zugleich, den Weg von der Familie zur „formierten"

---

[6] Wege zu einer neuen Kulturgeschichte. hg. v. Hartmut Lehmann (Göttinger Gespräche zur Geschichtswissenschaft, Bd. 1) Göttingen 1995. Kulturgeschichte heute, hg. v. Wolfgang Hardtwig, Hans-Ulrich Wehler (Geschichte und Gesellschaft, Sonderheft 16) Göttingen 1996.

[7] Karl Heinz Spieß, Familie und Verwandtschaft im deutschen Hochadel des Spätmittelalters. 13. bis Anfang 16. Jahrhundert (Vierteljahresheft für Sozial- und Wirtschaftsgeschichte, Beiheft 111) Stuttgart 1993 und die von demselben getragenen Projekte zur Sozialgeschichte der Reichsfürsten im Spätmittelalter. Siehe den Beitrag von Cordula Nolte in diesem Band. Bernhard Jussen, Erforschung des Mittelalters als Erforschung von Gruppen. Über einen Perspektivenwechsel in der deutschen Mediävistik, in: Sozialwissenschaftliche Informationen 21 (1992) S. 202-209. Zur Forschungstradition und ihren Kontroversen besonders in der deutschen Mediävistik. Borgolte, Sozialgeschichte (wie Anm. 2) S. 384-444. Hareven, Tamar K., Familie, Lebenslauf und Sozialgeschichte, in: Historische Familienforschung. Ergebnisse und Kontroversen. Michael Mittterauer zum 60. Geburtstag, hg. v. Josef Ehmer, Tamar K. Hareven, Richard Wall, Frankfurt/M.-New York 1997, S. 17-37. Das Mittelalter. Perspektiven mediävistischer Forschung, hg. v. Hedwig Roeckelein, Hans Werner Goetz, Zeitschrift des Mediävistenverbandes 1.2 (1996): Frauen – Beziehungsgeflechte im Mittelalter, bes. S. 3-10. Cordula Nolte, *Ir sagt ein frembs weib, das solt ir pleiben, die weil ihr lebt*. Beziehungsgeflechte in fürstlichen Familien des Spätmittelalters, in: Geschlechterdifferenz im interdisziplinären Gespräch. Kolloquium des Interdisziplinären Zentrums für Frauen- und Geschlechterstudien an der Ernst-Moritz-Arndt Universität Greifswald, Würzburg 1998, S. 11-41.

Dynastie und soweit auch Herrschaft in den internen sozialen Beziehungen konkreter zu beobachten.[8]

In der Perspektive dieser beiden Entwicklungslinien gewinnen kernfamiliäre und verwandtschaftliche Beziehungsfelder und deren Verschiebungen und Konsequenzen im Verhältnis zwischen den Ehepartnern, zwischen Eltern und Kindern, den Generationen, zumal im Spiegel ihrer Selbstzeugnisse besonderes Interesse. Die Erfassung von familiären oder interfamiliären oder familieninternen Beziehungsgeflechten haben in den letzten Jahren aus frauen-, familien-, und adels- sowie mentalitäts- und schriftkulturgeschichtlicher Perspektive einen besonderen Stellenwert in der Mediävistik gefunden. Deren Ertrag wird künftig davon abhängen, inwieweit es gelingt, für dieses Forschungsfeld auch die adäquaten Quellenüberlieferungen, etwa Korrespondenzen, autobiographisch familiäre Selbstzeugnisse, Inventarverzeichnisse, Testamente, Stiftungen, Rechnungen u.a.m., zu erschließen und damit dieses Forschungsfeld weiter zu integrieren.

Auf diese Weise wird sich sukzessive konkretisieren, was als „private Welt" schließlich formiert erscheint und qualifizierte Differenz von Öffentlichkeit und Privatsphäre in der Welt des Adels ausmacht.[9]

Von nachdrücklicher Bedeutung erweist sich hier neben der adeligen Sachkulturforschung die Beschäftigung mit der spätmittelalterlichen Schriftkultur und Kommunikationsgeschichte,[10] die geeignet erscheint, innerfami-

---

[8] Heinz-Dieter Heimann, Hausordnung und Staatsbildung. (Quellen und Forschungen aus dem Gebiet der Geschichte, N.F. 16) Paderborn 1994. Diesen Ansatz in die Frühneuzeitforschung fortzuschreiben, betont einleitend Wolfgang Weber (Hrsg.) Der Fürst. Idee und Wirklichkeit der europäischen Geschichte, Köln-Wien 1998, bes. S. 94ff.

[9] Zu dieser weitreichenden Diskussion zuletzt Moser. P.v. Moos, Die Begriffe „öffentlich" und „privat" in der Geschichte und bei den Historikern, in: Saeculum 49 (1998) S. 161–192, bes. S. 179f. Ders., Das Öffentliche und das Private im Mittelalter. Für einen kontrollierten Anachronismus, in: Das Öffentliche und das Private in der Vormoderne, hg. v. G. Melville, P.v.Moos (Norm und Struktur 10) Köln-Weimar 1998, S. 3–83. Karl Vocelka, Lynne Heller, Die Lebenswelt der Habsburger, Kultur und Mentalitätsgeschichte einer Familie, Graz-Wien 1997 nimmt diese Thematik exemplarisch auf.

[10] Schriftkultur und Landesgeschichte. Studien zum südlichen Ostseeraum vom 12. bis zum 16. Jahrhundert, hg. v. Matthias Thumser (Mitteldeutsche Forschungen 115) Köln 1997. Kommunikationspraxis und Korrespondenzwesen im Mittelalter und Renaissance, hg. v. Heinz-Dieter Heimann, Paderborn 1997. Abgesehen von den vereinzelt seit dem 19. Jh. unter zumeist kulturgeschichtlichen Prämissen erstellten Veröffentlichungen fehlt bis heute eine hinreichend tiefgestaffelte Edition gerade von sogn. „Privatbriefen". Deutsche Privatbriefe des Mittelalters, Bd. 1, hg. v. Georg Steinhausen, Berlin 1899. Doris Aichholzer, Frauenbriefe aus drei Jahrhunderten – eine unerschöpfliche Quelle für die Mentalitäts- und Alltagsgeschichte, in: Frühneuzeit-Info 8.1 (1997) S. 148–152. Katherine Walsh, Ein neues Bild der Frau im Mittelalter? Weibliche Biologie und Sexualität, Geistigkeit und Religiosität in West- und Mitteleuropa. Ist-Stand und Desiderata der Frauenforschung, in: Innsbrucker Historische Studien 12/13 (1990) S. 395–580. Karl-Heinz Spieß, Unterwegs zu einem fremden Ehemann. Brautfahrt und Ehe in europäischen Fürstenhäusern des

liäre Beziehungen nach dem Grad emotionaler Beziehungen sowohl in mentalitäts- wie in herrschaftsgeschichtlicher Perspektive als auch das Rollenverständnis der Geschlechter und die persönlichen Handlungsspielräume in Politik und Alltag zu erschließen.

Otto Gerhard Oexle und Werner Paravicini haben in dem jüngst herausgegebenen Sammelband *Nobilitas*[11] die Problemstellung auf das Adelsverständnis im späten Mittelalter gerichtet und in den dort versammelten Beiträgen erkennen lassen, daß in jener Zeit Adel als ideelle Konstruktion in die neue Wirklichkeit eingebracht wurde und umgekehrt diese selbst prägte. So macht insbesondere der Beitrag von Josef Moser die wachsende Sorge um die innere Kohärenz adeliger Familien als Reaktion auf die Gefahr sozialer Nivellierung im Zuge des Etatisierungsprozesses deutlich. Die Beispiele sprechen für sich und die Tiefe ihrer Diskussion zusammen mit der Frage nach dem Profil des europäischen Adels läuft wohl darauf hinaus, neben der immer wieder erkennbaren Internationalität des Adels doch stärker sein regionales Profil und die Struktur der Adelskultur in der geographischen Ausbreitung exakter aufzunehmen.[12] Es fehlt weiterhin nicht an probaten regionalen Beispielen.[13] Diese verweisen gleichwohl auf zweierlei Problemkreise, nämlich auf die Frage nach der Typisierung europäischer Hofkultur und auf die Fragen nach Geschwindigkeit und Transformation ritterlich-höfischer Kultur und adeliger Hofkultur zwischen europäischen Regionen und Regna. Werner Paravicini traf dazu die subtile Beobachtung, daß die Ausbreitung der ritterlich-höfischen Kultur in Kerneuropa seit der

---

Spätmittelalters, in: Fremdheit und Reisen im Mittelalter, hg. v. Irene Erfen, dems., Stuttgart 1997, S. 17–36. Reinhard Seyboth, Neustadt an der Aisch als Residenz der Kurfürstenwitwe Anna von Brandenburg 1486-1512, in: Streiflichter aus der Heimatsgeschichte, hg. v. Geschichts- und Heimatverein Neustadt a. d. Aisch o.B. (1990) S. 9–35. Hartmut Boockmann, Hof und Hofordnung im Briefwechsel des Albrecht Achilles v. Brandenburg, in: Höfe und Hofordnungen 1200–1600, hg. v. Holger Kruse, Werner Paravicini (Residenzforschung 10) Sigmaringen 1999 [im Druck]. Künftig die Beiträge der Residenzenkommission zum Generalthema: Frauenzimmer. Die Frau bei Hofe im Spätmittelalter und Früher Neuzeit.

[11] Einschlägig Nobilitas. Funktion und Repräsentation in Alteuropa, hg. v. Otto Oexle, Werner Paravicini, Göttingen 1997.

[12] Rösener, Adelsherrschaft (wie Anm. 2) S. 32f. Interregionalität der deutschen Literatur im europäischen Mittelalter, hg. v. Hartmut Kugler, Berlin-New York 1995. Kultureller Austausch und Literaturgeschichte im Mittelalter, hg. v. Ingrid Kasten, Werner Paravicini, Sigmaringen 1998.

[13] Z.B. Höfische Kultur in Südosteuropa. Bericht der Kolloquien der Südosteuropa-Kommission 1988–1990, hg. v. Reinhard Lauer, Hans Georg Maier (Abhandlungen d. Akademie der Wissenschaften in Göttingen, Phil.-Hist. Klasse; Folge 3, Nr. 203) Göttingen 1994. Adel in der Frühneuzeit. Ein regionaler Vergleich, hg. v. Rudolf Endres, Köln-Wien 1991. Geschichte des sächsischen Adels, hg. v. Katrin Keller, Josef Matzerath, Köln-Weimar 1997.

Mitte des 12. Jahrhunderts voranschritt, aber die Peripherie wesentlich später erreicht wurde und dabei „auch die gesamte Nordostfront des Reiches östlich der Elbe" aufgrund der gegebenen historischen Voraussetzungen eine spezifische Entwicklung zugunsten eher der Fürstenhöfe nahm, wobei wiederum Böhmen, Schlesien und der Deutsche Orden durch eine besonders blühende ritterlich-höfische Kultur seit dem 14. Jahrhundert sich auszeichnete.[14]

Was liegt also näher, als die Frage nach der imaginären Landschaft der Adelskultur in eben diesem Teil Europas an einem Ort aufzuwerfen, Potsdam, der wie kaum ein anderer durch die historische Welt des Adels geprägt wurde und der in der Gegenwart in der besonderen Verantwortung steht, gerade mit Blick auf Ostmitteleuropa die dortige Wissenschaft in die europageschichtliche Forschung, auch die des Adels in den Regionen, zu integrieren. Von daher erfuhren diese Tagung und ihre Beiträge einer Drei-Länder-Konferenz zweierlei Horizonte: zum einen die Forcierung einer Adelsgeschichtsforschung als Erforschung von Beziehungs- und Existenzweisen, und zum anderen in Anerkennung der verschiedenen Voraussetzungen als eine nach Zeiten und Subregionen strukturiertes historisches Verständnis über die Welt des Adels und deren Wandel zu erreichen.

Die einzelnen Beiträge behandeln Beispiele der Ausgestaltung adeliger Lebenswelt nach privaten, persönlichen Zeugnissen und Ausdrucksformen in verschiedenen Ländern, Regionen, um damit auch neben den unterschiedlichsten Forschungspositionen und Möglichkeiten das landschaftliche Element in der Adelskultur vorzuzeigen. Wenn die „private Welt" des Adels sich dabei auch noch in vielerlei Hinsicht als terra inkognita erweist, so ist mit diesem Beispielen doch in Aspekten ein Weg gewiesen, die internationale Forschung in einem Segment zusammenzuführen und der „privaten Welt" Perspektiven abzugewinnen, die geeignet erscheinen, Adelsherrschaft und Adelskultur deutlicher danach zu verstehen, wie sie sich in Beziehungsweisen darstellen. Sie bieten Raum, jene Grundlagen des adeligen Selbstverständnisses in ihrer komplexen Gegenseitigkeit zu erfassen, wie sie Felix Fabri in der Nachbarschaft von persönlichen und öffentlichen Angelegenheiten für das späte Mittelalter beschrieb.

In diesem Kontext und bezogen auf die spezifischen Quellenbestände des späteren Mittelalters behandeln die Beiträge zentrale Aspekte adeliger Be-

---

[14] Werner Paravicini, Die ritterlich-höfische Kultur des Mittelalters (Enzyklopädie deutscher Geschichte 32) München 1994, S. 29f. Für die spätere Zeit zugleich als Forschungsperspektive Gerd Heinrich, Landesgeschichtliche Arbeiten und Aufgaben in Berlin-Brandenburg, in: Jahrbuch für die Geschichte Mittel- und Ostdeutschlands 39 (1999) S. 1–42. Wolfgang Neugebauer, Brandenburg – Preußische Geschichte nach der Einheit, in: Jahrbuch für Brandenburgische Landesgeschichte 43 (1992) S. 154–181.

ziehungen, insbesondere in inter- und innerfamiliären Beispielen: *Václav Bůžek* erarbeitet aus Tagebüchern, Stammbüchern, Memoiren und persönlicher Korrespondenz ein mentalitätsgeschichtliches Bild von Ehe, Geburt und Tod in böhmischen adeligen Familien des 16./17. Jahrhunderts und umreißt damit perspektivisch die entstehende Privatsphäre. *Ivan Hlaváček* nimmt ausgehend von generellen Bemerkungen zum Adel in Böhmen besonders die Reisetätigkeit und das dazugehörige Schriftgut (Korrespondenzen) der Rosenberger und der Pernsteiner in Blick und zeigt soweit soziale Kontakträume und Phasen als Teil der Itinerarforschung zum böhmischen Hochadel des späten Mittelalters.

Miloslav Polívka erarbeitet Einblicke in die Gestaltung sozialer Beziehungen Ulrichs von Rosenberg (1403–1462). Der Beitrag zeigt das bisher bestehende Defizit der Erforschung des Privatlebens böhmischer Adeliger im Mittelalter. Er versucht, insbesondere über die Auswertung der Rosenberger Korrespondenzen den Vertreter dieses bedeutenden Geschlechtes vorzustellen. *Marek Derwich* schildert am Beispiel der Abtei Łysiec im Łysogóry-Gebirge die privaten Beziehungen des kleinpolnischen Niederadels zum Benediktinermönchtum. Einzelne Familien herausgreifend betrachtet er „Kontaktpunkte" wie Frömmigkeit, Familiengräber, Alterssitz oder das Kloster als Ort adliger Stiftungen. Private Beziehungen zum Kloster bzw. zu dessen Abt erweisen sich zudem als Zugang zur „großen Welt". *Przemysław Wiszewski* nähert sich über die wirtschaftliche Wechselbeziehung und den Zusammenhang von Stiftungsakt und Unterhalt der Töchter dem Beziehungsgeflecht ausgewählter schlesischer Nonnenklöster und ihrer (vor allem nieder-) adeligen Umwelt. Er versucht hier – in ersten Annäherungen – diese neue Forschungsperspektive aus den Urkunden nicht nur für die rechtlichen Belange zu klären, sondern in diesen Stiftungen auch die „private Welt" der Nonnen und ihrer Familien zu betrachten. *Jan Wroniszewski* beschreibt Alltags- und Privatleben des polnischen Adels im Spätmittelalter vor allem aus Gerichtsakten. Im Erbrecht sieht er durch die ansonsten schlechte Quellen- und Forschungslage den Schlüssel, Umgangs- und Verhaltensmuster der polnischen Niederadligen zu erarbeiten. *Andreas Ranft* macht an dem beeindruckenden Material der Wappenbücher die Formulierung adligen Selbstverständnisses und seiner Rezeption deutlich. *Udo Geiseler* betrachtet unter zumeist baugeschichtlichen Aspekten die Wohnsituation des brandenburgischen Adels. Von bekannten repräsentativen Adelshäusern, die er soweit als nicht typisch definiert, ausgehend, beschreibt er die durchaus als bäuerlich zu bezeichnenden „Wohnhöfe" der adeligen Mehrheit. Er arbeitet die seit der Mitte des 16. Jahrhunderts einsetzenden Versuche ihrer Besitzer heraus, sich durch Neu- und Umbauten vom bäuerlichen Milieu nach und nach abzugrenzen. *Matthias Thumser* setzt sich mit den Schriften Ludwig von Eyb des Älteren (1417–1502) aus dem Kreis des Ansbacher Markgrafenhofes auseinander. An den *Denkwürdigkeiten*, der Chronik der fränkischen Markgrafen von Brandenburg, dem Amtsbuch *Mein Buch*, dem *Gültbuch*, das den Besitz und die Finanzen der Familie regeln sollte, und auch aus Gesandtschaftsberichten schildert er die Vielfalt und Intensität der Hofbezogenheit des Chronisten. Darüber gewinnt er zugleich Einblick in die individuelle Lebenswelt des Autors. *Cordula Nolte* hält aus ihrem entsprechenden Projekt erste Beobachtungen zu den Autographen der Hohenzollern (im Zeitraum von 1470 bis 1530) fest. Ausgehend von der Frage, ob Autographen eine besondere Aussagekraft über Beziehungen zwischen Absender und Empfänger besitzen, unterstreicht sie, daß eigenhändige (Familien-)Briefe individuellere Zeugnisse sind als Kanzleibriefe und in ihrer Mehrzahl als „Bittbriefe" Einblick in lebensweltliche Bedürfnisse bieten. Sie eröffnet soweit neue brief-, sozial- und geschlechtergeschichtliche Zugänge und diskutiert auch die Symmetrie bzw. Asymmetrie von Kommunikationspartnern. *Jörg Rogge* untersucht Briefe von Mitgliedern der wettinischen Dynastie in der zweiten Hälfte des 15. Jahrhunderts, nicht auf die Sachinformationen, sondern auf Nachweise persönlicher Befindlichkeiten und hat dazu mehrheitlich zugleich die Familie als Träger von Herrschaftsrechten im Blick. Bei vorherrrschender dynastischer Räson charakterisiert danach die adelige Familie weniger mangelhafte Empfindsamkeit, wird die Privatheit als Ort der Emotionen erkennbar. Hier wie in dem Beitrag von *Cordula Nolte* wird damit auch die Privatlektüre als ein Entwicklungsweg der Individuation seit dem späten Mittelalter unterstrichen.

Václav Bůžek

Die private Welt der böhmischen adeligen Familien in ihren Selbstzeugnissen des 16. und 17. Jahrhunderts

Das systematische Studium der Lebenszyklen zwischen Geburt und Tod der böhmischen aristokratischen Familien steht in der modernen tschechischen Geschichtsschreibung erst am Anfang des wissenschaftlichen Interesses[1].

Die im Jahre 1575 auf Anlaß des Johann Jetřich von Zierotin in der Schloßkapelle in Opočno untergebrachte Tafel des Epitaphs stellt ein vereinzeltes ikonographisches Zeugnis für die bedeutsamsten Zeremonien des Familienlebens im protestantischen aristokratischen Milieu dar (Abb. 1). Vorne links traut der lutherische Schloßprediger das Ehepaar. Daneben stehen die Brautjungfer mit einem Blumenkranz und die Hochzeitsgäste. Rechts tauft unter Teilnahme der Eltern und Gäste derselbe Priester das Kind. Sein entblößtes Köpfchen besprengt er mit Weihwasser aus dem Taufbecken. Im Hintergrund empfängt das aristokratische Paar die Eucharistie. Rechts auf dem Beichtstuhl nimmt der Priester der Schloßherrin die Beichte ab, links auf der Kanzel predigt er. Unter der Kanzel sitzt der Hofnarr. An allen Zeremonien nehmen Johann Jetřich Zierotin, seine Gemahlin Barbara, ihr Hof und Gäste teil[2].

---

[1] Anregend dazu: Ego-Dokumente. Annäherung an den Menschen in der Geschichte, hg. v. Winfried Schulze (Quellen und Darstellungen zur Sozial- und Erfahrungsgeschichte 2) Berlin 1996. Zu den Lebenszyklen der Adeligen in der modernen tschechischen Geschichtsschreibung Josef Petráň, Dějiny hmotné kultury. Kultura každodenního života od 16. do 18. století [Geschichte der materiellen Kultur. Die Kultur des Alltagslebens seit 16. bis 18. Jahrhundert] 2, 1, Praha 1995, S. 148-221. Jaroslav Pánek, Život na šlechtickém sídle v předbělohorské době [Das Leben auf einem Adelssitz in der Zeit vor der Schlacht am Weißen Berg] in: Život na šlechtickém sídle v XVI.-XVIII. století, hg. v. Lenka Bobková, Ústí nad Labem 1992, S. 9-27. Weiter Václav Bůžek, Josef Hrdlička u.a., Dvory velmožů s erbem růže. Všední a sváteční dny posledních Rožmberků a pánů z Hradce [Höfe der Magnaten mit dem Wappen der fünfblättrigen Rose. All- und Festtage der letzten Rosenberger und der Herren von Neuhaus] Praha 1997, besonders S. 71-119, 177-194. Václav Bůžek, Josef Hrdlička, Rodinný život posledních pánů z Hradce ve světle jejich korespondence [Das Familienleben der letzten Herren von Neuhaus im Licht ihrer Korrespondenz] Opera historica (Editio Universitatis Bohemiae Meridionalis) 6 (1998) S. 167-272.

[2] Petráň, Dějiny hmotné kultury (wie Anm. 1) S. 192f.

Den erstrangigen Ausgangspunkt zur Erkenntnis der privaten Beziehungen zwischen Männern, Frauen und Kindern in den adeligen Familien bieten aber besonders ihre Selbstzeugnisse in der Korrespondenz und in den Tagebüchern.

Zu den wichtigsten Meilensteinen im Leben eines Aristokraten gehörte die Trauung, mit der die Zeit des Heranreifens endete. Die Auswahl der adeligen Verlobten hing im 16. Jahrhundert nicht nur von der gegenseitigen Zuneigung und Liebe ab. Zur beiderseitigen Vertiefung der Gefühle sollte es erst während des ehelichen Zusammenlebens kommen. Vor allem die Bemühungen um die Erhaltung des Geschlechtes führten die Adeligen zur Eheschließung. Bei der Gestaltung der Heiratsallianzen spielten eine nicht geringfügige Rolle auch ökonomische Gründe, die Bemühung um Befriedigung der Prestige- und Machtinteressen der einzelnen Aristokraten sowie auch ganzer Gruppierungen. Die Eheschließung war im 16. Jahrhundert kein privater Akt zwischen zwei Individuen, sondern ein öffentliches Ereignis mit verschiedenen Pflichten des Paares gegenüber der Familie und ihrem sozialen Rang. Erst öffentliche Zustimmung und Anteilnahme machten die Heirat legal[3].

Viele Väter der adeligen Jünglinge nutzten ihre eigenen Lebenserfahrungen und setzten selbst oder mit Hilfe der literarisch tätigen Humanisten für

---

[3] Über die politische Bedeutung der Heiratsallianzen in Böhmen in der Epoche vor der Schlacht am Weißen Berg vgl. Charlotte Fritzová, Jindřich Růžička, Španělský sňatek Vratislava z Pernštejna 1555 [Die spanische Trauung des Vratislav von Pernštejn 1555] in: Sborník prací východočeských archivů 3 (1975) S. 63–77. Jaroslav Pánek, Česká a rakouská šlechta v počátcích habsburské monarchie [Der böhmische und österreichische Adel zu Beginn der Habsburgermonarchie] in: Dějiny a současnost 12 (1990) Nr. 3, S. 26–33. Ders., Der böhmische Vizekönig Wilhelm von Rosenberg und seine deutschen Ehen, in: Mentalität und Gesellschaft im Mittelalter. Gedenkschrift für Ernst Werner, hg. v. Sabine Tanz, Frankfurt/M. 1994, S. 271–300. Petr Vorel, Pernštejnská svatba v Prostějově roku 1550 [Die Pernsteinische Hochzeit in Prossnitz im Jahre 1550] in: Časopis Matice moravské 114 (1995) S. 135–158. Václav Bůžek, Aliance Rožmberků, Zrinských ze Serynu a Novohradských z Kolovrat na počátku 17. století [Die Allianz der Herren von Rosenberg, Zrinyi von Seryn und Novohradský von Kolovraty zu Beginn des 17. Jahrhunderts] in: Jihočeský sborník historický 65 (1996) S. 10–25. Sylva Řeřichová, Franziska von Meggau, verehelichte Slawata (1610–1676). Ein Beitrag zur Adelsgeschichte Böhmens und Österreichs im 17. Jahrhundert, in: Mitteilungen des Oberösterreichischen Landesarchivs 18 (1996) S. 361–383. Über die Rolle der ehelichen Liebe Beatrix Bastl, *Wan Ich nur bei dier sein mecht / würden mier alle beschwerden leichter*. Zur Bedeutung von Ehe und Liebe innerhalb des Österreichischen Adels in der Frühen Neuzeit, in: Unsere Heimat 66 (1995) S. 4–14. Weiter vgl. Anette Völker-Rasor, Bilderpaare – Paarbilder. Die Ehe in Autobiographien des 16. Jahrhunderts, Freiburg im Breisgau 1993, S. 89ff. Heide Wunder, „Er ist die Sonn', sie ist der Mond". Frauen in der Frühen Neuzeit, München 1992, S. 80–88. André Burguière, François Lebrun, Der Priester, der Fürst und die Familie, in: Geschichte der Familie 3, hg. v. André Burguière, Christiane Klapisch-Zuber, Martine Segalen, Françoise Zonabend, Frankfurt/M.-New York 1997, S. 170–179.

ihre Söhne ausführliche Instruktionen auf, die wertvolle Zeugnisse über die Ansprüche an ihr moralisches Verhalten[4] und die Auswahl der Braut enthalten. Johann Hasištejnský von Lobkowitz betonte in den neunziger Jahren des 15.Jahrhunderts gegenüber seinem Sohn Jaroslav, daß er die Braut mit *Ohren, nicht mit Augen* wählen soll. Der Sohn sollte sich nicht in die *Engelsgestalt der Braut* verschauen, sondern er sollte den Freunden zuhören und zuerst ihre moralischen Eigenschaften erkennen: *Eine weise und ehrbare Frau ist ein Schatz, eine böse und zornige Frau ist ein Teufel.* Der Vater mahnte den Sohn, daß er von allem Anfang der Ehe an *seiner Frau die Zügel kurz halten* soll und daß er im Zusammenleben seine führende Rolle durchsetzen soll: *Eine weise und gute Frau verlangt nicht, über ihren Mann zu herrschen, und sie tut nichts gegen seinen Willen.* Im Schlußwort vergleicht der Vater die ungehorsame Gemahlin mit einer widerspenstigen Henne: *Einer krähenden Henne gehört es sich, die Federn auszurupfen und der ungehorsamen Frau mit einer Keule über die Schultern zu ziehen*[5].

Außer den eigenen Erfahrungen der Väter aus dem ehelichen Zusammenleben drangen in ähnlichen Instruktionen zum Heiraten die allgemein verbreiteten Ansichten der Humanisten über die Rolle der Frau in der Ehe durch. Die wesentliche Rolle der ehrbaren und arbeitsamen christlichen Frau sahen die böhmischen Humanisten dabei in der Erziehung der Kinder und in der Führung des adeligen Haushaltes. In den Instruktionen für die adeligen Jünglinge wurden positive moralische Eigenschaften der guten Gemahlin betont (besonders Keuschheit)[6].

---

[4] Jaromír Čelakovský, Naučení p.Albrechta Rendla z Oušavy synům dané [Die Weisung des Herrn Albrecht Rendl von Oušava an seine Söhne] in: Český časopis historický 8 (1902) S. 68ff.

[5] U rozeného Pána Pana Jana z Lobkovic na Hasištejně zpráva a naučení jeho synu Jaroslavovi v tom, co činiti a co nechati, a kterak se a pokud v čem zachovávati má [Die Nachricht und die Weisung des edlen Herrn Johann von Lobkowitz auf Hasištejn an seinen Sohn Jaroslav ...] hg. v. František Boleslav Květ, Praha 1851. Im Text zitiert man nach einer erweiterten und ergänzten Abschrift dieser Instruktion *Instructio dle ženění, aby nebylo želení, do smrtiť není změnění* [Instruktion für das Heiraten ...] aus den achtziger Jahren des 16. Jahrhunderts, die im Staatlichen Gebietsarchiv Třeboň aufbewahrt ist (Fremde Familien-Registratur, von Lobkowitz, Inv. Nr. 88).

[6] Spisování slavného frejíře [Das Verfassen eines berühmten Kavaliers] hg. v. Zdeňka Tichá, Praha 1972, S. 123–129. Řeči a naučení hlubokých mudrců [Die Reden und die Weisungen der tiefen Weisen] hg. v. Milada Nedvědová, Jan Češka, Praha 1982, S. 83–96, 115ff. Mravy cnostné mládeži potřebné. Bratrské mravouky Jiřího Strejce, Adama Šturma z Hranic a Matouše Konečného [Die für die Jugend tugendhaften und notwendigen Sitten. Die brüderliche Sittenlehre von Jiří Strejc, Adam Šturm von Hranice und Matouš Konečný] Praha 1940, S. 86–117. Vgl. weitere humanistische Ansichten über die Liebe und die Rolle der Frau in den Sammlungen der lateinischen Renaissancegedichte Renesanční poezie [Die Renaissancepoesie] hg. v. Helena Businská, Praha 1975, S. 65ff., 145f. Josef

Die Tagebücher der Adeligen enthalten wertvolle Selbstzeugnisse über das Ritual der Brautwerbung (Abb. 2). Der verliebte Zdeněk Brtnický von Wallenstein schrieb im Sommer 1603 nach der ersten Zusammenkunft mit seiner zukünftigen Gemahlin Magdalena von Thurn in sein Tagebuch, daß er *von Cupidos Pfeilen getroffen, mit der Venus Sporen angetrieben und von der Liebe zu der jungen Dame erobert wurde*. Schon am zweiten Tag nach dem erstem Treffen tanzte er mit ihr und begleitete sie in der Nacht nach Hause. Nach zwei Wochen schenkte er der jungen Edeldame einen goldenen Verlobungsring. Auch die junge Dame offenbarte ihm durch ihr Verhalten treuherzige Zuneigung. Nach weiteren zwei Wochen erhielt er von seiner Auserwählten ein Kränzchen als Liebesbeweis. Die Brautwerbung gipfelte im öffentlichen Abschluß des Hochzeitsvertrags zwischen dem Bräutigam und dem Vater der Braut. Weitere Schritte des öffentlichen Hochzeitsrituals, wozu zu Beginn des 17. Jahrhunderts das kirchliche Zeremoniell, das Hochzeitsmahl, die mit der Überreichung der Morgengabe verbundene Hochzeitsnacht und die Einführung der Neuvermählten in die Residenz des Bräutigams gehörten, verwirklichte Zdeněk Brtnický erst ein Jahr später[7].

Die jungen Adeligen gewannen ihre ersten sexuellen Erfahrungen wahrscheinlich nicht erst in der Ehe. Die Gelegenheit zu sexuellen Erlebnissen boten ihnen zweifellos die Damen aus dem Frauenzimmer am Hof. Besonders bei den Kavalierreisen ins Ausland befreiten sich die Jünglinge von den Vorurteilen über die Schädlichkeit der vorehelichen Sexualität, die die prüde christliche Moral verkündete, und nahmen intime Kontakte zu den sinnlichen Kurtisanen auf[8] (Abb. 3). Indirekte Zeugnisse dafür beinhalten auch die auffällig hohen Löhne *der welschen Dienerinnen* in den Reiserechnun-

---

Janáček, Ženy české renesance [Die Frauen der böhmischen Renaissance] Praha 1977, S. 5–21.

[7] Näher Petr Maťa, Rituál zásnub v deníku renesančního kavalíra [Ein Verlobungsritual im Tagebuch eines Renaissancekavaliers] in: Dějiny a současnost 18 (1996) Nr. 6, S. 11–15. Zur adeligen Verlobung auch Margaret Lembergová, Hanavské zásnuby Albrechta Jana Smiřického [Die Verlobung von Albrecht Jan Smiřický in Hannau] in: Dějiny a současnost 16 (1994) Nr. 6, S. 15–18.

[8] Ein Interesse an sinnlichen Genüssen belegt die Korrespondenz des Humanisten und Pädagogen Filip Beroaldus aus Bologna mit den Rosenbergern aus den neunziger Jahren des 15. Jahrhunderts. Am 19. 2. 1492 schrieb er: *Bologna ist jetzt besonders voll von den leichten Mädchen und bietet eine allseitige Lust an*. Dazu Bohumil Ryba, Filip Beroaldus a čeští humanisté z konce 15. století [Filip Beroaldus und die böhmischen Humanisten aus dem Ende des 15. Jahrhunderts] in: Zpráva o činnosti Městského musea v Českých Budějovicích za léta 1932 a 1933, České Budějovice 1934, S. 20. Schon ein Jahrhundert später schrieb Fynes Moryson, ein englischer Reisender, daß in Prag „leichte" Mädchen gleich üblich wie in Italien sind – Fynes Moryson, John Taylor, Cesta do Čech [Eine Reise nach Böhmen] hg. v. Alois Bejblík Praha 1977, S. 99.

gen des sechzehnjährigen Wilhelm von Rosenberg während seines Aufenthaltes in Norditalien am Ende des Jahres 1551[9]. In vereinzelten Fällen beschrieben die jungen adeligen Kavaliere ihre ersten erotischen und sexuellen Erlebnisse sogar in den persönlichen Tagebüchern. Der mährische Adelige Lev Wilhelm Kounitz bewunderte im April 1635 während der heiligen Messe im Dom von St. Marco in Venedig zwei schöne Damen und um einen Monat später besuchte er in Florenz eine Kurtisane, die für ihn sehr schön sang. Zu Beginn des Jahres 1636 wurde er durch die Reize der Ballettänzerinnen am Hof in Palermo ganz bezaubert. Nach der mit einer spanischen Kurtisane verbrachten Nacht notierte Kounitz im September 1636 in sein Tagebuch chiffriert: *Da war ich zum erstenmal mit Marianika und verlor meine jünglinghafte Keuschheit*[10].

Eine Reihe von ersten erotischen Erlebnissen erfaßten die jungen adeligen Kavaliere auch in ihren Stammbüchern. Davon zeugen nicht nur einfache Gedichte über die Liebe, die Freundschaft und über die ersten Liebesenttäuschungen, sondern auch kleine Illustrationen mit erotischer Thematik[11].

Während der Kavalierreisen wurden sich viele adelige Jünglinge zum erstenmal der eigenen körperlichen Mängel bewußt. Humprecht Johann Černín von Chudenice schrieb im Jahre 1646 mit großer Genugtuung an seine Mutter von der Kavalierreise nach Italien: *Ich habe schon in Venedig an meiner Dicke abgenommen. Sie war nicht zu meinem Gunsten. Ich bin nicht mehr so dick, ich habe mich viel verändert. Will´s Gott, schicke ich Ihrer Gnaden aus Frankreich, aus Paris mein Konterfei*[12].

Die wortgewaltigen Reden über die Frauen, voll von erotischen Vorstellungen, Sinnlichkeit und sexuellem Sehnen, begleiteten an den aristokratischen Höfen der Renaissancezeit manche gesellschaftliche Unterhaltungen,

---

[9] Jaroslav Pánek, Výprava české šlechty do Itálie v letech 1551–1552 [Eine Reise des böhmischen Adels nach Italien in den Jahren 1551–1552] Praha 1987, S. 90f.

[10] Lev Vilém z Kounic - barokní kavalír. Jeho deník z cesty do Itálie a Španělska a osudy kounické rodiny v letech 1550–1650 [Lev Wilhelm Kounitz - ein Kavalier der Barockzeit. Sein Tagebuch aus der Reise nach Italien und Spanien und die Geschicke der Kounitzer Bibliothek in den Jahren 1550–1650] hg. v. Libuše Urbánková-Hrubá, František Hrubý, Brno 1987, S. 75, 96, 116, 172.

[11] Archiv des Nationalmuseums Praha, Sammlung der Handschriften, Stammbücher, Nr. 6 (ein galantes Paar unter einem Baum) Nr. 7 (ein galantes Paar in einem Schiff) Nr. 1166, fol. 26, 135 (Treffen eines Kavaliers mit einer Kurtisane). Für die Hinweise auf diese Quellen bedanke ich mich sehr herzlich bei Frau Dr. Marie Ryantová.

[12] Huprecht Johann Černín von Chudenice an seine Mutter Zuzana Černínová von Harasov am 2. 3. 1646. Korespondence Zuzany Černínové z Harasova s jejím synem Humprechtem Janem Černínem z Chudenic [Korrespondenz von Zuzana Černínová von Harasov mit ihrem Sohn Humprecht Johann Černín von Chudenice] hg. v. Zdeněk Kalista, Praha 1941, S. 101.

bei denen es auch an Alkohol nicht fehlte. Zu lebensfrischen Trinkunterhaltungen lud in den siebziger Jahren des 16. Jahrhunderts nach Schloß Bechin in Südböhmen der ledige Peter Wok von Rosenberg ein. Gemeinsam mit verheirateten Herren und Rittern nahmen daran auch die kaum herangewachsenen adeligen Jünglinge teil. Falls mancher Gast die verbindlichen Regeln des sich wiederholenden Begrüßungstrunks („wilkum") verletzte und die verlangte Menge Wein nicht austrank, oder sich anders an dem Ritual der Unterhaltung versündigte, erwartete ihn eine im voraus bekannte Strafe. Vor den Augen der anderen Teilnehmer mußte er eine „Strafe" – einen Becher Wein – noch zusätzlich austrinken. Er war verpflichtet, sich in den vorbereiteten Strafregistern einzutragen, die „Untat" dort zur ewigen Erinnerung aufzuschreiben (*Ich habe eine Strafe getrunken*) und zu der Eintragung einige unmittelbare Gedanken anzufügen oder ein Bild zu zeichnen (Abb. 4). Der Alkohol und die Anwesenheit der jungen Kammerfrauen Peter Woks trugen dazu bei, daß sich in die Gemüter der Teilnehmer an den Trinkunterhaltungen und auch in ihre eigenhändigen Aufzeichnungen in den Strafregistern erotische Vorstellungen, Ansichten über die Frauen, Treue und eheliche Liebe einschlichen: *Meine liebste von allen Anna. Ich liebe Maruše bei meiner Seel. Meine Stute läßt die Ohren hängen, und mein Weib hat keine Ehrlichkeit.* Ein Teilnehmer schrieb in die Strafregister sogar einen Spruch aus Ovids Amores: *Ehrlich ist nur die, die niemand will.* Besonders für anwesende adelige Jünglinge stellten ähnliche Sprüche der erfahrenen Männer eine willkommene Quelle für Kenntnisse über das eheliche Leben dar[13].

Hinsichtlich des Charakters der erhaltenen Quellen ist es schwierig, ins Privatleben der aristokratischen Familie durchzudringen und das intime Zusammenleben der Eheleute mit allen Ausdrücken der Gefühle, Liebe und Erotik zu verfolgen. Bei der Suche nach Antworten auf die Fragen, was das Schweigen der Quellen verursacht, bieten sich verschiedene Erklärungen an. In erster Linie wirkte sich hier zweifellos der wachsende Respekt vor der Scham und die damit verbundene Bemühung um die Intimisierung der Ausdrücke des ehelichen Zusammenlebens aus. Trotzdem blieb die Hochzeitsnacht der Neuvermählten in Böhmen während des 16. Jahrhunderts immer eine öffentliche Angelegenheit[14].

---

[13] Staatliches Gebietsarchiv Třeboň, Fremde Familien – Registratur, von Rosenberg, Sign.17. Dazu vgl. Bůžek, Hrdlička u.a., Dvory (wie Anm.1) S. 112–119.

[14] Michael Schröter beschrieb die Versuche um die Intimisierung der Hochzeitsnacht im 16. Jahrhundert als einen Schritt im Zuge des Zivilisationsprozesses. Vgl. Michael Schröter, Zur Intimisierung der Hochzeitsnacht im 16. Jahrhundert. Eine zivilisationstheoretische Studie, in: Ordnung und Lust. Bilder von Liebe, Ehe und Sexualität in Spätmittelalter und Früher Neuzeit, hg. v. Hans-Jürgen Bachorski, Trier 1991, besonders S. 378–411.

Zeugnisse starker Gefühlsbeziehungen, gegenseitiger Liebe und Opferwilligkeit der aristokratischen Eheleute beinhalten auch ihre persönlichen Notizen über die schwierige Familiensituationen (Krankheiten, Begräbnisse). Gerade diesen Seiten des Familienlebens widmete Johann Zajíc von Hasenburg seine Aufmerksamkeit in seinen Memoiren aus dem Jahre 1553. Über die liebevolle Fürsorge der Frau in der Zeit seiner Krankheit notierte er: *Mit ihren Händen hat sie mich für viele Wochen gefüttert und Tag und Nacht jede Stunde war sie bei mir wie eine treue Gemahlin.* Innerhalb von einigen Monaten tauschten sie die Rollen. Johann Zajíc wurde wenigstens teilweise gesund, und die Krankheit betraf seine Frau. Auch in der Zeit ihrer Krankheit entschuldigte sie sich bei ihm, daß sie für ihn nicht mehr sorgen kann. Knapp vor dem Tod ersuchte sie ihn um Verzeihung. Der erschütterte Mann erlebte am Bett der kranken Gemahlin ihre Ängste vor der Zukunft. Die letzten Worte seiner Frau notierte er: *Auweh, auweh, auweh. Alle meinen Därme haben sich zerrissen*[15].

Einen außergewöhnlichen Beweis über die Gefühlszuneigung und gegenseitige Liebe stellt die persönliche Korrespondenz längerer Zeit getrennter Eheleute dar. Als Joachim von Neuhaus im Jahre 1554 böhmischer Oberstkanzler wurde, verweilte er am habsburgischen Kaiserhof in Wien. Die ganzen vier Jahre lang sah ihn seine Frau Anna, die mit den Kindern und dem Frauenzimmer im Schloß Neuhaus blieb, nur selten. Ihre Kontakte beschränkten sich auf den Austausch von persönlichen Briefen. Die junge Gemahlin redete ihn hier als *mein lieber Herr Bruder* oder *mein liebster, einziger Herr* an. In allen Schreiben richteten sich die beiden Eheleute Grüße aus, sie informierten sich über ihre Gesundheit und hofften, daß sie sich bald wiedersehen würden. Die junge Edeldame und auch ihre Kinder sehnten sich sehr nach dem Gemahl und Vater[16]. Auch eine kürzere Trennung schien der Frau von Neuhaus unendlich lang und schrieb übertreibend, daß sie *ihren Gemahl zehn Jahre nicht gesehen hat*[17]. Von der tiefen Liebe zu ihrem Mann zeugt ihr Bekenntnis aus dem Jahre 1558: *... auch zu Fuß*

---

15 Jaroslav Pánek, Paměti českého šlechtice z poloviny 16. století („Sarmacie" Jana Zajíce z Házmburka) [Die Memoiren eines böhmischen Adeligen aus der Mitte des 16.Jahrhunderts (Die „Sarmatie" des Johann Zajíc von Hasenburg)] in: Folia Historica Bohemica 14 (1990) S. 17–98.

16 Dazu näher Bůžek, Hrdlička u.a., Dvory (wie Anm.1) S. 77f. Dies., Rodinný život (wie Anm. 1).

17 Anna von Neuhaus an ihren Gemahl Joachim von Neuhaus (um 12. 5. 1556) – Staatliches Gebietsarchiv Třeboň, Arbeitsstelle Jindřichův Hradec, Familienarchiv der Herren von Neuhaus, Inv. Nr. 367, Sign. II C 2, Kart. 6.

möchte ich zu Ihrer Gnaden gehen[18]. Für ihre Gefühle schämte sich Anna von Neuhaus nicht.

Tiefe Gefühle, Liebe und Verehrung beweisen noch zwanzig Jahre nach der Eheschließung die persönliche Korrespondenz des Oberstkanzlers Zdeněk Vojtěch Popel von Lobkowitz und seiner Frau Polyxena. In den zwanziger Jahren des 17. Jahrhunderts fesselten den Herrn von Lobkowitz die Amtspflichten langfristig an den kaiserlichen Hof in Wien. Seine Gemahlin kümmerte sich in Prag und im Schloß Raudnitz um die Wirtschaft ihrer Herrschaft. Die Eheleute schrieben sich auf spanisch, denn nur so konnten sie sich sicher sein, daß den Inhalt ihrer intimen Briefe kein anderer verstand. Nicht nur die Sprache, sondern auch die Ausdruckmittel bildeten in ihren Schreiben die Form eines Kodes. Bei der schriftlichen Kommunikation benutzten sie eine ganze Reihe von scheinbar unbestimmbaren Wendungen und versteckten Anspielungen, die nur sie zwei verstanden: *Mein Leben, Sie können sich sicher sein, daß die Briefe alle Leute lesen können. Es steht in ihnen nichts und noch dazu, keiner außer Ihnen und mir, mein Gutes, kann sie verstehen.* Die Anrede der Gemahlin in den Briefen *(mein Gutes, meine Seele, meine Augen, meine Zufriedenheit, mein Leben, mein Engel, meine Königin)* entspricht nicht nur den Höflichkeitsfloskeln, sondern sie sagt viel über die tiefe Gefühlsbeziehung zu der geliebten Frau aus. Wenn ein Brief von Polyxena über lange Zeit nicht ankam, wurde Lobkowitz von Angstgefühlen überfallen. Seine Befürchtungen vertraute er der Gemahlin und offenbarte ihr seine Liebe: *Meine Königin, ich kann und ich will nicht einmal ohne Sie sein*[19].

Die langfristige Trennung vom Gemahl brachte vielen in Zurückgezogenheit der Landsitze lebenden Edeldamen auch andere Sorgen, die sie natürlich ihren Männern nicht anvertrauten. In den persönlichen Briefen an Freundinnen waren sie über das Aussehen ihres eigenen Körpers betrübt, sie klagten über ihr Gewicht und ausführlich schrieben sie über Langweile, Unsicherheits- und Entbehrungsgefühle. Die alltägliche Langweile überwanden sie in der Gesellschaft der Damen, bei der Erziehung ihrer Kinder,

---

[18] Anna von Neuhaus an Joachim von Neuhaus (um 21. 7. 1558); Ibid., Inv. Nr. 367, Sign. II C 2, Kart. 6.

[19] Dazu Štěpánka Kutišová, Zdeněk Vojtěch Popel z Lobkovic (Pokus o profil osobnosti) [Zdeněk Vojtěch Popel von Lobkowitz (Ein Versuch um ein Profil der Persönlichkeit)] in: Opera historica 4 (1995) S. 91–105. Petr Lutter, Politický a společenský život na dvoře Ferdinanda II. během dvacátých let 17. století ve světle španělské korespondence Zdeňka Vojtěcha Popela z Lobkovic a jeho manželky [Das politische und gesellschaftliche Leben am Hofe Ferdinands II. während der zwanziger Jahre des 17. Jahrhunderts im Licht der spanischen Korrespondenz des Zdeněk Vojtěch Popel von Lobkowitz und seiner Frau] in: Ibid., S. 107–124. Vgl. auch Bastl, Wan Ich (wie Anm. 3) S. 7–14.

mit Stickerei, Mahlzeiten und mit Gebeten[20] (Abb. 5). Die bedrückende Einsamkeit erlebten in den adeligen Schlössern die Ausländerinnen, die böhmische Adeligen heirateten. Wegen der Unkenntnis der tschechischen Sprache und oft auch anderer religiöser Gesinnung gewöhnten sie sich nur langsam an das Leben im böhmischen aristokratischen Milieu und viele von ihnen sehnten sich nach der Rückkehr zu den Eltern[21].

Manche Edeldame wollte sich mit der langfristigen Trennung von dem Gemahl, die seine Amtspflichten in den Diensten des Landes oder des kaiserlichen Hofes in Prag verursachten, nicht abfinden. Anna von Neuhaus drängte seit der Mitte der fünfziger Jahre des 16. Jahrhunderts ihren beschäftigten Mann, daß er sich für die Beschleunigung des Umbaus des Palastes in Prag einsetzen solle[22]. Der Sitz in der Hauptstadt ermöglichte der aristokratischen Familie ihr gemeinsames Zusammenleben auch in der Zeit, in der die Adeligen ihre politischen Pflichten in den Ämtern erfüllten[23]. Das rege gesellschaftliche Leben besonders im Rudolfinischen Prag brachte aber einer Adelsfamilie eine ganze Reihe von Freiheiten. Prag bot den Renaissancemagnaten Gelegenheiten zu frivolen Feiern, galanten Abenteuern und auch zur ehelichen Untreue. Manche Ehefrauen der amtlich beschäftigten Adeligen suchten die lustige Gesellschaft der adeligen Jünglinge in den

---

[20] Vgl. Brief von Mandelína von Neuhaus an ihren Bruder Joachim vom 2. 2. 1555, wo sie über die Dicke ihrer Schwester Voršila schreibt (Staatliches Gebietsarchiv Třeboň, Arbeitsstelle Jindřichův Hradec, Familienarchiv der Herren von Neuhaus, Inv. Nr. 367, Sign. II C 2, Kart. 5); weiter vgl. Brief mit fast entsprechendem Inhalt von Alena Berková von Dubá an Marie Manrique de Lara vom 10. 2. 1582 (Staatliches Gebietsarchiv Litoměřice, Arbeitsstelle Žitenice, Familienarchiv der Herren von Lobkowitz-Raudnitz, Sign. 159).

[21] Auf Grund der persönlichen Korrespondenz aus dem Familienarchiv der Herren von Starhemberg-Riedegg näher bei Václav Bůžek, Prameny k českým šlechtickým dějinám 16. a první poloviny 17. století v Rodinném archivu Starhemberg-Riedeggů [Die Quellen zur böhmischen Geschichte des 16. und der ersten Hälfte des 17. Jahrhunderts im Familienarchiv Starhemberg-Riedegg] in: Archivní časopis 43 (1993) S. 22–31.

[22] Václav Ledvinka, Dům pánů z Hradce pod Stupni (Příspěvek k poznání geneze a funkcí renesančního šlechtického paláce v Praze) [Das Haus der Herren von Neuhaus pod Stupni (Ein Beitrag zur Erkenntnis der Genesis und Funktionen eines Adelspalastes der Renaissancezeit in Prag)] in: Folia Historica Bohemica 10 (1986) S. 269–316. Bůžek, Hrdlička u.a., Dvory (wie Anm.1) S. 43–51. Weiter Brief der Anna von Neuhaus an ihren Gemahl Joachim vom 14. 2. 1558 im Staatlichen Gebietsarchiv Třeboň, Arbeitsstelle Jindřichův Hradec, Familienarchiv der Herren von Neuhaus, Inv. Nr. 367, Sign. II C 2, Kart. 6.

[23] Jaroslav Pánek, K úloze byrokratizace při přechodu od stavovské k absolutní monarchii [Zur Rolle der Bürokratisierung beim Übergang von der ständischen zur absolutistischen Monarchie] (Acta Universitatis Carolinae – Philosophica et Historica 3) in: Studia Historica 36 (1989) S. 75–85. Václav Bůžek, „A tak jsem tam dlouho zdržován byl …" Čas v životě předbělohorských rytířů [„Und ich wurde dort so lange aufgehalten …" Zeit im Leben der Ritter in der Epoche vor der Schlacht am Weißen Berg] in: Dějiny a současnost 15 (1993) Nr. 3, S. 26–30.

Gaststätten der Prager Kleinseite auf[24]. Marie Manrique de Mendozza, die Witwe des Johann von Pernstein, veranstaltete in ihrem Palast auf der Hradschin großartige Bankette und im Halbdunkel des Gartens auch Liebesstündchen. Gleichzeitig vermittelte sie die Kontakte ihrer verheirateten Freundin Margareta von Mollart zu vielen Kavalieren des Rudolfinischen Prags[25].

Im Tagebuch von Pierre Bergeron aus dem Jahre 1600 findet sich ein Eindruck von der von verheirateten Frauen erwarteten Keuschheit. Außer der Schönheit, ihrem erlesenen Geschmack und die Bildung der böhmischen Edelfrauen, die er in den Prager Palästen traf, regte den französischen Diplomaten ihr gelockertes Verhalten und galantes Flirten mit den Männern auf[26]. Die Notizen im Tagebuch des kaiserlichen Offiziers François de Bassompierre beweisen, daß das Liebesinteresse der Männer in den Prager Palästen der Rudolfinischen Zeit besonders den adeligen Witwen mit erotischen und sexuellen Kenntnissen galt. Im Jahre 1604 empfand er Zuneigung zu einer Witwe. Bald verabredete er sich mit ihr zu einem Rendezvous. Aufgrund ihrer Aussage notierte er in sein Tagebuch: *Sie ließ mich fühlen, daß meine Liebesvorhaben nicht wider ihrem Sinn sind. Sie beschrieb mir die Orte, wo sie hingeht und an die sie zu mir kommt*[27].

Zu den erstrangigen Pflichten der adeligen Eheleute gehörte die Zeugung der Nachkommen. Ganz seltene Erwähnungen in den Quellen belegen, daß die Menschen der Frühen Neuzeit Grundkenntnisse über die Antikonzeption hatten (zu den verbreitetsten Formen gehörte der unterbrochene Koitus)[28]. Den Eheleuten wurde vom Geschlechtsverkehrs in der Stillzeit abgeraten, denn nach den zeitgenössischen Ansichten verschlechterte sich dadurch die

---

[24] Im Rudolfinischen Prag belegt beredt die Tatsache galanter Abenteuer einiger jungen Ehefrauen mit dem kaiserlichen Tafeldecker Zdeslav Hrzán von Harasov, dem Sohn von Adam Hrzán von Harasov, einer der bedeutendsten böhmischen Wucherer zu Beginn des 17.Jahrhunderts. Václav Bůžek, Rytíři renesančních Čech [Die Ritter in Böhmen der Renaissancezeit] Praha 1995, S. 121f.

[25] Tři francouzští kavalíři v rudolfínské Praze. Pierre Bergeron, Jacques Esprinchard, François de Bassompierre [Drei französische Kavaliere im Rudolfinischen Prag. Pierre Bergeron, Jacques Esprinchard, François de Bassompierre] hg. v. Eliška Fučíková, Praha 1989, S. 56f., 119.

[26] Ibid., S. 49, 56, 67.

[27] Ibid., S. 96.

[28] Über die Sexualität im ländlichen Milieu näher Pavel Himl, Myšlení venkovských poddaných v raně novověkých jižních Čechách pohledem trestně právních pramenů [Das Denken der ländlichen Untertanen im frühneuzeitlichen Südböhmen aus der Sicht der Halsgerichtsbarkeitsquellen] in: Opera historica 4 (1995) S. 161, 177. Privatisierung der Triebe? Sexualität in der Frühen Neuzeit, hg. v. Daniela Erlach, Markus Reisenleitner, Karl Vocelka, Frankfurt/M. 1994.

Qualität der Muttermilch[29]. Den Verlauf ihrer Schwangerschaft verfolgten die Edelfrauen mit außergewöhnlicher Anteilnahme und die Freude über die ersten Muttergefühle teilten sie den Gemahlen mit. Im Frühling 1556 schrieb Anna von Neuhaus an ihren Mann Joachim: *...uns allen geht es gut, und wir sind gesund, auch ich mit meinem Bauch bin gesund und munter, und auch das Kindlein in mir*[30]. Das neugeborene Kind starb aber bald nach der Geburt. Zwei Jahre später, wieder hochschwanger, teilte sie ihrem Gemahl mit: *Gott sei Dank, es geht mir auch mit meinem Bauch gut, denn er geht schon wie der Teig auf.* In ihrem Brief klangen Befürchtungen vor der erwarteten Geburt an. Sie suchte Unterstützung bei ihrem Gemahl und bat, *wenn ihre Zeit kommt, daß ihr Gott davon schön abhelfen geruht*[31]. Auch bei dieser Geburt starb das Kind. In vereinzelten Fällen finden sich in der persönlichen Korrespondenz und in den Tagebüchern der böhmischen Aristokraten Nachrichten über die Fehlgeburten[32]. Die öffentlich verurteilte Geburt von pathologischen Kindern wurde als eine Gottesstrafe für das unmoralische und unchristliche Leben der Mutter und ihrer außereheliches Empfängnis verstanden[33] (Abb. 6).

Die Geburt fand am häufigsten im Bett statt (Abb. 7). An den Höfen der Aristokraten halfen dabei die Hebammen[34]. Nach den zeitgenössischen Zeugnissen war bei jeder Geburt das Lebens der Mutter sowie das des neugeborenen Kindes bedroht[35]. In den Geburtsanweisungen wurde empfohlen, daß die Hebammen das neugeborene Kind gleich nach der Geburt mit Wasser abwaschen und seinen Körper mit Eichelöl einreiben sollten[36]. Eine

---

29   Beatrix Bastl, „Adeliger Lebenslauf". Die Riten um Leben und Sterben in der frühen Neuzeit, in: Adel im Wandel. Politik – Kultur – Konfession 1500-1700, Wien 1990, besonders S. 381-386.
30   Anna von Neuhaus an ihren Mann Joachim (um 12. 5. 1556) – Staatliches Gebietsarchiv Třeboň, Arbeitsstelle Jindřichův Hradec, Familienarchiv der Herren von Neuhaus, Inv. Nr. 367, Sign. II C 2, Kart. 6.
31   Ibid.; Anna von Neuhaus an Joachim (um 15. 4. 1558).
32   Deník rudolfinského dvořana. Adam mladší z Valdštejna 1602-1633 [Das Tagebuch des Rudolfinischen Höflings. Adam der jüngere von Wallenstein 1602-1633] hg. v. Marie Koldinská, Petr Maťa, Praha 1997, S. 153, 214, 253. Dazu allgemeiner Wunder, Er ist die Sonn´, (wie Anm. 3) S. 156-160.
33   Knihopis českých a slovenských tisků [Buchbeschreibung der böhmischen und slowakischen Drücke] 2/1-8, Praha 1939-1965, Nr. 6477, 16115. Dazu auch Staatliches Gebietsarchiv Třeboň, Historica Třeboň, Nr. 5358 A (Abbildung eines patologischen neugeborenen Kindes aus dem Jahr 1586).
34   Allgemein Richard van Dülmen, Kultur und Alltag in der Frühen Neuzeit 1. Das Haus und seine Menschen 16.-18. Jahrhundert, München 1990, S. 80-101. Wunder, Er ist die Sonn´, (wie Anm. 3) S. 139-144.
35   Bastl, Adeliger Lebenslauf (wie Anm. 29) S. 381-386.
36   Über die Geburtsanweisungen des 16.Jahrhundert näher bei Čeněk Zíbrt, Staročeská tělověda a zdravověda [Die altböhmische Körper- und Gesundheitslehre] Praha 1924.

beträchtliche Belastung stellte für die Mutter das Wochenbett dar[37] (Abb. 8). Nach dem Ende des Wochenbettes wurden zu den adeligen Kindern Säugammen und Kindermädchen aufgenommen. Die alte Säugamme Marta Cviková erinnerte sich noch fünfzig Jahre später, wie sie *mit eigenen Brüsten* den jungen Adam II. von Neuhaus gestillt hatte[38]. Weniger häufig kümmerten sich die adeligen Mütter um das Stillen. Karl Eusebius von Liechtenstein gab sogar eine Instruktion über das Stillen aus[39]. Spätestens drei Wochen nach der Geburt wurde am aristokratischen Hof die Taufe gefeiert, um das gottgefällige Leben des Neugeborene einzuleiten. In den schriftlichen Einladungen zur Taufe, die an adelige Freunde und auch an den regierenden Herrscher geschickt wurden, wurde manchmal hinzugefügt, daß durch dieses christliche Ritual die Erbsünde der Zeugung gesühnt sein sollte. Nach den Namen der Ahnen, Verwandten oder Paten wurden auch die Taufnamen der neugeborenen Kinder ausgewählt[40].

Infolge der beträchtlichen Kindersterblichkeit stellte die permanente Gravidität der gesunden Frauen den einzigen Weg zur Sicherstellung des adeligen Geschlechtes dar. Aufgrund der biologischen und genetischen Erschöpfung der Aristokraten, die sich durch den Fruchtbarkeitsverlust der Männer bemerkbar machte, blieben aber manche adelige Ehen kinderlos. Obwohl Wilhelm von Rosenberg viermal verheiratet war, wurden in keiner Ehe trotz Badekur und den Bemühungen der Alchimisten Kinder geboren. Die Sehnsucht nach einem Erben fand ihren Ausdruck auch in den Malereien

---

[37] Über den Verlauf des Wochenbettes von Anna von Neuhaus schrieb Joachim von Neuhaus am 24. 8. 1557 einen Brief an seine Mutter (Staatliches Gebietsarchiv Třeboň, Arbeitsstelle Jindřichův Hradec, Familienarchiv der Herren von Neuhaus, Inv. Nr. 367, Sign. II C 2, Kart. 6). vgl. auch Listy paní Kateřiny z Žerotína rozené z Valdštejna [Briefe der Frau Kateřina von Zierotin geborene von Wallenstein] 1, 2, hg. v. František Dvorský, Praha 1894–1895, S. 82f. Zur materiellen Kultur des Bettes der Wöchnerin Lydia Soukupová, Lůžko a postel (Pokus o sémioticko-funkční analýzu) [Das Bett und die Lagerstätte (Versuch einer semiotisch-funktionellen Analyse)] in: Pocta Josefu Petráňovi. Sborník prací z českých dějin k 60. narozeninám Prof. Dr. Josefa Petráně, hg. v. Zdeněk Beneš, Eduard Maur, Jaroslav Pánek, Praha 1991, S. 125f.

[38] Anna Cviková an Adam II. und Joachim Ulrich von Neuhaus (1595–1598) im Staatlichen Gebietsarchiv Třeboň, Arbeitsstelle Jindřichův Hradec, Familienarchiv der Herren von Neuhaus, Inv. Nr. 399 und 418, Sign. II L 3 und II N 5, Kart. 27 und 48.

[39] Bastl, Adeliger Lebenslauf (wie Anm. 29) S. 382.

[40] Vgl. einen Glückwunsch, den am 2. 2. 1603 Peter Wok von Rosenberg an Wilhelm Slawata von Chlum und Košumberk adressiert hat (Staatliches Gebietsarchiv Třeboň, Fremde Familien-Registratur, von Rosenberg, Sign. 9 c, Fol. 179). Zu den Taufnamen der Kinder bei den Herren von Neuhaus und Rosenberg näher Bůžek, Hrdlička u.a., Dvory (wie Anm. 1) S. 73f. Zur Taufe adeliger Kinder auch Paměti Jana Jiřího Haranta z Polžic a Bezdružic od roku 1624 do roku 1648 [Die Memoiren des Johann Georg Harant von Polžice und Bezdružice seit dem Jahre 1624 bis 1648] hg. v. Ferdinand Menčík, Praha 1897, S. 118, 123, 134f., 194.

eines der repräsentativen Räumen im Schloß Krumau. Gemeinsam mit den Gestalten der römischen Götter der Fruchtbarkeit stellte hier der Maler die alttestamentliche Szene der Opferung Isaaks mit der Beteuerung Gottes dar: *Deine Nachkommen will ich zahlreich machen wie die Sterne am Himmel und den Sand am Meeresstrand*[41].

Das festgelegte Ritual des privaten Alltagslebens der aristokratischen Familien beeinflußte das Heranwachsen der adeligen Kinder nicht (Abb. 9). Die empfohlene Stillzeit, die im 16.Jahrhundert zwei Jahre betrug, wurde nicht streng eingehalten. Der kleinen, im Juli 1557 geborenen Anna von Neuhaus begannen im März nächsten Jahres Milchzähne zu wachsen. In dieser Zeit war sie nach der Aussage ihrer Mutter *hingefallen, und war doch lustig*[42]. Anfang Januar 1559 – nach den Worten ihrer Tante – *läuft sie schon an einem Händchen, überall kriecht sie selbst hin, und wohin sie kommt, steht sie selbst auf, wenn sie sich an etwas klammert*[43]. In dieser Zeit nahm sie die Mutter dem Kindermädchen weg und die Säugamme hörte auf, sie zu stillen. Es bekam aber keine Kindernahrung. Das adelige Kind mußte sich mit achtzehn Monaten gleich an die Kost der Erwachsenen gewöhnen: *Sie ißt nur das, was wir essen, am Fleisch- und auch Fischtag; sie nährt sich gleich, um nicht unterzugehen*[44]. Ohne Hilfe begann die kleine Anna durch die Schloßräume in Neuhaus am Ende Juni 1559, als sie fast zwei Jahre alt war, zu laufen. Die adeligen Mütter und Großmütter widmeten in der Korrespondenz ihre Aufmerksamkeit nicht nur dem Wachsen der Zähne, den ersten Schritten und der Kinderkost. Mit ungewöhnlichem Interesse verfolgten sie das Lallen ihrer Kinder und freuten sich auf das Sprechen der ersten Wörter. Zuzana Černínová von Harasov schrieb im Jahre 1647 an ihren Sohn, daß ihre etwa zweijährige Enkelin *noch nicht ordentlich spricht, nur manches Wort sagt sie, bis ihr Gott das Bündel ihrer Zunge löst*[45].

Trauer und Hoffnungslosigkeit flossen in die persönlichen Briefe und Tagebücher ein, wenn die Kinder ernsthaft erkrankten. Die Mütter hatten nicht nur vor dem Verlauf der Krankheit Angst, sondern sie fürchteten die

---

41   Bůžek, Hrdlička u.a., Dvory (wie Anm. 1) S. 90f.
42   Über das Wachsen der Milchzähne der kleinen Anna schrieb ihre Mutter dem Joachim von Neuhaus am 4. 3. 1558 (Staatliches Gebietsarchiv Třeboň, Arbeitsstelle Jindřichův Hradec, Familienarchiv der Herren von Neuhaus, Inv. Nr. 367, Sign. II C 2, Kart. 6).
43   Mandelína von Neuhaus an ihren Bruder Joachim von Neuhaus am 21. 1. 1559 (Staatliches Gebietsarchiv Třeboň, Arbeitsstelle Jindřichův Hradec, Familienarchiv der Herren von Neuhaus, Inv. Nr. 367, Sign. II C 2, Kart. 5).
44   Ibid.
45   Zuzana Černínová von Harasov an Ihren Sohn Humprecht Johann Černín von Chudenice am 23. 2. 1647, in: Kalista, Korespondence (wie Anm. 12) S. 151.

Folgen und den möglichen Tod[46] (Abb. 10). Die Blattern brandmarkten ein fünfjähriges adeliges Mädchen nach der Aussage ihrer Großmutter so, daß *sie keiner Bohne ähnlich ist, und besonders an der Stirn und an der Nase wird sie blatternarbig sein*[47].

Die Kinderbetten mit farbigen Fransen wurden in vielen aristokratischen Residenzen in Kinderzimmern untergebracht. Vor dem Einschlafen bekamen die Kinder einen in verschiedenen Kräutersuden eingetauchten Schnuller (einen Vorgänger des Lutschers)[48]. Bis zum sechsten bis achten Jahre wurden die Jungen und die Mädchen gleich erzogen und verbrachten die meiste Zeit mit den Kindermädchen und Frauen aus dem Frauenzimmer. Die Kinder spielten mit hölzernem Spielzeug, lernten lesen und schreiben[49] (Abb. 11, 12), eigneten sich die Grundkenntnisse der Religion und des gesellschaftlichen Lebens an. Zum wichtigen Bestandteil des frühen Unterrichtsprogramms der Jungen gehörten Reiten, Fechten, Tanz und Musik. Erst danach begannen die Jungen bei einem privaten Präzeptor oder Stadtlehrer zu studieren oder sie gingen in einer anderen Stadt zur Schule[50]. Das dauer-

---

[46] Besonders Zuzana Černínová von Harasov an Ihren Sohn Humprecht Johann Černín von Chudenice am 28. 10. 1645, 2. 12. 1645, 16. 12. 1645, 22. 12. 1645, 20. 10. 1646, in: Ibid. S. 47-50, 64-71, 74-76, 126-128 usw. Menčík, Paměti (wie Anm. 40) S. 118-119, 137-139, 145-151. Dvorský, Listy (wie Anm. 37) S. 70. Koldinská, Maťa, Deník (wie Anm. 32) S. 145.

[47] Zuzana Černínová von Harasov an Ihren Sohn Humprecht Johann Černín von Chudenice am 17. 11. 1645, in: Kalista, Korespondence (wie Anm. 12) S. 54.

[48] Zu den Kinderzimmern: Bastl, Adeliger Lebenslauf (wie Anm. 29) S. 385. Petráň, Dějiny hmotné kultury (wie Anm.1). Bůžek, Hrdlička u.a., Dvory (wie Anm. 1) S. 74f.

[49] Einen hervorragenden Beispiel der Handschrift des sieben- und zwölfjährigen adeligen Jungen stellen zwei persönliche Briefe von Adam II. von Neuhaus an seinen Vater dar, die im Anhang dieses Aufsatzes wiedergegeben sind (Staatliches Gebietsarchiv Třeboň, Arbeitsstelle Jindřichův Hradec, Familienarchiv der Herren von Neuhaus, Inv. Nr. 367, Sign. II C 2, Kart. 6). Die Briefe sind in Neuhaus am 29. 2. 1556 und 8. 8. 1561 datiert.

[50] Präzeptor Jan Záviš von Falkenburg informiert in einem Brief vom 13. 10. 1557 den Hauptmann der Herrschaft Neuhaus über die Kenntnisse des jungen Adams II. von Neuhaus (Staatliches Gebietsarchiv Třeboň, Arbeitsstelle Jindřichův Hradec, Familienarchiv der Herren von Neuhaus, Inv. Nr. 368, Sign. II C 3, Kart. 13). Dazu ausführlicher Bůžek, Hrdlička, Rodinný život (wie Anm. 1). Allgemein über die Erziehung der jungen Adeligen im mitteleuropäischen kulturellen Kontext vor allem Gernot Heiss, Standeserziehung und Schulunterricht. Zur Bildung des niederösterreichischen Adeligen in der frühen Neuzeit, in: Adel im Wandel. Politik - Kultur - Konfession 1500-1700, Wien 1990 S. 391-407. Ders., Der österreichische Adel - Gliederung und gesellschaftliche Stellung im 16. und 17. Jahrhundert, in: Polen und Österreich im 16. Jahrhundert, hg. v. Walter Leitsch, Stanisław Trawkowski (Wiener Archiv für Geschichte des Slawentums und Osteuropas 17) Wien 1997, besonders S. 178-196. Die wichtigsten frühneuzeitlichen Instruktionen über das richtige gesellschaftliche Benehmen sind bei Navedení mladistvého věku ku poctivým mravům. Hrstka staročeských rad a návodů [Die Anweisung des jungen Alters zu den ehrlichen Sitten. Ein Häufchen der altböhmischen Räte und Instruktionen]

Die private Welt der böhmischen adeligen Familien

hafte Interesse der Eltern am Bildungsniveau der Kinder, das ihrem Alter angemessen war, beweisen die Worte von Anna von Neuhaus an ihren Mann aus dem Jahre 1556, daß ihr Sohn, *wie es seinem Alter obliegt, sich erfreulich fortbildet*[51]. Nach dem Abschluß der Schulbildung traten die Jünglinge in der Regel als Höflinge in den Ehrendienst am königlichen Hof ein und nahmen an Kavalierreisen teil[52]. Die Mädchen gehörten zum Frauenzimmer ihrer Mütter und widmeten sich vor allem den Handarbeiten.

Einen einzigartigen Einblick in die Beziehungen zweier Geschwister bietet die persönliche Korrespondenz Wilhelms von Rosenberg und seines Bruders Peter Wok. Von der großen Freude über seine neuen Erkenntnisse schrieb der achtjährige Peter Wok seinem zwölfjährigen Bruder im Jahre 1547: *Diesen Zettel habe ich an Dich mit meiner eigenen Hand darum geschrieben, damit Du verstehen kannst, mit welchem Spiel und Kurzweil ich mich in dieser Zeit und in diesem meinem jungen Alter beschäftige*[53]. Gleichzeitig entschuldigte er sich bei dem Bruder für seine häßliche Handschrift. Im Laufe des Jahres 1548 erscheint in der Korrespondenz zwischen dem dreizehnjährigen Wilhelm und dem neunjährigen Peter Wok zum ersten Mal das höfliche „Siezen"[54].

Schließlich beinhalten die persönlichen Korrespondenzen zwischen den Männern und Frauen und die Tagebücher der böhmischen und mährischen Aristokraten aus dem 16. und der ersten Hälfte des 17. Jahrhunderts eine Reihe von Belegen über das Erleben der biologischen Zyklen der Frau (Schwangerschaft, Geburt, Wochenbett, Krankheiten) und über die mütterliche Liebe zu den kleinen adeligen Kindern. Die Form eines persönlichen Briefes, die Anrede des Partners und natürlich der Inhalt der mit eigener

---

hg. v Čeněk Zíbrt, Praha 1912. Weiter vgl. Mravy cnostné mládeži potřebné (wie Anm. 6).

[51] Anna von Neuhaus an seinen Gemahl Joachim um 12. 5. 1556 (Staatliches Gebietsarchiv Třeboň, Arbeitsstelle Jindřichův Hradec, Familienarchiv Herren von Neuhaus, Inv. Nr. 367, Sign. II C 2, Kart. 6).

[52] Zur höfischen Erziehung und dem höfischen Benehmen von Baldassare Castiglione im böhmischen Milieu des aristokratischen Hofes der Herren von Lobkowitz näher Peter Burke, Die Geschicke des Hofmann. Zur Wirkung eines Renaissance-Breviers über angemessenes Verhalten, Berlin 1996, S. 75, 166, 168. Jiří Záveta von Závětice veröffentlichte in Prag im Jahre 1607 unter dem Titel Schola aulica, to jest dvořská škola ... [Schola aulica, das ist eine Hofschule ...] eine ausführliche Darlegung über das richtige Verhalten eines Höflinges im böhmischen aristokratischen Milieu.

[53] Peter Wok von Rosenberg seinem älteren Bruder Wilhelm am 13. 10. 1547 (Staatliches Gebietsarchiv Třeboň, Fremde Familien - Registratur, von Rosenberg, Sign. 2). Über persönliche Beziehungen beider jungen Rosenberger näher Jaroslav Pánek, Poslední Rožmberkové - velmoži české renesance [Die letzten Rosenberger - die Magnaten der böhmischen Renaissance] Praha 1989, S. 35-50.

[54] Peter Wok an Wilhelm von Rosenberg am 19. 9. 1548 (Staatliches Gebietsarchiv Třeboň, Fremde Familien - Registratur, von Rosenberg, Sign. 2).

Hand[55] geschriebenen Mitteilung machen indirekt Aussagen über die Verliebtheit junger adeliger Frauen und Männer, über die gegenseitige Zuneigung eines Ehepaars, über die Gefühlsbeziehungen in einer aristokratischen Familie sowie über die Intimitäten des ehelichen Zusammenlebens. Die Ausweitung der Kenntnisse über die private Welt und über die Mentalität der mitteleuropäischen aristokratischen Familien ist mit einem breit konzipierten komparativen Projekte deutscher und österreichischer Forscher zu erwarten[56].

---

[55] Am 30.1.1631 schrieb Kateřina von Žerotín an ihren Bruder Pertold von Lipá, daß sie ihm schon nicht mehr schreiben kann, denn ihre eigene Hand ist krank und sie ist kaum fähig zu unterschreiben, in: Dvorský, Listy (wie Anm. 37) S. 22f.

[56] Dazu vgl. D. Aichholzer, Frauenbriefe aus drei Jahrhunderten – eine unerschöpfliche Quelle für die Mentalitäts- und Alltagsgeschichte, in: Frühneuzeit-Info 8 (1997) S.148–152; Beatrix Bastl, Gernot Heiss, Domina ac Mulier. Quellenstudien zur Geschichte der adeligen Frau in den Ländern der ehemaligen Habsburgermonarchie (15. bis 18. Jahrhundert) und Briefe adeliger Frauen. Beziehungen und Bezugssysteme, in: Mitteilungen der Residenzen-Kommission der Akademie der Wissenschaften zu Göttingen 6 (1996) Nr. 1, S. 14–19.

Die private Welt der böhmischen adeligen Familien

Abb. 1 Die Tafel des Epitafs von Johann Jetřich von Zierotin (1575)

Abb. 2 Liebespaar (Holzschnitt, 1578)

Abb. 3 Im Haus einer Kupplerin (Holzschnitt, 1531)

Die private Welt der böhmischen adeligen Familien

Abb. 4 Erotische Szene (Strafregister von Peter Wok von Rosenberg, 1573)

Abb. 5 Die Kindererziehung im adeligen Frauenzimmer (Holzschnitt, 16. Jahrhundert)

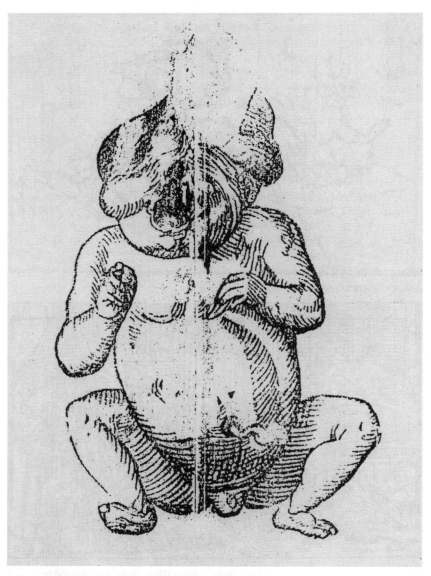

Abb. 6　Ein pathologisch neugeborenes Kind (1586)

Die private Welt der böhmischen adeligen Familien

Abb. 7 Geburt in einem Himmelbett (Holzschnitt, 1567)

Abb. 8 Wöchnerin und Säugamme (Holzschnitt, 1609)

Abb. 9 Die adeligen Kinder (Holzschnitt, 1578)

Die private Welt der böhmischen adeligen Familien

Abb. 10 Tierkreis und menschlicher Körper (Holzschnitt, 1561)

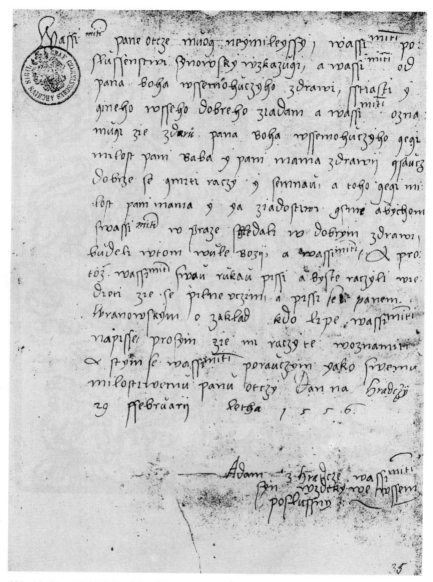

Abb. 11 Der siebenjährige Adam II. von Neuhaus an seinen Vater (1556)

Die private Welt der böhmischen adeligen Familien

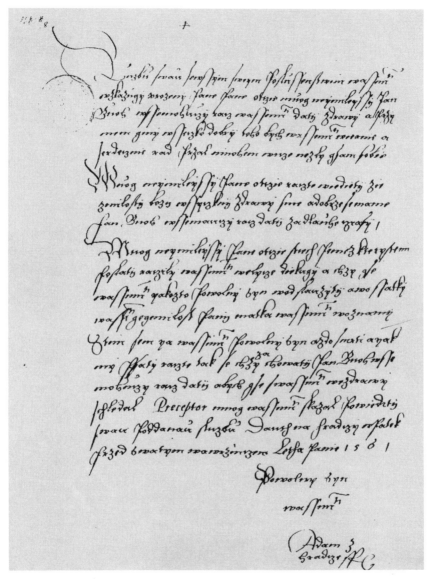

Abb. 12 Der zwölfjährige Adam II. von Neuhaus an seinen Vater (1561)

Ivan Hlaváček

Bemerkungen und Überlegungen zu den hochadeligen böhmischen Itineraren im Spätmittelalter, besonders zu dem des Ulrich von Rosenberg

Das Lebensregime des spätmittelalterlichen Adels und vornehmlich das des Hochadels hatte eigene, oft sehr spezifische Handlungs- und Verhandlungsweisen mit festen, jedoch weit gespannten und zugleich variierenden Formen, die besonders in den letzten Jahren näher erforscht wurden. Dazu gehört u.a. auch dessen räumliche Mobilität, die durch das politisch-soziale sowie wirtschaftliche Klima des betreffenden Landes besonders bedingt, oder wenigstens bedeutend mitbestimmt war. Daß dabei auch subjektive Momente von nicht übersehbarer Wichtigkeit zum Erscheinen kamen, braucht nicht betont werden. Diese Mobilität war freilich damals nichts Ungewöhnliches: das Staatsoberhaupt im mitteleuropäischen Raum mußte schon aufgrund seiner Prärogativen und freilich auch wegen des Umfangs des Territoriums ein intensives Reiseleben führen[1], die Vertreter der handeltreibenden Bürgerschaft ebenfalls, von den Studenten oder Vertretern des

---

[1] Über die Itinerare der Luxemburger und ebenfalls über die der ersten Habsburger als römische Könige liegen zahlreiche Untersuchungen vor. Vgl. mindestens: Ellen Widder, Itinerar und Politik. Studien zur Reiseherrschaft Karls IV. südlich der Alpen (Forschungen zur Kaiser- und Papstgeschichte des Mittelalters 10) Köln-Weimar-Wien 1993. Ivan Hlaváček, K organizaci státního správního systému Václava IV. Dvě studie o jeho itineráři a radě (AUC, Philosophica et historica 137) Praha 1991. Jörg Hoensch, Itinerar König und Kaiser Sigismunds von Luxemburg 1368-1437 (Studien zu den Luxemburgern und ihrer Zeit 6) Warendorf 1995. Paul-Joachim Heinig, Kaiser Friedrich III. (1440-1493). Hof, Regierung und Politik 1-3 (Forschungen zur Kaiser- und Papstgeschichte des Mittelalters 17) Köln-Weimar-Wien 1997. Alle vier Werke (vornehmlich das erste) bringen ausführliche und weiterführende Literaturangaben. Allgemeine Überlegungen auch bei Ivan Hlaváček, Überlegungen zur Erfassung und Erforschung des Raumes im Böhmen des 14. und 15. Jahrhunderts. Zu den Auswertungsmöglichkeiten der spätmittelalterlichen Itinerare – Einige Glossen zum Problem, in: Raum und Raumvorstellungen im Mittelalter, hg. v. Jan A. Aertsen und Andreas Speer (Miscellanea Mediaevalia 25) Berlin-New York 1998, S. 591-602. Zuletzt: Andreas Kiesewetter, Das Itinerar König Karls II. von Anjou (1271-1309) in: Archiv für Diplomatik 43 (1997) S. 86-283.

Klerus gar nicht zu sprechen[2], die alle aus jeweils anderen Impulsen reisten. Die Pilgerfahrten, so wichtig sie – vornehmlich für die Horizonterweiterung der Pilger selbst – waren, müssen ebenfalls völlig außer Acht bleiben[3], ebenfalls die Frauenitinerare, die, von den Pilgerfahrten abgesehen, auch eigene Wege gingen bzw. suchten, für die aber meist nicht genug Material vorhanden ist. Es ist jedoch zugleich vorauszusetzen, daß wegen der verschiedenen Zielsetzungen der eben aufgezählten Kreise auch unterschiedliche Konzepte des Reisens zu entwickeln sind. Der Terminus Mobilität wird im Folgenden im doppelten Sinne benutzt. Zuerst im engeren Wortsinn, daneben jedoch auch im übertragenen, d.h. auch als schriftlicher Umgang mit den entsprechenden (mehr oder weniger verstreuten) Respondenten und zugleich in seiner inhaltlichen Breite, die nicht nur die regelmäßigen, sondern auch die nur gelegentlichen Kontaktpersonen miteinbezieht. Man könnte vielleicht in diesem Zusammenhang einerseits über aktives, anderseits über passives Itinerar sprechen.

Ohne eine konkreteres Model entwerfen zu wollen, möchte ich im folgenden ein paar Einblicke in diese Problematik im böhmischen Königreich des 15. bzw. 16. Jahrhunderts anbieten, ohne ihre vorläufigen Ergebnisse absolutieren und schon verallgemeinern zu können. Das um so weniger, da Böhmen eben um diese Zeit einen – sit venia verbo – Sonderweg ging. Der kann hier nur kurz durch folgende Stichworte: Hussitische Revolution, das sich anschließende Interregnum und nationales (Georg von Podiebrad) bzw. jagellonisches Königtum (1471–1526) charakterisiert werden[4]. Nur ein paar einführende Bemerkungen sind zu machen.

Der böhmische Adel allgemein zerfällt um diese Zeit in den Hochadel, der aus wenigen vornehmen Familien mit reichen Kontakten auch über die eigene Staatsgrenze hinaus bestand und dann in den sozial, rechtlich und dem Vermögen nach recht bunt zusammengesetzten, ziemlich häufigen niederen Adel. Der letztere stand einerseits meist im Dienst der Barone – weniger in dem des Königs –, anderseits führte er ein eigenes politisches und gesellschaftliches Leben, jedoch meist in beschränktem Umfang, das besonders aus der geringeren materiellen Grundlage resultierte, obwohl ein paar reiche Familien diesen Standes sehr hoch avancierten[5]. Die hussitische

---

[2] Vgl. Ernst Schubert, Fahrendes Volk im Mittelalter, Bielefeld 1995.
[3] Die wesentliche Literatur zusammengefaßt bei Schubert, Volk (wie Anm. 2). Vgl. auch Klaus Herbers, Robert Plötz, Nach Santiago zogen sie. München 1996. Künftig Zdeněk Hojda, Jan Hrdina (im Druck).
[4] Als Gesamtdarstellungen sind heranzuziehen: Rudolf Urbánek, České dějiny 3, 1–4, Praha 1918–1962 und Josef Macek, Jagellonský věk, vorläufig 1–3, Praha 1992–94, besonders 2, der dem Adel gewidmet ist.
[5] Proměny feudální třídy v Čechách v pozdním feudalismu, hg. v. Josef Petra (Acta Univ. Carol. 1976 Phil. et histor. 1) Praha 1976, besonders der Beitrag des Herausgebers.

Revolution hat schließlich diese Entwicklung noch komplizierter gemacht, da sie noch eine andere, konfessionelle, Scheidelinie bewirkte. Das bedeutet, daß hier einerseits alte Strukturen mit ihren Kontakten zu den Nachbarländern massiv über- oder weiterlebten, andererseits eben eine breitere Kontaktaufnahme für die aus dem Adel stammenden hussitischen Anhänger stark unterbunden war.

Schließlich ist für die Itineraranalyse die Frage der Residenzführung' bzw. der Hofhaltung des höheren Adels von Belang, deren Erforschung sich die Historiographie in den letzten Jahren intensiv widmete, was auch im böhmischen Kontext für die folgenden Ausführungen eine wichtige Stütze darstellt[6].

Während bei den Vertretern des niederen Adels über ihre Höfe meist nur im ganz eng gefaßten, also wirtschaftlichen Sinne gesprochen werden kann und das Wort Residieren mit größter Vorsicht benutzt werden muß, bauten sich die hochadeligen Barone wirkliche Höfe mit zuständigen Höflingen und entsprechendem Hinterland aus, natürlich meist aufgrund der älteren Ansprüche. Daß dabei auch entsprechende Residenzen sowie eigene Hofgesellschaften befragt bzw. untersucht werden müssen, versteht sich von selbst. Sie unterschieden sich freilich durch ihre Größe und Pracht, die nicht nur durch objektive Merkmale, sondern auch durch subjektive Momente limitiert waren. Zu dieser Lebensweise gehörte wesentlich auch die Mobilität, die zwar mit dem Residenzenwesen zusammenhing, aber auch ziemlich autonome Züge aufwies, ja in mehrfacher Hinsicht erst erlaubt, die Wichtigkeit des betreffenden Barons konkreter zu beurteilen und einzureihen.

Im wahrsten Sinne des Wortes gilt das für die jahrhundertelang wirkenden „südböhmischen Könige" wie die Rosenberger, die manchmal – und nicht zu Unrecht – schon ab dem 13. Jahrhundert als die ersten im Land nach dem König bezeichnet wurden[7]. Die Aufgabe, die Rosenberger auch aus dieser Sicht zu untersuchen, ist um so lohnenswerter, da uns das – sit venia verbo – vorbildlich geführte Rosenbergische Archiv erhalten geblieben ist, das für das 14.-16. Jahrhundert in Böhmen seinesgleichen sucht.

---

6   Dem Thema geht jetzt Václav Bůžek mit seinem Arbeitskreis systematisch, besonders in der Frühen Neuzeit nach. Vgl. Život na dvoře a v rezidenčních městech posledních Rožmberků (Opera historica 3) České Budějovice 1993. Život na dvorech barokní šlechty (1600–1750) (Opera historica 5) Ibid. 1996. Dvory velmožů s erbem růže, hg. v. Václav Bůžek, Josef Hrdlička, Praha 1997. Weitere Bände in Vorbereitung.

7   Zusammenfassend über die Rosenberger des 15. Jahrhunderts vornehmlich im Rahmen der Gesamtgeschichte des Hauses František Kavka, Zlatý věk růží, České Budějovice 1966. Jaroslav Pánek widmet seine Aufmerksamkeit den letzten Rosenbergern, so daß das Rosenberg'sche 15. Jahrhundert noch auf genaue Untersuchung wartet. Zur ausgedehnten urkundlichen Fälschungsätigkeit Ulrichs jetzt Karel Maraz in: Sborník archivních prací 48 (1998).

Obwohl keine Rosenbergischen Register erhalten sind bzw. systematisch geführt wurden, haben wir über das auslaufende Schriftgut – z.T. aus den Kanzleikonzepten – ziemlich gute Kenntnis. Damit hängt auch die Menge des edierten Materials und freilich auch die der Spezialdarstellungen zusammen. Ein ausführlicheres Gesamtbild steht jedoch aus. Damit soll aber nicht gesagt werden, daß das Material lückenlos vorliegt, nur soviel, daß die Verluste hier nicht so empfindlich sind wie anderswo.

Dieser kurzen Skizze seien einleitend noch ein paar Bemerkungen über Spezifisches der adeligen gegenüber der böhmisch-königlichen „Itinerarkunde" vorangestellt. Es handelt sich dabei nicht nur um die beschränktere Menge des ausgestellten Materials sowie eine bescheidenere chronologische Dichte der Überlieferung, zumeist des Geschäftsschriftgutes des „Itinerartragenden", sondern auch um die anders zu setzenden Akzente, die von der gesellschaftlichen Stellung und politischen Rolle der entsprechenden Personen in der damaligen gesellschaftlichen Ordnung abzuleiten sind. Mit anderen Worten: nicht nur die kleinere Durchschnittszahl der Urkunden und Briefe ist dafür ausschlaggebend, sondern auch ihre Zielsetzung, die eher regional-, ja lokalgebunden war, obwohl eben die Rosenberger auch überregionale Kontakte pflegten. Während der Herrscher im Spätmittelalter fast regelmäßig durch seinen Hof, und das heißt in erster Linie durch seine Kanzlei (oder mindestens von Teilen davon) auf den meisten Reisen begleitet wurde, da eine kontinuierliche herrschaftliche Verwaltungstätigkeit notwendig war, war das beim Adel freilich lange nicht immer, ja oft überhaupt nicht der Fall, obwohl dieser reisende Adel nicht selten schreibkundige und qualifizierte Beamten in seiner Nähe haben konnte und sie auch hatte. Je höher die betreffende Person gestellt war, um so mehr ist diese Annahme wahrscheinlicher. Der Hauptunterschied lag darin, daß der Herrscher sein hohes Amt (auch) reisend durch verschiedene Beurkundungen ausübte (er befand sich meist im Umkreis der auf ihn und sein Geschäftsschriftgut wartenden Empfänger) und zugleich die durchlaufende Korrespondenz führen mußte.

Diesen Aufgaben war der Adelige im großen und ganzen entbunden, da er entweder selbst den höher Stehenden sozusagen „halb anonym" begleitete und deshalb eigene Initiativen zugunsten des Begleiteten dämpfen mußte, falls er nicht selbst als Empfänger hervortrat, oder aber sich als selbständig Reisender dem direkten Kontakt mit seiner Domäne entzog und nur selten die mehr oder weniger private Korrespondenz führte.

Daraus kann man folgende Schlüsse ziehen: erstens ist man bei der Erforschung der Handlungen des Königs auf ein relativ gleichdichtes Netz seines Geschäftschriftgutes verwiesen, während man im Fall des Adeligen – bei mehr oder weniger unvergleichlich kleinerer Emission seines Schriftgutes aller Art – auf weit bedeutend größere Disproportionen stößt. Im Bereich der eigenen Domäne urkundet der Adelige nämlich in der Regel bedeutend öfter als außerhalb. So haben wir von ihm „unterwegs" meist nur Nachrichten aus zweiter Hand (wenn er sich irgendwie an den Geschäften anderer beteiligt), seien es verschiedene Gesandtschaftsberichte, Zeugenreihen in fremden Urkunden, Bürgschaften, u.a.m. Die stets aktuelle Deperditafrage schließlich vergrößerte alles bedeutend.

In der Zeit von 1310 bis 1390 finden sich rund 250 eigene Schriftstücke der Rosenberger (also ca. 3 pro Jahr), die nur eine grobe Zusammenfassung erlauben[8]. Ganz knapp deshalb, da es sich hier um mehrere Familienmitglieder handelt – in der Generation Heinrichs unmittelbarer Vorfahren gar um fünf, die darüber hinaus verschiedene Landesämter innehatten. Danach wäre eigentlich jede Person selbständig zu interpretieren, was hier nicht möglich ist. So muß man einstweilen konstatieren, daß hier bei allen Familienmitgliedern die südböhmische Burg Krumau, traditioneller Sitz des Hauses, immer profiliert ist, dem manche Verwaltungszentren der Rosenberger Domänen, wie Wittingau, Gratzen oder Przibenitz, ebenfalls alles in Südböhmen, jedoch nur lose folgen. Freilich ist auch Prag vertreten, andere Städte aber bedeutend weniger, während die ausländischen Orte im schriftlichen Material trotz mehrerer Kontakte fast aller Mitglieder des Hauses kaum vorkommen. Wo sind die Zeiten, in denen die Rosenberger im Namen Přemysls II. in den Alpenländern intensiv die Herrschaft ausgeübt haben[9]! Aber zurück ins 14. Jahrhundert. Nicht zu unterschätzen ist die Tatsache, daß die Rosenberger mindestens ab Mitte des 14. Jahrhunderts in Prag, vornehmlich in der Prager Altstadt, jedoch auch in der Neustadt, sowie schon in vorhussitischer Zeit auch am linken Ufer der Moldau, d.h. direkt auf der Prager Burg, ihre Höfe bzw. Häuser besaßen[10]. Das zeugt für ihr tiefes Engagement in Prag infolge der oben erwähnten Landeswürden und verweist auf die Notwendigkeit, hier mindestens zeitweise einen „Nebenhof" zu führen.

Für die nachfolgende selbständige Regierungszeit Heinrichs von Rosenberg, also für die Jahre 1390–1412, ist eine Skizze aufgrund besserer Überlieferung und deren verläßlicher chronologischen Nacherzählung Josef

---

[8] Dieses Thema hat Miroslav Truc, Rožmberské listiny a kancelář ve 14. století, in: Sborník archivních prací 22 (1972) S. 54–134 analysiert, ohne die Itinerarproblematik jedoch aufzunehmen.

[9] Vgl. den Band Ottokar-Forschungen hg. v. Max Weltin, Andreas Kusternig, (Jahrbuch für Landeskunde von Niederösterreich, Neue Folge 44–45) Wien 1978–1979 und das Protokoll der Znaimer Ottokartagung 1996 (im Druck).

[10] Vgl. Václav V. Tomek, Dějepis města Prahy 2, Praha 1892, S. 95, 186, 207, 242 und 8, Praha 1891, nach Register S. 535.

Sustas[11] möglich. Danach läßt sich die zu erwartende Tendenz kurz resümieren. Der Rosenberger Hauptsitz war damals längst die südböhmische Rosenberger Residenzstadt und -burg Krumau, wo die ganz überwiegende Zahl der auslaufenden Schriftstücke Heinrichs datiert ist und dieser Rosenberger sein prächtiges Residenzleben entfaltete. Aber allzu seßhaft war er doch nicht. Mehrere, oft regelmäßige Reisen führten ihn nach außerhalb. Bei genauerer Beobachtung der Ereignisse spielen auch die Informationslücken ihre Rolle. Zu vermuten ist, daß ein längeres Schweigen der Quellen innerhalb der relativ konstant verlaufenden Belege eventuell schon die Zeit unterwegs andeutet. Im Rahmen dieses „Unterwegsseins" sind im Grunde genommen die Reisen bzw. Aufenthalte außerhalb seiner Domäne zu unterscheiden. Erstens handelte es sich hier um solche im eigenen bzw. im Familieninteresse unternommene, öfter längerfristige Aufenthalte in Prag, zweitens um solche, die von Heinrichs öffentlicher Stellung im Lande als vornehmer Baron und Landesbeamter (er selbst war u.a. oberster Burggraf von Prag in den Jahren 1396–1397 und 1400–1403) abzuleiten sind. Mit anderen Worten, daß er aufgrund solcher Funktionen öfter kürzere oder längere Zeit vornehmlich in Prag, dem Zentrum des Königreichs in nahezu jeder Hinsichten, verbringen mußte. Wegen der sich wiederholenden Spannungen mit König Wenzel, die in zwei Gefangennahmen Wenzels gipfelten, spielte sich das weniger in der engeren Umgebung des Herrschers ab (wenn wir nicht die eben erwähnten aktiven Teilnahmen an Wenzels Verhaftungen dazu rechnen wollten)[12]. Eher ist an die Sitzungen der höchsten Rechtsinstanz des Königreiches, des Landesgerichts zu denken, das in den Normalzeiten viermal im Jahr in Prag tagte. Diese Prager „Dienstaufenthalte" die sich manchmal schon bei Heinrichs Vorfahren belegen lassen, sind der Grund dafür, daß die Rosenberger schon seit eh und je in Prag *domus sive curiam* im Zentrum der Prager Altstadt, ununterbrochen und bis in die weite Zukunft, besaßen. Sie hatten darüber hinaus mindestens weitere zwei Häuser in der Prager Neustadt und direkt auf der Prager Burg zur Verfügung, deren Besitz wohl mit dem wichtigsten Landesamt Heinrichs, dem des Obersten Burggrafen von Prag zusammenhing. Wie die entsprechende Besitznahme verlief, entzieht sich unserer konkreten Kenntnis, obwohl es nicht ausgeschlossen ist, daß hier der Herrscher den Rosenbergern gegenüber als Donator galt. Diesen ausgedehnten Besitz in Prag führten die Ro-

---

[11] Über ihn vgl. die über hundert Jahre lang im faktographisch reichen Manuskriptkonzept verborgene, jedoch bis heute zweckdienliche Biographie von Josef Šusta, Jindřich z Rožmberka, hg. v. Ivan Hlaváček, Praha 1996.

[12] Über die Lage im Lande und die Rolle Heinrichs vgl. František M. Bartoš, Ceské dějiny 2, 6, Praha 1947, nach Register.

senberger nicht nur nacheinander, sondern parallel, so daß in Prag stets mit massiver Präsenz der ganzen Familie zu rechnen war[13].

Auf der anderen Seite bedeutet dies, daß hier die Rosenberger zugleich entsprechende Dienerschaft laufend halten mußten[14] und in Prag eine Nebenresidenz bzw. sogar Nebenresidenzen sui generis besaßen. Mit Heinrichs Stellung innerhalb der antiköniglichen Adelsfronde und mit der daraus resultierenden engagierten Teilnahme an den öffentlichen Angelegenheiten hing auch seine Aktivität bei den beiden Adelsaufständen gegen Wenzel zusammen, die sich besonders bei der ersten Gefangennahme Wenzels IV. im Jahr 1394 manifestierte. Bei diesem Ereignis muß man beachten, daß Heinrich dabei in mehrfacher Hinsicht eine besondere Rolle spielte. Nicht nur, daß er zur ersten Deputation gehörte, die Wenzel seine Haft mitteilte, sondern vornehmlich deshalb, da Heinrichs Krumau zeitweise für den König als Gefängnis diente und es nach den Friedensverhandlungen darüber hinaus für geraume Zeit Ort der Unterbringung von 50 vornehmen Geiseln der königlichen Partei wurde, die sicher mit eigenen, wenn auch wohl bescheidenen Dienerschaften kamen. Auch wenn ich nicht den Krumauer Unterkunftsluxus dieser Leute überschätzen möchte, so deutet schon diese Tatsache an, daß Krumau über umfangreiche Räumlichkeiten verfügen mußte, da alles eben Erwähnte parallel zum normalen Betrieb der rosenbergischen Residenz verlief[15]. Heinrich schrieb sogar im Namen des Königs den Landtag in Prag aus, so daß er in gewisser Hinsicht die höchsten Kompetenzen im Lande an sich riß.

Trotz des Konflikts mit dem König, wodurch sich Heinrich dem königlichen Hofe für längere Zeit entfernte, änderte sich im Laufe weniger Jahre der Umgang deutlich. Denn der König initiierte die Verbindung und vertiefte die Beziehung zu Heinrich, wofür schon die königlichen Briefe ein ziemlich anschauliches Zeugnis geben. Man kann so fast von Heinrichs Praggebundenheit sprechen, obwohl Heinrich den Appellen des Königs, nach Prag zu Konsultationen zu kommen nicht immer und überhaupt nur ungern folgte. Ansonsten führten ihn aber seine anderen Dienstverpflichtungen nach Prag, von denen er sich jedoch allmählich freimachte.

Des weiteren sind Heinrichs Reisen im Dienste seiner Familienangelegenheiten zu skizzieren. Wenn man will, kann man auch sie noch weiter unterteilen, nämlich a) die überwiegend wirtschaftlichen, b) die dynasti-

---

13 Vgl. die Belege bei Tomek, Dějepis (wie Anm. 10).
14 Ibid. und Ders., Základy starého místopisu pražského 1–5, Praha 1865–1875 (nach Register) und Rostislav Nový, Šlechtická rezidence v předhusitské Praze, in: Documenta Pragensia 9, 1, Praha 1991, S. 7–26, hauptsächlich 8f. und 12, jedoch nur sehr knapp.
15 Vgl. vornehmlich Bartoš, České dějiny (wie Anm. 12) S. 126.

schen im Sinne der ziemlich breit gefaßten Familienpolitik und c) an die religiösen, die besonders interessant erscheinen.

Die Rosenbergischen Dominien der damaligen Zeit konnten wegen ihrer großen Ausdehnung einfach nicht von einem Ort aus regiert und verwaltet werden. Deshalb existierte das verzweigte Netz der Burgen als Verwaltungszentren der einzelnen Herrschaften[16] mit entsprechenden wirtschaftlichen Beamten, die ziemlich große Kompetenzen innehatten und die meist mit den wichtigsten Angelegenheiten persönlich nach Krumau kamen, bzw. mit dem regierenden Haupt des Hauses ausgedehnte Korrespondenz führten. Konkreteres erfahren wir erst aus der Zeit von Heinrichs Sohn, Ulrich. Es ist jedoch vorauszusetzen, daß der Rosenberger selbst die Dinge auch direkt an Ort und Stelle, vornehmlich die Führung der profilierten Güter, überwachte, jedoch nicht allzu oft und wohl auch nicht allzu engagiert, da ihn diese Geschäfte nicht besonders interessierten. Deshalb überrascht es nicht, daß nach dem erhaltenen Material ein Bereisen der einzelnen Verwaltungszentren relativ selten der Fall gewesen zu sein scheint, obwohl wir Heinrich doch von Zeit zu Zeit in Wittingau oder in Soběslav, also in den zwei wichtigsten Zentren der Familiendomänen, belegt finden. Diese Reisen müßten jedoch trotz des Gesagten sicher häufiger gewesen sein als hier vermutet. Sie sind kaum belegt, da wir darüber hauptsächlich nur aus den Datierungen seiner Schriftstücke wissen, die jedoch aus der meist in Krumau seßhaft amtierenden rosenbergischen Kanzlei herrühren. Unterwegs, jedoch überwiegend stets in relativer Nähe des eigenen Verwaltungszentrums, fühlte man sich nicht gezwungen, schriftlich zu „amtieren".

Überraschenderweise findet sich auch die alte Familiennekropole, das Zisterzienserstift Hohenfurt, in Heinrichs Zeiten – und nicht nur in seinen Zeiten – ziemlich selten in den Rosenbergischen Itineraren als Ausstellungsort, obwohl eben Heinrich für einen ganz besonders frommer Mann gehalten wurde, wie es auch seine Korrespondenz mit der Kurie und direkt mit dem Papst bezeugt. Doch es ist nicht auszuschließen, daß die ziemliche Nähe dieses Klosters (kaum 25 km Luftlinie entfernt) den Besuch eigentlich immer als „Tages- oder Zweitagesausflug" ermöglichte, ganz abgesehen davon, daß bei solchen Gelegenheiten das Amtsgeschäft sicher stets fast „ruhte" und auch ruhen konnte. Das Ausland spielte bei Heinrich keine nennenswerte Rolle.

Nun zum sogenannten passiven Itinerar Heinrichs, besser vielleicht zum Umkreis seiner Korrespondenten und Respondenten, das Aussagen über die

---

[16] Einen Überblick über den Umfang der Rosenbergischen Güter gibt die Einleitung zum 2. Band des Wittingauer Archivführers: Státní archiv v Třeboni. Průvodce po archivních fondech 2, Praha 1958, S. 7ff. Die geographische Ausdehnung der Besitzungen Ulrichs bis zum Jahre 1462 vgl. Rynešová, Listář (wie Anm. 17).

konkreten Beziehungen des Magnaten erlaubt, über Beziehungen, die manchmal nur als einmalig und dann als eher zufällig zu bezeichnen sind, manchmal jedoch als wiederholt gelten, und dann schon als mehr oder weniger regelmäßig bezeichnet werden können. Wenn wir jetzt von der Geschäftskorrespondenz mit dem eigenen untergeordneten Beamtentum Heinrichs und von den Korrespondenzen mit den benachbarten Städten und Kleinadeligen, die zum Alltagsleben gehörten, aus guten Gründen absehen, weiß man von mehreren hochgestellten Personen im böhmischen Königreich, vom König angefangen über den Prager Erzbischof zur ganzen Pleiade der hochgestellten Landesbeamten und zugleich Heinrichs Gefährten, die hier öfter vorkommen. Im Ausland erfahren wir dann von der gelegentlichen Kontaktaufnahme mit dem Papst, der römischen Oboedienz, König Sigismund und zu vielen Vertretern vornehmlich des österreichischen Adels, aus dem sich Heinrich seine erste Gattin ausgewählt hat, Barbara von Schauenburg. Doch konkreter können wir es wegen des umfangreicheren Materials bei Heinrichs Sohn Ulrich und für den Umkreis seiner Respondenten skizzieren, der uns jetzt interessieren wird.

Nach dem Tode Heinrichs wurde die direkte rosenbergische Kanzlei wegen der Unmündigkeit seines Sohnes Ulrich[17] aufgelöst. Die Familiengüter befanden sich in Obhut des Vormundes Czenko von Wartenberg[18]. Für Ulrichs eigene selbständige Regierung schließlich zwischen 1418 und 1462 besitzen wir so mannigfaltiges und reichhaltiges Material, daß genauere Beobachtungen möglich sind. Zuerst ist aber darauf hinzuweisen, daß es sich um die umwälzende Zeit der hussitischen Revolution und dann die der nachhussitischen Epoche handelt, d.h. um die Epoche, deren Umstände schwerlich auf das Reich zu übertragen sind. Da wegen der Tradition, jedoch auch auf Grund der materiellen Kraft die Rosenberger stets – und für Ulrich gilt das wohl noch mehr als für andere Familienmitglieder der Zeit vor dem 16. Jahrhundert – entscheidenden politischen Einfluß übten, waren sie doch immer zugleich im centrum rerum, ja oft direkt an dessen Spitze. Man könnte gar nur auf Grund der Aktivitäten Ulrichs fast eine politische Geschichte des Landes schreiben, was bei allen folgenden Überlegungen immer mitzubedenken bleibt.

---

17 Über Ulrich existiert bisher keine ausführlichere Monographie, obwohl ohne seine Person keine Darstellung dieser Zeit möglich ist. Immerhin wird er eigentlich in allen Darstellungen der Hussitenzeit ziemlich detailliert besprochen. Vgl. wenigstens František M. Bartoš, České dějiny 2, 7 und 2, 8, Praha 1965–1966 nach dem Register. Mit entsprechenden Literaturhinweisen Maráz, (wie Anm. 7). Dagegen besitzen wir dessen umfangreiches Urkundenbuch: Blažena Rvnešová (der letzte Band aus ihrem Nachlaß hg. v. Josef Pelikán) Listář a listinář Oldřicha z Rožmberka 1–4, Praha 1929–1954.

18 Über ihn vgl. Ivana Raková, Čeněk z Vartenberka (1400–1425) in: Sborník historický 28 (1982) S. 57–99, vornehmlich S. 84.

Nach anfänglicher Neigung zum Hussitismus wandelte sich Ulrich in einen seiner entschiedensten Gegner. Und auch nach der teilweisen Beruhigung der Dinge nach 1434–1437 stand er meist mit den nahen Taboriten in Konflikt, was seinen vorauszusetzenden normalen Bewegungsrhythmus verschiedentlich bremste und nachhaltig beeinflußte. Dabei spielte vielleicht auch seine gewisse, obwohl nicht behindernde, physische Unzulänglichkeit eine Rolle. Darüber hinaus hatte Ulrich als vornehmster Adeliger des Landes und zugleich als Haupt der katholischen Partei des Königreichs, mehrere Verpflichtungen dem König bzw. ab 1433 Kaiser Sigismund gegenüber, der ihn verschiedentlich zu sich ins Ausland rief und zugleich mit z.T. unerfüllbaren Aufgaben im Lande betraute. Dem trug Ulrich augenscheinlich nur zögernd Rechnung, da für ihn der eigene Nutzen immer Vorrang hatte, wovon auch seine großzügigen und flächendeckenden Urkundenfälschungen zeugen[19].

Nur ganz andeutungsweise sind Ulrichs ausländische Aufenthalte aus seinem Geschäftsschriftgut zu rekonstruieren, sei es die Präsenz am Hof Sigismunds und mehr noch an dem Friedrichs III. in der Wiener Neustadt, Innsbruck und anderswo, besonders dann in Wien[20]. Dort besaß Ulrich immerhin ein eigenes Haus[21].

Im Reich, im engeren Sinne des Wortes, sind seine Aufenthalte meist nur bei Gelegenheit der sonst ziemlich häufigen Kontakte eben mit den römischen Herrschern zu registrieren. Zuerst also mit Sigismund, den er entweder direkt begleiten oder wenigstens in voller Pracht mit Gefolge aufsuchen sollte, oder aber mit Friedrich, für dessen Rat ihn etliche Forscher halten[22]. Von alledem wissen wir jedoch bis auf Ausnahmen eher nur zufälligerweise aus den Zeugenreihen – damals schon nicht so häufig wie früher – der Königsurkunden, sei es in Überlingen, Nürnberg oder auch in Linz oder Pressburg.

Daraus ist vielleicht eine methodische Konsequenz der Art zu ziehen: Das adelige Itinerar ist trotz des ziemlich dichten Geschäftsschriftgutes der betreffenden Ausstellers eine Rekonstruktion. Es ist stets sehr lückenhaft und liefert kaum eine auch nur annähernd vollständige Vorstellung über die Beweglichkeit der entsprechenden Person, ohne daß diese damit ihre Bedeutung verliert. Denn unterwegs, d.h. am fremden Ort, urkundet eine solche Person kaum in entsprechender Weise, da sie meist ohne die Begleitung des eigenen größeren administrativen Apparates reiste. Über solche Reiseaktivitäten erfahren wir deshalb überwiegend, wie eben schon ange-

---

[19] Vgl. darüber Maráz, (wie Anm. 7)
[20] Vgl. dazu Heinig, Kaiser Friedrich III. (wie Anm. 1).
[21] Vgl. u.a. Rynešová, Listář (wie Anm. 17) 4, Nr. 571.
[22] Heinig, Kaiser Friedrich III. (wie Anm. 1).

deutet wurde, aus anderen Quellen, d.h. aus zweiter Hand, also nur selten auf Grund des primären Gutes, wenn z.B. an solchen Orten entsprechende Verträge abgeschlossen wurden, innerhalb der Zeugenreihen. Die weitaus überwiegende Menge von Ulrichs schriftlichem Alltagsverkehr wurde also auf heimischen Boden, ja direkt in Krumau, produziert – eine ausgedehnte Fälschungstätigkeit zur Sicherung des Landbesitzes aus der Säkularisierung des kirchlichen Gutes inbegriffen – obwohl Ulrichs eigene wirtschaftliche und politische Interessen nicht nur die südböhmische, sondern die Grenze des ganzen böhmischen Königreichs weit überschritten. Übrigens ist er von daher von einigen Autoren nicht umsonst als Ratsmitglied der römischen Herrscher seiner Zeit, nicht immer völlig zurecht, bezeichnet worden.

Wenn wir konkreter zum Korrespondentenkreis Ulrichs kommen, stoßen wir auf mehrere Hundert Personen[23] und wir können eine wirklich große Palette nicht nur der Empfänger, sondern auch der Respondenten rekonstruieren, die sich – ähnlich wie Ulrich selbst – abwechselnd dreier Sprachen (tschechisch, deutsch und lateinisch) bedienten. Dabei soll jedoch nicht gesagt werden, daß die Initiative einzig und allein von Ulrich ausging, ja nicht selten ging sie offensichtlich, so vornehmlich bei den ausländischen Partnern, von der Gegenpartei aus. Hier spiegelte sich Ulrichs profilierte Stellung innerhalb des Landes sowie im benachbarten Ausland wieder. Die wichtigsten Stationen der Auslandsreisen Ulrichs sind zum großen Teil inzwischen schon ermittelt worden, so daß sie hier nicht wiederholt werden müssen.

Zur Illustration nur und zugleich ziemlich repräsentativ können Ulrichs ausländische Korrespondenzpartner aufgezählt werden, was bei der Fülle der innerböhmischen nicht möglich und auch nicht nötig ist, da sie sich eigentlich aus allen Schichten der politischen und wirtschaftlich tätigen „Nation" rekrutierten. In ähnlicher Weise waren auch die Themen, die in Ulrichs Korrespondenz zu Wort kamen, ziemlich mannigfaltig. Die politischen, besonders die diplomatischen Probleme, kreuzen und vervollständigen sich in großer Mannigfaltigkeit mit wirtschaftlichen, militärischen, und verwaltungstechnischen Themen. Sowohl geistliche als auch weltliche Großen finden sich hier als Partner: neben den Päpsten, die schon sein Vater frequentierte, sind es Kardinäle, so Kardinal Carvajal, Erzbischöfe (von Salzburg), Bischöfe (von Passau und Olmütz) sowie Aeneas Silvius Piccolomini, den Bischof von Triest und andere mehr. Besonders interessant ist ein Schreiben des Salzburger Erzbischofs, der sich von Ulrich zwei Windhunde erbittet und selbst zwei Falken und vier Habichte sendet, was einen

---

[23] Da das Material in seinem Urkundenbuch leicht auffindbar ist, sehe ich von wörtlichen Zitaten hier ab.

Einblick in die private Welt beider Personen gewährt[24]. Auffällig sind auch die Kontakte (bzw. ihr Fehlen) mit der „vornehmsten" Reichsstadt der zentralen Region des Reiches, mit Nürnberg[25]. Der Hochadel unter Ulrichs Korrespondenzpartnern findet sich meist in den österreichischen Ländern.

Da in der hussitischen Zeit die Landesämter „nicht gingen" (wie die Redewendung der alten tschechischen Rechtssprache lautet), orientierten sich Ulrichs politische Reisen in diesem Kontext zwischen 1420 und 1437 an der gelegentlichen Teilnahme an den nicht eben häufigen gesamtböhmischen Landtagen, die örtlich wechselten. In deren Beschlüssen steht dann sein Name wenn nicht an erster, so doch stets an einer der vornehmsten Stellen. Wie es in dieser Zeit um die rosenbergischen Immobilien in Prag stand, wissen wir kaum. Es ist bemerkenswert, daß auch in der Zeit Ulrichs die Rosenberger in Prag parallel vier Häuser besaßen: eins direkt auf der Burg, eins auf dem Hradschin und zwei in der Prager Altstadt, während das Neustädter Haus schon früher irgendwie abhanden gekommen sein mußte. Da die Rosenberger in der nachhussitischen Zeit aber ihre Präsenz im Zentrum des Landes mit der allmählichen Beruhigung der Zustände intensiv erneuerten, muß man voraussetzen, daß trotz zeitweiser politischer Inaktivität in Prag dieses Eigentum auch während der Hussitenkriege respektiert worden war, obwohl wir über diese Zusammenhänge nichts Sicheres wissen.

Für Ulrich kann man also den Schluß ziehen, daß er trotz aller materieller Mittel und voll entfalteter Kontakte im wahrsten Sinne des Wortes relativ bedingt beweglich war. Doch hinderte das ihn keinesfalls, stets im Mittelpunkt des politischen Handelns nicht nur im Lande, sondern innerhalb ganz Mitteleuropas zu sein. Dazu mußte er den schriftlichen Verkehr – im Zusammenhang mit dem Verkehr der Boten mit mündlichen Nachrichten, was wohl meist aus Sicherheitsgründen geschah – so ausgebaut haben, daß sein jeweiliger Kenntnisstand unter seiner eigenen relativen Seßhaftigkeit nicht litt. Da aber weder diesbezügliche Rechnungen noch andere Unterlagen, denen ausführlichere Informationen in dieser Richtung zu entnehmen wären, erhalten sind, können wir diese Fäden nicht ausführlicher verfolgen. Daß mit fortschreitendem Alter Ulrichs Aktivitäten sanken und sein Sohn begann, seine Rolle zu übernehmen, versteht sich von selbst.

---

[24] Rynešová, Listář (wie Anm. 17) 3, Nr. 478.
[25] Vgl. die in Aussicht stehenden grundlegenden Arbeiten von Miloslav Polívka. Vorläufig seine Sebevědomění české šlechty na pozadí česko-německých vztahů na sklonku doby husitské. Záští Aleše ze Šternberka a Hynka Krušiny ze Švamberka s říšským městem Norimberkem ve 30. a 40. letech 15. století, in: Český časopis historický 93 (1995) S. 426–450, besonders S. 438 und 447. Wichtige Hinweise bei Dieter Rübsamen, Das Briefeingangsregister des Nürnberger Rates für die Jahre 1449–1457, Sigmaringen 1997, Nr. 29, 97, 391, 1168, 2129 und 2853. Diese Nachrichten bzw. ihre Inhalte werden nur zum Teil in Rynešová, Listář (wie Anm. 17) reflektiert.

Doch dabei war Ulrichs Stellung von der der meisten anderen Adeligen des Landes sehr verschieden. Vornehmlich war es seine große politische Unabhängigkeit, die auch allgemein respektiert wurde. So ist zusammenzufassen, daß die anderen böhmischen Adeligen seiner Zeit zwar – das Material für sie ist leider nur allzu sehr bruchstückhaft vorhanden – beweglich sein konnten, jedoch stets mit bedeutend bescheidenerem Aktionsradius, mit bedeutend kleinerem politischen Einfluß und mit ähnlich bescheiden ausgebautem Nachrichtenwesen und Kontaktecho sowohl im Lande als auch außerhalb.

Übrigens, das gesamte rosenbergische Nachrichtenwesen des späten Mittelalters wäre trotz verschiedener Ansätze in der Forschung einer selbständigen gründlichen Erörterung wert. Man muß also zum weiteren vertieften Studium des Phänomens „Rosenberger" auch für das 15. Jahrhundert auffordern. Zugleich ist zu hoffen, daß auch dieses Thema durch die Arbeiten der Václav-Bůžek-Forschungsgruppe vertieft werden wird[26].

Springen wir jetzt in die um hundert Jahre jüngere Zeit und skizzieren kurz als Annex die Tätigkeit und die politischen sowie wirtschaftlichen Fäden des herausragenden Geschlechts der böhmisch-mährischen Adelsgemeinde, diesmal aus Mähren, das sich jedoch sein Hauptzentrum im böhmischen Osten ausgebaut hatte, nämlich das der Pernsteiner. Das geschieht zum Teil aus dem Grund, da sich das Register der Korrespondenz der Brüder Jaroslav und Wratislaus von Pernstein der Jahre 1550–1551 mit 547 Einträgen, also recht kontinuierlich geführt, nicht nur erhalten hat, sondern vor kurzem auch ediert wurde[27]. Doch ist in der uns angebotenen Gestalt das Material bedeutend einseitiger als das der Rosenberger, da hier die zweite Komponente, nämlich die Pernsteiner als Empfänger bzw. Handelnde, ausfällt.

Es ist vorauszusehen, daß die Zeit selbst schon neue Züge aufweist und nicht ohne weiteres mit dem 15. Jahrhundert zu vergleichen ist. Trotz des umfangreichen Bodenbesitzes – einer der größten in den beiden wichtigsten Ländern der böhmischen Krone – haben die beiden älteren Brüder ihren Reichtum fast völlig aufgebraucht, vornehmlich durch ihre Reisen. Es handelte sich um sogenannte Kavaliersreisen der böhmischen Adeligen, mit denen sich neuerdings Jaroslav Pánek, Zdeněk Hojda, Václav Bůžek und Petr Vorel viel beschäftigt haben[28]. Die Adeligen unternahmen europaweite

---

26 Vgl. Bůžek, Hrdlička, Dvory (wie Anm. 6).
27 Česká a moravská aristokracie v polovině 16. století. Edice register listů bratří z Pernštejna z let 1550–1553, hg. v. Petr Vorel, Pardubice 1997. Von der regionalen Literatur ist mit Absicht abgesehen.
28 Weiterführend vornehmlich Jaroslav Pánek, Výprava české šlechty do Itálie v letech 1551–1552, Praha 1987 (über die Pernsteiner nach Register S. 279). Zdeněk Hojda, Kavalírské

Bildungs- jedoch auch politische Reisen, die schon einen ganz anderen Charakter als hundert Jahre zuvor besaßen. Unsere Pernsteiner sind vornehmlich in der zweiten dieser Funktionen zu finden, obwohl sie diese auch zum Anlaß nahmen, sie zugleich als Bildungsreisen zu genießen. Diese Problematik spiegelt sich auch in der Zeit des oben angeführten Registers, jedoch meist nur indirekt wider, obwohl Wratislaw monatelang mit dem damaligen habsburgischen Erzherzog Maximilian in Spanien weilte und Jaroslav nach Italien ziehen sollte, was sich jedoch nicht verwirklichte.

Es seien also die Umrisse des Itinerars des ältesten der Brüder, Jaroslav, wenigstens auf Grund der Zusammenfassung Petr Vorels, des Herausgebers der zitierten Edition, kurz skizziert. Zwei Tendenzen zeichnen sich ab, nämlich der Hofdienst beim römischen König Ferdinand I., der Jaroslav nach Pressburg, Trentschin und wiederholt nach Wien führte, wo er sich aus diesem Grunde auch ein Haus für längere Zeit mietete und es auch dann behielt, wenn er sich längere Zeit nicht in der Stadt aufhielt. Der längste Aufenthalt im Ausland während dieser Zeit war jedoch seine mehrmonatige Anwesenheit beim Augsburger Reichstag.

Obwohl man Jaroslav vorwirft, daß er die Verwaltung seiner eigener Güter vernachlässigt habe, zeugt sein Itinerar wenigstens davon, daß er sich oft nicht nur in der Zentrale der Familiengüter, d.h. in Pardubitz in Ostböhmen, sondern auch den anderen (lokalen) Zentren der Familiengüter oder wenigstens in deren Nähe, so in Olmütz, Tovačov und Proßnitz (Prostějov) aufhielt. Wenn wir diese Lokalitäten mit der Karte der Pernsteiner Besitzungen vergleichen, sehen wir jedoch, daß für weite Teile der Güter Jaroslavs – und dasselbe gilt auch für seine Brüder – kein Aufenthalt verzeichnet ist, was besonders die ausgedehnten westmährischen Domänen betrifft, die dem Geschlecht den Namen gaben.

Man kann feststellen, daß wir es hier – im Unterschied zu den Rosenbergern des 15. Jahrhunderts – schon mit einer ganz anderen Welt zu tun haben und daß also auch diese Sondierung die Kluft zwischen den beiden Epochen deutlich macht. Es handelt sich jedoch um keinen abrupten Bruch, sondern um allmähliche Entwicklungen, die freilich auch mit dem Dynastiewechsel und anderen Orientierungen zusammenhing. So kann man zusammenfassend sagen, daß jede Epoche und auch jede Gestalt an sich in dem entsprechenden Itinerar ihre Prägung und ihre Sorgen und Freuden, ihre Einstellung und den Lebensstile widerspiegelt. Das soll aber keinesfalls bedeuten, daß die genaue und konkrete Itinerarforschung überflüssig wäre,

---

cesty české šlechty do Itálie v 17. století, in: Itálie, Čechy a střední Evropa, Praha 1986, S. 216–239. 'Voyages de chevaliers' de Boheme au siècle, in: Pérégrinations académiques (IVème session scientifique internationale, Cracovie 9–21 mai 1983) (Zeszyty naukowe Uniw. Jagiellonskiego Nr. 870, Prace Historyczne 88) Kraków 1989, S. 99–105 u.a.

eher umgekehrt. Je intensiver und komplexer sie getrieben wird, um so mehr kann daraus die Geschichtsforschung ihren Nutzen ziehen, da sie sich auf diese Weise differenzierter und qualifizierter in die Zeit, ja in den Zeitgeist den einzelnen Bevölkerungsschichten vertiefen kann. Ihr Nutzen liegt also neben der reinen politischen Geschichte vornehmlich in der Verwaltungs- und Kulturgeschichte.

Miloslav Polívka

Ulrich von Rosenberg und seine Umgebung

Der Erforschung des Privatlebens eines böhmischen Adeligen im Mittelalter wurde in der bisherigen tschechischen Geschichtsforschung nur wenig Beachtung geschenkt. Die biographischen Arbeiten wandten sich in ihrer Mehrheit eher Persönlichkeiten des Hofes oder der Kirche zu: Königen, Kaisern oder Erzbischöfen. Entsprechende Studien finden sich zu Johann von Luxemburg, Karl IV., Wenzel IV., Jobst von Mähren, Georg von Podiebrad, Ernst von Pardubitz, Johann von Jenstein, dem Reformator Jan Hus, dem Taboritenführer Jan Žižka und anderen[1]. Bei der Wahl des Themas spielte nicht nur die Bedeutung der vornehmsten oder schillerndsten Personen im Königreich Böhmen eine Rolle, sondern auch die jeweilige Quellenlage. Die spätmittelalterlichen Quellen sind für die meisten böhmischen Adelsfamilien sehr schlecht erhalten. Seit den Versuchen František Palackýs und seiner Nachfolger, diese zu sammeln und in den insgesamt 37 Bänden des „Archiv český" zu edieren[2], wurde trotz zahlreicher kleinerer

---

[1] Hier sind nun die letzten wichtigen Monographien erwähnt, die weitere Literaturhinweise bringen: Johann der Blinde. Graf von Luxemburg, König der Böhmen, hg. v. Michael Pauly, Luxemburg 1997. King John of Luxembourg (1296-1346) and the Art of his Era, hg. v. Klára Benešovská, Praha 1988. Ferdinand Seibt, Karl IV. - Ein Kaiser in Europa 1346-1378, München 1978. Jörg K. Hoensch, Kaiser Sigismund. Herrscher an der Schwelle zur Neuzeit, München 1996. Jiří Spěváček, Václav IV. 1361-1419. K předpokladům husitské revoluce [Wenzel IV. 1361-1419. Zu den Voraussetzungen der hussitischen Revolution] Praha 1996. Tomáš Baletka, Dvůr, rezidence a kancelář moravského markraběte Jošta (1375-1411) [Hof, Residenz und Kanzlei des mährischen Markgrafen Jobst (1375-1411)] in: Sborník archivních prací 46 (1996), S. 259-536. Josef Macek, Jiří z Poděbrad [Georg von Podiebrad] Praha 1965. Václav Chaloupecký, Arnošt z Pardubic. První arcibiskup český [Ernst von Pardubitz. Der erste böhmische Erzbischof] Praha 1946. Jan Hus. Zwischen Zeiten, Völkern, Konfessionen, hg. v. Ferdinand Seibt, München 1997. Jan z Jenštejna. in: Sammelband Jenstein 1977, Praha 1997. Weitere umfangreiche Literatur bei František Šmahel, Husitská revoluce 1-4, Praha ²1996 (erscheint 1999 in der Schriftenreihe der MGH in deutscher Fassung).

[2] Archiv český (čili staré písemné památky české i moravské z archivů domácích i cizích) [Böhmisches Archiv - alte schriftliche böhmische und mährische Denkmäler aus den inländischen und ausländischen Archiven] 1-37, hg. v. František Palacký u.a., Praha 1840-1941. Zuletzt sehr populärwissenschaftlich: Anna Kubíková, Jindřich III. i Oldřich II. z Rožmberka [Heinrich III. und Ulrich II. von Rosenberg] in: Českokrumlovsko 1400-1460, hg. v. Anna Kubíková, Věra Mašková und Jiří Veselý, Český Krumlov 1997, S. 9-26.

Artikel ihre Erforschung kaum systematisch verfolgt. Palacký, der für den Gründer der modernen tschechischen Geschichtsforschung gehalten wird und sein Werk vor 120 Jahren abgeschlossen hat, wollte u.a. auch die Familienarchive des „alten", d.h. des mittelalterlichen böhmischen Adels herausgeben[3]. Ihm folgte mit seinem umfassenden und leider nicht vollständig herausgegebenem Werk August Sedláček, der in seiner 15bändigen Reihe die Geschichte der böhmischen Burgen, Schlösser und Festungen damit auch die des böhmischen Adels bearbeitet hat[4]. Eine Pionierarbeit leistete auf diesem Gebiet – jedoch erst für die Wende vom Mittelalter zur frühen Neuzeit – Josef Macek, der einen Band seiner Trilogie der Jagelloner Zeit widmete[5]. Sein faktographisch und methodologisch hervorragend bearbeitetes Werk charakterisiert das adlige Milieu der Zeit, in der die hussitischen Kriege und die nachfolgenden Verwirrungen im böhmischen Staat der Regierungszeit Georgs von Podiebrad längst überholt waren.

Die Zäsuren in der Entwicklung des böhmischen Adels brachten es mit sich, daß die Quellen infolge der Hussitenkriege in der ersten Hälfte des 15. Jahrhunderts, durch Aussterben einiger altböhmischer Adelsfamilien um 1600 und durch die politisch-religiös motivierten Änderungen in der Struktur der böhmisch-mährischen Adelsgemeinde (zugunsten der in den Böhmischen Ländern neu angesiedelten Adelsfamilien aus Süd-West-Europa) infolge des Dreißigjährigen Krieges, teilweise oder ganz verloren gingen[6]. Trotzdem wurden hartnäckige Versuche unternommen, die biographischen Untersuchungen weiter voran zu treiben: z.B. bearbeitete Ivan Hlaváček die Quellen der Beamten Wenzels IV.[7] und František Šmahel schließlich die Biographie von Jan Žižka[8]. Wie schwer die biographischen Daten bei den böhmischen Adligen in der spätmittelalterlichen Periode zusammengestellt werden können, das zeigte auch der Versuch, das Lebensbild des Žižka-

---

[3] Zum Lebenswerk und zur Biographie František Palackýs der sich im Druck befindende Sammelband Památník Františka Palackého 1798-1898, hg. v. František Šmahel und Eva Doležalová, Praha 1999.

[4] August Sedlářek, Hrady, zámky a tvrze Království českého [Burgen, Schlösser und Festen] Bd. 1-15, Praha 1882-1927.

[5] Josef Macek, Jagellonský věk v českých zemích (1471-1526) Šlechta [Das Jagellonenzeitalter in den böhmischen Ländern (1471-1526). Der Adel] Praha 1994.

[6] Josef Petráň, Skladba pohusitské aristokracie v čechách [Die Struktur der Aristokratie in Böhmen in der Zeit nach der hussitischen Revolution] in: Acta Universitatis Carolinae, philosophica et historica 1 (1976) S. 9-80.

[7] Ivan Hlaváček, Das Urkunden- und Kanzleiwesen des böhmischen und römischen Königs Wenzel (IV.) 1376-1419, Stuttgart 1970. Weitere Literaturangaben vgl. in: Historia docet. Sborník prací k poctě 60. narozenin prof. PhDr. Ivan Hlaváčka, CSc, hg. v. Miloslav Polívka, Michal Svatoš, Praha 1992.

[8] František Šmahel, Jan Žižka z Trocnova, Praha 1969.

Zeitgenossen Nikolaus von Hus darzustellen[9]. Diese Arbeiten zeigen, daß die erhaltenen Quellen vom damaligen offiziellen, vor allem politischen Leben der Adligen berichten, aber äußerst wenig von privaten Bereichen.

Dies hängt auch mit dem Charakter der schriftlichen Quellen zusammen, die im spätmittelalterlichen Böhmen insgesamt viel weniger auf die private Sphäre gerichtet waren, als es später der Fall war. Viel besser ist jedoch die Quellenlage zu diesem Thema für die frühe Neuzeit, wie es auch die Studien und Monographien von Václav Bůžek, Jaroslav Pánek oder Poslední Vorel belegen[10]. Für diesen Zeitraum kann man nicht mehr nur die Familienschicksale einiger bedeutender böhmischer und mährischer Adelsfamilien verfolgen, sondern auch die Biographien von Einzelpersonen nachzeichnen.

Dieser Beitrag beschäftigt sich mit der Gestalt Ulrich II. von Rosenberg (1403-1462), der eine sehr bedeutende Rolle im politischen Leben des hussitischen Böhmens gespielt hat. Ulrich gehörte zu der reichen und politisch sehr engagierten böhmischen Adelsfamilie der Rosenberger (im Wappen mit fünfblättriger Rose), die wichtige Landesämter im späten Mittelalter bekleidete[11]. Als Ulrich mit seiner Volljährigkeit im Frühjahr 1418 die Familiengüter übernommen hatte, zählten zu diesen insgesamt sechs Städte, zweiundzwanzig Burgen und ca. 500 Dörfer [12].

Die aktuelle tschechische Historiographie konzentriert sich zwar nicht besonders auf das Schicksal Ulrichs II. von Rosenberg, da sie bei der Familienforschung der Rosenberger den Schwerpunkt auf das 16. und 17. Jahr-

---

9   Miloslav Polívka, Nicholas of Hus. One of the Leading Personages of the Beginnings of the Hussite Revolution (Evolution of the Personality at the Time Corrective Efforts Were Developing into the Hussite Revolution in the Czech Lands at the Beginning of the 15th Century) in: Historica 18 (1988) S. 75-133.

10 Václav Bůžek und Koll., Dvory velmožů s erbem růže. Všední a sváteční dny posledních Rožmberků a pánů z Hradce [Höfe der Herren mit dem Wappen der Rose. Der Alltag und die Festtage der letzten Rosenberger und den Herren von Neuhaus] Praha 1997. Jaroslav Pánek, Poslední Rožmberk. Životní příběh Petra Voka [Der letzte Rosenberger. Ein Lebenslauf von Peter Wok] Praha 1996. Ders., Vilém z Rožmberka, Praha 1998. Pernštejnové v českých dějinách [Die Pernsteiner in der böhmischen Geschichte] hg. v. Petr Vorel, Pardubice 1995. Česká a moravská aristokracie v polovině 16. století. Edice register listů bratří z Pernštejna z let 1550-1551 [Die böhmische und mährische Aristokratie in der Hälfte des 16. Jahrhunderts. Edition des Briefregisters der Brüder von Pernstein aus den Jahren 1550-1551] hg. v. Dems., Pardubice 1997.

11 Dazu Václav Březan, Životy posledních Rožmberků [Václav Březan, Die Lebensläufe der letzten Rosenberger] 2. Bd., hg. v. Jaroslav Pánek, Praha 1985, S. 642-661. Vgl. auch Lexikon des Mittelalters, Bd. 7, München-Zürich 1994, Sp. 1033. und Bd. 9, 1998, Sp. 266f. (Artikel „Witigonen").

12 Alois Míka, Osud slavného domu. Rozkvět a pád rožmberského dominia [Das Schicksal eines berühmten Hauses. Die Blütezeit und der Verfall des Rosenberger Dominiums] České Budějovice 1970. František Kavka, Zlatý věk Růží [Das goldene Zeitalter der Rosen] České Budějovice 1966, S. 14ff.

hundert legt – die Bedeutung seiner Persönlichkeit wird jedoch durchgehend für seine Nachfahren anerkannt. Gründe für die Vernachlässigung oder für eine zwiespältige Bewertung seines Lebens und Wirkens in der Historiographie liegen zum einem in seiner kurzen pro- und seit 1420 antihussitischen, katholischen Einstellung, andererseits in seiner prohabsburgischen Politik in den 40er bis 60er Jahren des 15. Jahrhunderts, die den Aufstieg Georg von Podiebrads zum böhmischen König bekämpfte[13].

Ulrich von Rosenberg wurde am 13. Januar 1403 geboren[14]. Nachdem sein Vater Heinrich 1412 verstorben war, wurde der böhmische Hochadelige Čenko von Wartenberg sein Vormund. Dieser zählte zu den vornehmsten Herren des Königreichs Böhmen[15]. Unter seinem Einfluß und dem seiner Mutter wurden Ulrich hussitische Ideen nahegebracht. Offensichtlich waren es aber die ersten kriegerischen Auseinandersetzungen mit den radikalen Taboriten, die Rosenberger Güter in Südböhmen plünderten, die Ulrich im Sommer 1420 die Entscheidung treffen ließen, zur katholischen Seite zu wechseln, zu deren wichtigsten Repräsentanten er schließlich zählte[16]. Seitdem stand er in Verbindung mit dem römischen König Sigismund und versuchte die Hussiten und ihr in der Nähe liegendes Zentrum Tabor zu bekämpfen[17]. Seine Herrschaft, die er systematisch und rücksichtslos erweiterte, und vor allem, sein Regierungssitz – (Böhmisch) Krumau – ist neben der in Westböhmen liegenden Stadt Pilsen zu einem zweiten Zentrum des Katholizismus in Böhmen geworden, von dem aus Ulrich auch nach der Niederlage der radikalen Hussiten in den Jahren 1434–36 seine Politik be-

---

[13] Zur unterschiedlichen Charakteristik Ulrichs Persönlichkeit Rudolf Urbánek, České dějiny. Věk Poděbradský [Böhmische Geschichte, Zeitalter Georgs von Podiebrad] 1. Bd., Prag 1915, S. 177–185. Pánek, Václav Březan (wie Anm. 11) S. 643–645. Josef Macek, Tábor v husitském revolučním hnutí [Tábor in der Zeit der hussitischen revolutionären Bewegung] Praha 1956, S. 128. Ivana Raková, Rožmberské teritorium v předvečer husitské revoluce [Rosenberger Territorium in der Zeit am Vorabend der hussitischen Revolution] Folia Historica Bohemica 3 (1981) S. 264, 276. František Michálek Bartoš, Husitská revoluce [Hussitische Revolution] 1. Bd., Praha 1965, S. 128. František Šmahel, Dějiny Tábora [Geschichte Tábors] 1. Bd., S. 531f.

[14] Vgl. die genealogische Tafel bei Pánek, Václav Březan (wie Anm. 11) S. 678f.

[15] John Martin Klassen, The Nobility and the Making of the Hussite Revolution, New York 1978, S. 75–124, mit Hinweisen auf die Quellen und Literatur. Zuletzt Robert Šimůnek, Dědictví po Čeňkovi z Vartenberka. K rožmbersko-vartenberským vztahům v 1. polovině 15. století [Die Erbschaft nach Čenko von Wartenberg. Zu den Beziehungen zwischen den Rosenbergern und den Wartenbergern in der 1. Hälfte des 15. Jahrhunderts] Mediaevalia Historica Bohemica 5 (1998) S. 105–118, v.a. S. 108.

[16] Historia Laurentii de Brzezowa, in: Fontes Rerum Bohemicarum 5, hg. v. Jaroslav Goll, Praha 1893, S. 380f.

[17] Mit Ulrichs politischer und militärischer Tätigkeit in der Zeit der Hussitenkriege beschäftigte sich neben der vorher angeführten Literatur zuletzt Šmahel, Husitská revoluce (wie Anm. 1) und Dějiny Tábora (wie Anm. 13).

trieb[18]. Er gehörte zu den bedeutendsten Anhängern von Sigismunds Thronfolger Albrecht II. Nach dessen Tod orientierte er sich an Friedrich III. Ulrich stand an der Spitze des Strakonitzer Bundes, in dem sich die katholischen Kräfte Böhmens verbanden, und kam in politische Konfrontation mit Georg von Podiebrad. Nachdem Ende der 40er Jahre Friedrich III. das Interesse an den böhmischen Thron verlor[19] und Georg von Podiebrad Prag erobert hatte (1448), zog sich Ulrich vom politischen Leben zurück[20]. Er blieb jedoch bis zu seinem Tod im Jahre 1462 ein ernster politischer Gegner des Georg von Podiebrad, der 1448-58 Verwalter des Königreiches Böhmen und 1458-1471 böhmischer König war[21].

Die politische Laufbahn Ulrichs von Rosenberg wird hier jedoch nicht im Vordergrund stehen, sondern seine private Umwelt. Die für sein Leben günstige Quellenlage ermöglicht eine solche Analyse, wenn auch nur in eingeschränktem Maße. Vorarbeit wurde durch die von Blažena Rynešová und Josef Pelikán herausgegebenen vier Bände von Urkunden und Briefen[22] Ulrichs von Rosenberg und die von Matthäus Klimesch edierte Rosenbergische Chronik des 1699 verstorbenen Norbert Heermann – eines in Magdeburg geborenen und in der Wittingauer Herrschaft der letzten Rosenberger und Schwarzenberger wirkenden Geistlichen – geleistet[23]. Während für das Urkundenbuch jahrzehntelang Quellen in verschiedensten böhmischen, aber auch ausländischen Archiven zusammengetragen wurden, stützte sich Heermann in erster Linie auf ältere Quellen v.a. literarischer Herkunft, wie

---

[18] Anděla Fialová, Josef Hejnic, Český Krumlov v době husitské [Böhmisch Krumau in der Hussitenzeit] in: Sborník Národního musea A 29 (1975) S. 1–48. Jiří Veselý, Město Český Krumlov v patnáctém století [Die Stadt Böhmisch Krumau im 15. Jahrhundert] in: Českokrumlovsko (wie Anm. 2) S. 27–43. Zur Rolle Pilsens Miloslav Polívka, Böhmen in der Endphase der hussitischen Revolution und internationale Aspekte seiner Entwicklung. (Die Zuspitzung des Kampfes um den Charakter des böhmischen Staates in der Zeit der hussitischen Belagerung der Stadt Pilsen) in: Historica 29 (1989) S. 161–224.

[19] Zu den Kontakten zwischen Ulrich von Rosenberg und Kaiser Friedrich vgl. Paul-Joachim Heinig, Kaiser Friedrich III. (1440-1493). Hof, Regierung und Politik. Köln-Weimar-Wien 1997, v.a. 2. Bd., S. 425f. Detailliert jedoch bei Urbánek, České dějiny (wie Anm. 13) Bd. 1–3, 4, Praha 1915-1962, passim. Weiter vgl. Kommentare in den Einleitungen zu den einzelnen Bänden Listář a listinář Oldřicha z Rožmberka 1418-1462 [Urkunden und Briefe Ulrichs von Rosenberg 1418-1462] hg. v. Blažena Rynešová, Bd. 1-4 (Mitherausgeber des 4. Bandes war Josef Pelikán) Praha 1929-1954.

[20] Dazu Urbánek, České dějiny (wie Anm. 13) S. 176.

[21] Zu der Regierungszeit Georgs von Podiebrad zuletzt Jaroslav Boubín, Ein König – zweierlei Volk. Zu den Reformbemühungen im Königreich Böhmen Georgs von Podiebrad, in: Reform von Kirche und Reich zur Zeit der Konzilien von Konstanz (1414-1418) und Basel (1431-1449) hg. von Ivan Hlaváček und Alexander Patschovsky, Konstanz 1996, S. 79–90 mit Hinweisen auf die umfangreiche Literatur.

[22] Vgl. Anm. 19.

[23] Norbert Heermanns Rosenbergische Chronik, hg. v. Matthäus Klimesch, Prag 1897.

sie besonders die Familienchronik des Rosenberger Historiographen Václav Březan darstellt. Der in Heidelberg und Straßburg immatrikulierte und humanistisch orientierte Březan wurde 1596 Rosenberger Archivar und ordnete die reichen schriftlichen Quellen und die Bibliothek der Herren von Rosenberg, deren Niedergang er noch sieben Jahre vor seinem Tod, also 1611, durch den Tod des berühmten Peter Wok von Rosenberg miterlebte[24].

Obwohl die vierbändige Ausgabe von Ulrichs Urkunden und Briefen und die chronikalischen Eintragungen aus den 15. bis 17. Jahrhunderts eine umfangreiche Basis für die Bearbeitung einer dringend benötigten Monographie darstellt, über sein Privatleben – das in diesem Beitrag charakterisiert werden sollte – gibt es doch nur wenige Stützpunkte. Über die Kindheit Ulrichs ist sehr wenig bekannt, man weiß nur, daß er in Krumau unter Aufsicht seines Vaters Heinrichs († 1412), seiner Mutter Elisabeth von Krawarn († 1444) und nach 1412 durch Čenko von Wartenberg erzogen wurde[25]. Da sowohl sein Vater als auch sein Vormund Čenko von Wartenberg das Amt des Oberstburgrafen des Königreichs Böhmen bekleidete[26], kam der junge Ulrich sicher öfter nach Prag, wo die Rosenberger Häuser besaßen, u.a. auf dem Hradschin, in der Altstadt und in der Neustadt[27]. So konnte Ulrich wohl schon in diesem Alter Kontakte zur einer aristokratisch-höfischen Gesellschaft pflegen und den monumentalen Aufbau der Prager Städte miterleben, was für ihn sicher einer der Motive war, in späteren Jahren seinen Sitz in Krumau prachtvoll auszubauen und in ein kulturelles Zentrum umzuwandeln[28]. Die Witwe, Elisabeth von Krawarn, achtete mit

---

[24] Pánek, Václav Březan (wie Anm. 11) S. 662–677. Für die Lebenszeit Ulrichs wertete kritisch Březans chronikalische Arbeiten aus: Anna Kubíková, Rožmberské kroniky krátký a sumovní výtah [Kurzer und summarischer Auszug aus der Rosenbergischen Chronik] Teil 7 – Oldřich z Rožberka, in: Jihočeský sborík historický (1989) S. 143–154.

[25] Rynešová, Listář a listinář (wie Anm. 19) 1. Bd. S. 3ff.

[26] Rosenbergische Chronik (wie Anm. 23) S. 73, Anm. 36. František Palacký, Přehled saučasný nejvyšších důstojníků a auředníků zemských i dvorských ve Království českém [Die aktuelle Übersicht der höchsten Landes- und Hof- Würdenträger und Beamten des Königreichs Böhmen] in: Dílo Františka Palackého 1, hg. v. Jaroslav Charvát, Praha 1941, S. 344. Heinrich v. Rosenberg ist in dem Amt belegt 1396-97 und 1400-1403, Čenko 1414-20.

[27] Václav Vladivoj Tomek, Dějepis města Prahy 2, Praha 1871, S. 96, 101, 185, 206, und 241.

[28] Zu Krumau vgl. Handbuch der historischen Stätten: Böhmen und Mähren, hg. v. Joachim Bahlcke, Winfried Eberhard und Miloslav Polívka, Stuttgart 1998, S. 53–57, mit Literaturhinweisen. Weiter Josef Hejnic, Českokrumlovská latinská škola v době rožmberské [Die lateinische Schule in Böhmisch Krumau in der Zeit der Rosenberger] in: Rozpravy ČSAV-SV 82 (1972) und Ivan Hlaváček, Der Hof Wenzels IV. als führendes Kulturzentrum Mitteleuropas, in: Die Wenzelsbibel. Vollständige Faksimile-Ausgabe der Codices Vindobonenses 2759–2764 der Österreichischen Nationalbibliothek Wien, hg. v. Hedwig Heger, Ivan Hlaváček, Gerhard Schmidt und Franz Unterkircher, Graz 1998, S. 19.

dem Krumauer Pfarrer Hostislaus, der als Kanzler im Heinrichs Dienst stand, darauf, daß die umfangreiche Rosenberger-Herrschaft vollständig erhalten blieb. In dem testamentarischen Beschluß mußten sich alle 23 Rosenberger Burggrafen schriftlich verpflichten, die Güter verantwortungsvoll zu verwalten. Die Vormundschaft für dem Halbwaisen übernahm der böhmische Oberstburggraf Čenko von Wartenberg zusammen mit Johann von Neuhaus und Heinrich von Krawarn[29]. Die Mutter und Čenko von Wartenberg, durch die Ulrich zunächst hussitisch geprägt wurde, ermöglichten ihn den Einstieg in das politische Leben. Die Volljährigkeit erreichte er im März 1418 und heiratete wohl um diese Zeit Katharina von Wartenberg († 1436), die Nichte Čenkos.

Von dem inneren Leben der Familie ist sehr wenig bekannt. Dies deutet darauf hin, daß die meisten Familienangelegenheiten im engsten Kreis meist mündlich erledigt wurden und nicht schriftlich geregelt werden mußten. Ulrich wurde als ein unsympathischer, unaufrichtiger und hinkender Mensch beschrieben: *indirecte mentis aperiens inconstantiam, quam pedum ipsius claudicitas demonstrabat*[30]. Seine politische Laufbahn zeigt aber, daß er mit Eigenschaften begabt war, die ihm, neben seiner Herkunft, eine gesellschaftliche Anerkennung unter den böhmischen Ständen und eine große politische Karriere ermöglichten[31].

Die oben erwähnte, nicht gerade sympathische Charakteristik des Rosenbergers stammt von dem berühmten böhmischen Chronisten Laurentius von Březowa, der, prohussitisch orientiert, Ulrich sowohl in der Politik als auch im Glauben gegenüberstand. Sie liefert also sicher kein komplettes Bild der Persönlichkeit des Rosenbergers und seines Privatlebens. Versuchen wir nun doch die sehr sporadischen Spuren zu Ulrichs Natur und zur Privatsphäre seines Lebens zu verfolgen.

Wie angedeutet, genoß Ulrich eine den zeitgenössischen adligen Gewohnheiten entsprechende Erziehung, so daß er am Anfang der hussitischen Kriege 1419-20 bereit war, sowohl an den politischen als auch militärischen Ereignissen aktiv teilzunehmen. Der damals siebzehn- bis achtzehnjährige Ulrich erlitt jedoch gleich am Anfang der Hussitenkriege bei der Belagerung der von Hussiten im Frühjahr 1420 gegründeten Festung Tabor eine schwere Niederlage, die ihn hätte tief betreffen müssen. Laurentius von Březowa erwähnt, der Rosenberger habe sich sehr erniedrigt gefühlt und sich für eine Rache an den Taboriten entschieden. Dies habe einerseits

---

[29] Rosenbergische Chronik (wie Anm. 23) S. 84ff. Rynešová, Listář a listinář (wie Anm. 19) 1. Bd., S. 3f.
[30] Historia Laurentii von Brzezowa (wie Anm. 16) S. 380. Zu Laurentius vgl. Lexikon des Mittelalters 5, 1991, Sp. 1760.
[31] Urbánek, České dějiny (wie Anm. 13) S. 175ff.

verursacht, daß sich Ulrich für den katholischen Glauben entschied, andererseits den Haß der Hussiten ausgelöst, die seitdem rosenbergische Güter geplündert haben[32]. Man kann auch nicht ganz ausschließen, daß Ulrich verletzt wurde und deshalb, wie schon erwähnt, hinkte. Jedenfalls versuchte König Sigismund, Ulrich in einem Brief zu beruhigen und zu unterstützen und forderte ihn auch, er solle sich daheim über die seinen als ein Herr zeigen, der mächtig ist[33].

Zu seinem Gesundheitszustand liefern die bisher bekannten Quellen nur knappe Auskünfte. Jedenfalls wollte sich Ulrich in einem Brief vom Juni 1436 bei König Sigismund entschuldigen, er könne nicht nach Iglau zum Landtag kommen, da er *sehr kranke Füße hätte und nicht auf dem Pferd reiten könne, er möge aber doch mit einem Wagen kommen*. So lautet der Text des Konzeptes. In dem ausgefertigten Originalbrief fehlt jedoch dieser Satz, der durch die Bemerkung ersetzt worden ist, sein Bote werde Sigismund die Gründe für Ulrichs Abwesenheit erklären[34]. Anfang Juni 1437 beschwerte er sich wieder über eine nicht näher angeführte Erkrankung[35]. Sieben Jahre später berichtet Ulrich seiner Schwester Katharina, verheiratet mit Reinprecht von Wallsee, *das ich dy gicht in einem arm hab, das ich im ganzer achtag lig und aus dem pet nicht komen pin*, und im Frühjahr 1449 schickte, auf seine Aufforderung, der Olmützer Bischof Ulrich einen nicht genannten Arzt[36]. Als 1457 Ulrich seinem Sohn Johann die Herrschaft über die Rosenberger Güter übergab, führte er unter anderem auf, jedoch nicht konkret, daß er an verschieden Krankheiten in seinem Alter (54) leide[37]. Ulrich zog sich für vier Jahre auf die kleine Burg Maidstein zurück, doch das Alter zwang ihn trotz des Streites mit seinem Sohn Johann, nun schon Rosenberger Herrscher, nach Krumau zurückzukehren[38]. Elf Monate vor seinem Tod, nämlich Ende Mai 1461, beschwerte sich Ulrich beim Kru-

---

[32] Historia Laurentii von Brzewowa (wie Anm. 16) S. 381: *Dominus ergo de Rosis multum deiectus et de Taboritis se vindicare volens...*. Zu den Umständen dieser Schlacht Josef Macek, Tábor v husitském revolučním hnutí [Tabor in der hussitischen revolutionären Bewegung] Bd. 2, Praha 1955, S. 194–197.

[33] Rynešová, Listář a listinář (wie Anm. 19) Bd. 1, S. 19, Brief vom 01. Juli 1420.

[34] Ibid., S. 199f., Brief an König Sigismund vom Juni 1426, Krumau.

[35] Ibid., S. 223f.

[36] Ibid., Bd. 2, S. 377, Brief vom 21. September 1444, Krumau. Gicht (Podagra) war im Mittelalter eine Krankheit, über die sich viele Adlige und Herrscher beklagten; es handelte sich um eine Metabolismusstörung, die sich v.a. aufgrund der einseitigen Ernährung (Rind-, Wildfleisch und Innereien) entwickelte, durch Gebrauch von Wein verstärkte und große Gelenkschmerzen verursachte. Der Brief vom Olmützer Bischof Pavel von Militschin, datiert 15. April 1449, ediert in Archiv český (wie Anm. 2) Bd. 14, S. 42f. Nr. 1563.

[37] Rynešová, Listář a listinář (wie Anm. 19) Bd. 4, S. 443ff.

[38] Ibid., S. 419–430, 443ff.

mauer Hauptmann Johann Rús von Čemín, er *leidete vor kurzem an Stein*. Man könnte also vermuten, Ulrich hatte eine Nieren-, Harnwege- oder Gallenblasenkolik, die ihn daran gehindert hat, mit dem Boten des Hauptmanns zu reden, und dieser hat sich deshalb bis zum nächsten Tag bei Ulrich aufhalten müssen[39].

Wichtig für die Adligen war offensichtlich die Familie, die die Kontinuität der Adelsgeschlechter sichern sollte. Ulrich scheint großen Wert auf das Familienleben gelegt zu haben, was die Zahl seiner sechs Kinder aus der Ehe mit Katharina von Wartenberg bestätigt[40]. Die schriftlichen, edierten Quellen belegen es aber nicht direkt, da in ihnen der Name von Ulrichs Frau, aber auch private Kontakte mit den Kindern mit einer Ausnahme nur sehr selten vorkommen. Das deutet aber eher darauf hin, daß die Familienangelegenheiten im engen Kreis des täglichen Kontaktes oder später bei gemeinsamen Familientreffen (Hochzeiten, Begräbnisse usw.) und über vertraute Boten erledigt wurden, zeugt aber auch davon, daß Ulrich fast absolute Rechte als Familienoberhaupt lange für sich beansprucht hat. Auch mit seiner Schwester war er nicht in allzu regem Briefverkehr, schrieb ihr jedoch über seinen Gesundheitszustand und freute sich auch darüber, daß ihre Kinder wie seine gesund sind und es allen gut geht[41]. Vom Intim-, aber auch Repräsentationsleben der Familie fand ich keine Spuren. Feierlichkeiten wie Hochzeiten, Geburtsangelegenheiten, aber auch Begräbnisse werden nicht geschildert[42].

---

[39] Ibid., S. 446, Nr. 649, hg. v. Josef Kalousek in Archiv český (wie Anm. 2) Bd. 7, S. 239, Nr. 58. Die genaue Datierung läßt sich mit Hilfe des daselbst edierten Briefes von Johann von Rosenberg, S. 238f., Nr. 53, vom 3. August 1461, und des am 17. August datierten Briefes Jobst von Rosenberg, bei Rynešová, Listář a listinář (wie Anm. 19) S. 443ff. auf den 28. Mai 1461 festlegen. Die letzen Qautember vor Jobst Ankunft waren also in der Woche nach Pfingsten, d.h. 27.-30. Mai.

[40] Zu den Kindern zählten: Heinrich IV. (†1457) - Obersthauptmann in Schlesien und zweiter Rosenberger Herrscher (Ulrich war der erste); Jobst (†1467) - Bischof von Breslau; Johann II. († 1472) - Obersthauptmann in Schlesien, dritter Rosenberger Herrscher; Agnes († 1488); Perchta († 1476) und Lidmila († 13490) vgl. Pánek, Václav Březan (wie Anm. 11) S. 679, und Rosenbergische Chronik (wie Anm. 23) Beilage: Stammtafel der Herren von Krumau und der Herren von Rosenberg.
Die Angabe über insgesamt sieben Kinder Ulrichs, die bei Anna Skýbová, Listy Bílé paní Rožmberské [Die Briefe der Weißen Frau von Rosenberg] Praha 1975, S. 17, ist falsch, weil die als Kind Ulrichs genannte Katharina die Tochter von Ulrichs Sohn Johann II. war. Vgl. Pánek, Václav Březan (wie Anm. 11) S. 679.

[41] Zur Ulrichs Krankheit vgl. Anm. 36, über die Familienverhältnisse z.B. der Brief vom 20. Jun. 1445, Rynešová, Listář a listinář (wie Anm. 19) Bd. 3, S. 25, Nr. 31.

[42] Mit der Frage der Stellung der Frau im mittelalterlichen Böhmen beschäftigte sich John Martin Klassen, Marriage and Family in Mediaeval Bohemia, in: East European Quarterly 19, 3 (1985). Ders., The Development of the Conjugal Bond in Late Medieval Bohemia, in: Journal of Medieval History 13 (1987) S. 161-178. Ders., The Challenge of Marriage

Es soll darauf hingewiesen werden, daß ich unter den publizierten und hier zitierten Quellen keine Nachricht zu Ulrichs Hochzeit mit Katharina gefunden habe. Die Fäden dieser Verbindung zog damals (1417–18) ohne Zweifel Čenko von Wartenberg. Ebenso unpersönlich, jedoch ganz sachlich und rechtlich korrekt, ließ (1418) Ulrich unter Čenkos Einfluß auch seine Schwester Katharina mit Herrn Reinprecht von Wallsee verloben und danach verheiraten[43]. Es gehört wohl zu den formalen Gewohnheiten der Zeit, und es ist wohl deshalb auch über den Tod Katharinas wenig zu erfahren. Über das Begräbniszeremoniell in Krumau habe ich keine Nachricht in Ulrichs Korrespondenz finden können, doch die Königin Barbara, Sigismunds Gemahlin, äußerte ihm ihr persönliches Beileid, mahnte jedoch Ulrich zugleich, er solle sich mit den politischen Angelegenheiten wieder beschäftigen[44].

Auch über die Kinder Ulrichs und die Beziehungen in der Familie ist wenig bekannt. Wie üblich, fing ihre Erziehung am Rosenberger Hof an, für die Ausbildung gab es trotz kriegerischer Zeiten auf der Burg und in der Stadt Krumau genug Geistliche und Gelehrte, die hier vor den Hussiten Zuflucht gefunden hatten. Die Töchter wurden für die Ehe vorbereitet, während die jungen Herren von Rosenberg ihre ritterliche, politische und kulturelle Ausbildung an verschiedenen Höfen ergänzten. Der älteste, Heinrich, weilte am Hof des Kaisers Friedrichs III., nach 1448 wurde er Obersthauptmann in Schlesien und nahm an den Kämpfen in Böhmen, Niederösterreich und Ungarn teil. 1451 wurde er zum Familienpatriarch ernannt, nachdem Ulrich auf dieses Amt verzichtet hatte. Als er sich 1457 schwerkrank von dem Krieg gegen die Türken nach Hause begab, schrieb er kurz vor seinem Tod einen wehmütigen Brief an seinen Vater, der eine gute Beziehung zwischen beiden bezeugt[45]. Dies belegen auch einige andere

---

through the Eyes a Fifteenth Century Noble Woman, in: Husitství - Reformace - Renesance. Sborník k 60. narozeninám Františka Šmahela, hg. v. Jaroslav Pánek, Miloslav Polívka und Noemi Rejchrtová, Bd. 2, Praha 1994, S. 649–660. Božena Kopičková, Historické prameny k studie postavení ženy v české a moravské středověké společnosti [Historische Quellen zum Studium der Frauenstellung in der böhmischen und mährischen mittelalterlichen Gesellschaft] Praha 1992.

In der Korrespondenz Ulrichs kommen die kurzen Nachrichten über die Hochzeitsvorbereitungen in knapper Form vor, wie z.B. bei der Hochzeit von Perchta im Jahre 1449. In dem Brief an Nikolaus von Lobkowicz vom 20. Oktober 1449, Krumau, erwähnt Ulrich, er wäre nun mit der Vorbereitung dieser Feier beschäftigt und sobald die Feierlichkeiten vorbei seien, wolle er sich um die politischen Angelegenheiten wieder kümmern, vgl. Rynešová, Listář a listinář (wie Anm. 19) S. 114f., Nr. 136.

[43] Rynešová, Listář a listinář (wie Anm. 19) Bd. 1, S. 1f.
[44] Ibid., S. 202, Nr. 298.
[45] Zerstreute Nachrichten über die Söhne und Töchter Ulrichs bringt v.a. Urbánek, České Dějiny (wie Anm. 13) Bd. 3,1 bis 3,4. Brief Heinrichs für seinen Vater wurde in Archiv

Briefe, z.B. aus dem Jahre 1444, in dem Heinrich seinem Vater seine Zuneigung ausdrückt und ausführlich nach seiner Gesundheit fragt[46].

Jobst, der mittlere Sohn, war für die geistliche Karriere bestimmt. Er trat in den Johannitenorden ein, wurde 1453 in Salzburg zum Priester geweiht und 1456 als Bischof in Breslau bestätigt. Er engagierte sich in der kirchlichen Politik und blieb stets in gutem Kontakt zu Vater und Bruder[47], die sich immer auf seinen Besuch in Krumau freuten, wie u.a. die Briefe Ulrichs und Johanns vom Sommer 1461 belegen[48], obwohl zu dieser Zeit Jobst nach Krumau kommen sollte, um den vorher ausgebrochenen Streit zwischen Bruder und Vater zu lösen[49]. Von Prag aus forderte damals Johann von Rosenberg den Krumauer Burggrafen auf, er solle alles schön für Jobst vorbereiten und v.a. eine gebratene Forelle besorgen, da in einer Woche sein Bruder, der Bischof, kommen werde[50].

Der erwähnte Konflikt zwischen Vater und Sohn hatte sowohl politische als auch wirtschaftliche Gründe. Der alt gewordene Ulrich verstand nicht mehr die politischen Vorgänge und die Unterstützung, die sein Sohn Georg von Podiebrad geleistet hatte. Johann ärgerte sich darüber, daß sein Vater immer mehr Privat- und Familienbesitz verpfändete, um seine Finanzen zu sanieren. Jobst war ein geschickter Schiedsrichter und so konnte Ulrich seine letzten Monate auf dem Krumauer Schloß friedlich mit seinem Sohn zusammenleben. Bis zu diesem Streit waren die Beziehungen zwischen den beiden Genannten friedlich und sachlich, v.a. bei der Verwaltung der Rosenberger Familiengüter, an deren Spitze Johann nach Heinrichs Tod (1457) getreten war[51].

Viel weniger Aufmerksamkeit wurde Ulrichs beiden Töchtern, Agnes und Lidmila, gewidmet, deren Namen in der Korrespondenz nur selten vorkommen. Dafür ist das Lebensschicksal der dritten Tochter, Perchta, in der Geschichtsforschung sehr bekannt geworden. Die an Johann von Liechtenstein

---

český (wie Anm. 2) Bd. 7, S. 215f. Nr. 19, herausgegeben. Über Ulrichs Kinder Anna Kuičková, Rožmberské kroniky (wie Anm. 24) Teil 8 – Jan II. Rožmberka, S. 193–209.

46 Rynešová, Listář a listinář (wie Anm. 19) Bd. 2, S. 352f., Nr. 404, und S. 367f., Nr. 423.
47 Vgl. Anm. 45. Zu Jobsts Biographie Josef Jireček, Rukovět' k dějinám literatury české do konce 13. věku [Handbuch zur Geschichte der tschechischen Literatur bis zum Ende des 13. Jahrhunderts] Bd. 2, Praha 1876, S. 201-205. Jobsts Wirkung als Breslauer Bischof erfaßte ausführlich Wincenty Urban, Szkice z dziejów diecezji wrocławskiej. Biskup Jodok z Rosenbergu [Eine Skizze aus der Geschichte der Breslauer Diezöse. Bischof Jobst von Rosenberg] in: Studia Theologica Varsaviensia 3 (1965) S. 383–417.
48 Archiv český (wie Anm. 39) S. 239, Nr. 58 und S. 238f., Nr. 53.
49 Rynešová, Listář a listinář (wie Anm. 19) Bd. 4, S. 443ff.
50 Vgl. Anm. 47, S. 236f., Nr. 53.
51 Dazu zahlreiche Belege unter den Briefen und Urkunden bei Rynešová, Listář a listinář (wie Anm. 19) Bd. 3-4. und bei Urbánek, České dějiny (wie Anm. 45).

1449 verheiratete Perchta erlebte eine qualvolle Ehe. Nachdem sie Krumau verlassen hatte und nach Nikolsburg in Südmähren und nach Wien umgezogen war, wurde sie wegen der Ablehnung ihrer Schwiegermutter und der kalten Beziehung zu ihrem Gemahl unglücklich. Auch ihre materielle Situation entsprach nicht ihren Erwartungen. Da sie über keine privaten finanziellen Mitteln verfügte, konnte sie kein gesellschaftliches Leben pflegen und keinen eigenen Hof führen. Seit 1450 beklagte sich Perchta, die sich als Opfer der Heiratspolitik ihrer Familie fühlte, bei einigen Bekannten und vor allem bei ihrem Bruder Heinrich über ihre Situation. Das weist sowohl auf Perchtas Verzweiflung als auch auf die festen Familienbeziehungen der Rosenbergern hin, die ihr aber wegen der damaligen gesellschaftlichen und adligen Eheregeln kaum helfen konnten. Mitte der fünfziger Jahre entschied sich Ulrich zusammen mit seinem Sohn, Perchta doch materielle Hilfe und persönliche Unterstützung zu leisten, um so ihr Leiden zu mindern. Als Perchta 1473 verwitwet war, brachte der Tod ihres Mannes für sie eine große Erleichterung[52]. Auf konkrete Quellenhinweise zu Perchta und eine detaillierte Analyse muß hier verzichtet werden, weil eine Arbeit zu diesem Thema mit Edition der noch unbekannten, v.a. deutschsprachigen Urkunden, für den Druck durch John Martin Klassen erst vorbereitet wird[53].

In das Privatleben Ulrichs erlauben einige Quellen doch noch Einsicht. Für den Bereich des geistlichen Lebens läßt sich der Weg zur Katholisierung der Rosenberger Familie nachweisen. Nach der bereits erwähnten Phase von 1412 bis 1420, in der Ulrich unter dem Einfluß seiner Mutter und seines Vormunds Čenko von Wartenberg dem Utraquismus zugeneigt war, kommen einzelne Belege vor, die auf die immer enger werdende Verbindung mit der katholischen Kirche im geistlichen Leben der Familie hindeuten. So bewilligte 1433 Papst Eugen IV. Ulrich und seinem Familienkreis eine Frühmesse[54] und 1434 der päpstliche Legat Juliano Caesarini für Ulrich und seine Frau einen tragbaren Altar, damit sie überall mit ihrer Begleitung (Höflinge und Diener) Messen feiern oder auch im Familienkreis beten konnten[55]. Die gleiche Bewilligung bekam der verwitwete Ulrich noch zweimal, und zwar für sich und seine Kinder in den Jahren 1441 vom Pra-

---

[52] Perchta verdiente sich unter den Mitgliedern der Rosenberger Familie im 15. Jahrhundert durch ihren Schicksal eine große Aufmerksamkeit der Historiker. Der Großteil ihrer Briefe wurde ediert von: August Sedláček, Archiv český (wie Anm. 2) Bd. 11, S. 241-280. Josef Kalousek, daselbst, Bd. 14, S. 1-300. Ryněšová, Listář a listinář (wie Anm. 19) Bd. 4. passim. A. Skýbová, Listy Bílé paní (wie Anm. 40) mit Hinweisen auf die Literatur.
[53] Zu Perchta vgl. Klassen, The Challenge of Marriage (wie Anm. 42).
[54] Ryněšová, Listář a listinář (wie Anm. 19) Bd. 1, S. 152, Nr. 223.
[55] Ibid., Bd. 1, S. 176, Nr. 255.

ger Erzbischof Nikolaus und 1448 für sich selbst von dem päpstlichen Legaten Juan de Carvajal[56].

Ulrich versuchte die geistliche und katholische Legitimität seiner Familie auch dadurch zu bestätigen, indem er sie zum Eintritt in die bedeutenden Orden bewog. Johann Kapistran, der päpstliche Legat und Generalvikar der Franziskaner, nahm ihn und seine Familie 1451 in den Franziskanerorden auf[57] und Ulrich selbst trat ein Jahr später dem Malteserorden bei[58]. Offensichtlich handelte es sich um demonstrative Entscheidungen, die Ulrich als wichtigen böhmischen Politiker angeboten wurden und die er zu seinen und seiner Familie Gunsten akzeptierte. Es sollte erwähnt werden, daß Ulrich die außerordentliche Stellung seiner Familie unter dem böhmischen aber auch mitteleuropäischen Adel auch dadurch zu stärken versuchte, indem er aufgrund von urkundlichen Falsen den Ursprung seines Familiengeschlechtes von der alten und berühmten italienischen Familie Orsini abzuleiten suchte[59].

Der Rosenberger war auch gemäß der Familientradition wohltätig, als er sich um das um die Mitte des 14. Jahrhunderts von seinen Vorfahren gegründete Spital für die böhmischen Pilger in Rom kümmerte, obwohl die Zahl der aus den böhmischen Ländern kommenden Pilger im 15. Jahrhundert wahrscheinlich sank[60].

Einige Belege weisen sogar auf Ulrichs Küche hin. So teilte er z.B. im Jahr 1447 einem böhmischen Adeligen mit, der bei ihm nach Wildfleisch gefragt hatte, er selbst esse kein Wildfleisch[61]. Wegen seiner Krankheiten konnte er wohl kaum an den Jagden teilnehmen, offensichtlich mußte er jedoch Hirsche, Jagdhunde und andere solche Tiere züchten lassen, da er sie selbst von anderen Adligen für die Zucht verlangte oder wieder verschenk-

---

[56] Ibid., Bd. 2, S. 115f. Nr. 144, und Bd. 3, S. 354, Nr. 500.
[57] Ibid., Bd. 4, S. 324f., Nr. 463.
[58] Ibid., S. 358f., Nr. 495.
[59] Dazu vgl. Pánek, Václav Březan (wie Anm. 11) S. 645, mit weiteren Literaturhinweisen. Durch zahlreiche Falsen versuchte sich Ulrich viele ältere und zeitgenössische Privilegien der Könige und Kaiser seine materiellen Gewinne aus der Zeit der hussitischen Revolution bestätigen lassen. Zu seinen Fälschungen Valentin Schmidt, Die Fälschung von Kaiser- und Königsurkunden durch Ulrich von Rosenberg, in: Mitteilungen des Vereins für Geschichte der Deutschen in Böhmen 32 (1894) S. 317–337, und 33 (1895) S. 181–202. Edition von Falsen bei Rynešová, Listář a listinář (wie Anm. 19) Bd. 1., S. 236–275. Die mit diesen Tätigkeiten zusammenhängenden Eigenschaften Ulrichs würden eine neue Analyse auch in Hinsicht zum Thema dieses Beitrages benötigen.
[60] Dazu z.B. die Korrespondenz bei Rynešová, Listář a listinář (wie Anm. 19) Bd. 2, S. 21, Nr. 28, und S. 24, Nr. 34, Bd. 3, S. 273f., Nr. 387, und Bd. 4, S. 391, Nr. 561. Vgl. M. Pangerl, Zur Geschichte des böhmischen Hospitals in Rom, in: Mitteilungen des Vereins für Geschichte der Deutschen in Böhmen 12 (1874) S. 205–212, und F. Mareš, Český hospic v Římě, in: Časopis českého musea 64 (1890) S. 65–100.
[61] Rynešová, Listář a listinář (wie Anm. 19) Bd. 3, S.277, Nr. 394.

te[62]. Zahlreiche Hinweise belegen, Ulrich hat großen Wert auf Fischzucht und Fischspeisen gelegt[63].

Für Historiker kann der Zugriff der einzelnen Person auf Unterlagen besonders interessant sein. Ein Bogen spannt sich bei unserem Beispiel Ulrich von der Jugend bis zum Alter: Der gerade volljährige Ulrich nahm an dem Verzeichnis der wertvollen Gegenstände, Bücher und Urkunden teil, die sich auf dem Krumauer Schloß im März 1418 befanden[64], und in Jobsts Schiedsspruch vom Jahre 1461, kurz vor Ulrichs Tod, wird Ulrich das Recht gegeben, er könne in Krumau alle Urkunden, Briefe, Eintragungen und Bücher lagern, die die Freiheiten und wichtige Schriften der Rosenberger Familie beinhalten[65]. Aufgrund dieser schriftlichen Quellen haben die Geschichtsforscher nun die einzigartige Möglichkeit, in die spätmittelalterliche Vergangenheit eines der berühmten böhmischen Adelsgeschlechter hineinzusehen.

Die Einsicht in das Privatleben eines böhmischen Adelsgeschlecht im späten Mittelalter ist äußerst kompliziert, auch wenn die Quellen so relativ reich erhalten geblieben sind wie es bei den Rosenbergern der Fall ist. Die Gründe dafür sind verschieden: schlechte allgemeine Quellenlage, die es nicht ermöglicht, Rosenberger Korrespondenz, die das Privatleben betrifft, mit der anderen Adelsarchiven zu vergleichen, die in kriegerischen Zeiten zerstört wurden. Darüber hinaus mußte man sich wohl unter solchen Umständen oft auf die mündliche Kommunikation verlassen. Ein anderer Grund stellte wahrscheinlich die Tatsache dar, daß es keine Gewohnheit gab oder schlichtweg keine Lust vorhanden war, das private Leben außerhalb des engeren Umkreis der Verwandten zu präsentieren. Der Fehler liegt jedoch auch bei den Historikern, die sich bisher mit der böhmischen Geschichte dieser Zeit beschäftigten: zu wenig Fragen wurden in diese Richtung gestellt und zu wenig Quellen ausgewertet. Hier ließ sich nur skizzieren, welche Chance in neuen Perspektiven der Adelsforschung liegen, nicht nur für Böhmen.

---

[62] Vgl. z.B. ibid., Bd. 3, S. 190, Nr. 261, S. 194, Nr. 268. Ibid., Bd. 2, Nr. 113, und Bd. 4, S. 371, Nr. 520.
[63] Z.B. ibid., Bd. 4, S. 429.
[64] Ibid., Bd. 1, S. 276, Nr. 382 (mit weiteren Quellenangaben).
[65] Ibid., Bd. 4, S. 444.

Marek Derwich

Der kleinpolnische Niederadel in seinen privaten Beziehungen zum Benediktinerkonvent Łysiec im 15. Jahrhundert

Die Geschichte des Benediktinermönchtums in Polen birgt immer noch eine Reihe herausfordernder Aufgaben, zu denen besonders die verschiedenen religiösen, sozialen und kulturellen Beziehungen zwischen den einzelnen Konventen und ihrer lokalen- und regionalen Umgebung gehören[1]. Diese Thematik findet zwar in der übrigen europäischen Forschung seit Jahren große Beachtung, jedoch konzentrieren sich die Arbeiten hier bisher vorzugsweise auf die Frühgeschichte des Ordens und seine herausragende Bedeutung bis ins 12. Jahrhundert[2]. Weit weniger Interesse in der Forschung fand bisher hingegen die Situation der Benediktinerkonvente im späten Mittelalter und ihre Entwicklung über die kritische Phase der Reformation hinweg in der frühen Neuzeit[3]. Eine Ausnahme bilden allein jüngere For-

---

[1] Marek Derwich, Monastycyzm w dawnych społeczeństwach europejskich. Zarys problematyki [Das Mönchtum in alten europäischen Gesellschaften. Abriß der Problematik] in: Klasztor w społeczeństwie średniowiecznym i nowożytnym [Das Kloster in der mittelalterlichen und neuzeitlichen Gesellschaft] hg. v. dems., Anna Pobóg-Lenartowicz (Opera ad historiam monasticam spectantia, Series 1: Colloquia 2) Opole-Wrocław 1996, S. 43–53.

[2] Vgl. Aspects de la vie conventuelle aux XIe-XIIe siècles. Actes du 5e Congrés de la Société des Historiens Médiévistes de l'Enseingnement Supériéur Public, in: Cahiers d'Histoire 20 (1975) S. 109–334. Joelle Quaghebeur, Aristocratie et monachisme autour de Sainte-Croix de Quimperlé aux XIe et XIIe siècles, in: Sous la Règle de saint Benoît. Structures monastiques et sociétés en France du Moyen Âge à l'Époque Moderne (Publications de l'École pratique des Hautes Études, 5. Hautes études médiévales et modernes 47) Genève-Paris 1982, S. 199–211. José Orlandis. Laicos y monasterias en la España medieval, in: Annuario des Estudias Medievales 17 (1987) S. 95–104. Barbara H. Rosenwein, To be the Neighbor of Saint Peter. The Social Meaning of Clunys Property 909–1049, Ithaca-London 1989.

[3] Vgl. Ludo Milis, Angelic Monks and Earthly Men. Monastic and ist Meaning to Medieval Society, Woodbridge 1992. Otto Gerhard Oexle, Forschungen zu monastischen und geistlichen Gemeinschaften im westfränkischen Bereich (Münstersche Mittelalter-Schriften 31) München 1978. Ursula Riechert, Oberschwäbische Reichsklöster im Beziehungsgeflecht mit Königtum, Adel und Städten (12. Bis 15. Jahrhundert) (Europäische Hochschulschriften 3/301) Frankfurt/M.-Bern 1986. Monastery and Society in the late Middel Ages. Selected accounts rolls from Selby Abbey Yorkshire, 1398–1537, hg. v. John H. Tillotson,

schungen zu den spätmittelalterlichen Ordensreformbewegungen[4]. Erkennbar wird gerade für diesen Abschnitt allgemein eine Entwicklung, in der auch die Benediktinerabteien zunehmend mit ihrer jeweiligen sozialen Umgebung verschmolzen, indem sie verstärkt weitere geistliche, kulturelle und soziale Funktionen übernahmen. Diese Zusammenhänge haben zuletzt beispielhaft Joachim Wollasch[5] und Jacques Dubois[6] analysiert. Aus guten Gründen wird in der Literatur vermehrt auf die wachsenden Verbindungen der Abteien zu den lokalen Adelsgruppen hingewiesen. Zweifel freilich erwecken exemplarische Untersuchungen unter anderem von Francis Rapp[7], wo dieser Prozeß fatale Auswirkungen für die Gestaltung des inneren Klosterlebens hat. Unter tausenden selbständigen Benediktinerabteien des späteren Mittelalters kann man problemlos tatsächliche Extreme der Mißachtung der monastischen Gelübde benennen. Diese Vorgänge bilden aber keineswegs die Regel im spätmittelalterlichen Ordensleben. Dies belegen eindrucksvoll die jüngsten Forschungen von Alfred Wendehorst[8] und Klaus Schreiner[9] sowie auch meine eigenen Forschungen über die Situation der Orden in Polen[10]. Danach zeigen sich in unterschiedlichen Regionen aber gerade eben im 15. Jahrhundert auch günstige Entwicklungen der Benedik-

---

    Woodbridge 1988. Les mouvances laïques des ordres religieux. (C.E.R.C.O.R., Travaux et Recherches 8) Publications de l'Universite de Saint Etienne 1996.

[4] Dieter Mertens, Monastische Reformbewegung des 15. Jahrhunderts: Ideen – Ziele – Resultate, in: Reform von Kirche und Reich zur Zeit der Konzilien von Konstanz (1414–1418) und Basel (1431–1449), hg. v. Ivan Hlaváček, Alexander Patschovsky, Konstanz 1996, S. 157–182.

[5] Joachim Wollasch, Mönchtum des Mittelalters zwischen Kirche und Welt (Münstersche Mittelalter-Schriften 7) München 1973.

[f] Jacques Dubois, Histoire monastique en France au XIIe siècle. Les institutions monastiques et leur évolution (Collected Studies Series 161) London 1982. Ders., Aspects de la vie monastique en France au Moyen Âge (Collected Studies Series 395) Aldershot 1993.

[7] Francis Rapp, Les abbayes, hospices de la nobless: l'influence de l'aristocratie sur les convents bénédictines dans l'Empire à la fin du Moyen Âge, in: La noblesse au Moyen Âge. XIe-XVe siècles. Essais à la mèmoire de Robert Boutrouche, hg. v. Philippe Contamine, Paris 1976, S. 315–338.

[8] Alfred Wendehorst, Der Adel und die Benediktinerklöster im späten Mittelalter, in: Consuetudines monasticae. Eine Festgabe für Kassius Hallinger aus Anlaß seines 70. Geburtstages (Studia Anselmiana 85) hg. v. Joachim F. Angerer, Josef Lenzenweger, Rom 1982, S. 333–353.

[9] Klaus Schreiner, Vom adeligen Hauskloster zum „Spital des Adels". Gesellschaftliche Verflechtungen oberschwäbischer Benediktinerkonvente im Mittelalter und in der frühen Neuzeit, in: Rottenburger Jahrbuch für Kirchengeschichte 9 (1990) S. 27–54.

[10] Vgl. Anm. 1 und Marek Derwich, Monastycyzm benedyktyński w średniowiecznej Europie i Polsce. Wybrane problemy [Benediktinermönchtum im mittelalterlichen Europa und Polen. Ausgewählte Probleme] (Acta Universitatis Wratislavensis 2019, Historia 135) Wrocław 1998.

tinerabteien[11], man kann sogar sagen, daß der Orden eine Revitalisierung erlebte, wozu gehörte, daß sich der Umgang mit der sozialen Umgebung, hier des Adels, im Sinne einer Partnerschaft wechselseitig vorteilhaft gestaltete[12]. In dieser Perspektive seien exemplarisch die Situation der Benediktinerabtei auf dem Berge Łysiec im Łysogóry-Gebirge und die privaten Beziehungen des Kleinadels aus dem Gebiet des alten Sandomierz-Kreises (Kleinpolen) am Ende des 14. und im 15. Jahrhundert zu diesem Konvent vorgestellt.

Die Quellengrundlage für diese Problemstellung ist eher bescheiden. Aber immerhin veranschaulicht ein Wunderverzeichnis aus den Jahren 1450–1458 und 1500–1518 den regionalen Verbreitungsgrad und die Intensität der dort in der Abtei verwahrten Heilig-Kreuz-Reliquie[13]. Einzelne und genauere Angaben zu einzelnen Personen lassen sich aus dieser Quelle nur selten gewinnen, aber soziale Zuordnungen werden dennoch möglich. Ergänzend sind anderweitige Überlieferungen, darunter Briefe und Urkunden mit dem bekannten Zeugennamen heranzuziehen.

Die Benediktinerklöster zählten zu den größten Grund- und Gutsherren im mittelalterlichen Polen, weshalb sich für sie schon allein aus diesem Grunde vielerlei Beziehungen zur sozialen Nachbarschaft in der Region ergaben. Der Charakter dieser Beziehungen scheint jedoch in diesem Fall – zumindest im gewissen Umfang – von der üblichen Form derartiger Eigentumsformen abzuweichen. Zu den spezifischen Eigenschaften des Klostereigentums gehörte hauptsächlich seine große territoriale Besitzverteilung mit gleichwohl sehr geringer Besitzmobilität. Beide Eigenschaften wurden durch die Tendenz zur Bildung von Eigentumskonzentrationen rings um den Abteisitz sowie dessen Propsteien noch verstärkt. Eine wichtige Rolle spielte die Zersplitterung, besonders aber die Stabilität der Zehntbezüge, da sie auch nach den Verlust eines Dorfes vorwiegend der Abtei weiter zur Verfügung standen. Aus diesen Gründen entwickelte sich ein Raum mit festen indirekten wirtschaftlichen Beziehungen und damit verbundenen weiteren und beständigen Kontakten des Klosters, die wirkungsmächtiger als die der weltlichen Adeligen waren, wenn man hier von deren politischer Macht einmal absieht. Dieses relativ kleine Gebiet war in seiner Organisation derartig mit der Abtei verbunden, daß die wirtschaftliche Handhabung

---

[11] Ibid. S: 209–212.
[12] Marek Derwich, Klasztor św. Kryza na Łysej Górze a rycerstwo sandomierskie [Das Kloster des heiligen Kreuzes auf dem Berg Łysiec und die Ritterschaft aus Sandomir] in: Genealogia. Studia nad wspólnotami krewniaczymi w Polsce średniowiecznej na tle porównawczym, hg. v. Jacek Hertel, Jan Wroniszewski, Toruń 1987, S. 149–171.
[13] Jacek Jabłonski, Drzewo Zywota z Raiu …[Lebensbaum aus dem Paradies …] Kraków (1737), S. 73–168.

beinahe vollkommen vom Willen des Konvents abhing. Dies bedeutete nun nicht, daß das Kloster den Dienst von Laien nicht in Anspruch genommen hätte, wo doch eben durch diese die Kontakte der Mönche zur Außenwelt maßgebend gestaltet wurden. Ein nicht nur für Polen bekannter Mangel an einer hinreichenden Anzahl von Untertanen oder Lohnarbeitern in der Wirtschaftsorganisation und Vermögensverwaltung – eben im Fall der Abtei auf dem Berge Łysiec – veranlaßte die Mönche, sich persönlich mit wirtschaftlichen Sachverhalten auseinanderzusetzen, woraus sich zwangsweise häufigere Kontakte mit anderen Personenkreisen ergaben. Die Möglichkeit, über Präbenden, Einkommen aus Schulzenämtern und Vogteien, sowie über Pachterträge zu verfügen und daneben die Anstellung des Personals im Gefolge des Abtes bildeten weitere wichtige Faktoren der Beziehung zur Umgebung. Erwähnenswert ist auch die Rolle der Abtei als regionale Bank. Sie gab im späten Mittelalter verschiedenerlei Anleihen aus oder bewahrte Depositen, die der Abtei wegen ihrer Glaubwürdigkeit und Sicherheit überlassen wurden.

Darüber hinaus besaß die Abtei eine zentrale Rolle in religiösen und kirchlichen Anliegen, zumal der Adel aus seinem Frömmigkeitsstil zugleich soziales Prestige zu gewinnen suchte. Hierin übertraf die Abtei deutlich andere kirchliche Institutionen, indem sie einen besonderen Ort der Verehrung darstellte, ein besonderes liturgisches Zeremoniell sowie eine stetige Sorge um das Seelenheil der Stifter und der Verstorbenen anbot. Magnaten wie auch Niederadlige suchten aus diesem Grunde auch danach, innerhalb der Klosterkirche begraben zu werden. Stiftungen von Familiengräbern und Anniversarien boten immer wieder Anlaß für ein reiches Spendenaufkommen und erlaubten es dem Adel zugleich, auf diese Weise auch Reichtum zu zeigen sowie das Prestige der Familie aufzubauen[14].

Die Abtei fungierte auch als Gastgeber und Alterssitz. Sie bot verschiedentlich Interessierten die Möglichkeit, sich von der Welt zurückzuziehen und ein religiöses Leben zu führen. Sie gewährleistete solchen Personen Aufenthalt und Unterhalt für die letzten Lebensjahre und -tage.

Alle diese genannten Kontaktpunkte zwischen Benediktinerabtei und ihrer sozialen Umgebung gewinnen an besonderer Bedeutung aus der Funktion der Abtei als Zentrum des spätmittelalterlichen Pilgerwesens. Dazu kam es infolge der seit dem Beginn des 14. Jahrhunderts aufkommenden Verehrung der Heilig-Kreuz-Reliquie. Damit wurde die Abtei zu einem der wichtigsten Pilgerorte und zugleich zu einem bevorzugten Ort adeliger Stiftun-

---

[14] Śmierć w dawnej Europie. Zbiór studiów (La mort en Europe médiévale et moderne. Etudes) hg. v. Marek Derwich (Acta Universitatis Wratislaviensis 1863, Historia 129) Wrocław 1997.

gen, insbesondere des jagiellonischen Königshauses[15]. Verschiedenste polnische Könige besuchten im späten Mittelalter die Abtei. Bei diesen Gelegenheiten wohnte der Königshof immer in dem nahegelegenen Städtchen Nowa Słupia, der König selbst residierte im Abtshof. Nach der Buße in der nahegelegenen Kirche stieg der König von hier den bis heute bestehenden „Königsweg" den Berg zum Sanctuarium der Abtei hoch. Man darf annehmen, daß diese religiöse Bußhandlung von der örtlichen Bevölkerung begleitet wurde, wie ebenso zu vermuten ist, daß die Anwesenheit des Königs insbesondere den lokalen Adel anzog und sich auch dazu noch weiteres Publikum einfand. Bei diesen Gelegenheiten entstanden enge Kontakte zwischen dem Adel und den Mitgliedern des Königshofes, die insbesondere dem Kleinadel Gelegenheit gaben, die eigene Karriere zu fördern.

An die Landgüter der Abtei von Łysiec grenzten die Domänen der Adelsfamilie Bostowscy, Wappen Bielina[16]. Schon für das Jahr 1369 ist ein Peter von Bielów als Mitglied der Adelsfamilie nachweisbar. Ein weiteres Mitglied dieser Familie, Paszko von Bostów, siegelte 1374 eine im Kloster ausgestellte Urkunde des Abtes mit. Ein Bruder dieses Paszko, Nikolaus von Bostów, trat selbst dem Orden der Benediktiner bei und bekleidete in den Jahren 1400/1401 auch die Abtswürde. Die sozialen Beziehungen der Familie Bostowscy zur Abtei veranschaulichen exemplarisch die Übergabe des Dorfes Bielów an die Abtei. Bartholomäus, Sohn von Jachna und Paszko von Bostów und Erbe im Großteil dieses Dorfes blieb selbst ohne männlichen Erben. Darüber entschloß er sich, auch die restlichen Teile des Dorfes Bielów aufzukaufen, seine bereits verheirateten Töchter auszuzahlen und dann zudem die hervorragend bewirtschafteten Ländereien der Abtei zu übereignen. Die Benediktinerabtei ihrerseits gewährte Bartholomäus und

---

15 Marek Derwich, Łysogórski ośrodek pielgrzymkowy w Polsce średniowiecznej i nowożytnej. Zarys problematyki [Pilgerfahrtzentrum auf dem Berg Łysiec im mittelalterlichen und neuzeitlichen Polen. Abriß der Problematik] in: Peregrinationes Pielgrzymki w kulturze dawnej Europy [Peregrinationes. Pilgerfahrten in der Kultur des alten Europas] hg. v. Halina Manikowska, Hanna Zaremska (Colloquia Mediaevalia Varsoviensia 2) Warszawa 1995, S. 277-287. Ders. Zur Translation der Hl. Kreuz-Reliquie auf den Berg Łysiec. Genese, Fortentwicklung und Pragmatik einer spätmittelalterlichen Klosterlegende, in: De ordinae vitae. Zu Normvorstellungen, Organisationsformen und Schriftgebrauch im mittelalterlichen Ordenswesen, hg. v. Gert Melville (Vita regularis. Ordnungen und Deutungen religiösen Lebens im Mittelalter 1) Münster-Hamburg-London 1996, S. 389ff.

16 Marek Derwich, Bostowscy herbu Bielina [Familie Bostowski des Wappens Bielina] in: Venerabiles, nobiles et honesti. Studia z dziejów społeczeństwa Polski średniowiecznej. Prace ofiarowane Profesorowi Januszowi Bieniakowi w siedemdziesiąta rocznicę urodzin i czerdziestolecie pracy naukowej [Venerabiles, nobiles et honesti. Studien aus der Geschichte der Gesellschaft des mittelalterlichen Polens. Werke, welche dem Professor Janusz Bieniak anläßlich seines siebzigsten Geburtstags und vierzigstem Jubiläum seiner wissenschaftlichen Tätigkeit gewidmet wurden] hg. v. Andrzej Radzimiński, Anna Supruniuk, Jan Wroniszewski, Toruń 1997, S. 153-179.

seiner Frau Helena das Altenteil auf den in Bielów angrenzenden und zur Abtei gehörenden Dorf Mirocice und stellte ihnen auch notwendige Finanzmittel zur Verfügung. Diese Transaktion bewerkstelligte man in den Jahren 1437-1442. Von diesem Zeitpunkt an beteiligten sich dann Bartholomäus und der erwähnte Johann von Bostów aktiv an der Wirtschaftsführung des Klosters, indem sie zum Beispiel beim Ankauf des Bostów und Bielów angrenzenden Geländes für die Einrichtung des neuen Klosterdorfes Bostowska Wola mitwirkten.

Nachdem Bartholomäus verstorben war, setzte sein Neffe Johann von Bostów diese Zusammenarbeit mit dem Kloster fort. Neben vielen anderen Vorteilen trat er wegen seiner Kontakte auch zu den Zisterziensern von Wąchock als Vermittler zwischen den Ordnungsgemeinschaften auf, so im Fall des Tausches der Propstei im Mniszek gegen das Zisterzienserdorf Jezów. Als Dank und Belohnung verschrieben ihm die Zisterzienser die Zehnten von Jezów zur lebenslangen Nutzung. Daneben wuchsen soziale Kontakte. Im Jahre 1478 feierte Johann mit anderen der Abtei ebenfalls eng verbundenen Adelsfamilien in der Abtei das Weihnachtsfest. In den folgenden Jahren muß Johann verstorben sein. Denn für dessen treuen Dienst bekam sein Sohn, ebenfalls Johann mit Namen, die zum Patronat der Abtei gehörende Pfarrei in Modliborzyce. Seine weitere geistliche Karriere sowie seine Stellung am königlichen Hof verdankte er weitestgehend der Protektion des Abtes von Łysiec. Ein anderer Vertreter der Familie Bostowscy, auch Johann genannt, wurde zu Beginn des 16. Jahrhunderts durch den Abt zum Klosterpfarrer der Pfarrei in Pawłów bestellt. Mitglieder dieser Familie finden sich mehrfach unter den von Adeligen gestifteten Gräbern in der dortigen Klosterkirche[17]. Ebenfalls enge Kontakte mit der Abtei pflegte die mit der Familie Bostowscy mütterlicherseits verwandte Familie Kochowscy, Wappen Nieczuja[18]. Ihr Besitz Kochów grenzte an die Güter der Benediktinerabtei. Schon der Stammvater der Familie, Thomas von Kochów, verheiratet mit Margareta, einer Tochter jenes Bartholomäus Bostowski, erscheint auch in den Urkunden der Abtei[19]. Er feierte unter anderem zusammen mit Johann Bostowski das Weihnachtsfest 1478 in der Abtei[20]. Aus dieser Zeit stammt auch die Stiftung einer Grabpflege für die Familie Kochowscy in

---

[17] Ibidem.
[18] Derwich, Klasztor (wie Anm. 12) S. 157f.
[19] Ca. 1450. Codex diplomaticus Poloniae Minoris (= CDPM) 4, hg. v. Franciszk Piekosiński, Nr. 1380. Zbiór dokumentów małopolskich [Urkundenbuch Kleinpolens] (= ZDM) 3, hg. v. Irena Sułkowska-Kurasiowa, Stanisław Kuraś, Nr. 854.
[20] Archiwum Główne Akt Dawnych w Warszawie, dokumenty pergaminowe [Hauptarchiv Alter Akten in Warschau, Pergamenturkunden] (= AGAD) Nr. 1875.

der Klosterkirche[21]. Nachbarn der Familie Bostowscy war die Familie Murczowie, Wappen Nieczuja von Wieloborowice[22]. Johann Murcz erhob erfolglos Ansprüche auf das Schulzenamt in dem Klosterstädtchen Nowa Słupia (1437), das ihm nach dem Tode seiner Tante Elisabeth zustand[23]. Er ließ sich aber nicht entmutigen und behielt den Kontakt zur Abtei bei. Zusammen mit seinem Bruder Heinrich findet er sich mehrfach in den Urkunden der Abtei Łysiec[24]. Ein Bruder jener Elisabeth, Andreas Murcz, ist als Schulze im Klosterdorf Wólka Milanowska nachzuweisen. Der Zugriff auf die Besetzung derartiger Schulzenämter zählt zu den folgenreichsten Vorgängen im Verhältnis zwischen dem Kloster und dem lokalen Adel. Man darf sich also nicht wundern, daß sich bei dem Verkauf eines Schulzenamtes an einen Bauer aus dem Dorf Nieskurzów, den jener Andreas 1447 durchführte, der mit der Abtei verbundene Adel zahlreich in Stara Słupia[25] versammelte. Ein anderer Verkauf desselben Schulzenamtes an einen Bewohner des Städtchens Nowa Słupia, der gemeinsam von Abt und Konvent am 23. 12. 1428 im Kloster vorgenommen wurde, wurde unter anderem von Johann Bostowski und Thomas Kochowski sowie von weiteren Adligen bestätigt, die zwar aus entfernteren Dörfern stammten, deren Besitz jedoch allesamt an Güter der Benediktiner grenzte[26]. Bedenkt man das Tagesdatum des Vertrages, den sozialen Status der Zeugen und den Weg, den manche von ihnen bis zum Vertragsort zurücklegen mußten, so scheint der Hauptgrund ihrer Anwesenheit nicht so sehr der feierliche Verkaufsakt des Schulzenamtes gewesen zu sein, sondern vielmehr die Absicht, das Weihnachtsfest zusammen mit ihren Familien in der Abtei zu verbringen. Das gemeinsame Feiern des Kirchenfestes im Kloster gehörte wahrscheinlich zu einer der weit verbreiteten Gewohnheiten des Adels und diese Art Beziehungen bildeten gleichzeitig wohl den wichtigsten Bestandteil des sozialen Umgangs zwischen Konvent und Adel.

Der 1374[27] zusammen mit Paszko Bostowski als Zeuge nachgewiesene Martin von Włochy gehört zweifellos zur Familie Miszopadzi-Konińscy, Wappen Łabędz (= Schwan), dem an die Abtei von Łysiec angrenzende

---

[21] Marek Derwich, Benedyktyński klasztor św. Krzyza na Łysej Górze w średniowieczu [Die Benediktinerabtei zum Hl. Kreuz auf dem Berg Łysiec im Mittelalter] Warszawa-Wrocław 1992, S. 133.
[22] Derwich, Klasztor (wie Anm. 12) S. 159f.
[23] ZDM 3, Nr. 502
[24] CDMP 4, Nr. 1060, 1380, 1389, 1444. AGAD. Nr. 1841.
[25] ZDM 3, Nr. 756.
[26] AGAD, Nr. 1875.
[27] CDPM 3, Nr. 864.

Dörfer Włochy und Kunin im Erbgang zufielen[28]. Ein Mitglied dieser Familie und jenes Konvents dürfte auch der Mönch Nikolaus von Włoski gewesen sein, der in der ersten Hälfte dès 15. Jahrhunderts an der Krakauer Universität wirkte[29]. Als Förderer des Klosters erwies sich ferner Johann Miszopad, Boruta genannt, der mit dem Königshof, besonders mit der Königin Sophia Holszańska, die sich der Abtei ebenfalls verpflichtet zeigte, verbunden war und 1435 zusammen mit vielen anderen Personen genannt wird, die die Abtei nachdrücklich unterstützten und förderten[30]. Sein Sohn, ebenfalls Johann genannt, fungierte unter anderem als Schiedsrichter im Streit zwischen den Mönchen der Abtei vom Berge Łysiec und dem Kloster vom Heiligen Grab in Miechów. Er beteiligte sich auch an dem schon genannten Tausch der Dörfer Mniszek und Jezów sowie an der Parzellierung weiterer Klostergüter[31]. Nikolaus Miszopad, Rat des polnischen Königs (1477) und später der Königin Elisabeth, arbeitete als einer der königlichen Kommissare bei der Aufteilung der Güter von Solec[32]. Sein Sohn Hieronymus, Vogt in Sandomierz, verschrieb dem Kloster die Zinsen über die von Włochy genannte Summe von 1000 Zloty[33]. Paulus, ein weiterer Bruder dieses Nikolaus, legte zusammen mit den Mönchen 1477 die Grenze zwischen den Dörfern Pokrzywianka und Włochy fest[34]. Später wurde er Kanoniker in Opatów und Pfarrer in Malice[35].

Eben in Malice wurde 1517 eine namentlich nicht genannte Adlige von ihrer langjährigen Krankheit geheilt, indem sie eine Pilgerfahrt zur Heilig-Kreuz-Reliquie der Abtei auf dem Berge Łysiec gelobte[36]. Wir wissen aus solchen Zeugnissen auch, daß die Reliquienverehrung durch die örtlichen Pfarrer intensiv verbreitet wurde. Vielleicht empfahl jener Paul Miszopat, Pfarrer von Malice, dieser Adligen die Pilgerfahrt nach Łysiec, vielleicht auch bedankte sich jener Paulus für die ihm und seinem Bruder geleistete Förderung seiner Karriere, indem er eben in seinem Ort den Reliquienkult verbreitete. Der Abt von Łysiec verfügte im gesamten 15. Jahrhundert über

---

[28] Derwich, Klasztor (wie Anm. 12) S. 162f.
[29] Derwich, Benedytyński klasztor (wie Anm. 21) S. 471ff., 534f., 538f.
[30] CDPM 4, Nr. 1322.
[31] Ibid. Nr. 1322, 1448. AGAD, Nr. 1984, 1858, 2247. Teki Naruszewicza, Biblioteka Czartoryskich w Krakowie [Aktenmappen von Naruszewicz. Bibliothek der Familie Czartoryski in Krakau] 19, Nr. 225.
[32] AGAD, Nr. 6279. Polski słownik biograficzny [Polnisches biographisches Wörterbuch] 21, Wrocław 1976, S. 370f.
[33] Józef Gacki, Benedyktyński klasztor św. Krzyża na Łysej Górze [Die Benediktinerabtei zum Hl. Kreuz auf dem Berg Łysa Góra] Warszawa 1873, S. 226.
[34] AGAD, Nr. 2246.
[35] Polski słownik biograficzny 21, S. 371.
[36] Jabłoński, Żywota (wie Anm. 13) S. 143.

erheblichen Einfluß am Königshof und wahrscheinlich auch am Kollegiatsstift in Opatów.

Der Kastellan von Zawichost, Wojciech Michowski, Wappen Rawicz[37], läßt sich zweimal als Schiedsrichter in Streitfällen des Klosters nachweisen[38]. Raffael Michowski verkaufte wiederum den Benediktinern 1485 ein Teil des Dorfes Doły[39]. Bei dem schon mehrfach erwähnten Tausch von Mniszek gegen Jezów (1462) war auch eben dieser Martin Michowski beteiligt[40].

Im Jahre 1453 wurde eine Frau namens Michowska von einen tollwütigen Hund gebissen und erkrankte deshalb, wie auch ihr Säugling. Beide wurden von ihrer Krankheit geheilt, nachdem die Frau ihr Kind vor die Heilig-Kreuz-Reliquie niedergelegt hatte[41]. Man kann vermuten, daß sie eine nahe Verwandte, vielleicht auch die Ehefrau jenes Martin oder Raffael war, und von daher derartige Beziehungen zur Abtei verständlich werden.

Michael Chrząstowski, Wappen Kościesza[42] Fähnrich in Krakau, gehörte zu jenem Kreis von Adligen, die sich sowohl mit König Kasimir Jagiello als auch mit Kardinal Zbigniew Oleśnicky, den Protektoren der Benediktinerabtei von Łysiec, eng verbunden fühlten[43]. Es wundert nicht, daß er sich für das Schicksal der Abtei interessierte, um so mehr als seine Frau, Katharina, ihm als Mitgift das an Łysiec grenzende Dorf Grzegorzewice einbrachte. Michael bestätigte unter anderem die Stiftungsurkunde für eine Filiale in Stradecz (Kreis Lemberg), die die Abtei 1451 einrichten ließ[44]. 1468 besuchte er im Geleit des Königs die Abtei auf dem Berge Łysiec[45]. Sein Wappen Kościesza ist bis heute als Schlußstein und an Pfeilern in den Kreuzgängen der Abtei zu sehen. Sie sind Zeichen seiner engen Kontakte zu dem Benediktinerorden und sie bieten einen indirekten Beweis dafür, daß er

---

[37] Derwich, Klasztor (wie Anm. 12) S. 163f. Jan Wroniszewski, Ród Rawiczów. Warszowice i Grotowice [Das Rawicz-Geschlecht. Warszowice und Grotowice] (Roczniki Towarzystwa Naukowego w Toruniu 85/1) Toruń 1992. Ders. Ród Rawiczów. Współrodowcy Warszowiców i Grotowiców [Das Rawicz-Geschlecht. Familien aus der Linie Warszowice und Grotowice] (Roczniki Towarzystwa Naukowego w Toruniu 86/1) Toruń 1994, Index.

[38] CDPM 4, Nr. 1389. ZDM 3, Nr. 854. Gacki, Benedyktyński klasztor (wie Anm. 33) S. 240.

[39] Derwich, Benedyktyński klasztor (wie Anm. 21) S. 349.

[40] AGAD, Nr. 1984, 1858.

[41] Jablonski, Zywota (wie Anm. 13) S. 107.

[42] Derwich, Klasztor (wie Anm. 12) S. 165.

[43] Derwich, Benedyktyński klasztor (wie Anm. 21) S. 457f.

[44] Matricularum Regni Poloniae codices seculo XV conscripti 1, lib. 10, hg. v. Tadeusz Wierzbowski, Warszawa 1914, S. 124, 224. Derwich, Benedyktyński klasztor (wie Anm. 21) S. 470–476.

[45] Codex diplomaticus Poloniae 3, hg. v. Julian Bartoszweicz, Varsoviae 1858, Nr. 222.

zu jenen Adligen gehörte, die in seiner Zeit den gotischen Umbau der Abtei unterstützten[46]. Die intensiven Kontakte zu den Benediktinern hatten, ähnlich wie bei der Familie Michoswcy, die Förderung der Verehrung der Heilig-Kreuz-Reliquie auch durch die Familie Chrząstowscy zur Folge. Darauf weist eine Nachricht über ein Wunder hin, das einem gewissen Chrząstowski vergönnt war, der als Dank für seine Errettung aus Lebensgefahr 1510 eine Pilgerfahrt zur Heilig-Kreuz-Reliquie in Łysiec unternahm[47].

Direkt nach dem Tod von König Ladislaus Jagiello, einem der vorzüglichsten Protektoren und Wohltäter des Klosters, finden sich in den Urkunden bestellte Wohltäter der Abtei, die aus dem Umkreis des lokalen Adels stammten. Sie, Johann Boruta Miszopad, Petrus von Wyszmontów, Jakob von Czerników, Johann von Słabuszowice, Johann von Płaczkowski von Beradz, sollten nach dem Mandat des Königs darauf achten, daß durch die von der Abtei betriebenen Grundherrschaftstransaktionen der Adel keinen Nachteil erfahre. In den Jahren 1435 und 1468 waren sie beim Tausch, Verkauf, Erwerb und an der Gütertrennung in 10 Dörfern der Abtei beteiligt[48] und halfen damit der Abtei, die Gütergeschäfte definitiv abzuschließen. Das Interesse der Königsdynastie für die Abtei nutzte naheliegenderweise auch der Adel für sich aus. Mit Vorliebe suchte der Kleinadel nach Möglichkeiten, die Teilhabe am Abtsgeleit zu gewinnen, oder die Zugehörigkeit zur Abtsfamilie zu gewinnen. Unter den im Jahre 1369 aufgeführten Mitgliedern der Abtsfamilie[49] gehörte nur Peter Botowski von Bielów dem Adel an. Die 1374 in der Abtei anwesenden Paszko Bostowski und Martin von Włochy[50] gehörten nicht so sehr der Familie, als vielmehr der weiteren sozialen Umgebung des Abtes an. Dasselbe gilt wohl für Johann Bostowski von Jawor (1417)[51]. Unter den in der Zeugenliste des Verkaufes des Schulzenamtes in Wólka Milanowska (1447)[52] als Zeugen aufgeführten zwei *familiares* des Abtes Mathias war kein Ritter, Stanislaus Kowalikowski dürfte hingegen zur Umgebung des Abtes gehört haben. Die Situation än-

---

[46] Piotr Dymmel, Piętnastowieczna dekoracja heraldyczna w kruzgankach klasztoru łysogórskiego. Rekonstrukcja, geneza i program [Heraldikdekoration aus dem 15. Jahrhundert in den Kreuzgängen des Klosters auf dem Berg Łysiec. Rekonstruktion, Genese und Programm] in: Derwich, Pobóg-Lenartowicz, Klasztor (wie Anm. 1) S. 276, 288.
[47] Jabłonski, Zywota (wie Anm. 13) S. 158.
[48] Derwich, Klasztor (wie Anm. 12) S. 166f. Ders., Benedyktyński klasztor (wie Anm. 21) S. 336ff.
[49] CDPM 3, Nr. 830.
[50] Ibid., Nr. 864.
[51] ZDM 1, Nr. 323.
[52] ZDM 3, Nr. 756.

derte sich mit dem ehrgeizigen Abt Michael von Kleparz[53]. Eine Urkunde aus dem Jahre 1463 führt seine Familie an[54]. Darunter findet sich Johann, ein Sohn des Nikolaus von Wielowieś, der möglicherweise mit Johann Wielowiejski, Wappen Połkozic, beziehungsweise Johann, Pfarrer von Wielowieś identisch ist[55]. Eben in der Pfarrei Wielowieś liegt eines von zwei gleichnamigen Dörfern Sobów, aus dem das Konventsmitglied Stanislaus stammte[56]. Aus der Gegend von Opatów stammt Stanislaus von Proboszyn, ein Sohn des Nikolaus von Proboszyn, wo in der ersten Hälfte des 15. Jahrhunderts sich der Bauernadel formierte und Stanislaus das einzige Vorwerk unterhielt[57]. In demselben Jahr[58] erscheinen in der Umgebung der Abtei Mitglieder jener Adelsfamilie, die aus dem Gebiet stammten, dem der Fluß Łysiec seinen Namen gab: Stanislaus Nagórski[59], Jakob Witosławski[60], David von Wawrzeńczyce sowie Mitglieder der Familie Grzymała von Pawłów[61]. Wilhelm von Skrzętka, Sohn des Johann von Skrzętka, gehörte dazu, der ein Jahr später für die Abtei den Tausch des Dorfes Wojsław gegen Pawłów durchführte, auch Nikolaus, ein Sohn des Stanislaus, der in demselben Jahr noch die Krakauer Universität besuchte.

Aus den Beispielen wird ersichtlich, wie sehr der Einfluß des Konventes auf den lokalen Kleinadel hauptsächlich über die Verteilung des klösterlichen Grundbesitzes und die Vermögensteile organisiert wurde, und hierbei neben der wirtschaftlichen Attraktivität einzelner Gebiete die geographische Distanz beziehungsweise Nähe zum Kloster das Handeln bestimmte. Vermutlich gezielt, nachweislich aber sehr intensiv wirkten die Mönche auf die Umgebung von Opatów und Sandomierz ein, ein Gebiet, aus dem zugleich der größte Teil der Bediensteten stammte.

---

[53] Derwich, Benedyktyński klasztor (wie Anm. 12) S. 513–518. Ders. Opat łysogórski jako członek polskiej elity politycznej XV wieku. Reguła czy wyjątek? (Ze studiów nad średniowiecznym opatem benedyktyńskim w Polsce) [Der Abt vom Berg Łysiec als Mitglied der polnischen politischen Elite des 15. Jahrhunderts. Eine Regel oder Ausnahme? (Aus dem Studium über den mittelalterlichen Benediktinerabt in Polen)] in: Genealogia. Polska elita polityczna w wiekach średnich [Genealogie. Die polnische politische Elite im Mittelalter] hg. v. Jan Wroniszewski, Toruń 1993, S. 137–161.

[54] Codex diplomaticus Universitatis Cracoviensis 2, hg. v. Zegota Pauli, Nr. 202 (dorso), 203.

[55] Johannis Długosz senioris canonici cracoviensis, Liber beneficiorum dioecesis cracoviensis (Opera omnia 7–9) hg. v. Aleksander Prze̜dziecki, Cracoviae 1863, 1, S. 399, 2, 307.

[56] AGAD, Nr. 1984.

[57] Długosz, Liber (wie Anm. 55) 1, S. 589.

[58] Pauli, Codex (wie Anm. 54) Nr. 206f.

[59] Derwich, Klasztor (wie Anm. 12) S. 161.

[60] Ibid., S. 160.

[61] Derwich, Benedyktyński klasztor (wie Anm. 21) S. 345f.

Eine dominierende Rolle für die Verbreitung der Heilig-Kreuz-Verehrung innerhalb des Adels besaßen außer der Tatsache der Reliquie selbst die Propsteien sowie die unter dem Benediktinerpatronat geführten Pfarreien. Auf diesem Weg erhöhte die Abtei ihren Einfluß, die geistliche Karriere von Adelssöhnen zu fördern. Dabei erzielte sie zugleich einen weiteren Vorteil für sich. Indem sie einzelne Ritter für sich gewann, verband sie doch auch ganze Familien zugleich mit der Abtei, die wiederum insbesondere ihre jüngeren Söhne dieser Förderung unterstellten. Nicht nur aus der Vermögensverwaltung ergaben sich vielfach soziale Kontakte zwischen Abtei und Kleinadel. Beträchtlicher Einfluß auf diesen Umgang erwuchs vielmehr aus der Frömmigkeitspraxis und der Bedeutung der Reliquienverehrung in der Abtei. Ein aufwendiges liturgisches Zeremoniell, häufige Wunderberichte, großzügige Ausgabe von Weihwasser und geweihtem Wein, die allgemein als Heilmittel geschätzt und in Anspruch genommen wurden, zogen ebenso häufig große Scharen von Pilgern an, wie bei diesen Gelegenheiten die Möglichkeit entstand, Kontakt mit Mitgliedern des Königshofes, ja gelegentlich mit dem König selbst aufzunehmen. Der Popularität der Reliquienverehrung und damit dem Ansehen der Abtei dienten ferner besondere Ablaßfeiern sowie regelmäßige Feiern zu den Kirchenfesten. Zu dieser Situation gehören auch die verschiedentlich im Umkreis der Abtei betriebenen Wirtshäuser zur Versorgung der Pilger[62] sowie auch eine Schule in Nowa Słupia[63].

Der Abt von Łysiec besaß beträchtliche Möglichkeiten, die Karriere bevorzugter Personen zu beeinflussen, indem er auch seine Kontakte zum Königshof und zum Hof des Krakauer Bischofs, zu den Magnaten oder zur Krakauer Universität nutzte. Daraus resultierten auch umgekehrt Gefälligkeiten für die Abtei. Insgesamt läßt sich ein vielförmiges Netzwerk von Interessen des Adels und der Abtei ausmachen: Durch Unterstützung ihrer wechselseitigen wirtschaftlichen Tätigkeiten, durch Teilnahme am Gefolge oder durch Mitgliedschaft in der Familie des Abtes, durch vielfache Besuche der Abtei sowie durch seltene, weil kostspielige Bestimmungen von Grablegen in der Klosterkirche. Außer den meßbaren Vorteilen für die Benediktiner förderte diese Wechselseitigkeit den gesellschaftlichen Aufstieg einzelner Adelsfamilien. Die privaten Beziehungen zur Abtei boten

---

[62] Ibid., S. 518ff.
[63] Marek Derwich, Szkoły w dobrach i parafiach opactwa łysogórskiego [Schulen in den Gütern und Pfarreien der Abtei auf dem Berg Łysiec] in: Nauczanie w dawnych wiekach. Edukacja w średniowieczu i u progu ery nowożytnej. Polska na tle Europy. [Das Lernen in alten Jahrhunderten. Die Ausbildung im Mittelalter und an der Schwelle der Neuzeit. Polen vor dem Hintergrund Europas] (Prace Instytutu Historii WSP w Kielcach 3) 1997, S. 56–62.

also den Rahmen für Kontakte mit der „großen Welt" und trugen zugleich zur Formulierung des familiären Prestiges ebenso bei wie zur Sicherung des individuellen Seelenheils und dem Totengedenken.

Kann man aufgrund der dargestellten Beziehungen zwischen Benediktinerabtei und Adel von integrierenden Funktionen für den Adel sprechen? Vor dem Hintergrund einer noch keineswegs abgeschlossenen Forschungssituation muß man hier zwischen der Funktion der Abtei als herausragendem Ort der Heilig-Kreuz-Reliquienverehrung und der Abtei als großem Grundbesitzer unterscheiden. Im zweiten Fall kann man über Integrationseinflüsse nur gegenüber dem Adel reden, der seine Besitzungen im Gebiet von – allgemein gesagt – Sandomierz, insbesondere für jene Zeit im Kreis Opatów hatte. Im ersten Fall tritt die Integrationsfunktion vielfältiger und deutlicher hervor. Die zahlreichen Pilgerfahrten[64], an denen nachweislich Adlige teilnahmen, begründeten relativ häufige und konstante persönliche Kontakte zu den Benediktinern. Die gleiche Bedeutung erhielten die großen Kirchenfeste, insbesondere das Fest der Kreuz-Auffindung und der Kreuz-Erhöhung sowie die verschiedenen Marienfeste und die besonderen Ablaßfeiern, zum Beispiel am Fest des heiligen Emmerich und der heiligen Helena. Die Integrationsfunktion derartiger kultureller Handlungen und sozialer Begegnungen ist nicht hoch genug zu bewerten. Auch wurde es Sitte, sich vor Beginn eines Kriegszuges zur Verehrung der Heilig-Kreuz-Reliquie auf dem Berg Łysiec zu begeben. Mitglieder des Jagiellonischen Königshauses sind darunter ebenso zu finden, wie die nachgewiesene Bitte einer namhaften Adelsgruppe um König Johann Albrecht, diese Reliquie auch in die Schlacht in der Bukowina (1497) mit sich zu führen. Im Lichte dieser gelebten Frömmigkeit und sozialen Nachbarschaft beantwortet sich jene Frage positiv.

---

[64] Derwich, Łysogórski (wie Anm. 15).

Przemysław Wiszewski

Stifterfamilie und Konvent.
Soziale Wechselbeziehungen zwischen schlesischen Nonnenklöstern und Ritterfamilien im späten Mittelalter

Einleitung

Die Beziehungen zwischen Adel und Kirche während des Mittelalters lassen den Wandel von Lebensordnungen ebenso erkennen wie den Wandel der Frömmigkeitsstile oder der Wirtschaftsform. Die „private Welt" des Adels resultiert aus der Intensität der Wechselbeziehungen in diesen Verhältnissen, in denen sich regionale wie soziale Voraussetzungen unterschiedlich mitteilen. Meine Beobachtungen gelten ausgewählten schlesischen Nonnenklöstern und deren Beziehung zur adeligen Umwelt. Aufgrund der Quellenlage konzentriert sich meine Thematik auf solche Beziehungen, die aus dem Stiftungsakt eines Klosters durch verschiedene Ritterfamilien und die Gestaltung des Unterhalts ihrer Töchter in ausgewählten, kleineren Konventen hervorgingen. Ebenfalls aufgrund der Überlieferungslage steht zunächst die wirtschaftliche Wechselseitigkeit zwischen Adelsfamilien und Konventen im Vordergrund, woraus sich freilich weitergehende Beobachtungen ableiten lassen. Mein Blick ist dabei insbesondere auf die bisher eher vernachlässigten kleineren Klöster, auf die Abtei der Benediktinerinnen in Liebenthal, Striegau und Liegnitz, das Dominikanerinnenkloster in Ratibor und das Prämonstratenserinnenkloster in Czarnowanz gerichtet. Dieser Klostertyp repräsentiert dabei die Mehrzahl der schlesischen Klöster und erlaubt damit trotz des unbefriedigenden Forschungsstandes zur Geschichte der Ritterfamilien hier eine exemplarische Aussage.

Zu den strukturellen Merkmalen dieser Beziehungen gehört während des gesamten Mittelalters der geringe Einfluß hochadeliger Familien einerseits und damit eine hohe Bindung des regionalen Adels an diese Konvente andererseits, und daß diese Situation als typisch auch für andere Klöster und Klosterlandschaften in Polen anzusehen ist. Ausgehend von der Stiftungssituation werde ich die sozialen und wirtschaftlichen Zusammenhänge zwischen Adelsfamilien und Konventen sowie deren wechselvolle Intensität und zeitliche Bindungen beobachten. Die Thematik auch mentalitätsgeschichtlich zu erweitern, findet in der Art der bisherigen Forschung, vor allen Dingen aber in der Art der Überlieferung zwar eine Barriere, doch besteht auch die Chance, auf der bisherigen Quellengrundlage Zugänge zur „privaten Welt" zu erkunden.

Die Benediktinerinnenabtei Liebenthal wurde zwischen 1278 und 1289 auf Anregung der Witwe Jutta von Liebenthal gegründet. 1307 schenkten dann deren Erben den Nonnen jenen Grundbesitz, auf dem das Kloster errichtet worden war, sowie weitere 6 Dörfer mit zwei Vorwerken, Waldgebiet und Mühlen sowie dem Patronatsrecht für zwei Kirchen[1]. Mit dieser Schenkung endete der eigentliche Fundationsprozeß der Abtei. Weitere Schenkungen aus dem Stiftergeschlecht finden sich erst in der zweiten Hälfte des 14. Jahrhunderts. Diese zeitliche Lücke dürfte damit zu erklären sein, daß hier innerhalb von 30 Jahren zwei Generationen einer im wirtschaftlichen Spektrum als mittelständisch einzustufenden Ritterfamilie die Abtei mit einem Landbesitz ausgestattet hatten, der dem Umfang fürstlichen Besitzes gleichkam[2]. Darin steckte zweifellos auch eine große Herausforderung an die Ökonomie der Liebenthaler einerseits, andererseits aber mußte auch die Stifterfamilie erst wieder jenen ökonomischen Stand erreichen, um die Nonnen erneut wirtschaftlich zu unterstützen und den eigenen Besitzstand wieder aufzubauen. Aufgrund der lückenhaften Quellen läßt sich auch die Form der späteren Beziehungen der Liebenthaler zur Abtei nur grundlinienhaft weiter verfolgen, da selbst die Mitgliedschaft von Frauen aus dem Stiftergeschlecht im weiteren 14. und 15. Jahrhundert nicht immer hinreichend deutlich zu verfolgen ist. Die Stifterin Jutta erfüllte zunächst ihre Ehe- und Elternpflicht und nahm erst als Witwe die Gründung jenes Klosters vor. Der Witwenstand gab ihr damit erst die nötige finanzielle Unabhängigkeit, jene religiöse Stiftung vorzunehmen, die damit als Akt privater Frömmigkeit gedeutet werden kann und einschloß, selbst das Ordensgelübde anzunehmen. Aber die Stifterin hatte auch die Möglichkeit, als weltliche Person in der Abtei zu residieren und daneben am *officium divinum* der Benediktinerinnen, ähnlich der Fürstin Hedwig in Trebnitz, teilzunehmen.

---

[1] Schlesisches Urkundenbuch 5, hg. v. W. Irgang, Köln-Weimar 1988, Nr. 437. F. X. Görlich, Das Benediktiner-Jungfrauenkloster Liebenthal an der lausitz-böhmischen Grenze in Niederschlesien, 1864, S. 2f. H. Grüber, Schlesisches Klosterbuch. Liebenthal. Benediktinerinnenkloster (Jahrbuch der Schlesischen Friedrich-Wilhelms-Universität zu Breslau 27) 1986, S. 2. AP Wr., Rep. 92, Nr. 4.

[2] P. Wiszewski, Związki fundatorów z klasztorami żeńskimi na Śląsku (XIII-połowa XIV wieku). Wybrane aspekty [Die Beziehungen zwischen Stiftern und Nonnenklöstern in Schlesien (13. Jahrhundert bis 1. Hälfte des 14. Jahrhunderts). Die ausgewählten Aspekte] in: Genealogia. Władza i społeczeństwo – funkcjonowanie struktur [Genealogie] hg. v. A. Radzimiński, J. Wroniszewski (im Druck).

Nach bisheriger Quellenlage kann man vermuten, daß die erste Äbtissin, Margareta, aus dem Stiftergeschlecht selbst stammte, weil sie – in einer späteren Urkunde allerdings – als „Stifterin" bezeichnet ist[3]. Möglicherweise aber arbeitete sie auch schon mit Jutta in der Frühphase des Aufbaues der Abtei zusammen, so daß sie im nachhinein jenen ehrenvollen Beinamen erhielt. Freilich lassen die Quellen das verwandtschaftliche Verhältnis zwischen den beiden Frauen nicht eindeutig klären. Erst mit Anna von Liebenthal findet sich in einer Urkunde aus dem Jahre 1373 ein Mitglied der Stifterfamilie im Konvent[4]. Geringe – nachweisliche – Kontinuität und mangelhafte Präsenz von Nonnen aus dem Stiftergeschlecht überraschen verglichen mit anderen Beziehungen in diesem Umfeld, wo doch oftmals Verwandte des Stifters oder weitere Angehörige der Stifterfamilie auch etwa die Äbtissinnen stellten. Diese Verhältnisse trifft man sowohl in der Geschichte der schlesischen als auch der groß- und kleinpolnischen sowie pomerellischen Frauenklöster[5]. Die nur vereinzelte Anwesenheit von

---

[3] Görlich, Benediktiner (wie Anm. 1) S. 239.
[4] AP Wr., Repertorium 92, Nr. 11.
[5] Z. Kozłowska-Budkowa, Uposażenie klasztoru PP. Norbertanek w Imbramowicach (1228–1450) [Der Landbesitz des Prämonstratenserinnenklosters in Imbramowice] in: Studia historyczne ku czci Stanisława Kutrzeby 2, Kraków 1938, S. 379. A. Czacharowski, Uposażenie i organizacja klasztoru norbertanek w Żukowie od XIII do połowy VX wieku [Der Landbesitz und die Organisation des Prämonstratenserinnenklosters in Zuckau] (Rocznik Towarzystwa Naukowego w Toruniu 68, H. 2) Toruń 1963, S. 15, 63. S. Bieniek, Uwagi nad powstaniem klasztoru w Strzelnie i fundacjami Piotra Włostowica z około połowy XII wieku [Bemerkungen zur Entstehung des Klosters in Strzelno und zur Stiftung von Piotr Włostowic in der Mitte des 12. Jahrhunderts] in: Prace Komisji Historii (Bydgoskie Towarzystwo Naukowe, Prace Wydziału Nauk Humanistycznych, Seria C, Nr. 3) 2 (1964) S. 33–54. R. Kozłowski, Rozwój uposażenia ziemskiego klasztoru nobertanek w Strzelnie do końca XV wieku [Die Entwicklung des Landbesitzes des Prämonstratenserinnenklosters in Strzelno bis zum Ende des 15. Jahrhunderts] in: Prace Komisji Historii (Bydgoskie Towarzystwo Naukowe, Prace Wydziału Nauk Humastycznych, Seria C, Nr. 5) 4 (1967) S. 69–107. B. Kürbisówna, Dzieje fundacji strzeleńskiej w świetle dokumentów [Die Geschichte der Stiftung in Strzelno im Licht der Urkunden] in: Strzelno romańskie. Zbiór studiów, hg. v. A. Słowiński, Strzelno 1972, S. 44. Ders., Najstarsza tradycja klasztoru panien norbertanek w Strzelnie [Die älteste Tradition der Jungfrauen in Strzelno] in: Roczniki Historyczne 40 (1974) S. 29. K. Kramarska-Anyszek, Dzieje klasztoru PP. Norbertanek w Krakowie na Zwierzyńcu do roku 1840 [Die Geschichte des Prämonstratenserinnenklosters in Zwierzyniec bis 1840] in: Nasza Przeszłość 47 (1977) S. 7, 13. B. Kürbisówna, Pogranicze Wielkopolski i Kujaw w X–XII w. [Das Grenzgebiet von Großpolen und Kuiavien während des 10 bis 12. Jahrhunderts] in: Studia z dziejów ziemi mogileńskiej, hg. v. C. Łuczak, Poznań 1978, S. 103f. J. Rajman, Klasztor Norbertanek na Zwierzyńcu w wiekach średnich [Das Prämonstratenserinnenkloster in Zwierzeniec während des Mittelalters] (Biblioteka Krakowska 131) Kraków 1993, S. 74. D. Karczewski, Najwcześniejsze dzieje Strzelna w świetle „Roczników" Jana Długosza [Die früheste Geschichte von Strzelno im Licht der „Annales Johanni Dlugossi"] in: Z dziejów Strzelna. 800 lat bulli konfirmacyjnej papieża Celestyna 3 i 100 lecie śmierci ks. A. Kanteckiego,

Liebenthalerinnen in der Benedikterinnenabtei erklärt sich letztlich wohl nur aus der demographischen Situation der Familie und einer nur kleinen Zahl von weiblichen Familienmitgliedern unter den Erben der Stifterin[6]. In der Mehrzahl der Fälle wurden allgemein die jungen Mädchen nach der Pubertät im Einvernehmen mit der Verwandtschaft verheiratet, um auf diese Weise das soziale Prestige der Familie zu sichern und zu fördern. Für die Liebenthaler schwächte sich mit der geringen Töchteranzahl die Möglichkeit, ihre Beziehungen zur Abtei zu intensivieren. Nur vereinzelt lassen sich Schenkungen an die Benediktinerinnen in der zweiten Hälfte des 14. Jahrhunderts nachweisen: Ulrich von Liebenthal stiftete einen Altar für die Klosterkirche, sein Namensvetter schenkte 1487 der Abtei ein Dorf[7]. Jenseits der direkten Verbindungen trugen freilich diverse wirtschaftliche, religiöse und alltägliche Faktoren den Kontakt zwischen den Benediktinerinnen und der Stifterfamilie. Erkennbar gehörte dazu, daß die Familie den Abteibesitz als Instrument ihrer sozialen Existenzsicherung zu nutzen sich bemühte. So stellte die Stifterfamilie u.a. den Priester für den Nonnenkonvent[8]. Ferner konnten die Liebenthaler das Kloster während ihrer Reisen in der Umgebung als Herberge benutzen. Das Dorf, die spätere Stadt Liebenthal, lag inmitten ihres älteren schlesischen Besitzes und ihr Gastrecht war Teil des bei der Stifterfamilie verbliebenen Patronatsrechtes[9]. In der Abtei, die in solchen Beziehungen deutlich als Symbol der Bedeutung der Familie sich darstellte, fanden Adelsversammlungen statt, die zugleich die politische Rolle und Tätigkeit der Stifterfamilie demonstrierten. Im Jahre 1472 wurde hier der Schutzbund der Liebenthaler und Seitlitzer mit dem Kloster begründet[10]. Selbst wenn Nachkommen der Stiftergeneration zunächst selten die Benediktinerinnenabtei aufsuchten, so wählten sie doch diese Abtei zu

---

hg. v. R. L. Andrzejewski, Gniezno 1994, S. 9–28. J. Rajman, Brzesko i Zwierzyniec. Jeszcze o początkach dwu najstarszych klasztorów norbertańskich w Małopolsce [Brzesko und Zwierzeniec. Noch über die Anfänge der zwei ältesten Prämonstratenserklöster in Kleinpolen] in: Roczniki Humanistyczne 45 (1997) S. 5–18.

[6] T. Jurek, Obce rycerstwo na Śląsku do połowy XIV wieku [Das fremde Rittertum in Schlesien bis zur Mitte des 14. Jahrhunderts] (Poznańskie Towarzystwo Przyjaciół Nauk, Wydział historii i nauk społecznych, Prace komisji historycznej 54) Poznań 1996, S. 249.

[7] K. Jasiński, Rodowód Piastów śląskich, 3 [Der Stammbaum der schlesischen Piasten]: Piastowie opolscy, cieszyńscy i oświęcimscy (Wrocławskie Towarzystwo Naukowe. Travaux de la Société de la Sciences et des Lettres de Wrocław. Seria A. 183) Wrocław 1977, S. 43–55. Siehe auch Wiszewski, Związki fundatorów (wie Anm. 2).

[8] Görlich, Benediktiner (wie Anm. 1) S. 64f., 77, 93.

[9] Ibid. S. 137, 222.

[10] E. Wernicke, Urkundliche Beiträge zur Geschichte der Adelsfamilien in den ehemals vereinigten Kreisen Bunzlau-Löwenberg, in: Vierteljahresschrift für Heraldik, Sphragistik, Genealogie 14 (1883) S. 473f. Jurek (wie Anm. 6). J. Mularczyk, Ze studiów nad prawem patronatu na Śląsku w wiekach średnich, in: Sobótka 32 (1977). S. 134.

ihrem Begräbnisort. Diese Tatsache wird in der Darstellung einer Äbtissin über die Begräbnisse der Liebenthaler in der Klosterkirche aus dem frühen 17. Jahrhundert in aller Ausführlichkeit beschrieben und damit auch detaillierte Angaben über die Ausgestaltung dieser Nekropole gemacht. Ähnliches gilt für viele polnische Klöster[11].

Die Liebenthaler bemühten sich, unter den bekannten Familien, den Kreis der Wohltäter und Beschützer der Abtei zu vergrößern. Im Laufe der Zeit fanden denn auch alle Familienzweige der Liebenthaler intensive Beziehungen zur Abtei. Aus der weiblichen Familientradition des Stiftergeschlechts drängte man die Töchter dazu, das Ordensgelübde eben in der Abtei Liebenthal abzulegen. Daraus resultierten weitere Hilfestellungen dieser Familie für ihre jeweiligen Töchter in der Abtei[12]. Die Verbindungen zwischen dem Hoberg-Geschlecht und der Abtei sind dafür ein geeignetes Beispiel. So wurde Hedwig, Tochter der in der zweiten Hälfte des 15. Jahrhunderts mit Christoph Hoberg verheirateten Katharina von Liebenthal, 1495 Äbtissin in jener Abtei. Ebenfalls das Äbtissinnenamt nahm in dieser Zeit die Tochter von Konrad und Anna von Liebenthal ein. Konrad schenkte 1495 auch diverse Einkünfte an die Abteikirche und den Konvent, worunter sich der Erbteil der Tochter befand, und verkaufte ferner dem Konvent das Dorf Dippelsdorf[13]. Solche Beispiele ließen sich mehrfach beschreiben und ähnliche Beziehungsmuster kann man zwischen den Klöstern und dem Kreis der Stifterfamilien in der Geschichte der schlesischen

---

11 Görlich, Benediktiner (wie Anm. 1) S. 92.
12 E. Walter, Sinn und Zweck der geplanten, nur teilweise ausgeführten gotischen Ostpartie der ehemaligen Zisterzienserinnenkirche in Trebnitz, in: Jahrbuch der Schlesischen Friedrich-Wilhelms-Universität zu Breslau 20 (1979) S. 59f. H. Zoll-Adamikowa, Pochówki dostojników kościelnych i świeckich w Polsce wczesnopiastowskiej (na podstawie źródeł archeologicznych) [Bestattungen der kirchlichen und weltlichen Würdenträger im frühpiastischen Polen] in: Roczniki Historyczne 55/56 (1990) S. 33–70. Dies., Frühmittelalterliche Bestattungen der Würdenträger in Polen (Mitte des 10. bis Mitte des 12. Jahrhunderts) in: Przegląd Archeologiczny 38 (1991) S. 116f., 126. J. Chudziakowa, Pechówski z zespołów klasztornych Mogilna, Strzelna i Trzemeszna, woj. Bydgoskie [Die Bestattungen in den Klöstern Mogilno, Strzelno und Trzemeszno] in: Śmierć w dawnej Europie. Zbiór studiów, hg. v. M. Derwich (Opera ad historiam monasticam spectantia, Travaux de LARHCOR, Series II, Collectanea I, Acta Universitatis Wratislaviensis 1863, Historia 129) Wrocław 1997, S. 95. Z. Kurnatowska, Pochówki w obrębie kościoła i klasztoru. benedyktnów w Lubiniu [Gräber im Bereich der Kirche und des Klosters der Benediktiner in Lubiń] in: Idid.. S. 109f., 115. H. Zoll-Adamikowa, Elementy „Ordo defunctorum" średniowiecznych benedyktynów tznieckich (na podstawie wykopalisk) [Elemente des Ordo defunktorum der mittelalterlichen Benediktiner von Tyniec (aufgrund der Ausgrabung)] in: Ibid. S. 76f.. M. Zurek, Próba identyfikacji grobu w zachodniej czężci kościoła pw. Narodzenia NMP w Libuniu [Über die Identifikation der Grabstätte im westlichen Teil der Kirche „Unserer Lieben Frau" in Lubiń] in: Ibid. S. 126.
13 Görlich, Benediktiner (wie Anm. 1) S. 93, Anmerkung 2, S. 77, 140, 241.

und polnischen Nonnenkonvente im 14. und 15. Jahrhundert vielfach beobachten[14].

Die Integrationsleistung der Liebenthaler Adelsfamilie bezog sich aber nicht nur auf ihre eigene Verwandtschaft. Sie vermittelten auch Kontakte zwischen den Benediktinerinnen und weiteren Ritterfamilien und Fürsten der gesamten Region. Die Fürstenfamilie von Jauer, in deren Herrschaftsgebiet die Abtei lag, unterstützten aus diesem Hintergrund auch die Stiftungen der Liebenthaler an das Kloster. Sie deklarierten diese Familie gleichzeitig als *protectores et defensores*[15]. Die Fürsorge des Fürsten um die Stiftung seiner Vasallen entspricht allgemein dem christlichen Ethos des Herrschers. Aber hier ist es eben die enge Abhängigkeit der Liebenthaler von jener Fürstenfamilie, die die herrscherliche Fürsorge um die Abtei begünstigte und hervorhob. Für H. Appelt ähnelt diese Abhängigkeit den sozialen Beziehungen zwischen Ministerialen und Lehnsherren[16].

Es ist allerdings in diesem Fall schwierig zu sagen, welche konkreten Rechte die Fürstenfamilie von Jauer hier besaß. Zu vermuten ist, daß sie einen Teil des Patronatsrecht sich vorbehalten hatte, um ihre Einkünfte zu vergrößern und insgesamt eher indirekt hier ihren Einfluß ausübte. Der Fürstenhof der Jauerischen und Schweidtnischen Fürsten bot verschiedensten Ritterfamilien nämlich Gelegenheit, Verbindungen zu diesem Kloster zu knüpfen. Wiederholt schenkten Mitglieder aus diesem Kreis den Nonnen auch liturgische Geräte, teilweise aus religiösen Gründen, teilweise wohl auch, um die Gunst des Fürsten zu gewinnen. Johann Goswini, ein Vertrauter der Schweidtnischen Fürstin Agnes, schenkte im 14. Jahrhundert den Benediktinerinnen zu Liebenthal einen wertvollen Reliquienbehälter[17]. Einzelne gaben auch ihre Töchter in diesen Konvent. So wahrscheinlich Margarethe von Seidlitz, 1373 als Nonne in Liebenthal nachzuweisen, eine

---

[14] Ibid. S. 77, 93, 221, 242. AP Wr., Rep. 92, Nr. 29.
[15] Cz. Deptuła, Początki klasztorów norbertańskich w Dłubni-Imbramowicach i Płocku [Die Anfänge der Prämonstratenserklöster in Dłubnie-Imbramowice und Plock] in: Roczniki Humastyczne 16 (1968) H. 2, S. 12, 17–20. D. Karczewski, Związki genealogiczne fundatorów dwunastowiecznych prywatnych fundacji klasztornych [Die genealogischen Beziehungen der privaten Klosterstifter im 12. Jahrhundert] in: Genealogia. Rola związków rodzinnych i rodowych w życiu publicznym w Polsce średniowiecznej na tle porównawczym, hg. v. A. Radzimiński, J. Wroniszewski, Toruń 1996, S. 264ff., 270f.
[16] Schlesisches Urkundenbuch 4, (wie Anm. 1) Köln-Wien 1988, Nr. 333. Idid. 5, Nr. 437.
[17] H. Appelt, Klosterpatronat und landesherrliche Kirchenhoheit der schlesischen Herzöge im 13. Jahrhundert, in: Mitteilungen des österreichischen Instituts für Geschichtsforschung 14, Ergänzungsband 1939, S. 312ff. AP Wr.., Rep. 92, Nr. 2. Schlesisches Urkundenbuch (wie Anm. 1) Nr. 437, 1289: *quicquid predicti nobiles viri [i.e.: Jutta de Libinthal cum filiis, Puschone et Benschone] voluerint dare claustro antedicto [i.e.: claustro dominarum in Libinthal] de sius bonis feudalibus sine aliis de nostra [i.e.: Bolconis, ducis Slesiae et dominis de Lewenberc] possunt facere libera voluntate.*

Tochter von Johann von Seidlitz, dem damaligen Landschreiber der Fürstin Agnes[18].

Katharina Uchteritz, Äbtissin zu Liebenthal in jener Zeit, stammte aus einem Geschlecht, das seit dem frühen 14. Jahrhundert eng mit dem Fürsten von Jauer, besonders mit Heinrich von Jauer, verbunden war[19].

Andere Beziehungen gestalteten sich komplizierter, wie das Beispiel der Familie Ottendorf zeigen kann. Mit ihrer Geschichte ist die Erwähnung zu verbinden, daß Peter und Apeczko von Ottendorf 1326 den Zisterziensern [sic.] in Liebenthal fünf Mark Zinsen an Brotbänken in Jauer verkauften[20]. Das ist möglicherweise die einzige Spur einer von den Zisterziensern von Grüssau oder Henrichau geplanten Stiftung neben der Abtei Liebenthal. Bezeichnend im Rahmen dieser Thematik und für die Ottendorfer ist, daß sie zum Umfeld des Fürsten Heinrich von Jauer gehörten. Das Dorf Ottendorf, aus dem Peter und Apeczko kamen, wurde 1307 von den Söhnen jener Stifterin Jutta den Benediktinerinnen übergeben. Unklar ist, ob die Liebenthaler das Dorf von den Ottendorfer kauften oder erbten. Wichtig allein ist hier der Umstand für die Ottendorfer, jene Mönche zu beschenken, die sich um den geistigen Beistand der Nonnen kümmern sollten, und hier der Kontakt über Heinrich von Jauer zu den Liebenthalern wesentliche Bedeutung besitzt.

Die beschriebenen Umstände verdeutlichen exemplarische Wechselbeziehungen von Dauer, keine einmaligen sozialen Umstände oder nur singuläre familiäre Kontakte. Derartige Stiftungen und ihre Kontinuitäten repräsentieren soziale Zusammenhänge zwischen den Stifterfamilien und einflußreichen Gliedern unter den weiteren schlesischen Adeligen. Nach den persönlichen und engen Beziehungen zwischen den Benediktinerinnen und dem Verband der Stifterin kann man die Abtei sehr wohl als „Hauskloster" der Liebenthaler bezeichnen.

I. Die Familien der Nonnen

Die Herkunftsfamilien der Nonnen in der Abtei Liebenthal gehören in aller Regel zu den führenden schlesischen Ritterfamilien. Die rechtlichen und wirtschaftlichen Zusammenhänge, die sich aus der Mitgift der Nonnen, den weiteren Schenkungen oder aus der Realisierung des Erbrechtes einzelner Nonnen ergaben, bewirkten nicht selten dauerhafte, aber auch wechselvolle

---

18   A. Knoblich, Das Pacificale von Liebenthal, Schlesiens Vorzeit in Bild und Schrift 1 (1870) S. 47.
19   AP Wr., Repertorium 92, Nr. 11. T. Jurek, Obce rycerstwo (wie Anm. 6) S. 286.
20   T. Jurek, Obce rycerstwo (wie Anm. 6) S. 300.

Beziehungen. Schließlich, und dieser Fall findet sich in Schlesien und Polen sehr oft[21], beschenkte der Wohltäter eines Klosters eine ihn verwandte Nonne direkt mit Einkünften. Dafür einige Beispiele aus der Geschichte der Benediktinerinnen im Striegau: Am 24. Dezember 1326 bestätigten Kunigunde, Fürstin von Schweidnitz und ihr Sohn, Wolko, entsprechende Schenkungen der Ritter Nikolaus und Johann von Nymptsch für ihre Schwester bzw. Nichte[22]. 1332 schenkte Heinrich von Hrüdeburg seiner Tochter einen Zins, ebenso verfuhr 1357 Nikolaus von Cyskberg[23]. Die Urkunden besagen nicht, ob diese Schenkungen die Mitgift der einzelnen Nonnen betreffen, oder ob es sich um individuelle Sondergaben handelt. Auch aus späteren Quellen läßt sich ein solcher Umstand nicht nachweisen. Aber es zeigt sich zumindest die Tendenz, daß einige Nonnen aus Adelsfamilien zu ihrem Bedarf einige Zinsen kauften, also nicht für die Abtei oder den Konvent. Darin erkennt man auch Wege einer direkten Geldübergabe von Verwandten an die betreffenden Nonnen. Die Nonnen selbst konnten folglich mit diesen Schenkungen auch selbständig an Geldgeschäften teilnehmen. So konnte zum Beispiel Agnes von Rebkowitz, Nonne im Kloster vom Czarnowanz, in den Jahren 1401 bis 1403 Zinsen von den Rittern

---

[21] Regesten zur schlesischen Geschichte, 1316–1326, hg. v. C. Grünhagen, K. Wutke (Codex Diplomaticus Silesiae 18) Breslau 1923, Nr. 4565.

[22] F. Micke, Urkundliche Geschichte der Stadt und des früheren Klosters Naumburg am Queis, Bunzlau 1844, S. 18. G. Froböss, Geschichte der St. Katharinenkirche in Breslau, Breslau 1908, S. 10ff. K. Bobowski, Podstawy bytu konwentu trzebnickiego [Ökonomische Existenzgrundlagen des Trebnitzer Konvents] in: Księga Jadwiżańska. Międzynarodowe Sympozjum Naukowe „Święta Jadwiga w dziejach i kulturze", hg. v. M. Kaczmarek, M. L. Wójcik (Acta Universitatis Wratislaviensis 1720) Wrocław 1995, S. 68f. P. Wiszewski, Mniszki benedyktyńskie i ich rodziny w śedniowieczu na przykładzie opactw śląskich (Legnica, Lubomierz, Strzegom) [Die Benediktinerinnen und ihre Familien. Ein Beispiel der mittelalterlichen Abteien in Schlesien] in: Kobieta i rodzina w średniowieczu i na progu czasów nowożytnych. Materiały z sesji naukowej, hg. v. Z. Nowak, A. Radyimiński, Toruń 1998. B. Lesiński, Stanowisko kobiety w polskim prawie ziemskim do połowy VX wieku [Die Stellung der Frau im polnischen Grundrecht bis zur Mitte des 15. Jahrhunderts] (Polska Akademia Nauk, Komitet Nauk Prawnych, Studia nad historią państwa i prawa, Seria 2, Bd. 4) Wrocław 1956, S. 53f. K. Dąbrowski, Rozwój wielkiej własności ziemskiej cystersek w Żarnowcu od XIII do XVI w. [Die Entwicklung des Großgrundbesitzes der Zisterzienserinnen in Żarnowiec] Gdańsk 1970, S. 39, 125f. M. Koczerska, Rodzina szlachecka w Polsce poźnego średniowiecza [Die ritterlichen Familien in Polen während des späten Mittelalters] Warszawa 1975, S. 152. M. Mokosa, Kobieta w najstarszej ksiedze miejskiej Szczecina, 1305–1352 [Frauen im ältesten Stadtbuch von Stettin] in: Kobieta w kulturze średniowiecznej Europy. Prace ofiarowane profesor Alicji Karłowskiej-Kamzowej, hg. v. A. Gąsiorowski (Poynańskie Towarzystwo Przyjaciół Nauk, Wydział Nauk o Sztuce, Prace Komisji Historii Sztuki 22) Poznań 1995, S. 74.

[23] AP Wr., Rep. 123, Nr. 19.

Peter Schoff von Semisdorf und Johann Bes von Rogow kaufen[24]. Die Benediktinerinnen von Striegau verhielten sich ähnlich. Anna von Baumgarten und Hedwig Krisserin kauften 1414 einige Zinsen für sich, ebenso 1418 die Nonne Katharina von Zwien. Vermutlich handelt es sich hier um gemeinschaftlich mit der Familie eingewirkte lebenslange Präbenden. Diese Einkünfte sollten den Schwestern zweifellos einen angemessenen Lebensstandard sichern. An einer Stelle heißt es in diesem Zusammenhang sehr deutlich über die Zwecksetzung, *ut eo melius valeant (i.e. consanguineae eorum – p.w.) sustentari*[25].

Weitere soziale Beziehungen zwischen den Familien und Konventen zeigen Testamente zugunsten von Nonnen. Beispielsweise bestätigte das Kollegiatkapitel zu Oppeln eine Testamentsübergabe des Chorherren Heidan von Baruth für die Czarnowanzer Nonne Margarethe von Baruth[26]. Erbansprüche und Erbteilungen boten oft Anlaß für Gerichtsstreitigkeiten zwischen dem Kloster und der Familie der betreffenden Nonne. Es läßt sich beobachten, daß derartige Situationen die Kontakte zwischen den Konventen und der Adelsfamilie intensivierten und auch Stifter der Klöster bei dieser Gelegenheit intervenierten. Ein Echo auf eine solche Situation findet sich schließlich in der bischöflichen und fürstlichen Gesetzgebung der Zeit wieder. Fürst Ruppert von Liegnitz bestätigt 1406 Testamentsforderungen der Benediktinerinnen zu Liegnitz auf Rückgabe bestimmter Titel[27]. Bischof Johann von Breslau sprach sich 1486 gegen jene aus, die den Nonnen zu Liegnitz ihren Erbteil vorenthalten wollten. Ein Schiedsspruch in einen derartigen Rechtsstreit schließlich konnte Verwandte von Zeit zu Zeit zwingen, Kontakte mit der Nonne im Konvent zu halten. Die Prämonstratenserinnen von Czarnowanz und die Dominikanerinnen von Ratibor verzichteten auch auf ein Erbe, damit es ihre Verwandten übernehmen konnten[28]. Die Nonnen sollten freilich jährlich einen Zins daraus erhalten. Dieser Beschluß führte aber nicht zu einer Intensivierung der Beziehungen, obwohl in der Abtei die Erinnerung an diese Familie sehr wohl verstärkt werden konnte. Eher aber kümmerten sich die Eltern doch nur um die Auszahlung ihrer Schuldverhältnisse in solchen Streitfällen.

---

24 AP Wr., Rep. 123, Nr. 23, 38.
25 Urkunden des Klosters Czarnowanz, hg. v. W. Wattenbach (Codex Diplomaticus Silesiae 1) Breslau 1857, Nr. 76f.
26 AP Wr., Rep. 123, Nr. 19, 82, 89.
27 Lesiński, Stanowisko kobiety (wie Anm. 22) S. 44–47, 53ff. M. Koczerska, Rodzina szlachecka (wie Anm. 22) S. 142–145, 152. J. Bardach, B. Leśnodorski, M. Pietrzak, Historia ustroju i prawa polskiego [Die Geschichte der polnischen Staatsform und des Rechts] Warszawa 1993, S. 146. Wattenbach, Urkunden Czarnowanz (wie Anm. 25) Nr. 81.
28 AP Wr., Rep. 93, Nr. 78 (verloren) 172. Urkundenbuch der Stadt Liegnitz und ihres Weichbildes bis zum Jahre 1455, hg. v. F. W. Schirrmacher, Liegnitz 1866, Nr. 422.

Eine Teilnahme von Nonnen und ihrer Familie an Geldgeschäften, Zinsverkäufen und Zinsaufkäufen belebt in eigener Weise bisweilen doch die Beziehung zwischen der Nonne und ihrer Familie[29].

Beispielsweise verkaufte 1343 Peter, Erbe von Wenko und Chorherr der Kollegiatskirche zu Ratibor, seiner Enkelin Verunka, einer Dominikanerin zu Ratibor, eine Zinshufe in Benkowitz. 1351 kauften die Dominikanerinnen zu Ratibor den Gesamtbesitz dieser Familie[30]. Möglicherweise verfolgten die Nonnen diesen Ankauf seit langer Zeit schon. Dafür spricht die Auszahlung der gesamten Kaufsumme von 200 Mark an die Erben. Weiter gewann das Kloster mit dieser Aktion den Gesamtbesitz des Dorfes. 1343 kauften die Nonnen auch den fürstlichen Teil dieses Dorfes Benkowitz[31]. Mit derartigen Geschäften veränderte sich auch das soziale Verhältnis zwischen Konventen und ihrer Umgebung. In den Konventen wuchs das Wissen und das Interesse an der Außenwelt, an der die Nonnen trotz Klausur vermehrte Anteil gewannen. Diese Beispiele gelten nach der Quellenlage zweifellos nur für eine geringe Zahl von Nonnen. Die klösterlichen Quellen schweigen in aller Regel über das Engagement der Mehrheit der Familien der Schwestern für die jeweiligen Konvente. Eine Spur bieten zumindest wiederholt die klösterlichen Nekrologien, aus deren Notizen eine wachsende Bereitwilligkeit abzulesen ist, entsprechende Beziehungen immer wieder zu erneuern. So unterstreicht der Verfasser eines im 17. Jahrhundert aus mittelalterlichen und zeitgenössischen Quellen zusammengestellten Nekrologes der Prämonstratenserinnen zu Czarnowanz, das solche Notizen übernahm und eintrug, die nicht nur die Brüder und Schwestern des Klosters, sondern auch ihre Verwandten betrafen[32]. Folglich gibt es auch in den Nekrologen der verschiedensten Konvente zahlreiche Notizen über den Tod von Verwandten der Nonne[33]. Augenscheinlich nahmen die betreffenden Nonnen diese Memoria sehr intensiv wahr. Sie resultiert offensichtlich aus ihrem starken Empfinden und ihrer persönlichen Verpflichtungen, sich um das Seelenheil der Familienmitglieder, insbesondere ihrer Eltern, zu sor-

---

[29] Wattenbach, Urkunden Czarnowanz (wie Anm. 25) Nr. 35, 142. Urkunden der Klöster Rauden und Himmelwitz, der Dominicaner und Dominikanerinnen in der Stadt Ratibor, hg. v. dems. (Codex Diplomaticus Silesiae 2) Breslau 1859, S. 191, Nr. 85.
[30] Ibid. S. 132f., Nr. 26, S. 216f., Nr. 107. AP Wr., Rep. 93, Nr. 198
[31] Ibid. S. 132f. Nr. 26, S. 151f. Nr. 43.
[32] Ibid. S. 147f. Nr. 39.
[33] W. Wattenbach, Necrolog des Klosters Czarnowanz, in: Zeitschrift des Vereins für Geschichte Schlesiens 1 (1856) S. 226: *Mortulogium, quod hodie legitur, comparatum 1654 a Praeposito Paulo Scrabone loci hius Canonico Strahoviensi partim ex veteri conscriptum partim novis funebris fratrum, sororum, consanguineorum et benefactorum auctum.*

gen³⁴. Freilich vergaßen ihre Eltern und Verwandten auch nicht, sie an diese ihre Pflicht der Gebetsfürsorge zu erinnern. Theodorik Sutor, Bürger in Ratibor drückte diese Haltung beispielsweise aus, als er seine Tochter im Konvent der Dominikanerinnen zu Ratibor beschenkte, *sperans per filiam suam Christinam anime sue et uxoris eiues refrigerium percipere*³⁵. Obwohl solche Gebetsstiftungen und Verpflichtungen zwischen Familienmitgliedern kaum die Kontakte intensivierten, erinnerte jedoch die Erfüllung dieser Pflichten die Nonnen an ihre nie unterbrochenen Verbindungen zur Verwandtschaft außerhalb des Konvents. Umgekehrt aber gaben die Verwandten genauso den Nonnen ihre Hilfe und ihren Schutz bei der Herstellung von Kontakten der Schwester in diese soziale Umgebung. Die Position der jeweiligen Verwandten in der schlesischen Gesellschaft ermöglichte es ihnen, sich auf diese Weise direkt bzw. indirekt in das klösterliche Leben einzumischen. Die beiden ersten Äbtissinnen der Benediktinerinnen zu Liegnitz, Elisabeth und Agnes von Dona, waren 1348 gewöhnliche Nonnen in der Abtei Liebenthal. Aber Agnes übte ihr Äbtissinnenamt zu Liegnitz schon 1350 und ihre Schwester 1360 aus³⁶. Die Familie von Dona war weder mit dem Stifter noch mit dem Adel im Fürstentum verbunden. Otto von Dona und sein Neffe Johann gehörten zum Kreis des Breslauer Bischofs, der der Abtei zu Liegnitz vorstand. Vermutlich auf diesem Wege erlangten Agnes und Elisabeth ihre Ämter.

Die Verwandten unterstützten vielfach anfänglich nur die Interessen der eigenen Familie und ihres Familienmitgliedes im betreffenden Konvent. Erst allmählich wurden solche Interessenbindungen auch gebündelt und über die Lebensspanne einer einzelnen Nonne hinaus fortgeführt. Im Falle,

---

34 J. Rajman, Średniowieczne zapiski w nekrologu klasztoru norbertanek na Zwierzyńcu [Die mittelalterlichen Notizen vom Totenbuch des Prämonstratenserinnenklosters in Zwierzyniec] in: Nasza Przeszłość 77 (1992) S. 39ff. Liber mortuorum monasterii Strzelnensis ordinis Praemonstratensis, hg. v. W. Kętrzyński, in: Poloniae Historica 5, Lwów 1888, S. 719-767. K. Jasiński, Nekrolog klasztoru norbertanek w Strzelnie. Uwagi krytyczno erudycyjne [Das Totenbuch des Prämonstratenserinnenklosters in Strzelno] in: ders., Prace wybrane z nauk pomocniczych historii, Toruń 1996, S. 7-44, besonders S. 17. Fragmentum Menologii Zukoviensis, hg. v. W. Ketrzyński, in: Monumenta Poliniae Historica 4, Lwów 1884, S. 140ff. Das Totenbuch des Prämonstratenserinnenklosters Zuckau bei Danzig, hg. v. M. Perlbach (Quellen und Darstellungen zur Geschichte Westpreussens 5) Danzig 1906.
35 Koczerska, Rodzina szlachecka (wie Anm. 22) S. 138. R. Żerelik, „Wspólnota zmarłych" w świetle najstarszych wpisów do Nekrologu henrykowskiego [Die Verstorbenengemeinschaft im Licht der ältesten Eintragungen im Nekrolog von Heinrichau] in: Derwich, Klasztor (wie Anm. 12) S. 205f. M. Starnawska, Nekrolog krzyżowców z czerwoną gwiazdą: źródło poznania środowiska zakonu i jego kontaktów [Das Nekrologium der schlesischen Kreuzherren mit dem roten Stern als Quelle der Erforschung des Milieus und der Kontakte des Ordens] in: Derwich, Klasztor (wie Anm. 12) S. 217f.
36 Wattenbach, Urkunden (wie Anm. 29) S. 132, Nr. 25 (24 VI 1331 r.).

daß die Beziehungen zwischen einer Nonne und einer Ritterfamilie sehr lange währten, blieb denn auch der Kontakt der Familie zum Konvent über den Tod der Nonne hinaus bestehen. Als Hans Eichholz, Rat der Fürstenfamilie von Liegnitz, 1534 einen Streit zwischen Christoph Falkenhain zu Kuchelsberg und den Nonnen zu Liegnitz entschied, war Barbara von Eichholz Äbtissin des Klosters. Sigismund von Bernsdorf, der Vertreter der Äbtissin in diesem Streit, war ein Verwandter der verstorbenen Äbtissin, Anna von Bernsdorf (1513–1533)[37].

Die Tatsache, das Verwandte der Nonnen hohe Ämter in der Verwaltung der schlesischen Fürstentümer auch für die tschechischen Könige ausübten, trug zur Stabilisierung der sozialen und rechtlichen Position der Nonnenkonvente in der schlesischen Gesellschaft wesentlich bei. Die Mitglieder der Geschlechter Busswoy, Eicholtz, Schweintz oder Zeidlitz, die jeweils wiederholt ihre Töchter in die Benediktinerinnenabtei zur Liegnitz gaben, bekleideten u.a. das Amt des Hofmarschalls und ähnliche Positionen[38]. Die einflußreiche Familie von Schoff half den Benediktinerinnen von Striegau bei ihren Kontakten zur weltlichen Umgebung des Konvents[39]. Aber nicht nur die mächtigen Patrone der Klöster unterstützten die Nonnen. Nach der Überzahl der Urkunden kümmerten sich auch durchschnittlich vermögende Ritter, die als Zeugen der Fürsten für die Nonnen in den Urkundenlisten erscheinen, gelegentlich intensiv um die Konvente, in denen sie gelegentlich auch eigene Verwandte unterbrachten. Dieser Umstand und die Kontakte zu den Fürstenkreisen erleichterte es den Rittern, beispielsweise die Klostervogtei zu übernehmen[40]. Freilich geschah dies nicht sehr oft. Eher muß es deshalb als eine Ausnahmesituation gelten, wenn Hermann Bauch als Propst in der Abtei Liebenthal zu Beginn des 15. Jahrhunderts fungierte und seine

---

[37] Regesty śląskie 1, hg. v. K. Bobowski, J. Gilewska-Dubis, W. Korta, B. Turoń, Wrocław 1975, Nr. 63. AP Wr., Rep. 93, Nr. 14. Regesty śląskie 2, hg. v. K. Bobowski, M. Cetwiński, J. Gilewska-Dubis, A. Skowrońska, B. Turoń, Wrocław 1983, Nr. 238. Schirmmacher, Liegnitz (wie Anm. 28) Nr. 168, 219. AP Wr., Rep. 93, Nr. 34. Regesty śląskie 5, hg. v. J. Gilewska-Dubis, Wrocław 1992, Nr. 274.

[38] P. Wiszewski, Legnickie opactwo benedyktynek w społeczeństwie śląskim (1348–1538) [Die Benediktinerinnenabtei Liegnitz in der schlesischen Gesellschaft] hg. v. M. Derwich, A. Pobóg-Lenartowicz, S. 76. Schirmmacher, Liegnitz (wie Anm. 28) Nr. 154.

[39] AP Wr., Rep. 93, Nr. 202, 217, 221, 223, 234.

[40] Zum Beispiel war Barbara von Zedlitz zwischen 1480 und 1496 Nonne in Liegnitz (AP Wr., Rep. 93, Nr. 179, 185), Jadwiga von Sweintz war ebenda Priorin in den Jahren 1476–1491 (AP Wr., Rep. 93, Nr. 160, 181), Anna von Busswoy war die Äbtissin in den Jahren 1518–1533 (AP Wr., Rep. 93, Nr. 202, 217), Barbara von Eicholtz war in der 4. Dekade des 16. Jahrhunderts zunächst Schaffnerin, dann die Priorin und schließlich die Äbtissin in den Jahren 1538–1556 (AP Wr., Rep. 93, Nr. 211, 221, 222, 234).

Verwandte, möglicherweise seine Schwester, Margarethe, das Amt der Äbtissin dort versah[41].

In der Summe der sozialen Kontakte erkenne ich jeweils familienspezifische Motive der Hinwendung zu den einzelnen Konventen. Es sind soweit bewußte Entscheidungen der Familien, hier die privaten Beziehungen zu gestalten, zu nutzen und zu verstetigen. Beispiele, nach denen wie im pomerellischen Prämonstratenserinnenkloster Zuckau Verwandte der Nonne mit Waffengewalt gegen ihr Konvent halfen[42], finden sich für Schlesien bislang nicht. Das heißt nun nicht, daß sich die Adelsfamilien nicht tatkräftig für ihre Töchter in den Konventen eingesetzt hätten. Die einflußmächtigen Familien von Dona, Busswoy oder Eicholtz kümmerten sich intensiv auch um ihre Töchter in den Konventen. Die Ritterfamilien ahmten darin eher das soziale Verhalten der führenden schlesischen Fürstenfamilie nach. Das weitverzweigte Geschlecht der Piasten ist dafür ein besonderes Vorbild. Das galt auch, nachdem eine Tochter der Piastenfamilie, die Äbtissin im Franziskanerkloster zu Breslau war, aus dem Kloster geflohen war und vom Ordensprovinzial exkommuniziert worden war[43].

II. Ein Geschlecht und ein Kloster – „Mehr-Generationen-Beziehungen"

Soziale Kontakte zwischen einem Konvent und einer Ritterfamilie konnten sich im Verlauf der Jahre zu festen Verbindungen entwickeln. Die Eröffnung einer solchen Beziehung begann oftmals mit gelegentlichen Geschenken und einzelnen Gelübden. Planvolles Handeln ist hier nicht immer von Anfang an zu erkennen[44]. So wird Ulrich Schoff als Zeuge in der Urkunde des Fürsten Bolko von Schweidnitz, die einen Kauf der Nonnen zu Striegau bestätigte, eher zufällig genannt. Am 24.3.1343 gaben dieser *Fredricus dictus Schoff, dominus castri et villae in Rokenregil* und seine Frau Agata dem Zisterzienserkloster zu Grussau und der Benediktinerinnenabtei zu Striegau ein Vorwerk[45]. Es gibt für diesen Zeitpunkt aber keinen Beleg für

---

[41] Katharina Schoff war 1434–1436 Priorin in der Abtei zu Striegau (AP Wr., Rep. 123, Nr. 107, 111). 1373 beschenkten Friderich Schoff, Herr von dem Berg und Dorf Rokenregil, und seine Frau Agatha 14 Mark Zins für die Benediktinerinnen zu Striegau und die Zisterzienser zu Grüssau (AP Wr., Rep. 123, Nr. 46). Um 1500 sind verschiedene Mitglieder dieses Geschlechts als Zeugen in den Urkunden für die Benediktinerinnen genannt (AP Wr., Rep. 123, Nr. 141, 159, 179, 182, 186, 187).
[42] Zum Beispiel AP Wr., Rep. 123, Nr. 186, 211, 218. Rep. 93, Nr. 223.
[43] Görlich, Benediktiner (wie Anm. 1) S. 241.
[44] Czacharowski, Uposażenie (wie Anm. 5) S. 116f.
[45] Urkundenbuch der Kustodien Goldberg und Breslau, Teil 1, hg. v. Ch. Reisch (Monumenta Germaniae Franciscana, Abt. 2, Urkundenbücher 1) Düsseldorf 1917, Nr. 799, 803, 816–819, 828, 835, 861, 919, 921ff., 926f.

eine Nonne aus diesem Geschlecht im Kloster zu Striegau. Eine Katharina Schoff läßt sich erst 1434-1436 dort als Unterpriorin in den Quellen nachweisen. Ähnliche Vorgänge finden sich für verschiedene Klöster in Kleinpolen, wo der Eintritt eines Familienmitgliedes in ein Nonnenkonvent vorausgegangene rechtliche, wirtschaftliche und auf religiösen Gründen beruhende Beziehungen auf eine neue Ebene stellte. In der ersten Hälfte des 13. Jahrhunderts unterstützten der Krakauer Bischof Iwo Odrowąż und seine Verwandten das Prämonstratenserinnenkloster zu Zwierzyniec in der Nähe von Krakau. Dieser Kreis beschenkte die Nonnen zuerst mit mehreren Landgütern und erst nach mehreren Jahren finden sich Verwandte in diesem Konvent[46].

Derartige Beispiele langjähriger Beziehungen einer Familie zu einer bestimmten Abtei stellen keine Ausnahme dar. Ähnliche Verhältnisse, wie für die Familie Schoff, gelten auch für die Adelsfamilie Schindel. Die Schindels unterstützten im letzten Viertel des 15. Jahrhunderts und in der ersten Hälfte des 16. Jahrhunderts die Interessen des Konventes gegenüber anderen Ritterfamilien und gegenüber Vertretern der fürstlichen und königlichen Gewalt. Gleichzeitig profitierten sie aus den Beziehungen zum Konvent selbst: Sie erhielten Landgüter und Anleihen von der Äbtissin und wurden schließlich Klostervögte. Es ist auch möglich, das Adelaid Schindel im letzten Viertel des 15. Jahrhunderts mit Hilfe der Verwandten im Umkreis der Nachbarschaft das Äbtissinnenamt erreichte[47].

Die Beziehungen zwischen der Familie Czirn und Nimptsch und der Abtei zu Striegau fallen ähnlich aus und beginnen mit wirtschaftlichen Dingen. Ähnlich wie bei der Familie Schindel ermöglichten die Gelübde der Verwandten die Übernahme schließlich auch des Äbtissinnenamtes und damit einhergehend die Vertiefung der Kontakte zwischen Kloster und Ritterfamilie. Gleichzeitig traten auch Mitglieder dieser Familie in weiteren Ämtern des Klosters oder der zugehörigen Pfarreien auf[48].

Solche aus langjährigen Beziehungen gewachsenen Kontakte einzelner Adelsgeschlechter kann man auch an anderen schlesischen Konventen ausmachen. Das gilt z.B. für die Busswoys, die in enger Beziehung zur Bene-

---

[46] Wiszewski, Mniszki benedyktyńskie (wie Anm. 22) S. 79f.
[47] AP Wr., Rep. 123, Nr. 29, 46.
[48] S. Kutrzeba, List generała premonstratensów Gerwazego z Chichester do Iwona Odrowąża z roku 1218 [Der Brief des Prämonstratenseroberen Gerwazy von Chichester für Iwo Odrowąż im Jahr 1218] in: Kwartalnik Historyczny 16 (1902) S. 587f. Cz. Deptuła, Arrowezyjska reforma klasztorów w Polsce po r. 1180 a reforma premonstrateńska [Die Reformbewegung der Averroise der Klöster in Polen nach 1180 und die Prämonstratenserreformbewegung] in: Roczniki Humanistyczne 17 (1969) S. 5–49. L. Rajman, Początki opactw norbertańskich w Strahovie i Brzensku [Die Anfänge der Prämonstratenserabteien in Strahov und Brzesko] in: Nasza Przeszłość 78 (1992) S. 5f.

diktinerinnenabtei zu Liegnitz standen. Sie gaben im 15. und 16. Jahrhundert ihre Töchter gerade in dieses Konvent, die eben auch dort Äbtissinnen wurden. Zugleich besaß die Familie in dieser Klosterkirche ihre Grabkapelle[49]. Langjährige Beziehungen ließen hier, wie in vielen anderen Fällen, weitere Vorteile auf Gegenseitigkeit wachsen. In diesem mehrschichtigen Beziehungsgefüge ließen sich offensichtlich einerseits die notwendigen Kontakte der Konvente zur sozialen Umwelt vertiefen, wie auch Verluste unter den Stiftern ausgleichen.

III. Familien, die nicht mit Nonnen verwandt waren

Nachrichten über Kontakte zwischen Konventen und Adelsfamilien, die selbst keine Mitglieder in den betreffenden Konventen hatten, finden sich selten. Gleichwohl bei Geldgeschäften zwischen einzelnen Adelsfamilien finden sich derartige Beziehungen vereinzelt. Es dominierten hier wirtschaftliche Aspekte, ohne das weitere Motive auszuschließen sind. Der Dienst bei einem Fürsten, der als Klosterfundator oder Patron agierte, erleichterte ihnen auf jedem Fall die Aufnahme von immer wieder gesuchten sozialen und religiösen Kontakten zu den Nonnenkonventen. Die Umstände, unter denen z.B. der Ritter Konrad von Mazow den Dominikanerinnen zu Ratibor eine Zinsverschreibung zukommen ließ, zeigt vielleicht exemplarisch die Gründe für diese Zuwendung auf. Möglicherweise kam jener Konrad in der zweiten Hälfte des 14. Jahrhunderts in Begleitung der Prinzessin Anna von Masowien, einer Enkelin des Nicolaus von Troppau zum Hof der Fürsten von Troppau und Ratibor[50].

Jene Anna trat später in den Konvent der Dominikanerinnen zu Ratibor ein, deren Patron ihr Großvater war. Die Treue Konrads zu seinem alten Herrn, wie zu den Fürsten von Troppau und Ratibor, könnte ihn 1361 wohl zur Schenkung der Einkünfte an die Nonnen zu Ratibor, besonders für Prinzessin Anna, bewogen haben. Das Geld sollten demnach die Nonnen freilich erst nach Konrads Tod bekommen. Die Art der Verleihung reduzierte damit nicht den Besitzstand des Spenders, aber sie sicherte ihm die Gunst des Fürsten und den religiösen Beistand der Nonnen. Welcher dieser beiden Gründe der bedeutendere auch für andere Beispiele dieser Art Stiftungen von Rittern war, läßt sich nicht ausmachen. Es ist aber beachtenswert, daß die Kontakte, die auf dieser Art und Weise hergestellt wurden, von Kindern dieser Ritter fortgesetzt wurden. Ritter aus dem Fürstentum

---

[49] Die Dörfer, aus denen die Schindels kamen, Häslicht, Neudorf, Pilgramshain, liegen 4–10 km weit von der Abtei entfernt. AP Wr., Rep. 123, Nr. 145, 159, 174, 186, 218.
[50] AP Wr., Rep. 123, Nr. 175, 183, 204, 211.

Oppeln, die oft hohe Ämter am Hof Kasimirs, dem Sohn der Stifterin der Abtei zu Czarnowanz einnahmen, schenkten den Prämonstratenserinnen im Kloster zu Czarnowanz vor 1223 diverse Zehnte. Im Jahre 1279 spendete *comitissa* Anastasia, Tochter des Wratyslaw, der bereits 1223 in jener Urkunde genannt ist, den Nonnen zwei Dörfer, um damit selbst in der Klosterkirche demnächst beerdigt zu werden[51].

Schließlich konnten die Beziehungen zwischen Ritterfamilien und Konventen rechtliche Ursprünge haben. 1354 schenkte das Konvent in Czarnowanz dem Ritter Jeschko von Grutiz ein Landgut. Er versprach dabei, anstelle des Klosters, die Dienste für die Nonnen auszuüben, damit *preposito et suo conventu unionis concordia amplior*[52]. Es ist nicht zu sagen, ob die *concordia unionis* hier einen bestehenden Lebenszusammenhang des Ritters mit dem Kloster beinhaltet. Der Sachverhalt aber betrifft auf jeden Fall ein weiteres Problem für die Forschung: Die Adelsklientelschaften in der Geschichte des schlesischen und polnischen Klosterwesens.

Nur einige Ritterurkunden lassen schließlich die Situation der Nonnen in den Konventen selbst erkennen. Hier wie dort wird aber der Charakter der Beziehungen der Familien zu den einzelnen Nonnen erkennbar. Meistenteils betreffen die Urkunden die klösterliche Wirtschaftssituation verbunden mit diversen Transaktionen. Quellen aus diesem Bereich mit eher individuellen Inhalten sind selten. Indizienhaft aber für das Milieu sei ein Beleg aus dem 14. Jahrhundert angeführt. Hiernach gab Imram von Hirschnowitz seinen zwei Töchtern ins Kloster zu Ratibor, *cum itaque fama virginei pudoris plurimum sit tenera, ut lesa quam modicum ulterius nequeat reformari*[53]. Nach dieser Formulierung verstand jener Imram das Kloster als den Ort, an dem seine Tochter das Ideal der Jungfräulichkeit finden und für sich bewahren konnte und hier damit den guten Namen der Familie stützen konnte. Die Sorge um die Familieninteresse störte demnach nicht, daß die Familie und die Nonne auch emotional verbunden waren. Zu den ökonomischen Dingen und Interessen tritt jetzt zumindest auch deutlich artikuliert eine Bewertung der emotionalen Beziehungen zwischen der Familie und jener Nonne vor. Ähnliches zeigt sich in einer anderen Passage, in der Nikolaus Ciskberg 1357 seiner Schwester, Nonne zu Striegau, einen Zins schenkte und sie dabei als *soror mea karissima* bezeichnete[54]. So selten derartige Formulierungen auch zu finden sind, sie bleiben ein Indiz dafür, das hinter der

---

[51] J. P. Warendorff, Liegnitzische Merckmürdigkeiten oder historische Beschreibung der Stadt und Fürstenthums Liegnitz im Herzogthum Schlesien, Budiszin 1724, S. 193.
[52] Balzer, Genealogia Piastów, Kraków 1895, S. 459f., 464f.
[53] Wattenbach, Urkunden (wie Anm. 29) Nr. 54, S. 162f.
[54] Ibid. Nr. 10, S. 9.

Sachlichkeit zumal der Urkundenformulare die Gefühlswelt der Persönlichkeiten nicht gänzlich verschwand.

Wir stehen hier erst am Anfang, die Urkunden neu zu verstehen und damit für eine Geschichte der „privaten Welt" des Adels weitergehend nutzen zu können.

Jan Wroniszewski

Alltagsleben und Privatleben des polnischen Adels im Spätmittelalter

Die vorliegende Darlegung der Thematik resultiert aus landestypischer Quellenüberlieferung und bisher begrenzten Forschungsmöglichkeiten. Die Beschäftigung mit dem Privatleben des polnischen Niederadels anhand von Selbstzeugnissen ist wegen des entsprechenden Quellenmangels streng genommen fast nicht möglich. Bei dieser Art Forschung sind wir beinahe ausschließlich auf eine spezielle Aktenüberlieferung angewiesen. Vermutlich aufgrund dieser Voraussetzungen wird der Schwerpunkt der Forschungen über den polnischen Adel im Mittelalter vor allem auf die soziale Zusammensetzung der Ritterschaften, ihre Verwandtschafts-, Territorial- und Umfeldgruppen, sowie die Bildung der Machteliten und die damit verbundene Dynamik der strukturellen Veränderungen gelegt. Diese Art Forschung wird seit den sechziger Jahren, nach jahrelanger Nichtbeachtung in der Nachkriegszeit, inzwischen mit erweiterten Methoden erfolgreich betrieben[1]. Die Forschung zum „Privatleben" des mittelalterlichen Adels in Polen steht hingegen erst am Anfang. Eine Ausnahme bildet auf diesem Gebiet allein die Rezeption der westeuropäischen Ritterkultur[2]. Das private Leben der polnischen Niederadligen können wir vor diesem Hintergrund nur dadurch näher kennenlernen, daß wir zunächst die Bedingungen des Alltagslebens, seine

---

[1] J. Bieniak, Możliwości i zadania polskich genealogów - megiewistów, in: Tradycje i perspektywy nauk pomocniczch w Polsce, hg. v. M. Rokosz, Kraków 1995, S. 77-91.

[2] A. Heymowski, Rycerstwo polskie w zachodnich herbarzach XIV i XV wieku, in: Polskie więzi kulturowe na obczyźnie, hg. v. M. Paszkiewicz, Prace Kongresu Kultury Polskiej, London 1986, S. 28-36. J. Wiesiołowski, Tristan, Hamlet et consortes, Biuletyn Polskiego Towarzystwa Heraldycznego 8 (1992) S. 1-11. Ders., Hołub z Bordeau herbu Wczele, Rocznik Polskiego Towarzystwa Heraldycznego, nowej serii t.1, 12 (1993) S. 13-31. Stefan K. Kuczyński, Turnieje rycerskie w średniowiecznej Polsce, in: Biedni i bogaci. Studia z dziejów społeczeństwa i kultury ofiarowane Bronisławowi Geremkowi w sześćdziesiątą rocznicę urodzin, Warszawa 1992, S. 295-306. Ders., Heroldowie króla polskiego, in: Venerabiles, nobiles et honesti. Studia z dziejów społeczeństwa Polski średniowiecznej. Prace ofiarowane Profesorowi Januszowi Bieniakowi w siedemdziesiątą rocznicę urodzin i czterdziestopięciolecie pracy naukowej, hg. v. A. Radzimiński, A. Supruniuk, J. Wroniszewski, Toruń 1997, S. 329-339. J. Szymczak, Knightly Tournaments in Medieval Poland, Fasciculi Archeologiae Historicae, Fasc. 8, Łódź 1995, S. 9-28.

Umgangsformen und Verhaltensmuster erarbeiten. Nur in diesem Zusammenhang werden die mittelbaren Quellen richtig gelesen werden können und Zugänge in die Privatsphäre ermöglichen. Diese Herangehensweise ist um so mehr zu beachten, als nämlich der Hauptteil hier heranzuziehender Quellen als Gerichtsakten überliefert ist, die naheliegenderweise ein einseitiges Bild aufnehmen und sich nicht einfach übertragen lassen.

Vor diesem Hintergrund möchte ich mich auf die allgemeine Situation des täglichen Lebens des polnischen Adels im Mittelalter konzentrieren, um hier zumindest ein Bild von dem Raum und von den Bedingungen adligen Lebens in Polen in einer Forschungsperspektive zu skizzieren. Dabei gilt meine Aufmerksamkeit der Bedeutung des familiären Lebens, das aufgrund der begrenzten Reichweite des Hofes und der weithin fehlenden ritterlichen Korporationen die Grundlage seines sozialen Umgangs bildete.

Das Hauptgerüst der Struktur der adeligen Gesellschaft im 14. und 15. Jahrhundert in Polen bildeten die agnatischen ritterlichen Geschlechter, die auf dem Weg natürlicher Verzweigung der Sippen entstanden und bisweilen namentlich schon in Quellen des 11./12. Jahrhunderts nachzuweisen sind. Der darin greifbare Gründungsprozeß der adeligen Familien besaß nachhaltigen sozialen Charakter und wir können von daher genetisch ältere und jüngere Geschlechter unterscheiden. Ein wichtiges Moment in diesem Prozeß wurde, daß der bereits schon vermehrte Geschlechteradel das gemeinsame Wappen und später auch den Namen beibehielt und dadurch die Reichweite seiner Verwandtschaft vorprägte und bestimmte. Diese Entwicklung setzte um die Wende vom 13. zum 14. Jahrhundert ein und dauerte im Fall der „jüngeren" Gemeinschaften bis zum Ende des 14. Jahrhunderts. Die Zugehörigkeit zu einem jener Geschlechter wurde in der ersten Hälfte des 14. Jahrhunderts bereits zum Hauptkriterium der Mitgliedschaft im Adelsstand[3]. In den Quellen finden sich etwa 300 solcher Gemeinschaften. Die Zahl ihrer Mitglieder war sicherlich verschieden und hing vom „Alter" des jeweiligen Geschlechts und der demographischen Entwicklung ab. In meinen Untersuchungen über das Geschlecht der Rawicz, das zu den größeren Geschlechtern Polens zählt, ließen sich im 14./15. Jahrhundert 500 männliche Vertreter identifizieren, von denen 80% im 15. Jahrhundert lebten[4]. Innerhalb eines Geschlechtes gab es in der Regel Familien mit un-

---

[3] J. Bienak Rody rycerskie jako czynnik struktury społecznej w Polsce XIII-XIV w. (Uwagi problemowe) in: Polska w okresie rozdrobnienia feudalnego, hg. v. H. Łowmiański, Wrocław 1973, S. 161-201. Ders., Heraldyka polska przed Długoszem, in: Sztuka i ideologia XV w., hg. v. P. Skubiszewski, Warszawa 1978, S. 165-210. Ders., Knight Clans in Medieval Poland, in: Polish Medieval Nobility, Wrocław 1984, S. 123-176. Ders., Jeszcze w sprewie genezy rodów rycerskich w Polsce, in: Społeczeństwo Polski średniowiecznej 1-7 (SPS), hg. v. Stefan K. Kuczyński, Warszawa 1981-1996, 5, S. 45-55.

[4] J. Wroniszewski, Ród Rawiczów, 1-2, Toruń 1992-1994.

terschiedlichem wirtschaftlichen und gesellschaftlichen Status. In Polen kam es, anders als zum Beispiel in Böhmen, nicht zur rechtlichen Herausbildung des höheren Adels. Die innere Einheit des Geschlechtes, die in gegenseitigen Verbindungen, in Zeugenschaften vor Gericht und in der gegenseitigen Förderung ihren Ausdruck fand, war letztlich das Ergebnis persönlicher Bekanntschaft zwischen den Familienmitgliedern, auch wenn sie territorial weit voneinander entfernt lebten[5]. Die ritterlichen Geschlechter entwickelten keine eigene Institutionen. Sie besaßen auch keine ständige Vertretung oder Führung. Die in den Quellen gelegentlich erwähnten *seniores* waren Personen, die sich aufgrund einer Amtsinhaberschaft, ihres Alters oder einfach wegen ihres Ansehens, ihres Vermögens oder wegen der persönlichen Beziehungen innerhalb der Verwandtschaft größere Autorität besaßen. Diesen Personen wurden zum Beispiel Schiedsangelegenheiten oder die Vertretung des Geschlechts nach außen, wo es als Partei in politischen Angelegenheiten auftrat, übertragen.

Die Art und Weise, in der die Blutsverwandtschaft – mit einer agnatischen Dominante – im 12. Jahrhundert in Polen betrachtet wurde, entsprach den zu dieser Zeit im Heiligen Römischen Reich beobachteten Erscheinungen[6]. Hier war sie jedoch mit territorialen Ansprüchen, dem Aufbau von Landesherrschaften und Burgen, der Feudalisierung verbunden, die im Zusammenhang mit dem Erbrecht, das den Kreis der Erben beschränkte (wie zum Beispiel in Böhmen zur Zeit der Luxemburger bis zum 4. Grad der Verwandtschaft), letztlich die Größe der Verwandtschaft überhaupt einschränkten. In Polen kam es weder zur Herausbildung vergleichbarer Landesherrschaft (ausgenommen die Piasten-Herzogtümer im 12./13. Jahrhundert), noch kam es zur Übernahme des feudalen Rechts. Das polnische Erbrecht ließ jedoch zu, alle Verwandten zu Erben werden zu lassen, unabhängig von der Linie und dem Geschlecht.

Wir können von daher bis zum Ende des Mittelalter nicht feststellen, daß die Ausprägung einer wesentlichen Eigenart eines Geschlechts oder einer Familie in irgendeiner Art bewußt vermittelt wurde. Sie beruhte insoweit darauf, daß man engere (nähere) und breitere (weitere) genealogische Verwandtenkreise anerkannte und so pflegte. Zur Bestimmung des Geschlechtes oder der Familien benutzte man genau dieselben Begriffe, sowohl im lateinischen als auch im polnischen. Die Bestimmung der Zugehö-

---

[5] Ibidem, 2, S. 126–146. Ders., Poręki sądowe. Próba określenia nowego kryterium identyfikacji osób, in: Genealogia - rola związków rodzinnych i rodowych w życiu publicznym w średniowiecznej Polsce na tle porównawczym, hg. v. A. Radzimiński, J. Wroniszewski, Toruń 1995, S. 215–226.

[6] K. Schmid, Zur Problematik von Familie, Sippe und Geschlecht, Haus und Dynastie beim mittelalterlichen Adel, in: Zeitschrift für die Geschichte des Oberrheins 105 (1957) S. 1–62.

rigkeit zu einer kleineren Familie wird zusätzlich noch durch die Tatsache erschwert, daß sie keine äußere Bezeichnung in Form eines eigenen Namens trug. Überall dort, wo man sich bemüht, einen engeren Verwandtschaftskreis zu bestimmen, zum Beispiel die Empfänger von Vorrechten, wurde dieser in den Quellen beschrieben als *X cum uxore et filiis oder X cum successoribus* usw. Eine kleinere Familie hatte übrigens auch keine Rechtspersönlichkeit und ihre einzelnen Angehörigen hatten keinen unabhängigen Status. Das heißt zum Beispiel, es existierte keine Gütergemeinschaft der Ehegatten, es galt ein ungleiches Erbrecht zwischen den Geschwistern an den Immobilien der Eltern und ein beschränktes Elternfürsorgerecht über Minderjährige[7]. Der Begriff *familia* findet sich in den polnischen mittelalterlichen Quellen zumeist in der Bedeutung des römischen Rechts, vor allem zur Bezeichnung des Gesindes, das dem Hausherrn (*pater familias*) unterstand und für das er die Verantwortung trug.

Von weitergehender Bedeutung sind auch die wirtschaftliche Situation und die Vermögensgrundlagen des polnischen Adels. Nach meinen Beobachtungen, die vorwiegend dem wirtschaftlich weniger bedeutenden Adel gelten, bleibt die Zuordnung einer Person zu einer bestimmten Gruppe undeutlich. Wir sind zwar in der Lage, die Größe der jeweiligen Güter zu bestimmen, daraus läßt sich jedoch nur bedingt das Einkommen im einzelnen ermitteln.

Die Vermögensgrundlage der ritterlichen Familien bildeten selbstverständlich die Landgüter. Wir sagen, daß es sich hier in aller Regel um Dörfer mit Hufen und Allodialbesitz handelt. Bedeutend, obwohl schwer einzuschätzen, sind die Einnahmen, die aus Mühlen oder Fischerei, der Forstwirtschaft und gelegentlich auch im Handel erzielt wurden. Eher selten war es der Fall, daß ein ganzes Dorf auch einer einzigen Ritterfamilie gehörte. Vielmehr herrschte eine geteilte Besitzlage aufgrund der Erbteilungen vor. Oftmals entwickelte sich eine typische Streubesitzlage über mehrere, zum Teil weit entfernt liegende Dörfer und über verschiedene Wojewodschaften[8]. Die Verwaltung dieser Art Vermögenssubstanz bedingte eine territoriale Mobilität der Ritter. Es bleibt freilich unklar, ob sie eine Folge der

---

[7] A. Winiarz, Polskie prawo majątkowe małżeńskie w wiekach średnich, in: Rozprawy Akademii Umiejętności (Wydział Historyczno - Filosoficzny 36), Kraków 1899. B. Lesiński, Stanowisko kobiety w polskim prawie ziemskim do połowy XV w., Wrocław 1956. M. Koczerska, Rodzina szlachecka w Polsce późnego średniowiecza, Warszawa 1976. J. Wroniszewski, Kobieta niezależna z rodziny rycerskiej w średniowieczu, in: Kobieta i rodzina w średniowieczu i na progu czasów nowożytnych, hg. v. Z. H. Nowak, A. Radzimiński, Toruń 1998, S. 19-33.

[8] J. Bieniak, Ród Łabędziów, in: Genealogia - studia nad wspólnotami krewniaczymi i terytorialnymi w Polsce średniowiecznej na tle porównawczym, hg. v. J. Hertel, J. Wroniszewski, Toruń 1987, S. 13-16. Wroniszewski, Ród Rawiczów (wie Anm. 4), passim.

schon erwähnten Erbteilungen war oder umgekehrt. Immerhin resultierte aus dem Charakter der Erbteile auch der Wille, eine Residenz in verschiedenen Teilen des Königreiches wegen der mobilen Lebensweise zu unterhalten[9]. Der reichere Adel besaß zudem häufig Häuser in größeren Städten. Bei dem kleinpolnischen Adel war das bevorzugt in der Hauptstadt Kraków, wo sich die vornehmste Königsresidenz, die wichtigsten Ämter, ein Domkapitel, einige Kollegiaten und auch eine Universität im späten Mittelalter befanden. Die territoriale Mobilität übten in erster Linie die Männer aus; Reisen gehörte zu ihrem bevorzugten Lebensstil. Die Frauen, denen die Fürsorge über die Kinder übertragen war, blieben meistens in einem der Familienhöfe, wo sie auch für den Haushalt und die Verwaltung der umliegenden Güter Verantwortung trugen.

Eine adelige Familie besaß in der Regel verschiedene Höfe und Gebäude, in Holzbauweise errichtet, meistens in jedem ihrer Hauptgüter. Einige davon hatten Verteidigungscharakter – *curia fossata*[10]. Archäologische Untersuchungen aus den letzten Jahrzehnten bestätigen auch zahlreiche kleinere gemauerte Burgen, die wohl im 14. und 15. Jahrhundert von wohlhabenderen Familien errichtet wurden. Es ist freilich schwer einzuschätzen, ob diese Gebäude einen Residenzcharakter hatten oder eher ausschließlich der Verteidigung dienten. Für die zweite Möglichkeit spricht, daß es in der Nähe der Burgen keine Wirtschaftsgebäude, Speicher, Scheunen, Ställe usw. gab, die für die wirtschaftliche Versorgung der Familie des Besitzers unentbehrlich waren[11]. Der Haupthof -*domus, curia*- war vorwiegend von der engeren Familie bewohnt, der Ehefrau mit Kindern, verheirateten Geschwistern, den Großeltern, manchmal weiteren Verwandten, besonders alleinstehende Onkel, Tanten, Waisen usw., sowie dem Gesindel, das aus der Hausdienerschaft und auch einem bewaffneten Gefolge des Hausherrn bestand[12]. Das Gefolge zählte manchmal mehrere Dutzend Personen[13]. In der Regel war der Haupthof aber nicht von so vielen Personen bewohnt. In der nächsten Nachbarschaft lebten die weiteren Verwandten und Schwäger des Besitzers.

Den wichtigsten Bezugspunkt für die westeuropäische Ritterschaft bildete jeweils der Hof des Landesherrn, wo die Bedingungen des standesgleichen

---

[9] J. Wroniszewski, W sprawie mobilności polskiego rycerstwa w późnym średniowieczu (na przykładzie Gutów herbu Rawa) in: Personae - colligationes - facta, Toruń 1990, S. 185–193.
[10] Koczerska, Rodzina szlachecka (wie Anm. 7) S. 91ff.
[11] S. Kołodziejski, Średniowieczne rezydencje obronne możnawładztwa na terenie województwa krakowskiego, Kraków 1994, S. 74f.
[12] Koczerska, Rodzina szlachecka (wie Anm.) S. 94–100.
[13] J. Kurtyka, Tęczyńscy. Studium z dziejów polskiej elity możnowładczej w średniowieczu, Kraków 1997, S. 257–262, 415–422, 490–498.

Umgangs erfüllt werden konnten. Ritterschaft ist, wie Konrad von Megenberg beispielsweise im 14. Jahrhundert schrieb, *societas nobilium in curiis*[14]. In Polen ließ sich diese Art Ideologie wegen des Mangels an entsprechenden Höfen schwerlich verwirklichen. Das hängt auch direkt mit dem Fehlen der Landesherren zusammen. Im vereinigten polnischen Königreich übernahm diese zentrale Funktion eigentlich nur der Königshof. Der König war jedoch mitsamt seinem Gefolge immer auf Reisen durch das Land. Zudem wechselten der Beamtenkreis und die Ritter, die ihn dabei begleiteten[15]. Die geistlichen Würdenträger (Erzbischöfe, Bischöfe) schufen hingegen keine weltlichen Höfe und die Höfe der einflußreichen Familien zogen ihrerseits als Klientel vor allem die ärmeren Verwandten und Nachbarn an. Die Mehrzahl der Adeligen als Inhaber königlicher Ämter reisten zudem fast ständig, wie der König auch.

Aufgrund dieser gesamten Situation entstand kein geeignetes Klima, um die für Westeuropa charakteristische Ritterkultur mit typischen Formen, Wertkriterien und Konventionen auszuprägen. Das Konzept der höfischen Minne zum Beispiel fand keinen entsprechenden Widerhall in Polen. Die in Deutschland geschriebene und im mittelalterlichen Polen populäre Sage von Walter und Heligund etwa enthält neben den nötigen Modifikationen, die die Helden in der polnischen Realität spielen ließen, auch ein ganz anderes Ende: der betrogene Ehemann tötet trotz der Konventionen die treulose Ehefrau und ihren Liebhaber[16]. Auch gab es in Polen in nur geringer Zahl die in Westeuropa hoch angesehenen Ritterturniere. Sie wurden selten und beinahe ausschließlich vom König, sehr oft zum Empfang ausländischer Gäste, veranstaltet[17].

Die polnischen Ritter führten – zwangsläufig – ein Landleben. Die Verwaltung der zersplitterten Güter und die damit verbundenen zahlreichen Gerichtsprozesse nahmen viel Zeit in Anspruch. Planmäßige, manchmal Tage dauernde Gerichtssitzungen führten die Ritter eines ganzen Landkreises zusammen. Damit bestand Gelegenheit, sich zum Beispiel im Wirtshaus beim Bier auszutauschen. Selten kam es zu den Provinziallandtagen oder gemeinpolnischen Treffen des Adels, die Gelegenheit zu breiteren Kontakten geboten hätten. Eine wichtige Rolle bei der Integration der Geschlechter

---

[14] S. Krüger, Das Rittertum in den Schriften des Konrad von Megenberg, in: Herrschaft und Stand. Untersuchungen zur Sozialgeschichte im 13. Jahrhundert, hg. v. Josef Fleckenstein, Göttingen 1979, S. 309
[15] I. Sułkowska-Kurasiowa, Doradcy Władysława Jagiełły, in: SPS 2, S: 188–220. G. Klimecka, Czy rzeczywiście „doradcy Władysława Jagiełły", in: SPS 4, S: 214–235.
[16] K. Potkański, Lechici, Polanie, Polska. Wybór pism, Warszawa 1965, S. 225–248.
[17] Kuczyński, Turnieje (wie Anm. 2). Szymczak, Tournaments (wie Anm. 2).

spielten um so mehr die familiären Zusammenkünfte bei Trauungen oder Beerdigungen.

Der polnische Adel verharrte freilich nicht in Isolation vor der weiteren Außenwelt. Vielen Rittern begegnen wir bei Wallfahrten zu den heiligen Stätten, insbesondere nach Compostela[18], bei den Kreuzzügen, die der Deutsche Orden nach Litauen führte[19], und zuletzt an den Höfen benachbarter Herrscher. Hier ist besonders seit der Ehe Karl Roberts mit der Tochter des polnischen Königs Władysław Łokietek der ungarische Hof zu nennen. Sigismund von Luxemburg schließlich umgab sich mit Polen und vertraute ihnen höchste Würden an, was Anlaß zur Rebellion einheimischer Ritter gab[20]. Nachweisbar sind auch nahe familiäre Beziehungen zwischen dem polnischen Adel und dem mährischen Adel. Bekannt sind auch Beispiele, daß Jugendliche an fremde Höfe zur Ausbildung gegeben wurden. Im 14. Jahrhundert befanden sich in der nächsten Nachbarschaft Polens drei Höfe von internationaler Bedeutung und Anziehung: der Hof zur Marienburg des Hochmeisters Winrich von Kniprode, der Prager Hof König Johanns und später der Kaiser Karls IV. und schließlich der ungarische Hof von König Karl Robert und später Ludwig dem Großen, gleichzeitig polnischer König (1370-1383). Diese Nachbarschaft, die zweifelsohne das Bewußtsein des polnischen Adels beeinflußte und prägte, übte aber keinen nachweislichen Einfluß auf das jeweilige Alltagsleben aus.

Tiefere Einsichten in die innerfamiliären Verhältnisse und über die rechtliche und soziale Stellung der Frauen bietet schließlich das Erbrecht. Im 14. und 15. Jahrhundert unterschied das Erbrecht bei Sachgütern und bei der freien Verfügung über eigenes Gut nicht zwischen dem weiblichen und männlichen Geschlecht. Der einzige Unterschied bestand darin, daß den Töchtern, die Brüder hatten, vor der Heirat jeweils die Mitgift bestimmt wurde. Es wurden darüber hinaus keine anderen Erbfeststellungen über bewegliche oder unbewegliche Güter und Rechte, wie zum Beispiel das

---

[18] H. Polaczkówna, O podróżnikach średniowiecznych z Polski i do Polski, Miesięcznik Heraldyczny 5, 1937, S. 65-70. M. Wilska, Pielgrzymim szlakiem z Mazowsza do Compostelli, in: Peregrinationes. Pielgrzymki w kulturze dawnej Europy, hg. v. H. Manikowska, H. Zaremska, Warszawa 1995, S. 165-169.

[19] K. Górski, J. Pakulski, Udział Polaków w krzyżackich rejzach na Litwę w latach siedemdziesiątych i osiemdziesiątych XIV stulecia, in: Zapiski Historyczne 52 (1987) H. 3, S: 39-58. A. Supruniuk, U kresu wypraw krzyżowych. Udział rycerzy i stronników mazowieckich w krzyżackich rejzach na Litwę na podstawie XIV - wiecznych herbarzy zachodnioeuropejskich, in: Teki Historyczne 21, London 1994, S. 61f. Werner Paravicini, Die Preussenreisen des europäischen Adels 1, Sigmaringen 1989.

[20] D. Dvořaková, Polacy na dworze węgierskim za panowanie Zygmunta Luksemburskiego. Ścibor ze Ściborzyc i jego krewni, in: Radzimiński, Wroniszewski, Genealogia (wie Anm. 5) S. 171-180.

Patronatsrecht, getroffen. Der Ehemann übernahm jeweils die Mitgift, bestimmte für seine Frau die Morgengabe in gleicher Höhe und versicherte beide Summen mit der Hälfte der Erbgüter, die er besaß. Das Gut der Ehefrau wurde dabei nicht zum Besitzteil des Mannes. Sie durfte vielmehr weiter uneingeschränkt darüber verfügen: es verpfänden, verkaufen oder tauschen. Sie konnte deshalb auch über die Art der Verwaltung selbst entscheiden. Nicht selten besaß eine Ehefrau ihr eigenes Haus mit eigener Dienerschaft und eigenem Gesindel. Das polnische Recht diskriminierte ferner nicht die Prozeßfähigkeit dieser Frauen. Im Gegenteil, es räumte ihnen zusätzliche Rechte wegen der „Zerbrechlichkeit des Geschlechtes" (*fragilitas sexus*) ein. Sie konnten vor Gericht geladen werden und vor Gericht zu allen Angelegenheiten antworten, auch gegen ihren Ehemann[21].

In dem Fall, daß Frauen Schwierigkeiten bei der freien Verfügung über ihre Landgüter bekamen, griffen die Rechte ihrer Verwandten und nicht die des Ehemanns. Die Frau besaß, wenn sie es denn wollte, nur beschränkte Möglichkeit, ihr Gut dem Ehemann zu übergeben. Die Eheleute erbten eben nicht voneinander. Im Fall des Todes eines der Eheleute ohne Nachfolge ging das gesamte Gut zurück an die jeweiligen Verwandten. Die Frau bürgte auch nicht mit ihrem Gut für Verpflichtungen ihres Ehemannes. Quellen liefern vielmehr Beispiele zahlreicher Art dafür, daß die Ehefrauen wirtschaftlich selbständig handelten. Eine Reihe von Belegen zeigen streitsüchtige adlige Frauen, die ihre Rechte oder ihren Willen mit Gewalt durchsetzten. Eingehende Untersuchungen dazu belegen jedoch, daß es sich hier um Fälle handelte, die durch äußere Umstände erzwungen waren, wie zum Beispiel durch Krankheit oder Unvermögen des Ehemannes, oder seine politische bzw. diplomatische Tätigkeit. Die Frauen bevollmächtigten vorerst ihre Ehemänner zur Verwaltung ihrer Güter und auch zum Abschluß von Geschäften und Verträgen. Ihre Zustimmung war aber stets unverzichtbar[22].

Die finanzielle und rechtliche Unabhängigkeit von Ehefrauen bestimmte auch ihre Position innerhalb der Familie. Aufgrund der Rechtsgrundlagen, aber auch sicherlich wegen der langen Zeitphasen, in denen die Ehemänner sich außerhalb des Hauses aufhielten, stellen sich die innerfamiliären Verhältnisse oft sehr harmonisch dar. Nach heutigem Untersuchungsstand ist zu beachten, daß unter den Klagen der Ehefrauen über Brutalität der Ehemänner oder das Mißachten ehelicher Pflichten, die bei den kirchlichen Gerichten eingereicht wurden, sich nur acht Fälle auf Adelige beziehen. Vier der Klagen beziehen sich auf die Untreue des Ehemannes und drei davon auf

---

[21] Siehe Anm 6.
[22] Wroniszewski, Kobieta niezależna (wie Anm. 7) S. 25–28.

die Anwendung von Gewalt[23]. Es gibt dagegen mehrere Beispiele für die Nichtigkeitserklärung von Ehen, die auf Initiative der Frauen zustande kamen. Dies geschah in der Regel unter dem Vorwand, daß ein Hindernis in der Verwandtschaft bestand, tatsächlich aber wohl eher die Mißachtung des Eheverhältnisses gemeint war.

Die soziale Stellung der Witwe war vor diesem Hintergrund in der Regel hoch, weil sie über die ganze Vermögenssubstanz bis zur Volljährigkeit der Kinder verfügt, solange sie nicht eben selbst wieder heiratete. In solchen Fällen gingen die Kinder und ihr Erbe in die Obhut der Verwandten väterlicherseits über[24].

Wenn wir überhaupt etwas über das „Privatleben" des polnischen Adels heute sagen können, so bezieht es sich eben auf das Familienleben selbst und insbesondere auf die Eheschließung. Die polnische historische Literatur behauptet mit etwas Übertreibung, daß die jungen Frauen nur einen geringen Einfluß auf die Wahl ihres künftigen Ehemannes hatten. Demgegenüber wird eine größere Freiheit der Männer angenommen. Tatsächlich aber scheint der individuelle Anteil an der Eheschließung nicht so erheblich gewesen zu sein. Jede Ehe, sowohl die des Sohnes als auch die der Tochter, gründete letztlich auf einem Vertrag, der ein Geschäft zwischen zwei Familien meinte. Man darf aber dennoch nicht annehmen, daß solche Ehen jedwede Gefühle – mindestens Zuneigung – zwischen den beiden Eheleuten ausschlossen und daß für die von den Eltern geplante Verbindung keine Alternative bestanden hätte.

Die Ehe war der Stand, der von den jungen Adligen begehrt war, weil er ihnen mehr Selbständigkeit versprach. Die Mädchen blieben bis zur Heirat in der Obhut der Eltern oder der Verwandten. Ihre Bewegungsfreiheit sollte so begrenzt sein. Obgleich den jungen adligen Herren mehr Bewegungsräume zugebilligt wurden, galt aber auch für sie, daß sie solange nicht tatsächlich selbständig waren, wie das Erbgut noch nicht festgelegt war, was in der Regel erst nach der Gründung einer eigenen Familie oder nach dem Tode der Eltern geschah.

Die erste Ehe wurde in der Regel im Kreis der Nachbarschaft geschlossen und nach dem Prinzip des vergleichbaren Vermögens und Standes eingerichtet[25]. Interessant sind jedoch die folgenden Ehen der Frauen, nachdem ihr erster Mann verstorben, verschollen oder die Ehe für ungültig erklärt worden war. Erkennbar wird, daß Frauen bei Wiederverheiratungen eher

---

[23] Koczerska, Rodzina szlachecka (wie Anm. 7) S. 76.
[24] Wroniszewski, Kobieta niezależna (wie Anm. 7) S. 28.
[25] Koczerska, Rodzina szlachecka (wie Anm. 7) S. 19–28. A: Szymczakowa, Powiązania genealogiczne elity sieradzkiej w XV wieku, in: Genealogia – polska elita polityczna w wiekach średnich na tle porównawczym, hg. v. J. Wroniszewski, Toruń 1993, S 93–107.

ihren Gefühlen als allein den Vermögenskalkulationen folgten. Eben unter den Ehen dieser Art treffen wir auch häufiger solche Verbindungen, die mit Vertretern anderer Stände, insbesondere Bürgern, eingegangen wurden. Solche Ehen waren die Folge früherer näherer Bekanntschaft, vor allem mit Ärzten, Schneidern, Schustern und Goldschmieden. Die Entscheidungen zu diesen Ehen waren vielfach emotional bestimmt[26]. Volljährige und finanziell unabhängige Mädchen, die keine Brüder hatten, durften ihren Ehemann in der Regel selbst auswählen. Ein Beispiel dafür sind die drei Töchter des Dymitr von Goraj, einem hochangesehenen Adligen in der zweiten Hälfte des 14. Jahrhunderts. Nach dem Tode ihres Vaters lebten die jungen Mädchen zunächst in der geerbten Burg in der Nähe von Lublin. Im Jahre 1407 stellten sie gemeinsam eine Urkunde aus, deren Zeugenliste uns den Kreis der Gäste nennt, die sich dort aufhielten. Unter ihnen finden sich auch drei junge Herren aus sehr guten Häusern, die später zu Ehemännern dieser Frauen wurden[27].

In der polnischen historischen Literatur gibt es bislang keine systematischen Forschungen über soziale Verhaltensmuster und Normen der Ritter. Der Schwerpunkt der bisherigen Forschung liegt auf den Umständen der Rezeption der Kultur und den Umgangsformen westeuropäischer Ritter, die mit ihrem Zusammentreffen an zahlreichen europäischen Höfen von den polnischen Rittern mit nach Polen übernommen wurden. Diese Rezeption wird schon am Ende des 11. Jahrhunderts in einer Notiz eines anonymen Chronisten über den Ritterschlag Boleslaus des Schiefmundigen zusammen mit einer Gruppe von Altersgenossen ebenso sichtbar, wie im gemeinsamen Ritterschlag der Söhne der russischen Bojaren durch Fürst Boleslaus den Kraushaarigen im Jahre 1149. Diese sehr frühen Hinweise gelten wohl als die ältesten Belege eines gemeinschaftlichen Ritterschlags in Europa[28].

Universale Bestandteile der Kultur und ritterlichen Lebensweise schufen in Verbindung mit lokalen Traditionen und Eigenheiten eine neue Dimension. Diese Problematik sollte zum Thema der weiteren, vergleichenden Forschungen zum Adel gemacht werden.

---

[26] Wroniszewski, Kobieta niezależna (wie Anm. 7) S. 30f.
[27] Zbiór dokumentów małopolskich, hg. v. I. Sułkowa-Kurasiowa, S: Kuraś, 5, Wrocław 1970, Nr. 1202. F. Sikora, Krąg rodzinny i dworski Dymitra z Goraja i jego rola na Rusi, in: Genealogia – kręgi zawodowe i grupy interesu w Polsce średniowiecznej na tle porównawczym, hg. v. J. Wroniszewski, Toruń 1989, S. 80f.
[28] T. Jurek, Obce rycerstwo na Śląsku do połowy XIV w., Poznań 1996, S. 129.

Andreas Ranft

Adlige Wappen-, Turnier-, Haus- und Familienbücher. Zur Notationspraxis von Wappen- und Namenlisten*

I

Wer darauf vertraut, in Wappenbüchern lediglich Wappen gezeichnet, in Turnierbüchern vornehmlich Turnierszenen abgebildet und in Haus- und Familienbüchern vor allem Familiengeschichten aufgeschrieben zu finden, wenn er solche Bücher aufschlägt, ist leichter Irritation ausgesetzt: in Wappenbüchern finden sich keineswegs ausschließlich Wappen, sondern auch Texte; Turnierbücher wiederum bieten auch Wappen und halten Chronikalisches fest; und schließlich sind Haus- und Familienbücher beinahe regelmäßig durchsetzt mit Bildern und vor allem mit Wappen, oder – darauf wird zurückzukommen sein – zumindest mit Namenlisten anstelle von Wappen. Aber nicht allein dieser formale Aspekt wirft Fragen auf. Wenn man sich das Vergnügen macht, in diesen Büchern ausdauernder zu lesen, scheint die verschiedenen Bücher auch inhaltlich mehr zu verbinden, als ihre Etikettierungen glauben machen: Texte in Wappenbüchern enthalten beispielsweise Turnierbestimmungen[1], Turnierbücher notieren Familiengeschichtliches[2], und Haus- und Familienbücher wiederum bieten Wappenfolgen, wie wir sie in Auswahl und Kombination aus Wappen- und Turnierbüchern kennen.

---

* Die Vortragsform dieses Beitrags wurde beibehalten und lediglich um nötigste Anmerkungen ergänzt. Literaturangaben sind nicht auf Vollständigkeit ausgelegt, sondern dienen der Weiterführung.

[1] Siehe u.a. Wappenbuch Grünenberg, hg. v. R. Graf Stillfried-Alcantara, A. M. Hildebrandt. 3 Bde., Görlitz 1874–1883, S. 64, mit Angaben zur Kampftechnik im Turnier mit stumpfen Waffen.

[2] So bietet beispielsweise das Kraichgauer Turnierbuch [Hornberger Handschrift, Archiv der Freiherrn von Gemmingen-Hornberg, Burg Hornberg über Neckarzimmern] nicht nur Informationen zum Turnier, sondern berichtet Ruhmreiches von Hans von Gemmingen, wie er sich tapfer in der Schlacht bei Seckenheim geschlagen habe – was eindeutig in den Bereich der Familienüberlieferung gehört und mit dem Turnier nichts zu tun hat. Vgl. Lotte Kurras, Kommentarband zum Turnierbuch aus der Kraichgauer Ritterschaft, Faksimileausgabe des Cod. Ross. 711, Zürich 1983, S. 90, und Abb. 26/27.

Ganz offensichtlich also stehen alle diese Bücher aus adligem Milieu in einem Gebrauchszusammenhang, der Ausdruck bzw. Teil einer ritterlich-höfischer Kultur ist, deren Erforschung seit den achtziger Jahren unter sozial- und kulturgeschichtlicher Perspektive eine Renaissance erlebt. Doch erst in jüngster Zeit ist die hier in Rede stehende Quellengattung in ihrer außerordentlichen Bedeutung für das Verständnis dieser Kultur erkannt und als Gegenstand genuin historischer Forschung eingeführt worden.[3]

Ausgangspunkt für unsere Problemskizze soll die augenfälligste unserer Beobachtungen sein, daß nämlich in jedem der erwähnten Bücher Wappen abgebildet sind.[4] Ein Beleg dafür sind die Abbildungen aus dem Familienbuch der Eptinger, einem Adelsgeschlecht in der Nähe von Basel.[5] Ein Buch, das zur Hauptsache von den Brüdern Hans und Ludwig von Eptingen in der zweiten Hälfte des 15. Jahrhunderts aufgezeichnet worden ist und heute in Gestalt einer Abschrift aus dem frühen 17. Jahrhundert vorliegt. Es handelt – wie wir heute sagen würden – von den standestypischen Topoi adliger Lebenspraxis, -interessen und -bemühungen: u.a. von Chronikalischem, von Waidwerk und Jagd, Memorabilia, Ritter- und Pilgerfahrt, von der Herrschaft, von Reflexionen zum Tagesgeschehen (darunter ein Bericht über den Reichstag von Frankfurt und die Wahl und Krönung Maximilians I. 1486, in der Edition der Reichstagsakten fehlend!), von der Familie und rechtlichen Dingen und auch von Krieg und Waffen. Die naheliegenden Frage, wie denn die Wappen dort hineingeraten sind bzw. welche Motive dazu geführt haben, sie in eine solche Sammelhandschrift aufzunehmen, scheint weniger banal zu sein als die scheinbar so einfache Frage nach den Wappen in Wappenbüchern. Zu zeigen, daß beide Fragen jedoch auf's engste zusammengehören und auf einen recht komplexen Sachverhalt zielen, wird ein wesentlicher Punkt meiner Ausführungen sein und – neben der formalen Beobachtung von Wappen in allen genannten Büchern – die in-

---

[3] Voran durch Werner Paravicini, der in seiner Studie über „die ritterlich-höfische Kultur des Mittelalters" (Enzyklopädie deutscher Geschichte 32) München 1994, S. 77–107 und 114ff. eine erste umfassende Bestandsaufnahme bietet und weitere Forschung zu diesem Komplex anmahnt, die er selber vorantreibt. Ders., Gruppe und Person. Repräsentation durch Wappen im späteren Mittelalter, in: Die Repräsentation der Gruppe. Texte – Bilder – Objekte, hg. v. Otto Gerhard Oexle, Andreas von Hülsen-Esch, Göttingen 1998. Vgl. zum Zusammenhang auch Andreas Ranft, Einer von Adel, in: Historische Zeitschrift 263 (1996) S. 317–343, hier: S. 336ff.

[4] In manchen Fällen können es, wie zu zeigen sein wird, anstelle der Wappen auch schlichte Namenslisten sein, die in unserem Zusammenhang jedoch exakt dieselbe Funktion erfüllen.

[5] Dorothea Christ, Das Familienbuch der Herren von Eptingen. Kommentar und Transkription, Liestal 1992. Die meiner Skizze beigegebenen 6 Abbildungen stammen aus diesem Familienbuch; ebenda S. 144, 148f., 150ff. und 154. Manuskript in Privatbesitz, Sgn. 1621-MS (Maurice von Sonnenberg).

haltliche Klammer meines Themas darstellen. Eine der Spuren, die eine Verknüpfung beider Fragen nahelegen, ist beispielsweise der Umstand, daß die jeweils abgebildeten Wappen in den Haus- und Familienbüchern nicht etwa beliebige Arrangements darstellen, sondern nach bewußten Vorstellungen arrangierte Kombinationen, wie wir sie in Wappenbüchern finden.[6] Und ein gleiches gilt für die Turnierbücher, von denen auch zu sprechen sein wird.

II

Es ist jedoch nicht allein die ungenügende Berücksichtigung unserer Beobachtung, daß sich die Praxis der Wappenpräsentation auch in Turnier-, Haus- und Familienbüchern findet, die bis in die jüngste Zeit Zusammenhänge dieser Art verstellt hat. Es ist auch die aus heutiger Sicht nicht ganz unproblematische Beschäftigung mit den zur Rede stehenden Wappen- und Turnierbüchern selbst, die – soweit sie überhaupt der wissenschaftlichen Öffentlichkeit zur Kenntnis gelangt sind – eher eine antiquarische Dokumentation und Betrachtung erfahren haben. Historiker haben sich bislang kaum um diese Quellengattung gekümmert: es ist vor allem die Altgermanistik, der wir wertvolle Impulse für eine produktive Beschäftigung mit dieser Quellengattung verdanken. Martha Mueller, Heide Stamm, Lotte Kurras und Ursula Peters (Herolde und Sprecher) mit ihren Editionen und Untersuchungen seien hier stellvertretend genannt.[7] Die Historiker – zumal in Deutschland – haben sich spät erst diesem Sujet zugewandt. Erwähnenswert sind für das spätmittelalterliche Reich Van Anrooij´s Untersuchungen zu den Ehrenreden des Herolds Gelre[8] und dann Werner Paravicini, dem wir

---

[6] Beispiele für Wappengruppen in Wappenbüchern u.a. bei F. Hauptmann, Zehn mittelalterliche Wappengruppen, in: Jahrbuch Adler, Neue Folge 10 (1910) S. 1–46. J. Raneke, Medeltida vapengrupper, in: Heraldisk Tidsskrift 3 (1961), S. 105–114. O. Gruber, Mittelrheinische Wappengruppen, in: Archivum Heraldicum 79 (1965) S. 2–5. Ders., [Rheinische] Wappengruppen. Ein Beitrag zu ihrer Entstehungsgeschichte und ihrer Systematisierung, in: Herold, Neue Folgen 8 (1975-1977) S. 225–236.

[7] Martha Mueller, Der „Ehrenbrief" Jakob Putrichs von Reichertshausen, die „Turnierreime" Johann Hollands, der „Namenkatalog" Ulrich Fuetrers, Ann Arbor 1985 [Microfiche]. Heide Stamm, Das Turnierbuch des Ludwig von Eyb (cgm 961), Edition und Untersuchung, mit einem Anhang: Die Turnierchronik des Jörg Rugen (Stuttgarter Arbeiten zur Germanistik 166) Stuttgart 1986. Lotte Kurras, Turnierbuch (wie Anm. 2). Ursula Peters, Herolde und Sprecher in mittelalterlichen Rechnungsbüchern, in: Zeitschrift für deutsches Altertum 105 (1976), S. 223–250.

[8] W. van Anrooij, Spiegel van ridderschap. Heraut Gelre en zijn ereredes. Amsterdam 1990. Siehe aber auch L´Armorial universel du héraut Gelre (1370–1395) ed. v. P. Adam-Even, Neuchatel/Lausanne 1971. Nachdruck mit schwarz/weiß Faksimile und Einleitung von C. vanden Bergen-Pantens, Löwen 1992.

wesentliche Anregungen für ein Verständnis der sozialen Dimension des Wappenwesens verdanken anläßlich seiner Untersuchungen zu den Preußenreisen[9], und dessen „Schule" wir jüngst eine bemerkenswerte Dissertation von Detlev Kraak über Inschriften und Graffiti als monumentale Zeugnisse der spätmittelalterlichen Adelsreise verdanken.[10]

Dennoch wissen wir immer noch wenig über Wappen- und Turnierbücher und deren Zusammenhänge. Lange Zeit hat man sie allein als Repräsentationsobjekte gesehen, Auftragsarbeiten oder Dedikationen, die den Fürsten in seinem besonderen, herausragenden Rang innerhalb der adligen Gesellschaft zeigt, die ihn umgibt. Stets eingeleitet von – meist in Triaden und Quaternionen aufgeführten – imaginären Wappen (Drei besten Christen: Karl d.Gr., König Artus, Gotfrid von Brabant; die Heiligen Drei Könige; die drei besten Heiden: Alexander, Cäsar, Hektor etc., oder Quaternionen wie die vier Hauptstädte: Augsburg, Aachen, Lübeck, Mainz; die vier strengen Ritter, die vier Burgen etc. [Abb. 1 u. 1a])[11], die der hierarchischen Anordnung der Wappen u.a. eine besondere Legitimation und Kontinuitätsanspruch verleihen. Aber auch wer sich sonst durch sein Wappen in einem solchen Buch repräsentiert sah, war einer besonderen Ehre teilhaftig durch dokumentierte Nähe zum Fürsten, durch einen geschilderten Kontext wie die tapfere Teilnahme an einer Schlacht etc. Ein gleiches gilt – das sei vorweggenommen – für die Turnierbücher: man nahm sie als willkommene Belege höfischer Prachtentfaltung und leitete aus ihnen die waffentechnischen Standards und Neuentwicklungen ab und studierte mit Akribie die kampftechnischen Regularien, die manchem zum einzig-erschöpfenden Gegenstand des Forschens gerieten, welcher in dem Grade sich zur eigenen

---

[9] Werner Paravicini, die Preußenreisen des Europäischen Adels, Bd. 1 und 2.1, Sigmaringen 1989 und 1995. Ders., Verlorene Denkmäler europäischer Ritterschaft: Die heraldischen Malereien des 14. Jahrhunderts im Dom zu Königsberg, in: Geschichte und Kunst im Ostseeraum, Kiel 1990, S. 67-167, mit 69 Abb. Ders., Armoriaux et histoire culturelle: le role dármes des Meilleurs Trois, in: Armiriaux médiévaux, 1998. Das Uffenbach'sche Wappenbuch, ed. v. dems. (Hamburg, Staats- und Universitätsbibliothek, Cod. 90b in scrinio), München 1990.

[10] Detlev Kraak, Monumentale Zeugnisse der spätmittelalterlichen Adelsreise. Inschriften und Graffiti des 14.-16. Jahrhunderts (Abhandlungen der Akademie der Wissenschaften in Göttingen Folge 3, Nr. 224) Göttingen 1997.

[11] Vgl. u.a. Paravicini, Armoriaux (wie Anm. 9). J. Heinzle, Die Triaden auf Runkelstein und die mittelhochdeutsche Heldendichtung, in: Runkelstein, ed. v. W. Haug u.a., Wiesbaden 1982, S. 63-93. E. Schubert, Die Quaternionen. Entstehung, Sinngehalt und Folgen einer spätmittelalterlichen Deutung der Reichsverfassung, in: Zeitschrift für Historische Forschung 20 (1993), S. 1-63.

Wissenschaft entwickelte, wie sich der Kampf in den Turnierschranken fortschreitend zur eigenen Kunstform entfaltet.[12]

Erst allmählich drang ins Bewußtsein, daß solche Bücher häufiger noch und zuerst als Arbeitsinstrumente der Herolde gesehen werden müssen, in denen ihr Wissen um Namen, Wappen und Rang der Adeligen festgehalten war, die ihnen bei der Wahrnehmung ihrer Aufgaben als Bote, Gesandter, Sprecher, Turnierausrufer, Schreiber von Zeremonialnachrichten und Chroniken begegneten.[13] Dabei finden sich selbstverständlich die Rangverhältnisse in der Herrschaft ihrer Dienstherren in besonderer Weise berücksichtigt, waren ihre Informationen doch zunehmend ausschlaggebend für die zeremoniale Rangstufung im Gesandtschafts- und Diplomatieverkehr, beim höfischen Fest, und – in herausgehobener Form – auch beim Turnier. Der Umstand dieses weitgefächerten Aufgabenspektrums, dessen Färbung keineswegs einheitlich war, erklärt denn auch, daß wir manche Wappenbücher durchsetzt finden mit schriftlichen Notizen chronikalischer Natur, qualifizierenden Bemerkungen über einzelne Wappenträger oder ganze Gruppen, die sich besonders hervorgetan haben (Teilnehmer einer Schlacht, Mitglieder eines Ordens, Namen, die mit besonderen Ämtern verbunden waren etc.)[14] und besonderen Rang beanspruchen konnten (umgekehrt, bei den Heroldssprechern anstelle fehlender Wappen nicht selten ausführliche Blasonierungen der Wappen der beschriebenen Helden). Werner Paravicini charakterisiert den Herold in diesem Zusammenhang als Spezialisten, erklärt ihn zum Makler und tendenziell zum Monopolisten der Ehrzuteilung[15] – was für uns besonders im Blick auf das Turnier noch von Bedeutung sein wird. Maurice Keen spricht sogar von „heraldischer Gelehrsamkeit", wel-

---

[12] U.a. Heidrun Wozel, Turniere. Exponate aus dem Historischen Museum zu Dresden, Berlin 1979. Helen Watanabe-O´Kelly, Triumphall Shews. Tournaments at German-speaking Courts in their European Context 1560-1730, München 1992. Riddarlek och Tornerspel. Tournaments and the Dream of Chivalry. Sverige-Europa, Stockholm 1992. Lotte Kurras, Ritter und Turnier. Ein höfisches Fest in Buchillustrationen, Stuttgart-Zürich 1992.

[13] A. R. Wagner, Heralds and Heraldry in the Middle Ages, London 21956. L. Roemheld, Die diplomatischen Funktionen der Herolde im späten Mittelalter [Diss. phil.] Heidelberg 1964 [Ms.]. Peters, Herolde (wie Anm. 7). Van Anrooij, Spiegel (wie Anm. 8). Lotte Kurras, Georg Rixner, der Reichsherold „Jerusalem", in: Mitteilungen d. Vereins f. Geschichte Nürnbergs 69 (1990) S. 341–344. P.-J. Heinig, Die Türhüter und Herolde Friedrichs III., in: Kaiser Friedrich III. in seiner Zeit, hg. v. dems. Köln-Weimar-Wien 1993, S. 355–375.

[14] C. Brinker, Van manigen helden gute tat. Geschichte als Exempel bei Peter Suchenwirt, Frankfurt/M.-Bern 1987; Th. Nolte, Lauda post mortem. Die deutschen und niederländischen Ehrenreden des Mittelalters. Frankfurt/M. 1983. Zu Entstehung und Tradition M. Dobozy, Beschenkungspolitik und die Erschaffung von Ruhm am Beispiel der fahrenden Sänger, in: Frühmittelalterliche Studien 26 (1992) S. 353–367.

[15] Paravicini, Ritterlich-höfische Kultur (wie Anm. 3) S. 16f.

che die Herolde zu „einer Laienpriesterschaft für den säkularen Kult des Rittertums" machte.[16]

Im Detail aber wissen wir immer noch sehr wenig von diesen Leuten. Gert Melville hat wichtige Aspekte über die traditionsbildende historiographische Bedeutung der Herolde herausgearbeitet und - salopp ausgedrückt - über die ideologische Selbstdeutung.[17] Doch der Fuß in die Spur ihres praktischen Handelns ist eigentlich - sieht man von der Arbeit über Gelre ab - noch nicht gesetzt. Dazu gehörte die systematische Erstellung von Verzeichnissen, und es bedürfte des ausdauernd-geduldigen und mühsamen Blicks u.a. in die Rechnungen der Dienstherren, von Sendern und Empfängern, von Höfen und Städten, die solche Spezialisten beschäftigten oder von ihnen aufgesucht wurden. Auch fehlt bislang eine wirklich gesicherte Übersicht über die Produktion dieser Leute; wir wissen seit einiger Zeit, daß Herolde auch in eigenem Auftrag tätig waren und die Ergebnisse ihrer „heraldischen Gelehrsamkeit" gut verkauften - was für spätere Überlegungen noch von Bedeutung sein wird.

Man muß nur an einem der vielen Zipfel ziehen, um eine Ahnung vom Reichtum des heute noch zum größeren Teil ungehobenen Materials und der Weite des Problemhorizonts zu bekommen: so, wenn man sich beispielsweise unter der Signatur Add. Ms 15681 in der British Library das sogenannte „Wappenbuch Burggraf" vornimmt und dabei ganz überraschend auf die Fährte einer österreichischen Verwandtschaft mit dem bekannten Ingeram-Codex[18] - benannt nach seinem Verfasser und aus dem Besitz Herzog Albrechts VI. von Österreich († 1463) stammend - stößt.[19] Vermutlich ist Kaiser Friedrich III. der Empfänger gewesen. Forscht man weiter, tut sich plötzlich eine ganze Gruppe von Wappenbüchern auf, die von einer Hand oder doch aus einer Werkstatt zu stammen scheinen: neben den beiden genannten sind es noch weitere acht Wappenbücher.[20] Sie sind bislang nur

---

[16] Maurice Keen, Das Rittertum, München-Zürich 1987, S. 196.

[17] Gert Melville, Der Brief des Wappenkönigs Calabre. Sieben Auskünfte über Amt, Aufgaben und Selbstverständnis spätmittelalterlicher Herolde, in: Majestas 3 (1995) S. 69-116. Ders., Hérauts et héros, in: European Monarchy, ed. v. H. Duchhardt, Stuttgart 1992, S. 81-97. Ders., Geschichte im Diskurs. Zur Auseinandersetzung zwischen Herolden über die Frage: Qui est royome chrestien ui plus est digne déstre approuché dÓnneur, in: Les princes et l'histoire, hg. v. Ch. Grell u.a., Sigmaringen 1998 [im Druck].

[18] Die Wappenbücher Hz. Albrechts VI. von Österreich. Ingeram-Codex der ehem. Bibliothek Cotta, ed. v. C. Becher, O. Gamber, Wien 1986.

[19] Ralf Kaufmann, Das Wappenbuch Burggraf. Untersuchungen zu Add. Ms 15681 der British Library [ungedr. Magisterarbeit] Kiel 1994.

[20] Wappenblätter des Germanischen Museums, Germanisches Nationalmuseum, Sign. Hz 594-657, Kapsel 1384a. Berliner Wappenbuch, Staatsbibliothek Berlin, Sign. Ms.geneal. fol. 271. Haggenberg-Codex, St. Gallen Stiftsbibliothek, Sign. Pap. cod. fol. Nr. 1084. Wiener Wappenbuch, Wien Nationalbibliothek, Sign. Nr. 8769. Eichstätter Wappenbuch,

ungenügend beschrieben, noch nicht eindeutig datiert und in den Stufen der Abhängigkeit analysiert.[21] Was sich aber auf einen ersten Blick abzeichnet, ist – neben den in den Wappenbüchern selbst dokumetierten Wappenprovinzen – das Phänomen einer Wappenbuchlandschaft, deren Profil unterschiedlich dicht dokumentierte „Personenverbände" erkennen läßt (West-, Süd- und Mitteldeutschland).[22] Es wäre lohnend, gestützt auf vorgehende Untersuchungen zum geographischen Raum und der kommunikativen Reichweite der Herolde, unter prosopographischen Gesichtspunkten diese Personengruppen genauer zu erfassen und zu prüfen, inwieweit sie die Verfassungswirklichkeit des Reiches im Moraw'schen Sinne, d.h. die wirkmächtigen Gruppen im System der Reichsherrschaft, zu spiegeln vermögen.

Doch bevor wir jetzt in dünne Höhenluft geraten, will ich auf einen anderen Aspekt bei den Wappenbüchern aufmerksam machen, der für unsere Darlegung von Bedeutung ist. Ich habe ja schon erwähnt, daß in diesen Büchern neben Namen, Familie und Geschlecht auch Rang und Rangverhalten der Adeligen reflektiert wurde, was für uns besonders dann interessant ist, wenn wir praktisch nachvollziehen können, daß ehrenvolles Handeln tatsächlich Ehre generierte, die der Herold auszuweisen sich in der Lage sah. Eindrucksvolle Beispiele sind die im Wappenbuch Gelre dokumentierten Wappen der 14 Edlen, die aufopferungsvoll an der Seite Wilhelms II. von Hennegau-Holland bei der Schlacht von Staveren (27.IV.1345) gekämpft haben.[23] Aber auch Preußenfahrer lassen sich ausmachen, und Werner Paravicini stellt für dieses Buch spannende Bezüge her zu den Wappen der Preußenfahren im Dom zu Königsberg, dessen Wände und Säulen sich wie das Wappenbuch des reisenden europäischen Adels lesen lassen.[24]

Diese Zusammenhänge wurden von den betroffenen Zeitgenossen intensiv aufgenommen: man registrierte gegenseitig genau, wer wann, wo und mit wem gereist ist; Wappen und Banner sowie die jeweilige heraldische Umgebung – ob im Buch oder an der Wand – wurden mühelos entziffert

---

Eichstätt Universitätsbibliothek, Sign. Cod.st 704. Stuttgarter Wappenbuch, Stuttgart HStA, Sign. J1 Nr. 289. Pfälzer Wappenbuch, Innsbruck Tiroler Adels-Matrikel-Genossenschaft. Innsbrucker Wappenbuch, Innsbruck Tiroler Adels-Matrikel-Genossenschaft.

21 E. v. Berchem, D. L. Galbreath, O. Hupp, Beiträge zur Geschichte der Heraldik. Berlin 1939. Kaufmann, Wappenbuch (wie Anm. 19) plant von solcher Quellenbasis ausgehend eine Dissertation zu „Wappenbücher als Quellen zur spätmittelalterlichen Verfassungsgeschichte".

22 Vgl. Andreas Ranft, Adelsgesellschaften.Gruppenbildung und Genossenschaft im spätmittelalterlichen Reich. Sigmaringen 1994, S. 186. Paul Ganz, Die Abzeichen der Ritterorden, In: Archives héraldiques suisses (=Schweizer Archiv für Heraldik) Bd. 20, S. 16f.

23 L'Armorial universel du héraut Gelre ND (wie Anm.8) S. 34ff. bzw. fol. 3–4.

24 Paravicini, Verlorene Denkmäler (wie Anm. 9) besonders S. 78.

und verstanden: sie bedeuteten Ehre und Prestige, signalisierten den Rang, den zu erkennen und dem mit Ehrerbietung zu begegnen selbst ehrenvoll war. Zum Programm adliger Grundausbildung gehörten denn auch selbstverständlich elementare Kenntnisse auf dem Gebiet der Heraldik, die antrainiert wurden[25]; und wir stoßen nicht selten auf Beispiele solcher Kenntnisse, wie sie u.a. der Reisende Sebastian Ilsung zeigt, wenn er dem Ebf. von Santiago de Compostela die Wappendarstellungen (*der kurfirsten wappen*) auf einem Teppich genau zu erklären weiß (1446)[26]; oder Johann von Hirnheim (1569), der fachkundig über verschiedene Zuordnungsmöglichkeiten der von ihm beobachteten Wappen (Pilgerherberge zu Ramla) zu spekulieren versteht; in seinem Reisetagebuch notiert er mit gebührendem Respekt die Namen derer, die allein durch ihr nachgelassenes Wappen vergegenwärtigt waren.[27]

Hautnäher und deshalb wichtiger war die Organisation und Rezeption der Wappenpräsenz dort, wo sie die Praxis ehrenvoller Bewährung und Behauptung als regelrechte soziale Standesübung begleitete und reflektierte. Ich meine die am fürstlichen Hof ausgebildete und dann sehr bald auch im niederen Adel aufblühende Turniertradition. Die Teilnahme daran war nicht nur gesellschaftliches Event, sondern sie war zugleich immer Demonstration sozialer Rangzugehörigkeit und Kompetenz.[28] Hier tritt das Handeln der Herolde auch für uns noch auf deutliche Weise in Erscheinung: bei der Helmschau und der Helmteilung, also bei den Gelegenheiten, wo die Wappen der potentiellen Turnierer in aller Öffentlichkeit von einer Dame – von einem Herold kompetent souffliert – vorgestellt, kommentiert und (bei nachgewiesenermaßen standeswidrigem Verhalten) zurückgewiesen wurden: die Wappen standen für den Namen und die Person. In zweiter Stufe, also bei der Helmteilung, war es von Bedeutung, welche Wappen zueinander gestellt wurden, um als Turnierpartei aufzutreten, oder – was ebenso bedeutsam

---

[25] Zukünftig Andreas Ranft, Jugend am Hof. Ritterkultur und höfisches Verhalten im Mittelalter, in: Jungsein und in die Jahre Kommen. Jugend von der Spätantike bis zur Frühen Neuzeit, hg. v. Martin Kintzinger, Klaus Arnold, Köln-Weimar-Wien [im Druck].

[26] Sebastian Ilsung als Spanienreisender und Jakobspilger, ed. v. V. Honemann, in: Deutsche Jakobspilger und ihre Berichte, hg. v. Klaus Herbers, Tübingen 1988, S. 61–95 [Text S. 81–95].

[27] Des Ritters Hans von Hirnheim Reisetagebuch, ed. v. F. Khull, in: Jahresbericht des Zweiten Staats-Gymnasiums in Graz 28 (1897) S. 3. Der beobachtete Zusammenhang bei Kraak, Zeugnisse (wie Anm. 10) S. 341.

[28] Dazu und zu folgendem Andreas Ranft, Feste des deutschen Adels am Ausgang des Mittelalters. Form und Funktion, in: Il tempo libero, ed. v. S. Cavaciocci (Istituto internationale di storia economica „F. Datini", Prato II 26) Florenz 1995, S. 245–256. Ders., Die Turniere der Vier Lande: genossenschaftlicher Hof und Selbstbehauptung des niederen Adels, in: Zeitschrift für Geschichte des Oberrheins 142 (1994), S. 1–20 sowie Paravicini, Ritterlich-höfische Kultur (wie Anm. 3) S. 13ff. und 99ff.

war, wer im Stechen gegen wen anzutreten hatte. Es waren die Herolde, welche als Quasi-Monopolisten im gesellschaftspolitischen Nachrichtenwesen die Informationen über die spezifischen Standesqualitäten der einzelnen Teilnehmer und deren Familien verwalteten, diese oder jene Nachricht in eigenem Interesse oder im Auftrage zu lancieren verstanden und als erste öffentliche Reaktion auf ein präsentiertes Wappen zu deuten verstanden.

Das erklärt, warum wir in den Wappenbüchern des 15. Jahrhunderts immer häufiger auch Zusammenstellungen von Turnierparteien in Gestalt verschiedenster Wappenkombinationen finden oder zumindest Namenlisten von Turnierteilnehmern [Abb. 2 u. 3].[29] An dieser Stelle werden die Heroldspersonen bislang am deutlichsten in ihrem Handeln für uns greifbar wie etwa der erwähnte Hans Ingeram, dessen nach ihm benannter Wappenkodex – was zuerst Hartmut Drös nach eingehenden kodikologischen und heraldischen Stiluntersuchungen wahrscheinlich gemacht hat[30] – im Kern aus seinen ganz praktischen Arbeitsunterlagen im Dienste verschiedener Turnierveranstalter, namentlich der in der Adelsgesellschaft vom Esel organisierten Adligen, hervorgegangen ist. Er hat diese Gesellschaft auf Turniere begleitet, hat ihre Heraldik „verwaltet und gepflegt" und auf höfischer Festebene lanciert.[31] Nicht zuletzt sein Wirken hat dieser Genossenschaft ein ganz besonderes Renommée in der adligen Gesellschaft eingetragen. Verfasser anderer Wappenbücher wie Konrad Grünenberg oder Conrad Schnitt haben eine solche Entwicklung mitvollzogen und boten in ihren *codices* ebenfalls derart auf die turnierende Adelsgesellschaft zugeschnittene Wappenpräsentationen.[32]

III

Mit der Aufwertung der Turniere als Standesübung, die einer immer stärker sich ausdiffenzierenden Regelhaftigkeit unterworfen wurde und sich längst nicht mehr auf reine Kampfbestimmungen kaprizierte, sondern eine Schiedsgerichtsbarkeit entfaltete, welche konsensual Kriterien zur Bewer-

---

[29] Dazu genügt ein Blick in das Wappenbuch des Konrad Grünberg, hg. v. R. Graf Stillfried-Alcántara, A. M. Hildebrandt, 3 Bde., Görlitz 1874–1883, beispielsweise fol. CXLI, CXLIII, CXLVII unter dem Banner einer Adelsgesellschaft; oder auch das Wappenbuch Cod. icon. 392d der bayer. Staatsbibliothek, beispielsweise fol. XXXVff. mit Namenlisten.
[30] Hartmut Drös, Heidelberger Wappenbuch. Heidelberg 1991, S. 46ff.
[31] Dazu und zu dieser Gesellschaft Ranft, Adelsgesellschaften (wie Anm. 22), S. 117–169, bes.148f.
[32] Stillfried-Alcántara, Wappenbuch (wie Anm. 29). Wappenbuch des Conrad Schnitt, STA Zürich, Sign.: A 175.

tung der sozialen Verhaltensnormen im Blick auf Ehrverhalten, gerechte Fehdepraxis etc. entwarf und Vorschriften für den festlichen Auftritt am Hof (Turnierhof) durchsetzte[33], bot die Form des reinen Wappenbuchs immer weniger Möglichkeit, das komplexe soziale Geschehen der Turnierhöfe und die daraus resultierende Balance der Ehrzuteilung adäquat festzuhalten.

Das erklärt, warum in die vormals reinen Wappenbücher immer mehr schriftliche Notizen der Herolde Eingang finden, die eng mit der die turnierende Adelswelt repräsentierenden Heraldik vernüpft waren. Statutentexte, Schiedssprüche, Teilnehmer-, Sieger- und Besiegtenlisten durchsetzen die heraldische Dokumentation und kommentieren sie – das Wappenbuch mutiert insofern unter der gewandelten Notationspraxis der Herolde zum Turnierbuch (ohne das die Form des reinen Wappenbuchs aufgehört hätte, zu existieren).

Spätestens mit dem Postulat eines Turnieradels, das die nachgewiesene Turnierteilnahme, die mit einer Ahnenprobe verknüpft war, zum Kriterium der Standeszugehörigkeit machte [Abb. 4][34], avancierten die Turnierbücher des Niederadels zu heiklen Instrumenten gezielter Standespolitik, fiel den Parsevanten und Herolden als ihren Verfassern und mit einer ihnen qua Amt zugewachsenen Zeugenschaft eine gesellschaftspolitische Schlüsselrolle zu.[35] Der Blick in ihre Bücher, die selbst aus ihrer Hand zu besitzen vielen Adligen langes Bemühen und materieller Aufwand Wert waren, konnte ein Menetekel gesellschaftlicher Ächtung beschwören, wenn das eigene Wappen fehlte und/oder der Name nicht aufgeschrieben war – oder dem Leser grenzenlose Erleichterung verschaffen und das Gefühl sozialer Standesgeltung neu aufglühen lassen und bewahren helfen.[36]

---

[33] Ranft, Adelsgesellschaften (wie Anm. 22) S. 96–107 und 161–170.
[34] Vgl. Georg von Marcziányi, Die Ahnenprobe. Eine heraldisch-genealogische Studie, in: Der Deutsche Herold 18 (1887) S. 96–100. Robert Scheyhing, Art. „Ahnenprobe", in: HRG 1, Berlin 1971, Sp.82ff. Klaus Schreiner, Art. „Ahnenprobe", in: Lexikon des Mittelalters 1, München-Zürich 1978, Sp. 233. Solche Ahnenproben lassen sich nicht allein in Wappenbüchern etc. finden, sondern auch auf Kunstwerken. Stephan Kekule von Stradonitz, Ahnenproben auf Kunstwerken, in: ders., Ausgewählte Aufsätze aus dem Gebiet des Staatsrechts und der Genealogie. Berlin 1905, S. 253–260. Besonders auf Grabmälern: Alfred Zappe, Grabdenkmäler als wichtige historische Quelle für den Heraldiker und Genealogen,in: Archiv für Sippenforschung 30 (1964) S. 462–467. Michael Hecht, Die Ahnenwappen auf dem Grabstein des Volrad von Krosigk, in: Sachsen und Anhalt 21 (1999) (Jahrbuch der Historischen Kommission für Sachsen-Anhalt Bd. 21, 1998), S. 183–303. Die eminent sozialgeschichtliche Dimension behandelt Helfried Valentinitsch, Grabinschriften und Grabmäler als Ausdruck sozialen Aufstiegs im Spätmittelalter und der frühen Neuzeit, in: Epigraphik 1988 hg. v. Walter Koch (Österreichische Akademie der Wissenschaften. Phil.-Hist. Klasse, Denkschriften 213) Wien 1990, S. 15–25.
[35] Ranft, Turniere (wie Anm. 28). Ders., Adel (wie Anm. 3), S. 339f.
[36] Ranft. Adel (wie Anm. 3) mit dem Beispiel einer gefährdeten Turnierteilnahme. Zum Zusammenhang auch Stamm, Turnierbuch (wie Anm. 7) S. 21f.

Letzteres war jedenfalls dann so gut wie sicher, wenn auch noch eine – heute wissen wir: fikive – Chronologie sämtlicher Turniere geboten wurde, unter deren verzeichneten Teilnehmern selbstverständlich auch der betreffende Name des neugierigen Lesers zu finden war.[37] Gerade der Umstand einer fiktiven Rekonstruktion des Turnierwesens, dessen sagenhaftes Alter legitimatorische Funktion besaß, barg Möglickeiten zarter Manipulation für klingende Münze – *aus Gunst und Liebung*, wie es zuweilen heißt.[38] Leider sind uns die Adelsarchive noch nicht so erschlossen, daß wir gezielt nach genauen Informationen darüber suchen könnten und schnell fündig würden; doch wir wissen, daß Turnierbücher in großer Zahl professionell, d.h. heroldsamtlich autorisiert, angeboten wurden: das überaus prächtige Kraichgauer Turnierbuch beispielsweise – heute im Bestand der berühmten BIBLIOTHECA ROSSIANA und als Faksimile zugänglich – war so ein frei angebotenes Exemplar, das von der Familie von Helmstadt erworben wurde.[39] Ein Parallelexemplar findet sich im Archiv der von Gemmingen-Hornberg.[40] Beinahe ein zeitweiliges Produktionsmonopol besaß der Reichsherold Georg Rüxner[41], dessen Turnierbuch in unendlich vielen Adelsbibliotheken gestanden haben muß.[42] Von ihm wissen wir, daß er eine

---

[37] Ein Beispiel ist das Wappenbuch des Georg Rixner, Anfang, ursprung und herkommen des Thurnirs in Teutscher nation [...], mit seinem Turnierlisten, Simmern 1530. Zum Verfasser Kurras, Reichsherold (wie Anm. 13). Zum Fiktionsproblem auch Stamm, Turnierbuch (wie Anm. 7), S. 56ff. und 77f. Vgl. das Urtheil Berühmter Geschiechtschreiber Von der Glaubwürdigkeit Der Teutschen Thurnier=Bücher, o.O. 1728. Das mit solchen fiktiven Partien in Kombination mit einer umso deutlicheren Dokumentation des jüngsten Turnierwesens auch eine didaktische Absicht jedenfalls aus niederadliger Sicht verbunden sein konnte, macht die Vorrede im Turnierbuch des Ludwig von Eyb deutlich, Stamm, Turnierbuch (wie Anm. 7) S. 93f. [fol. 13r und 15r]. Dazu Horst Wenzel, Höfische Geschichte. Literarische Tradition und Gegenwartsdeutung in den volkssprachigen Chroniken hohen und späten Mittelalters. Bern-Frankfurt/M.-Las Vegas 1980, S 254–346.

[38] Vgl. Ludwig Albert Freiherr von Gumppenberg, Die Gumppenberger auf Turnieren. Würzburg 1862, S. 8.

[39] Kurras, Turnierbuch (wie Anm. 2) Faksimileband.

[40] Wie Anm. 2.

[41] Kurras, Reichsherold (wie Anm. 13). Gumppenberg, Gumppenberger (wie Anm. 38) S. 9–24. vgl. Wegele, Georg Rüxner (Rixner), in: ADB 30 (1890), S. 62.

[42] Druck und Verlag der Erstausgabe bei Hieronymus Rodler, Simmern am Hunsrück 1530. Eine frühere Ausgabe (1527) nennt allein Rotermund, Nachricht von einer seltenen Ausgabe des Rüxnerschen Tournierbuches (Simmern 1530) in: Literarische Blätter Bd. 3 und 4 (1803/4), Sp. 315–317 bzw. 325–330. Nachgewiesen sind für 1532 und 1533 eine 2. und 3. Auflage der Ausgabe 1530 (Druck und Verlag Hieronymus Rodler, Simmern). Es folgt eine erweiterte (!) Ausgabe, herausgegeben von Sigmund Feyerabend 1566 (gedruckt von Georg Raben, Frankfurt, nachgedruckt 1570). Eine Auflage 1579 im Verlag Sigmund Feyerabend (Druck P. Reffeler) Frankfurt/M., wiederabgedruckt in Sebastian Münster, Cosmographia d. i. Beschreibung der ganzen Welt, Basel 1628, V. Buch, cap. 409, pag. 1202 und in Stephan Burgemeister, Bibliotheca equestris, T. 2, Ulm 1720, S. 1ff.

ganze Reihe eigenerfundener Turniere und Teilnehmerlisten zu eigenem Nutzen kreiert hat.[43] Seine vielsprechende Spiegelung erfährt solche Praxis im stadtadligen-patrizischen Milieu, das auch hierin den Adel nachzuahmen sucht und für uns viel besser dokumentiert ist: Rüxner taucht nämlich mehrfach als Beschenkter in den städtischen Rechnungen der Stadt Nürnberg auf, der er auf Wunsch des Patriziats eine eigenhändige Aufzeichnung des sagenhaften Turniers von 1198 überreicht hatte.[44] Dem Patrizier Bartholomeus Haller verkauft er einen manipulierten Auszug aus seinem noch nicht veröffentlichten Turnierbuch zum privaten Gebrauch.[45] Aber auch Namen wie Jörg Rugen (1495)[46], Max Würsung (1518)[47] oder Johann Holland (Herold bei Sigismund) oder – mit Einschränkungen – Püterich von Reichertshausen (u.a. 1466–68 tägl. Rat während der Doppelregierung der bayer. Heröge Albrecht IV. und Sigismund) wären hier zu nennen.[48]

So sehr hier von Manipulation und Fiktion die Rede war, was als Beleg für die große Begehrtheit der Turnierbücher und ein bedenkenswerter Reflex auf ihre gravierende Bedeutung im Blick auf Standesqualität, Ehre und Prestige der einzelnen Adelsfamilien genommen werden kann, muß doch betont werden, daß sie im Kern recht genau waren und die wahrlich historischen Turniere von der Mitte des 14. Jahrhunderts an korrekt widergaben. Wir können noch recht gut erkennen, wo man sich bei den Informationen aufeinander bezogen hat und wo eigene Traditionen begründet wurden, welche die Vorlieben der Herolde für bestimmte Wappenprovinzen verraten bzw. ganz spezifische persönliche Kenntnisse eines Herolds.[49] Ihre Bedeutung haben sie auch in der frühen Neuzeit nicht verloren, erfuhren sie doch im 16. Jahrhundert und bis weit in das 17. Jahrhundert hinein wiederholt hohe Auflagen und boten guten Stoff für genealogische Studien.

---

[43] Vgl. Stamm. Turnierbuch (wie Anm. 7), S. 47 und Gumppenberg, Gumppenberger (wie Anm. 39) S. 13.

[44] Gumppenberg, Gumppenberger (wie Anm. 39) S. 14.

[45] Ebd., S. 13f. Bartholomeus Haller (1486–1551) war kaiserlicher Rat, Reichsbann- und Stadtrichter in Nürnberg. Vgl. Lotte Kurras, Die Nürnberger Chronik im 16. Jahrhundert, in: Norica. Nürnberger Handschriften der frühen Neuzeit, hg. v. ders., Wiesbaden 1983, S. 14.

[46] Turnierbuch von Stamm (wie Anm. 7) rekonstruiert unter den Beständen des Bayer. HStA, Sign. Nothafft Lit. 62, 689 und 1200. Vgl. dies., S. 41f.

[47] [Turnierbuch] *Wann umb wellicher ursachen das Ritterspil des turniers erdacht und zum ersten geübet worden ist.* Gedruckt von Marx Würsung, Augsburg 1518. Vgl. Gumppenberg, Gumppenberger (wie Anm. 37) S. 12. E. Kuphal, Ludwig von Eyb d.J., in: Archiv für Geschichte und Altertumskunde von Oberfranken, Heft 30 (1927) S. 31ff. Stamm, Turnierbuch (wie Anm. 7) S. 40f.

[48] Zu letzteren Mueller, Ehrenbrief (wie Anm. 7) S. 7f., zu Holland ebenda S. 151–155.

[49] Vgl. Ranft, Adelsgesellschaften (wie Anm. 22) S. 186.

Die Förderung und bewußte Pflege der Turnierkultur als eine wirkmächtige soziale und politische Unternehmung auch außerhalb der fürstlichen Sphäre, die den Niederadel als einheitlich agierenden Kraft deutlich hervortreten ließ, beginnt aber schon um 1400 und wird auch auf Reichsebene aufmerksam registriert. Es ist bemerkenswert, daß sich seit dem Privileg Sigmunds für die genossenschaftlichen Bindungsbemühungen des niederen Adels (1422)[50] das Interesse gerade an solchen Zeugnissen dieses langsam sich beschleunigenden Formierungsprozesses deutlich wächst.[51] In einer Person wie der des Kanzlers Caspar Schlick wird dies greifbar, wenn wir feststellen, daß er Turnierbücher in Auftrag gab, die nicht etwa die fürstliche, sondern bewußt die niederadlige Turnierszene mit ihrem gesellschaftlichen Profil festhielten.[52] Schlick war es auch, über den der Kontakt des Pütrich von Reichertshausen, der an einem Verzeichnis der Turniergeschlechter des bayerischen Adels saß, zu Johann Holland, dem Herold Sigmunds, zustande kam[53], der einen regen Austausch über den Wert gerade der turnierenden Adelsgeschlechter für die Geschicke des Landes zur Folge hatten. Schlick, der übrigens selbst Turnier- und dazugehörige Wappenlisten sammelte[54], war es auch, der eine folgenreiche Turnierchronik[55] in Auftrag gab, die zwar in ihren historischen Fakten unsicher war und falsche Fährten in eine imaginierte Turnierwelt des Adels der Vorzeit legte, dabei jedoch dezidiert die in den Satzungen des Turnieradels gerade frisch elaborierten konsensualen Essentials einer als politisch-sozialer Elite[56] verstande-

---

50 Deutsche Reichstagsakten, Ältere Reihe Bd. 8, Gotha 1883, S. 219f.
51 Adreas Ranft, Reichsreform als Adelsreform? Das Beispiel der Adelsgesellschaften, in:, Reform von Kirche und Reich zur Zeit der Konzilien von Konstanz (1414–1418) und Basel (1431–1449) hg. v. Ivan Hlaváček, Alexander Patschovsky, Konstanz 1996, S. 135–156, bes. S. 136f.
52 Schlick war um 1430 Vizekanzler unter Kaiser Sigismund, seit 1433 Kanzler. Zur Person und Amtslaufbahn des Reichskanzlers Caspar Schlick vgl. A. Pennrich, Die Urkundenfälschungen des Reichskanzlers Kaspar Schlick. Gotha 1901, S. 20ff.. Stamm, Turnierbuch (wie Anm. 7) S. 63ff. Mueller, Ehrenbrief (wie Anm. 7) S. 152f.
53 Mueller, Ehrenbrief (wie Anm. 7) S. 154.
54 Heinz Lieberich, Landherren und Landleute: zur politischen Führungsschicht Baierns im Spätmittelalter. München 1964, S. 25 mit Anm. 77; Mueller, Ehrenbrief (wie Anm. 7) S. 154.
55 Sie ist Vorlage für eine ganze Reihe weiterer Turnierbücher, so etwa der Turnierchronik des Jörg Rugen (1494), ediert von Stamm, Turnierbuch (wie Anm. 7) S. 233–292. Turnierchronik des Max Würsung, *Wann und umb welicher ursachen willen das löblich Ritterspil erdacht und zum ersten geübet worden ist*. Augsburg 1518. Turnierbuch des Ludwig von Eyb (1519), Stamm, Turnierbuch (wie Anm. 7). „Turnierchronik" Göttinger Hs. 1526 (?), vgl. Stamm, Turnierbuch (wie Anm. 7), S. 47f.
56 Eine solche Elite wird auch durch die Namenslisten im „Ehrenbrief" des Jakob Püterich von Reichertshausen, Mueller, Ehrenbrief (wie Anm. 7) kreiert. Vgl. dazu die Beobachtung von „Kunst" und „Gebrauch" zu diesem Text von Christelore Rischer, Literarische Rezeption und kulturelles Selbstverständnis in der deutschen Literatur der „Ritterrenais-

nen genossenschaftlich-egalitären Adelsgemeinschaft beschwor, dessen Oberhaupt – und das ist der einzige, kaum überraschende Zusatz dieses Werkes – der Kaiser sein sollte.⁵⁷ Alle Adligen, die sich darin finden mochten, sollten *ain brüderlich ritterschaft sein, darinne sich gút herren fründt lerneten erkennen, ainer den andern in ritterlichen eeren. Es sollt aúch alle recht hirinn ganz tod vnd ab sein, neid vnd has vnd alle geverden, allain sollten sy ainannder gútlich empfahen. Vnd wem solher triúmph fúro gefallen will, der mag sich in der zwelf ritterschaft einthún.* Es ist weiterhin von brüderlicher Ritterschaft die Rede, *dem heyligen römischen reych zu nútz.*⁵⁸

Ganz sicher spiegelt diese Turnierchronik, die zumeist im Verein mit aktuellen Wappenpräsentationen oder Namenlisten der Turniergeschlechter, die als eine alte, aber de fakto ja „neue" Elite des Reichs kreiert wurde, nicht nur die persönlichen Interessen Sigismunds und seines Kanzlers an ritterlicher Hofkultur, sondern sie war aufgeladen mit den Vorstellungen einer Reichsidee – Neueinteilung des Reiches, Münzwesen, feste Reichsordnung, vereinheitlichte Reichsverwaltung, allgemein verbindliches Justizwesen, Sicherung des Landfriedens –, die den Reformvorstellungen, wie sie später in der „Reformatio Sigismundi" und mehr noch in der Reformschrift der „Oberrheinischen Revolutionärs" formuliert wurden, verpflichtet war: die Idee der Verbindung von Kaiser und Ritterschaft als Garanten erfolgreicher Reichspolitik – der Ritterschaft, den *gemain adl* wird die entscheidende Ordnungsfunktion für das Reich zugesprochen.⁵⁹ Die Einhaltung der Turniergesetze, die ja – wie schon erwähnt – längst weit

---

sance" des 15. Jahrhunderts. Untersuchungen zu Ulrich Füetrers „Buch der Abenteuer" und dem „Ehrenbrief" des Jakob Püterich von Reichertshausen, Stuttgart 1973, S. 73. Bezeichnend für das genealogische Interesse (!) bei der Rezeption des „Ehrenbriefs" ist der Fundort der Handschrift. Die Sammelhandschrift, in der uns der „Ehrenbrief" überliefert ist, enthält außer diesem Georg Rüxners Turnierbuch, Johann Hollands Turnierreime, einen Teil der Vorrede zu Wigeleus Hunds bayerischem Stammbuch (Ingolstadt 1585/86) und schließlich ein titelloses unvollendetes Werk, das Wappen und verschiedene Typen der Helmzier beschreibt, ebenda S. 69. Jakob Putrich von Reichertshausen selbst betont den besonderen Wert seines brief(s) wegen der genannten Namen – der Namenslisten – in der narratio des „Ehrenbriefs" (Strophen 72f.), ebenda, S. 90f., *denn so finde man noch hundert Jahre später, wer der seie, der lobt die zeit mit schilt und helm fürwar in disem brief* [...].

57 Vgl. Stamm, Turnierbuch (wie Anm. 7) S. 63f. Der Kaiser wird im Text nicht nur als erfolgreicher Heerführer und Herrscher dargestellt, sondern zugleich als das moralische Oberhaupt des Adels, der sich dem *heyligen römischen reych zu nútz* als pazifizierte, *brüderlich ritterschaft* unter ihm vereinen sollte.
58 Zit. nach Stamm, Turnierbuch (wie Anm. 7), S. 64.
59 Dazu Ranft, Adelsgesellschaften (wie Anm. 49).

mehr umfaßten als die Regelung des Turnierkampfes[60]: die Einhaltung der Turniergesetze innerhalb der *brúderlich ritterschaft* soll *got zú lob vnd dem heiligen römischen reich vnd zu allem adl zú eern* dienen, heißt es großartig.[61] Auch dieser Aspekt muß erwähnt werden, wenn wir den Bedeutungszusammenhang möglichst weit ausleuchten wollen, in dem die präsentierten Wappen und Namenlisten der turnierenden Adelsfamilien zu sehen sind.

Daß diese auffällige Turnierbuchproduktion kein einmaliges Ereignis blieb, und das Interesse an den gebotenen Wappen und Familiennamen als Beleg für die Zugehörigkeit einer exklusiven Elite noch über 100 Jahre lebendig war, zeigt der Umstand, daß beispielsweise ein Mann wie Ludwig von Eyb d.J. 1519 neben Reisenotizen (1480), einem bebilderten Kriegsbuch (1500?), einem *Kunstbuch von allerley nutzbaren und wunderbaren Künsten* (1494), einem Wappenbuch (1494), einem Buch *zu lehren wie an welcher Statt ein Schloß stehet und Frucht bauen soll, sich auch zu seiner Haushaltung geschickt soll machen* (1517) sowie den berühmten *Geschichten und Taten Wilwolts von Schaumburg* (1507)[62] auch noch ein Turnierbuch zusammenstellte, das er seinem Herrn, Pfalzgraf Philipp bei Rhein widmete.[63] Von Eyb d.J. knüpft dabei auch ganz praktisch unmittelbar dort an, wo auch schon ein Mann wie Caspar Schlick (1430) beinahe 100 Jahre zuvor als Förderer der Turnierbuchproduktion und -verbreitung begonnen hatte. Denn er übernimmt die schon erwähnte alte Turnierchronik Schlicks und kombiniert sie mit einer zeitgenössischen Aufstellung der Turniere seiner Zeit, in der neben den neuesten Turnierbestimmungen, die z.T. verschärfende Beurteilungskriterien des Ehrverhaltens der Turniergenossen brachten, alle Namen der Teilnehmer, die Ergebnislisten der Turnierausgänge sowie die aktuellen Urteilssprüche ausgewiesen waren. Selbstverständlich fand der Name seiner Familie darunter einen ehrenvollen Platz: er selbst und andere Vertreter seines Geschlechts werden in der Reihe nam-

---

[60] Vgl. auch die Bemerkungen zur Tradition des Turniers als Modell für politisches Geschehen Jan Dirk Müller, Gedechtnus. München 1982, S137ff. Ranft, Adelsgesellschaften (wie Anm. 22) S. 96–116. Sowie ders., Adel (wie Anm. 3), S. 339f.

[61] Wie Anm. 7, S. 66.

[62] Ludwig von Eyb, Pilgerschrift (Die Pilgerfahrt Ludwig des Jüngeren von Eyb nach dem heiligen Lande (1476), hg. und kommentiert v. Christian Geyer, in: Archiv für Geschichte und Altertumskunde von Oberfranken 21, 3, S. 1–51. Ders., Kriegsbuch (1500), Universitätsbibliothek Erlangen, Handschrift Ms. B. 26. Ders., Geschichten und Taten Wilwolts von Schaumburg, hg. v. Adalbert Keller, Stuttgart 1859. Die übrigen genannten Handschriften gelten als verschollen, vgl. Stamm, Turbierbuch (wie Anm. 7), S. 73.

[63] Wie Anm. 7.

hafter Familien Frankens – versammelt in der Adelsgesellschaft vom „Einhorn" – gebührend erwähnt[64].

Auf ganz ähnliche Art und Weise, wie wie ich das am Beispiel Schlick und Pütrich von Reichertshausen angedeutet habe, ließe sich die bewußte Instrumentalisierung dieser Turnierzeugnisse als Moment einer gezielten Standespolitik analysieren, welche Dichtung und Geschichte nicht kategorial unterscheidet. Das Überlieferte wird dokumentiert, um zu legitimieren und – bei Eyb im Wort seiner Vorrede deutlich ausgesprochen – um zu belehren.[65] Der Wahrheitskern der *historie* liegt auch für Eyb noch außerhalb der geschichtlichen Faktizität, sie liegt in ihrem erzieherischen Wert. So ist es auch für ihn kein Problem, bei der Aufzählung der turnieradligen Geschlechter im zweiten – aktuellen Teil seines Turnierbuchs – diese ohne weiteres auf den alten Adel unter dem turnierenden Kaiser Heinrich I. zurückzuführen, der in der übernommenen Chronik behandelt wird. Eine ähnliche „historische" Legitimation erfahren die zeitgenössischen Turnierordnungen. Sie werden gleichsam auf doppelte Weise legitimiert: sie sind christlich begründet, indem sie die gleiche Verbindlichkeit haben wie die *zwelf stúgk des heiligenn christennlichen glaúbens* und gehen zugleich auf die Autorität des siegreichen *kaisers* Heinrich zurück, dessen Ungarnfeldzug als nationale Tat die Reichsidee in vorbildlicher Weise repräsentiert. Schließlich klingen hier auch didaktische Ambitionen an, die wir stärker noch in der Schrift über die Taten Wilwolts von Schaumberg, über die Hartmut Boockmann soviel Erhellendes gesagt hat, finden.[66]

IV

Darauf jedoch möchte ich – beinahe am Ende meiner Ausführungen – nicht weiter eingehen. Wichtig im Blick auf meine Eingangsbeobachtung scheint mir zu sein, daß das Eyb´sche Turnierbuch im Produktions- und Samm-

---

[64] Er selbst hebt sich auch dadurch besonders hervor, daß er anläßlich des Turniers zu Heidelberg (1481) seine Teilnahme am Bankett bekundet und seine Nähe zum Tisch des Pfalzgrafen, den er *mit köstlich gülldin flaschen und ein credentz mit kannten und köpffen, XLII und húndert stúck an Bechern und schalen aufgetragen sah*, Stamm, Turnierbuch (wie Anm. 7) S. 165 bzw. fol. 74v.

[65] *Weil man aus vil erkúndigúng manicherlay schicklichait zú erlernen habe, d.h. mergken und versteen den anfanng und das löblich herkomen des túrners, wie der ursprúnglich imm reich sey aúfgestannden und erwachsen [...]*, bemerkt Ludwig, womit er auf grundsätzliches adligen Standes- und Rollenbewußtseins zielt, Stamm, Turnierbuch (wie Anm. 7) S. 93f. bzw. fol. 13r und 15r.

[66] Hartmut Boockmann, Ritterliche Abenteuer – adlige Erziehung, in: ders., Fürsten, Bürger, Edelleute. Lebensbilder aus dem späten Mittelalter. München 1994, S. 105–128.

lungkontext mit anderen seiner Werke steht. Ich habe sie schon erwähnt.[67] Sie dokumentieren in ihrer Gesamtheit auf intensive und umfassende Weise eine adlige Lebenspraxis und einen beinahe idealen Lebensentwurf, dessen sich Eyb auf diese Weise auch persönlich versichert und dem er Dauer verleiht, indem er sie mit seinem Namen verbindet. Dieser nun steht nicht allein, sondern – wie wir gesehen haben – in einem personalen Kontext, dessen Existenz für ein lebendiges Standesbewußtsein einerseits vorauszusetzen, aber eben auch stets praktisch nachzuweisen war. Es sind solche Wappen- und Namenlisten, um die auch Eyb sich bemüht, die solches ermöglichten und der Familie ihren sozialen Halt gaben – unabhängig von Vermögen und Amt. Auch darauf legten die Turnierbestimmungen Wert.

Gewiß ist die literarische Produktion eines Ludwig v. Eyb d.J. (und seines Vaters), soweit wir Vergleiche anstellen können, außergewöhnlich, was Qualität und Umfang betrifft. Andererseits finden sich solche Werke, oft in entsprechenden Sammelhandschriften zusammengeführt, auch in anderen Familienarchiven; und das Spektrum der Themen ist immer wieder auch in solchen Mischbüchern, wie wir die Haus- und Familienbücher der Adligen Familien grob charakterisieren könnten, wiederzufinden. Ihrer Entstehung liegen die gleichen Motive zugrunde, die wir bei Ludwig von Eyb erkennen. Die Versicherung standesgemäßer Lebensweise, die solchermaßen dokumentiert und durch den Nachweis von Herkommen und Geschichte – als „Historie" verstanden – ebenso legitimiert wurde, wie sie durch die immer wieder zu aktualisierende namentliche Einbindung in den Stand einer exklusiven Gesellschaft, der man kollektiv verbunden war, ihre Beglaubigung erfuhr.

Damit nun bin ich wieder am Ausgangspunkt meines Themas, daß sich nämlich die Praxis der Wappenlistungen (und mit ihnen die Namenslisten der turnierenden Adelsgeschlechter), wie sie in den Wappen- und Turnierbüchern ausgebildet wurde, sich auch – und, so müssen wir jetzt sagen: in konsequenter Folge – in den Familienbüchern der adligen Familien finden, wie das im Familienbuch der von Eptingen der Fall ist. Ihr Wappen und ihr Name steht nicht in einem zufälligen Zusammenhang mit anderen Wappen und Namen, wie man auf den ersten Blick annehmen könnte, oder sind eine beliebige Kopie eines Wappenbuchs, um etwas von der magischen Wirkung, die solche Bücher allein schon wegen ihres Farbreichtums und der Vielfalt der Figuren und Motive entfalteten, abzuzweigen. Es sind die Wappen der turnierenden schwäbischen Adelsgeschlechter, die in der Gesellschaft vom Fisch & Falken zusammengeschlossen waren, in welche die Eptinger sich eingebunden wußten [Abb. 5], und mit der sie trotz ihrer ökonomischen Gefährdung,

---

[67] Vgl. mitgeteilte Beobachtung in Anm. 55.

der sie spürbar ausgesetzt waren, das elitäre Bewußtsein von ihrer besonderen sozialen Rangstellung lebhaft teilten, und dessen sie sich gegenseitig versicherten. Sie kehrten auf diese Weise, wenn man so will, die öffentliche Bedeutung dieser Praxis ins Private, in die Familienüberlieferung, die auch ein Überleben der Familie sichern helfen sollte (der Gedanke der Memoria war darin durchaus auch eingeschlossen) [Abb. 6]. Anders gesagt: die Wappen- und Turnierbücher, deren soziale und zeitweilig auch politische Dimension in der Öffentlichkeit der Adelswelt erwiesen und durch das offizielle/öffentliche Handeln ihrer „Produzenten" – Parsevanten und Herolde – in ihrer praktischen Bedeutung nachzuvollziehen ist, wurde auch von dem einzelnen Adligen verstanden, beachtet und geschätzt (oder gefürchtet) und im privaten rezipiert, weil es von existentieller Bedeutung sein konnte.

V

Wenn man bedenkt, daß die Essentials adliger Lebensform und die Instrumentarien ihrer Sicherung auf ihrer sozialen Wanderung in das patrizische Milieu der Städte noch einmal besonders deutlich hervortreten, so sei ganz am Ende noch einmal daran erinnert, daß die Wappen- und Namenlisten nicht nur ihren selbstverständlichen Eingang in die Literatur der adligen Haus- und Familienbücher gefunden haben, sondern schon in der Mitte des 15. Jahrhunderts als Legitimationsinstrument auch in die Bücher der führenden Patriziatsfamilien. Der erwähnte Barthelmäus Haller[68] ist ein spätes Beispiel, Marx Walter aus Augsburg[69] oder Werner Overstolz aus Köln[70] wären andere, die in ihren Familienbüchern Wappen- und Namenlisten neben Memorialnotizen, Chroniken, wirtschaftlichen Aufzeichnungen und Urkundenabschriften aufführten. Auch dies ein Beleg für die Bedeutung der hier beobachteten Notationspraxis. Aber auch hier verhindert bislang die Behandlung solcher Bücher und ihre Edition, daß der eigentlich so augenfällige Zusammenhang von Wappen/Bild, Namenlisten und Text gebührende Beachtung gefunden hat.

---

[68] Barthelme Haller, Turnierbuch (Hs. des Germanischen Museum Nürnberg No. 1829), um 1500. Auszugsweise abgedruckt in: Ludwig Albert Freiherr von Gumppenberg, Nachrichten über Turniere zu Würzburg und Bamberg in den Jahren 1479 und 1486, Archiv des Historischen Vereins von Unterfranken und Aschaffenburg 9 (1868), S. 164–211.

[69] Marx Walther, Aufzeichnungen. Handschrift der Bayerischen Staatsbibliothek München, Sign.: cod. germ. 1930.

[70] Familienbuch des Werner Overstolz, Historisches Archiv der Stadt Köln, Sign.: Genealogische Abteilung (1157) Nr. 67; dazu die ausgezeichnete Kölner Staatsexamensarbeit von Marc von der Höh, Das Familienbuch des Werner Overstolz. Historische Einordnung und Kommentar [Edition im Anhang] Köln 1997.

Adlige Wappen-, Turnier-, Haus- und Familienbücher

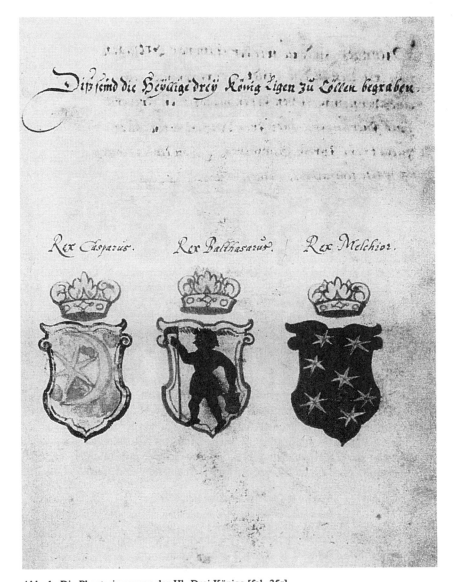

Abb. 1 Die Phantasiewappen der Hl. Drei Könige [fol. 35r]
Diß seind die Heyllige drey König Ligen zu Cöllen begraben
Rex Casparus Rex Balthasarus Rex Melchior

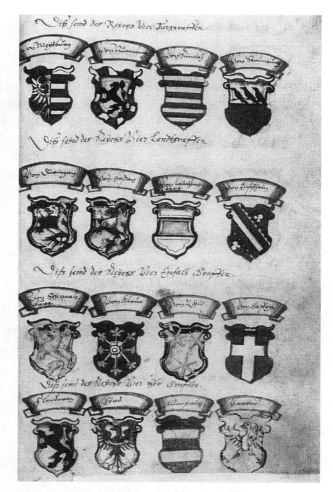

Abb. 1a Wappen in Quaternionenfolge [fol. 32r]

Diß seind des Reychs Vier Burggraffen
Von Meydburg [Magdeburg] Von Nurenberg
Von rinckh [Reineck] Von Strunburg [Strumberg]

Diß seind des Reychs Vier Landtgraffen
Von Düringen Von Heßen Von Leüchtenberg
Von Enseßheim [Elsaß]

Diß seind des Reychs Vier Einfalt Graffen
Von Schwartzburg Von Kleve Von Zylij Von Saffoy

Diß seind des Reychs Vier Hör Graffen
Flanderen Chyrd Altenprug Werrer [Ferrara]

Adlige Wappen-, Turnier-, Haus- und Familienbücher

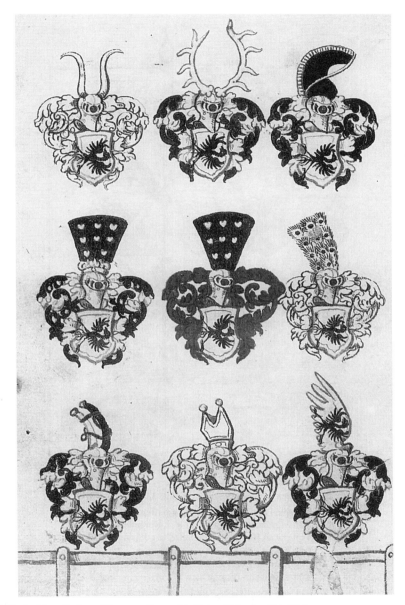

Abb. 2   Neun Eptinger Wappen mit verschiedlicher Helmzier [fol. 37v]
Die Wappen über der unten abgebildeten Turnierschranke (Umgrenzung des Turnierfeldes) bringen sie in Zusammenhang mit dem Turnier als Ausweis exklusiver Standeszugehörigkeit mit Turnierbefähigung.

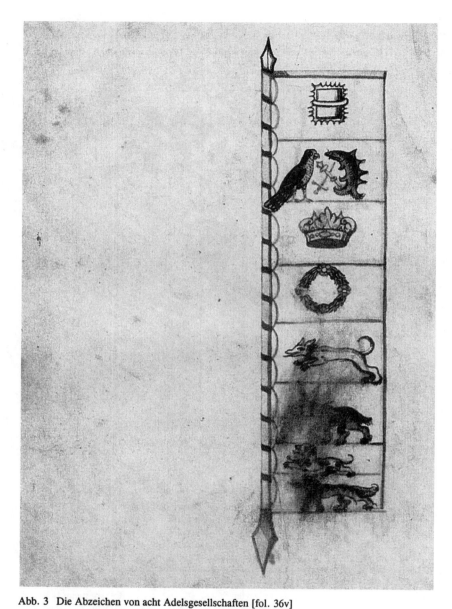

Abb. 3 Die Abzeichen von acht Adelsgesellschaften [fol. 36v]

Abgebildet finden sich von Oben nach unten die Zeichen der Fürspänger [Schnalle des Gürtels der Hl. Maria], der Gesellschaft Fisch&Falke, der Gesellschaft mit der Krone, der Gesellschaft im Kranz, Gesellschaft mit dem Wolf, Gesellschaft vom Esel, Gesellschaft mit dem Leitbracken, Leopard (?)

Adlige Wappen-, Turnier-, Haus- und Familienbücher

Abb. 4 Ausweis der Turnierfähigkeit des Rudolf von Eptingen [fol. 50r]

Text: Ich Ruodolff von Eptingen von Brattelen [bezeugt zwischen 1429–1447] bin in diser gestalt zue Schaffhaußen Im Turnier geweßen uff zinstag nach dem eingohnden Jahre Anno domini viertzehen hundert, unnd Feünff und dreyßigstem Jahr [es hat zu diesem Zeitpunkt kein Turnier stattgefunden (!)], unnd seind daß vohr mir Meine vier Anen, unnd das hinder mir mein Gemahel, unnd ihre vier Anen unnd Helm, und warent in disem Turnier zweyhundert, unnd bin des vorgemelt heintzmans sune.

Eptinger	Gramweyler	Rotberg meim Gemahel	
Büttickhen	Bollweyler	Rotberg	Andlouw
		Scholer	Rottestorff

Unnd lig zue Baßell zun Barfueßern begraben, bittendt Gott für mich.
Unnd ist unnser beyder Jahrzeit zue Baßell zue den Barfüeßer uff.
Feünfftzig Jahr Als ein tag.

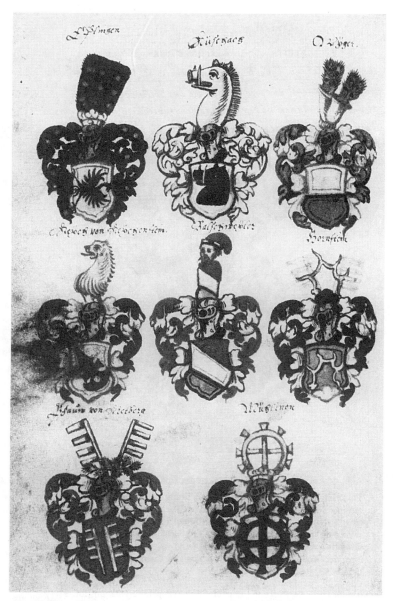

Abb. 5 Wappenfolge der Turniergenossen der Gesellschaft Fisch&Falke [fol.177v]

Eptingen   Rüschach   Wyger
Reych von Reychenstein   Balschweyler   Hornstein
Pfau von Rietberg   Mühlingen

Adlige Wappen-, Turnier-, Haus- und Familienbücher

Abb. 6 Memoria für sechs verstorbene Eptinger durch Wappenpräsentation [fol. 37r]

Text: Dise XV Kreygere Von Eptingen hatt der Stam Von eptingen all gethon Füehren. Dero sye noch heüth disen tag. Unnd datum Anno dominiInn dem Namen Gottes, etliche Füehren thuent, auch so lang Gott der Allmechtig will der den abgangnen barmhertzig sein wölle, unnd disen auch damit Amen.so noch leben.

Udo Geiseler

„... uf schlechte erden von holtze und leyme" – Zur Lebenswelt des brandenburgischen Adels an der Schwelle zur Frühen Neuzeit

Eine der ältesten umfangreichen Bildquellen zur frühneuzeitlichen brandenburgischen Geschichte ist die Sammlung von Stichen, die 1652 von Matthäus Merian herausgegeben wurde[1]. Neben Stadtansichten und Aufnahmen von landesherrlichen Schlössern sind hier auch eine Reihe repräsentativer Adelshäuser abgebildet, die in der Renaissancezeit entstanden waren. Da diese Aufnahmen die einzigen vorhandenen Abbildungen adliger Wohnbauten des 16. Jahrhunderts sind, drängt sich bei der Betrachtung der Stiche von Wolfshagen, Badingen und Schwedt wie auch bei der Besichtigung der erhaltenen Renaissancehäuser in Demerthin, Bagow, Freyenstein, Königs Wusterhausen, Meyenburg oder Jahnsfelde der Eindruck auf, daß diese Bauten den typischen adligen Wohnsitz des 16. Jahrhunderts verkörpern. Dabei gerät oft außer acht, daß es sich hier um die *Vornembsten und bekanntisten Stätte* der Mark handelt, wie es im Untertitel von Merians Sammlung heißt[2].

Die Sonderstellung dieser Adelssitze zeigt sich bei der Betrachtung ihrer Erbauer bzw. Besitzer. Zu ihnen gehörten z.B. die Grafen von Hohenstein, die Familien von Arnim, von Rohr, von Schlieben, von Trott, oder von Klitzing, die im 16. Jahrhundert zu den führenden Geschlechtern der Mark gehörten und einen ausgedehnten Landbesitz innehatten. Ihren Vertretern war es gelungen, in bedeutende Ämter der Hof- und Landesverwaltung aufzusteigen. Dadurch verfügten sie über ansehnliche Einkünfte, die sie durch Kreditgeschäfte erweitern konnten.

---

[1] Martin Zeiller, Topographia Electoratus Brandenburgici ... das ist Beschreibung der Vornembsten und bekanntisten Stätte und Plätz in dem hochlöblichsten Churfürstenthum und Mark Brandenburg ... in Druck gegeben und verleget durch Mattäi Merian Seel. Erben. Frankfurt am Main 1652.

[2] Die Kunstdenkmäler der Provinz Brandenburg, hg. v. Brandenburgischen Provinzialverband (20 Bde.) Berlin u.a. 1907ff. beschreiben lediglich vorhandene oder zum Teil bildlich überlieferte Adelsbauten. Damit befestigen sie das Bild, daß der märkische Adel des 16. Jahrhunderts in solchen bekannten repräsentativen Häusern lebte.

Diese Geschlechter repräsentierten die Spitze des brandenburgischen Adels[3]. Weit darunter befand sich die Masse des märkischen Adels, dessen Familien sich nicht mit der Bedeutung und dem Vermögen der Amtsträger messen konnten[4]. Wenn die genannten vermögenden Familien aber zur Spitze des märkischen Adels im 16. Jahrhundert gehörten, so stellten ihre Häuser wohl auch die Spitze ländlicher Wohnbauten des Adels dar, weil beim Bau finanzielle Mittel aufgewendet werden konnten, die dem durchschnittlichen Adligen nicht zur Verfügung standen. Insofern sind die prächtigen Renaissancehäuser eben nicht repräsentativ für die Wohnverhältnisse der Masse des brandenburgischen Adels. Ernst Badstübner deutete dieses kürzlich an, indem er erwähnte, daß neben den bekannten Renaissancehäusern „mit einem hohen Anteil an Fachwerkhäusern zu rechnen" ist[5].

Es muß davon ausgegangen werden, daß der größte Teil des märkischen Adels überwiegend in viel geringeren, fast bäuerlichen Verhältnissen lebte. Erst gegen Ende des 16. Jahrhunderts versuchte er, sich mit bescheidenen Mitteln von der Welt seiner bäuerlichen Untertanen abzusetzen.

Zur Erörterung dieser These sei ein kleiner Umweg nach Niederösterreich gestattet. Eines der umfangreichsten Selbstzeugnisse, die von Adligen aus früherer Zeit vorliegen, sind die Werke Wolf Helmhard von Hobergs (1612–1688)[6], auf deren Grundlage Otto Brunner seine bekannten Untersuchungen zur adligen Lebenswelt vornahm[7]. Er vertritt die Auffassung, daß

---

[3] Vgl. dazu grundsätzlich Peter-Michael Hahn, Struktur und Funktion des brandenburgischen Adels im 16. Jahrhundert (Historische und Pädagogische Studien 9) Berlin 1979.

[4] „Am unteren Ende der Skala standen die märkischen Zaunjunker." Vgl. Hartmut Harnisch, Grundherrschaft oder Gutsherrschaft. Zu den wirtschaftlichen Grundlagen des niederen Adels in Norddeutschland zwischen spätmittelalterlicher Agrarkrise und Dreißigjährigem Krieg, in: Adel in der Frühneuzeit. Ein regionaler Vergleich, hg. v. Rudolf Endres, Köln-Wien 1991, S. 73–98, 92f.; Aus späteren Steuerselbsteinschätzungen der größeren Amtsträgerfamilien wurde gefolgert, daß ihre Einkünfte das Fünfzig- bis Neunzigfache des Einkommens der kleinen Dorfadligen betrug, vgl. Gerd Heinrich, Nordostdeutscher Adel im Übergang vom Spätmittelalter zur Frühen Neuzeit, Bemerkungen zur Sozialverfassung frühneuzeitlicher Führungsschichten, in: Festschrift der Landesgeschichtlichen Vereinigung für die Mark Brandenburg zu ihrem hundertjährigen Bestehen, hg. v. Eckart Henning u. Werner Vogel, Berlin 1984, S. 104–125, S. 108.

[5] Ernst Badstübner, Schlösser der Renaissance in der Mark Brandenburg (Monumenta Brandenburgica, Schriften des Landesheimatbundes Brandenburg e.V. (Monographien zur Architektur und Kunstgeschichte in Brandenburg 2) Berlin 1995, S. 38.

[6] Vgl. u.a. Wolf Helmhard von Hoberg, Georgia Curiosa aucta, Das ist: Umständlicher Bericht ... von dem Adelichen Land- und Feld-Leben, Nürnberg 1716.

[7] Otto Brunner, Adeliges Landleben und europäischer Geist, Leben und Werk Wolf Helmhards von Hoberg 1612–1688, Salzburg 1949. Vgl. zu diesem Werk u.a. Wolfgang Neuber, Adliges Landleben in Österreich und die Literatur im 16. und 17. Jahrhundert, in: Adel im Wandel. Politik. Kultur. Konfession 1500–1700, Katalog der niederösterreichischen Landesausstellung, Rosenburg 12. Mai–28. Oktober 1990, Wien 1990, S. 543–553.

„bis in die Jugendzeit Wolf Helmhards von Hoberg ... der Landesadel ... noch im wesentlichen die vom Mittelalter ererbte Struktur" hatte[8]. Ein Rückschluß aus Hobergs Zeit in das 15./16. Jahrhundert ist somit zulässig. Die Lebensverhältnisse des österreichischen Kleinadels werden folgendermaßen beschrieben: „Die breite Masse der Ritter und edlen Knechte sitzt auf Freihöfen und Edelmannssitzen mit einer Wirtschaft von großbäuerlichem Ausmaß." Hoberg lebte auf seinem Gut Süßenbach in einer „aus einem Bauernhaus zugerichteten Wohnung. Der Meierhof war zugleich der Herrensitz." Und Hoberg selbst schrieb: *Es sind wohl gar nicht wenige Wirtschaften (vorhanden), die von Untertanen gantz gering versehen oder gar entblößet sind, diese sind wohl mehr vor Höfe oder Freyhöfe als Landmannsitz zu halten, obwohl ihre Possessores die Landmannsfreiheit und ihre Steuern bezahlen.* Aus diesen Äußerungen geht hervor, daß sich der kleinadlige Wohnsitz äußerlich kaum von bäuerlichen Gehöften unterschied und der Adlige seinen Stand nur durch die Ausübung von Herrschaftsrechten erkennen ließ. Otto Brunner bezeichnet diese Welt als eine „adelig bäuerliche Welt", vor allem, weil „der wirtschaftliche Kern, ihre Villa, ihr Meierhof zumeist großbäuerliches Gepräge" trug[9]

In seinem Aufsatz „Nordostdeutscher Adel im Übergang von Spätmittelalter zur Frühen Neuzeit" hat Gerd Heinrich dieses Bild für die brandenburgischen Verhältnisse im allgemeinen übernommen. Es stellte fest, daß die große Masse des Adels im Nordosten in die ländlichen Räume eingebunden blieb und eine „großbäuerliche Schicht" über den klassischen Kolonisationshöfen bildete. Gerd Heinrich vertritt die Standpunkte, daß „der Dorfadel überwiegend bäuerlich-großbäuerlich lebte, ..., bis hin zum eigenmächtigen Schweinemästen und Schafehüten, Rodungen anlegen und Ernte einbringen"[10]. An anderer Stelle spricht er von einem „bescheidenen, ja ärmlichen Lebensstil auf vielen Ritterhöfen des 16. und 17. Jahrhunderts"[11]. Ähnliche Auffassungen finden sich auch in der älteren Literatur zur bran-

---

8 Eine ähnliche Auffassung vertritt u.a. Karlheinz Blaschke, er bezeichnet drei wichtige Zäsuren („Krisen") in der sächsischen Adelsgeschichte: 1. den Verlust der militärischen Funktion im Spätmittelalter, 2. den Übergang Sachsens zum Verfassungsstaat im 19. Jahrhundert und 3. die „totale Katastrophe" des sächsischen Adels im Jahr 1945. Auch nach dieser Auffassung lassen sich also frühneuzeitliche adlige Lebensverhältnisse zumindest auch auf das 15. Jahrhundert übertragen, vgl. Karlheinz Blaschke, Sächsischer Adel seit der frühen Neuzeit: Eine Nachlese zur Weesensteiner Tagung 1996, in: Geschichte des sächsischen Adels, hg. v. Katrin Keller u. Josef Matzerath, Köln-Weimar-Wien 1997, S. 345–357, S. 346f.
9 Brunner, Adliges Landleben (wie Anm. 7) S. 18, 41, 43f., 63.
10 Heinrich, Nordostdeutscher Adel (wie Anm. 4) S. 116.
11 Ders., Der Adel in Brandenburg-Preußen, in: Deutscher Adel 1555–1740, hg. v. Hellmuth Rössler (Schriften zur Problematik der deutschen Führungsschichten in der Neuzeit 2) Darmstadt 1965, S. 259–314, S. 274.

denburgischen Landesgeschichte. Carl Opalinski, stellte fest, daß die „Ruppiner Rittersitze" sowie die sich darin befindenden „herrschaftlichen Wohngebäude" eher „stattlichen Bauernhöfen" glichen[12]. Willi Spatz kam zu der Erkenntnis, daß die Adligen in „zweistöckigen, (sich) hauptsächlich wohl nur durch ihre Größe von den bäuerlichen Gehöften unterschiedenen Wohnhäusern mitten im Dorf lebten"[13]. Und Hans Joachim Helmigk vermutete, daß „die Mehrzahl der alten Herrenhäuser aus dieser Zeit nicht viel mehr als einfache Bauernkaten gewesen" sind[14].

Leider können die Autoren für ihre Urteile kaum Belege bringen. Vor allem für eine eigene bäuerliche Tätigkeit adliger Personen sind schwerlich Nachweise zu finden. Aber die Auffassung, daß sich die Wohnverhältnisse des Adligen um 1500 kaum von der bäuerlichen Sphäre unterschied, läßt sich durch das Quellenmaterial stützen.

Erste schriftliche Nachrichten über adlige Höfe finden sich in breiter Masse im Landbuch der Mark Brandenburg, das Kaiser Karl IV. in seiner Funktion als Markgraf im Jahre 1375 anlegen ließ[15]. Sofern aus slawischer Zeit keine Herrensitze vorhanden waren, wurden sie während der deutschen Besiedlung im 12./13. Jahrhundert neu angelegt[16]. Zunächst lagen sie außerhalb des Dorfes und waren stärker befestigt. Während die Neuanlage befestigter Sitze oder Burgen noch im 14. Jahrhundert einer besonderen Zustimmung des Landesherren bedurften[17], war die Errichtung von festen Gebäuden in den Dörfern erlaubt, allerdings nur *uf schlechte erden von holtze und leyme ... vier und swentzig schue hoch und ... ahne allerley umbelauf*, also ohne Bewehrung.[18]

Auch die Bischöfe von Brandenburg und Havelberg schränkten in ihrem Einflußgebiet die Neuanlage von befestigten Rittersitzen ein. Im Jahre 1356

---

[12] C. Opalinski, Der Adel und die historischen Rittersitze des Ruppiner Landes, in: ders., Aus der Heimat alten Tagen 3, Neuruppin 1906, S. 196-261, S. 198.

[13] Willi Spatz, Zur Verwaltungsgeschichte der Städte und Dörfer, Marken und Kreise, in: Landeskunde der Provinz Brandenburg, hg. v. Ernst Riedel u. Robert Mielke, Bd. 2, Die Geschichte, Berlin 1910, S. 215-290, S. 254f.

[14] Hans Joachim Helmigk, Märkische Herrenhäuser aus alter Zeit, phil. Diss., Berlin 1929, S. 26f.

[15] Das Landbuch der Mark Brandenburg von 1375, hg. v. Johannes Schultze (Veröffentlichungen der Historischen Kommission für die Provinz Brandenburg und die Reichshauptstadt Berlin) Berlin 1940.

[16] Hans K. Schulze, Die Besiedlung der Mark Brandenburg im Hohen und Späten Mittelalter, in: Jahrbuch für die Geschichte Mittel- und Ostdeutschlands 28 (1979) S. 45-178, S. 116ff.

[17] Ebenda, S. 137.

[18] Codex diplomaticus Brandenburgensis (zit. CDB), hg. v. Adolf Friedrich Riedel, Sammlung der Urkunden, Chroniken und sonstigen Geschichtsquellen für die Geschichte der Mark Brandenburg, Berlin 1838-1869, A 24, 86f.

gestattete Bischof Dietrich von Brandenburg dem Ebel von Wildberg in Schrapsdorf (Kreis Havelland) auf schlichter Erde eine Fachwerkkemenate von vier Gebinden und 24 Fuß Höhe zu erbauen. Die alte Burganlage bei dem Dorf (Wall und Graben) sollte dagegen nicht mehr genutzt werden[19]. Die von Bredow erhielten 1372 vom Havelberger Bischof einen Hof in Linum (Kreis Havelland) zu Lehen. Auf dem Wall hinter ihrem Hof durften sie nur den Bergfried wiedererrichten, jedoch keine Wehranlagen.[20] Es ist erkennbar, daß der Landesherr und die Bischöfe in ihren Herrschaftsbereichen versuchten, die Anlage befestigter Sitze einzuschränken, wohl, um dem Fehdeunwesen vorzubeugen und zu verhindern, daß sich der Adel Stützpunkte schaffte, von denen er nicht zuletzt seinen eigenen Landesherren bekämpfen konnte.

Bereits in dieser Zeit begann die Bewegung des Adels in die Dörfer. Die Aufgabe der befestigten Sitze wurde durch die Landfriedenspolitik der Hohenzollern im späten 15. und 16. Jahrhundert befördert. Zudem hatte sich erwiesen, daß die mittelalterlichen Befestigungen, deren Instandhaltung außerdem noch hohe Kosten verursachte, der neuen Militärtechnik nicht mehr gewachsen waren.

Schließlich stellte auch die Konzentration der Adligen auf die Landwirtschaft, hervorgerufen durch die seit Mitte des 15. Jahrhunderts steigenden Getreidepreise[21], neue Anforderungen an einen Adelssitz. Dieser hatte nun stärker wirtschaftliche Funktionen zu übernehmen. Solchen Ansprüchen werden die alten, oft höher gelegenen und schwer zugänglichen, engen burgartigen Anlagen nicht genügt haben. Insofern ist es folgerichtig, daß viele Adlige ihre Wohnsitze direkt in die Dörfer verlegten, indem sie wüste oder aufgekaufte Bauerngüter übernahmen, die den wirtschaftlichen Anforderungen mehr entsprachen. Von hier aus wurden die adligen Hufen bewirtschaftet, deren Anzahl sich mit drei bis sechs nur wenig von der Hufenzahl der Bauerngüter unterschied[22]. Bereits diese Umstände charakterisieren das großbäuerliche Milieu, in das sich der märkische Adlige am Ende des Mittelalters begab. Es entstanden Rittergüter als eine „Kombination von

---

[19] Ibid., A 24, 42.
[20] Ibid., A 7, 87.
[21] Wilhelm Abel, Die drei Epochen der deutschen Agrargeschichte, Veröffentlichungen der Agrarsozialen Gesellschaft e.V. Göttingen 37 (Schriftenreihe für ländliche Sozialfragen 47) Hannover 1962, S. 49f.
[22] Hans K. Schulze, Besiedlung (wie Anm. 16) S. 136. Vgl. auch Historisches Ortslexikon für Brandenburg, 11 Bde., bearb. v. Lieselott Enders, Peter P. Rohrlach u.a. (Veröffentlichungen des Brandenburgischen Landeshauptarchivs Potsdam) Weimar 1962–1997.

Adelssitz, Eigenwirtschaft und einer Art unterster staatlicher Verwaltungsbehörde"[23].

Rekonstruierte Dorfpläne zeigen, daß sich auch die Größe dieser Höfe zunächst kaum von denen der bäuerlichen Bevölkerung unterschied. Ein Zweig der Familie von der Gröben war 1484 *wonaftig zu Bornstedt* im Havelland[24]. Ihr Hof lag zwischen der Dorfstraße und dem Bornstedter See in einer Reihe mit den Gehöften der Untertanen und hat sich in seinen Ausmaßen nicht wesentlich von den übrigen Höfen unterschieden[25]. Auf solchen Höfen hat der kleine Adlige, der sich nicht im Fürstendienst befand und auch keine Stadtwohnung besaß, gelebt. Urkunden, die im 15. und im 16. Jahrhundert für Angehörige durchschnittlicher Geschlechter ausgestellt wurden, bezeichnen diese Wohnsitze in den Dörfern. So werden z.B. 1433 Kunze und Caspar von Steinkeller genannt, die *wohnhafftig zu hoghen jesser* (Hohen-Jesar, Kreis Lebus) waren. Hans von Stranz *czu peterszhagen* verschrieb seiner Gemahlin 1473 ein Leibgedinge in seinem Dorf (Petershagen, Kreis Lebus)[26]. Diese Reihe solcher Bezeichnungen ließe sich anhand der Urkundensammlungen beliebig fortsetzen.

Für diese Adelssitze bürgerte sich zu Beginn des 16. Jahrhunderts der Begriff des „Wohnhofes" ein[27]. Allein diese Bezeichnung weist auf seine doppelte Funktion als Wohnung des Adligen einerseits und als Wirtschaftshof andererseits hin. In dieser Zeit begannen die Adligen, durch den Auskauf von Bauerngütern ihre Höfe und ihren Hufenbesitz zu erweitern, wodurch sie ihre Stellung im Dorf zunächst stärken konnten. Ab der Mitte des 16. Jahrhunderts ist jedoch eine gegenläufige Bewegung zu beobachten, die durch die Notwendigkeit der Ausstattung der Söhne ausgelöst wurde. Da die materiellen Möglichkeiten zur Erwerbung bzw. zum Ausbau neuer Wohnhöfe begrenzt waren, blieb oft nur die Teilung des Hufenbesitzes und die Einrichtung von Rittersitzen auf aufgekauften Schulzen-, Bauern- oder Kossätenhöfen[28]. Dieses führte zu einer Inflation von Rittersitzen, wie die Wohnhöfe seit etwa 1600 genannt wurden, die anhand der Landreiterberichte von 1608 nachvollziehbar ist. In den meisten Dörfern existierten zwei

---

[23] Katrin Keller, Josef Matzerath, Einleitung, in: Geschichte des sächsischen Adels (wie Anm. 8) S. 11.
[24] CDB, A 9, 431.
[25] Felix Bestehorn, Deutsche Urgeschichte der Insel Potsdam, Berlin (1936) S. 45, erst im 17. Jahrhundert wurde der adlige Hof durch den Ankauf eines Kössätengutes vergrößert.
[26] CDB, A 20, 270; CDB, A 11, 412.
[27] Vgl. die Verzeichnisse der Lehnbriefe vor allem des 16. Jahrhunderts im Brandenburgischen Landeshauptarchiv Potsdam (zit. BLHA Potsdam) Pr. Br. Rep. 78, Kopiare. Historisches Ortslexikon (wie Anm. 22).
[28] Vgl. Theodor Odebrecht, Die Verhältnisse des märkischen Adels im 16. und 17. Jahrhundert, in: Märkische Forschungen 2 (1843) S. 338–349.

bis drei von ihnen. In Gebieten mit besonders hoher Adelskonzentration, wie im Raum Ostprignitz/Ruppin oder dem nördlichen Havelland, kam es auch zu Spitzen wie in Pessin oder Retzow, wo der Landreiter acht Rittersitze in einem Dorf registrierte[29].

Es ist unschwer vorzustellen, daß diese vielen Rittersitze wenig mit den eingangs erwähnten Renaissancebauten gemein hatten. Die Möglichkeiten, die Rittersitze repräsentativ auszubauen waren sehr begrenzt, da die Gewinne, die diese kleinen Güter abwarfen, nicht hoch gewesen sein dürften. Da es auch nur den wenigsten Adligen gelang, in gut dotierte Positionen der Landesverwaltung aufzusteigen oder in fremden Kriegsdiensten vermögend zu werden, stand kaum Kapital für umfangreiche Investitionen in die Güter zur Verfügung. Diese Rittersitze haben also, wegen ihrer wirtschaftlichen Funktion einerseits und den begrenzten Möglichkeiten ihrer Besitzer, diese repräsentativ auszubauen, andererseits, ihren bäuerlichen Charakter weitgehend beibehalten.

Diese Einschätzung kann durch einige wenige Gutsbeschreibungen aus dem 16. Jahrhundert gestützt werden. Der Rittersitz der Familie von Holtzendorf in Cöthen (Kreis Oberbarnim) brannte 1546 fast vollständig ab. Nur das Wohn- und Torhaus sowie der Baum- und Strauchgarten blieben verschont, während die Wirtschaftsgebäude zerstört wurden. Über den Rittersitz der von Holtzendorf zu Tuchen im Oberbarnim hieß es 1579: *Allhier ist ein Wohnhaus von eitel Eichenholz. Dabei ist ein Brau-, Back- und Viehhaus, auch notdürftige Stallung und ... Scheune*[30] Im gleichen Jahr heißt es über den Wohnsitz des Dietrich von Holtzendorf in Sydow (Kreis Oberbarnim): *Allhier ist ein Wohnhaus... eines Gemachs hoch und (mit) zweier Vorstuben.* Daran angesetzt war der Küchenbau. Zu dem Gutshof gehörten außerdem das Brau- und Darrhaus, ein Stall, ein Meierhaus, zwei lange Ställe und zwei Scheunen[31].

Neben den Gutsbeschreibungen kennzeichnen auch die landesherrlichen Lehnsbriefe des 16. Jahrhunderts die eher bäuerlichen Lebensverhältnisse der adligen Vasallen. Die von Diricke wurden 1571 mit drei Höfen und 12 Hufen auf der wüsten Feldmark Leest (Kreis Havelland) belehnt, *darauf Ire Elttern und Vettern gewonet*[32]. 1593 kaufte Jürgen von Knobloch von den Brüdern Jürgen, Ernst und Wolf von Knobloch zu Pessin den Wohnhof ihres Vaters zu dem lediglich zwei Hufen gehörten. Dazu gehörte ein *Kos-*

---

[29] BLHA Potsdam, Pr. Br. Rep. 78 I, Generalia, Nr. 83.
[30] Rudolf Schmidt, 6 Höhendörfer im Kreise Oberbarnim (Oberbarnimer Heimatbücher 4) Bad Freienwalde/O. 1926, S. 98.
[31] Ders., Aus der Pfuelen Land, I (Oberbarnimer Heimatbücher 8) Bad Freienwalde/Oder 1928, S. 256.
[32] BLHA Potsdam, Pr. Br. Rep. 78, Kopiare, Nr. 65.

satenhoff, welcher itzo Ernst Knobloch, der Leineweber (!) bewonet[33]. 1599 lebte Kune von Hünicke in Eickstedt (Kreis Havelland) auf einem freien Hof mit drei Hufen und auf einem Hof mit vier halben Hufen hatte Melchior von Hünicke gewohnt. Der Wohnsitz der von Hake zu Berge (Kreis Havelland) bestand 1598 aus dem *Rittersitz, Wohnhaus, und allen zugehörigen Gebäuden wie dieselbe in seinen Rehnen und Zäunen gelegen, samt 6 Hufen Landes*. Im gleichen Jahr wurde Busse von Hake mit Haus und Hof in Karpzow (Kreis Havelland) belehnt, die er von Joachim von Falke erkauft hatte[34] und die von Thumb erhielten zu ihrem *Sitz und Wohnhofe* zu Wilmersdorf" (Kreis Lebus) freies Brau- und Brennholz verliehen[35].

Die Verbindung des Adelssitzes mit dem Wirtschaftshof und sein großbäuerliches Gepräge wird noch deutlicher bei den Wohnsitzen, wo der herrschaftliche Charakter nicht einmal eindeutig feststellbar war. Nach 1536 war der sogenannte *Ziegelhof* der Rittersitz der Familie von Brösigke in Schönfließ (Kreis Niederbarnim), den sie später aufgab und dafür einen Bauernhof zur Wohnung nahm[36]. 1578 lebte Kaspar von Platen in Reitwein (Kreis Lebus) im Haus des Gemeindehirten, wogegen die Gemeinde protestierte. In einem Vertrag einigte man sich, daß der von Platen dem Hirten eine andere Wohnung stellen sollte, so lange er in dessen Haus wohnte. Dafür sollten die Untertanen Baufuhren für die Errichtung eines Rittersitzes leisten[37]. Ein Herr von Brietzke lebte 1598 in Gräningen (Kreis Havelland) auf einem Schulzenhof, den vor ihm der Schulze Jac. Vinzelberg bewohnte und zu dem Haus, Hof und sieben freie Hufen gehörten[38]. Über den Sitz der von Röbel in Biegen (Kreis Lebus) heißt es 1595 er wäre *ein erbauter Viehoff oder Rittersitz darauf man halten kan ungefähr 30 Rinder, dazu ein Hammelstall für 200 Tiere*[39]. Die von Beerfelde wurden 1599 mit dem Dorf Beerfelde (Kreis Lebus) beliehen, zu dem *ein Rittersitz oder Vorwerk mit vier freyen Hufen* gehörte[40]. Wohl nicht einmal als Hof zu bezeichnen war das Anwesen der Familie von Pfuel in Trebenitz (Kreis Lebus), die 1598

---

[33] BLHA Potsdam Pr. Br. Rep. 78, Kopiare, Nr. 68. Ob der Leineweber Ernst Knoblauch Angehöriger der Familie von Knobloch war, ist nicht nachzuweisen, aber angesichts des Vornamens und der Armut der Familie nicht unwahrscheinlich.

[34] BLHA Potsdam, Pr. Br. Rep. 78, Kopiare, Nr. 85.

[35] BLHA Potsdam, Pr. Br. Rep. 78, Kopiare, Nr. 92, Stiftslehnbriefe des Bistums Lebus.

[36] Georg Schmidt, Chronik von Schönfließ, o.O., o.J., S. 4.

[37] Paul Schröder, Reitweinische Merkwürdigkeiten. Geschichte des Dorfes Reitwein im Oderbruch, Berlin 1904, S. 123.

[38] BLHA Potsdam, Pr. Br Rep. 78, Kopiare, Nr. 92, Stiftslehnbriefe des Bistums Brandenburg.

[39] BLHA Potsdam, Pr. Br. Rep. 7, Amt Biegen, Nr. 3.

[40] BLHA Potsdam, Pr. Br. Rep. 78, Kopiare, Nr. 85.

mit dem halben Dorf und vier Hufen *sambt der Wohnunge* beliehen wurde[41].

Das sich hier abzeichnende Bild wird durch die erwähnten Berichte der Landreiter aus dem Jahr 1608 verstärkt. Neben den vielen Rittersitzen, registrierten sie auch adlige Wohnsitze, deren Rittersitzqualität sie sich nicht einzuschätzen getrauten. In Quilitz (Neuhardenberg, Kreis Lebus) lebten Baltzer von Pfuel und Joachim von Schapelows Erben auf den dortigen *Vorwercken oder Rittersitz*. Der Landreiter des Teltow bemerkte für Hans von Wilmersdorf: *wohnet zu Wilmersdorf in ein Bauernhaus*. Und über Friedrich von Platen zu Petershagen im Oberbarnim hieß es: *hat keinen Sitze dorinne sondern Einen Meyerhoff*. Solche Fälle mußte der Landreiter auch in der dichten Adelslandschaft des Havellandes registrieren. In Hohen Neuendorf wohnte Otto von Barfuß auf dem *Schulzenhof*. In Ferchesar befanden sich zwei Rittersitze der Familie von Knobloch und *Merten von Stechow wondt auch auff Einen Paur guot aldar*. Heinrich von Stechow bewohnte einen *Meierhof* im nahegelegenen Dorf Stechow. In Lietzen waren fünf Rittersitze und ein *Meierhof* auf dem ein Herr von Döberitz lebte und unter den acht Rittersitzen, die sich in Retzow befanden, war ebenfalls ein *Meierhof*, den Herrmann von Seelen bewohnte[42].

Alle diese Beispiele belegen, daß die kleinadlige Welt eher den bäuerlichen Lebensverhältnissen glich als dem Standart derjenigen Adelsfamilien, die zu den Erbauern von Schwedt, Boitzenburg, Demerthin, Freyenstein, Meyenburg etc. zählten. Die adlige Lebenswelt wurde vor allem durch die ländlichen Wirtschaftsverhältnisse bestimmt, in die sie eingepaßt war. Grundrisse von märkischen Dörfern zeigen, daß sich die Anordnung der Gebäude auf den Rittergütern nicht von der Gebäudestruktur der Bauernhöfe unterschied. Wie die Bauerngüter, so waren auch die adligen Wirtschaftshöfe in der Form der märkischen Drei- oder Vierseithöfe angeordnet[43]. Dabei gruppierten sich das Wohnhaus und alle Wirtschaftsgebäude (Ställe, Speicher, Brauhaus usw.) um die Freifläche auf dem Wirtschaftshof. Die Häuser wurden durch die sogenannte Wellerwand verbunden. Dies war eine Mauer, die aus einfachen Pfosten bestand, die durch Stroh oder Reisig miteinander verflochten und mit Lehm verschmiert war[44]. Durch die Gebäude und die Mauer war der Hof nach außen abgeschlossen. Zugang erhielt man entweder durch ein Torhaus, in dem meistens noch Gesindestu-

---

[41] BLHA Potsdam, Pr. Br. Rep. 78, Kopiare, Nr. 92, Stiftslehnbriefe des Bistums Lebus.
[42] BLHA Potsdam, Pr. Br. Rep. 78 I, Generalia, Nr. 83.
[43] Zur Hofform vgl. Werner Radig, Das Bauernhaus in Brandenburg und im Mittelelbegebiet (Deutsche Akademie der Wissenschaften zu Berlin, Veröffentlichungen des Institus für Volkskunde 38) Berlin 1966, S. 84ff.
[44] Ebenda, S. 100.

ben, Speicher oder Ställe untergebracht waren, oder durch einfache Hoftore. Besondere Befestigungen der Höfe werden in den Quellen selten erwähnt, wenn man von der Umfassung des Hofes mit der erwähnten Wellerwand absieht. Überliefert ist, daß 1609 der Pfuelsche Rittersitz in Quilitz *mit einem breiten Wassergraben umbfangen war*[45]. Solche Befestigungen für die kleinen Rittersitze dürften jedoch eher die Ausnahme gewesen sein.

Soweit zu den Beschreibungen der adligen Höfe. Die Feststellung, daß sich diese Güter, wenn überhaupt, dann nur durch ihre flächenmäßige Ausdehnung von den Höfen der Bauern unterschieden, läßt sich auch auf das adlige Wohnhaus selbst übertragen. Wie das Bauernhaus war es zum größten Teil aus Fachwerk errichtet. Erst gegen Ende des 16. Jahrhunderts scheint sich das adlige Haus vor allem in seiner Größe von dem Bauernhaus abgehoben zu haben. Während die Bauernhäuser bis ins 18. Jahrhundert zum größten Teil einstöckig blieben[46], setzte sich um 1600 bei den Adligen die Tendenz durch, ihre Häuser zweigeschossig zu errichten. Die Beschreibungen aus der Zeit vorher erwähnen noch wenig mehrgeschossige Wohnhäuser des Adels. Das Gutshaus des Dietrich von Holtzendorf in Sydow (Kreis Oberbarnim) war 1579 *eins Gemachs hoch*[47]. Das in der Mitte des 16. Jahrhunderts erbaute und noch heute erhaltene Gutshaus in Lünow (Kreis Havelland) ist ein eingeschossiger, zum Teil massiver Fachwerkbau[48]. Um 1600 wurden die Häuser dagegen höher. 1622 war das Wohnhaus der von Beerfelde zweigeschossig und eine *vercleidete Treppe* führte in das Obergeschoß[49]. Das Gutshaus, das sich der Obrist Hans von Rochow 1629 in Plessow (Kreis Zauche) errichten ließ, war ebenfalls zweigeschossig[50]. In den Gutsarchiven befinden sich aus der Zeit nach dem Dreißigjährigen Krieg weitere Güterbeschreibungen und Taxationen, die den Bauzustand der Vorkriegszeit reflektieren. Sie waren ebenfalls überwiegend mehrgeschossig[51].

---

[45] BLHA Potsdam, Pr. Br. Rep. 37, Gutsarchiv Neuhardenberg, Nr. 38.

[46] Dieses war regional unterschiedlich. Die zweigeschossige Bauweise beim Bauernhaus war in der Mittelmark nur „gebietsweise" vertreten, vgl. Radig, Bauernhaus (wie Anm. 43) S. 59.

[47] Schmidt, Pfuelen Land (wie Anm. 31) S. 256.

[48] Die Bau- und Kunstdenkmäler der Provinz Brandenburg (wie Anm. 2) Bd. 2, 1: Die Bau- und Kunstdenkmäler des Kreises Westhavelland, Berlin 1913, S. 99.

[49] BLHA Potsdam, Pr. Br. Rep. 37, Gutsarchiv Neuhardenberg, Nr. 38.

[50] Anton Friedrich August von Rochow, Nachrichten zur Geschichte des Geschlechtes von Rochow und seiner Besitzungen, Berlin 1861, Beilage 146.

[51] Dieses kann man annehmen, da nur in den seltensten Fällen während des Krieges gebaut wurde. Das Gutshaus in Biegen (Kreis Lebus), das um 1636 abbrannte, war ehemals ein zweigeschossiger Bau, vgl. BLHA Potsdam, Pr. Br. Rep. 37, Amt Biegen, Nr. 3. Gleiches gilt für die Gutshäuser der von Pfuel in Friedersdorf (Kreis Lebus) (BLHA Potsdam,

Der um 1600 entstehende Unterschied zum Bauernhaus wird auch durch die Grundrißentwicklung verdeutlicht. Das spätmittelalterliche Herrenhaus, das auf der neumärkischen Burg Zantoch im heutigen Polen ausgegraben wurde, war aus Fachwerk und bestand im Grundriß nur aus einem Wohnraum, einer Kemenate und einer Küche[52]. Diese spartanische Raumausstattung dürfte auch den frühen adligen Fachwerkhäusern eigen gewesen sein. Während sie im Bauernhaus weitgehend beibehalten wurde, ist bei den adligen Häusern im 16. Jahrhundert die Tendenz zu einer Ausstattung mit mehreren Räumen erkennbar. Dieses wird anhand der Grundrisse der Häuser in Lünow und Berlin-Dahlem sichtbar, die jeweils vier Stuben oder Kammern im Erdgeschoß aufweisen[53]. Das Gutshaus der Familie von Beerfelde in Görlsdorf war 1622 im Untergeschoß mit zwei Stuben und zwei Kammern sowie einer Küchenkammer und im Obergeschoß ebenfalls mit zwei Stuben und drei Kammern ausgestattet[54].

Verändert hat sich auch die Dachgestaltung. Während das Bauernhaus bis in das 19. Jahrhundert zum größten Teil mit Stroh gedeckt war, setzte sich bei den adligen Bauten ab der Mitte des 16. Jahrhunderts zunehmend die Tendenz durch, die Dächer mit Steinen und Ziegeln zu belegen.

Die Wandlung des adligen Gutshauses von einem Bauernhaus zu einem Gebäude, das sich zumindest etwas von den Wohnbauten der Untertanen abhob, zeigt sich am deutlichsten in einer Beschreibung des Gutes Hermersdorf des Christian von Pfuel, auf dem sich ein neues und ein älteres Wohnhaus befanden. Das ältere Haus war kleiner, komplett aus Fachwerk, hatte weniger Räume, war eingeschossig und mit Rohr gedeckt. Das neue

---

Pr. Br. Rep. 37, Gutsarchiv Friedersdorf, Nr. 253) oder den Rittersitz des Christian von Pfuel in Hermersdorf (Kreis Lebus), der *ein anseheliches Hauß* gewesen war, aber durch den Krieg zerstört wurde (BLHA Potsdam, Pr. Br. Rep. 37, Gutsarchiv Neuhardenberg, Nr. 24).

52 Werner Radig, Frühformen der Hausentwicklung in Deutschland. Die frühgeschichtlichen Wurzeln des deutschen Hauses (Deutsche Bauakademie, Schriften des Instituts für Theorie und Geschichte der Baukunst) Berlin 1958, S. 115ff.

53 Die Bau- und Kunstdenkmäler des Kreises Westhavelland (wie Anm. 48) S. 99ff.; Ingrid Schade, Der mittelalterliche Fachwerk-Ursprungsbau des Herrenhauses der Domäne Dahlem, in: Dahlem – St. Annen, Zeiten eines Dorfes und seiner Kirche (Dahlemer Materialien 2) Berlin 1989, S. 52-54. Bis in die zweite Hälfte der 1980er Jahre hatte man das Dahlemer Gutshaus für einen massiven Bau gehalten, vgl. Ulrich Strohschein u.a., Beiträge zur Baugeschichte Dahlems. Das Gutshaus, in: Jahrbuch für brandenburgische Landesgeschichte 3 (1952) S. 13-22, S.13ff. Erst die Untersuchungen von Archäologen und Bauforschern in den Jahren 1984 und 1987 zeigten, daß es sich bei dem Ursprungsbau ebenfalls um ein Fachwerkgebäude handelte, vgl. dazu auch Monika Loddenkemper, Das Schloß Demertin, 1, bisher unveröffentlichte Abschlußarbeit im Rahmen der Magisterprüfung des Faches Kunstgeschichte am Kunsthistorischen Institut der Freien Universität Berlin, Berlin 1996, S. 50f.

54 BLHA Potsdam, Pr. Br. Rep. 37, Gutsarchiv Neuhardenberg, Nr. 38.

Haus, das vor dem Dreißigjährigen Krieg errichtet wurde, war *ein anseheliches Hauß, ... wo in guten Gemächern bestanden*, zweigeschossig und in seinen Ausmaßen anscheinend auch größer. Das untere Stockwerk war zum Teil massiv gemauert. Der Qualitätssprung zwischen dem alten und dem neuen Wohnhaus ist deutlich erkennbar[55].

Die angeführten Beispiele belegen, daß die Wohnverhältnisse der durchschnittlichen brandenburgischen Adligen im 15./16. Jahrhundert denen eines Bauern sehr ähnelten. Das Bild von den großbäuerlichen Lebensverhältnissen des durchschnittlichen Adligen bestätigt sich. Der adlige Wohnhof war nur wenig größer als der Hof eines Bauern. Die Masse der Gebäude auf dem Hof waren Wirtschaftsbauten. Die wirtschaftliche Funktion des Hofes bestimmte seine Beschaffenheit stärker als seine Funktion als Herrensitz. Erst in der zweiten Hälfte des 16. Jahrhunderts ist bei der Masse des Adels die Tendenz zu beobachten, sich trotz bescheidener materieller Mittel äußerlich sichtbar von den Lebensverhältnissen seiner Untertanen abzugrenzen und den Adelssitz als solchen etwas repräsentativer zu gestalten. Die Wohngebäude, obwohl sie wie die Bauernhäuser größtenteils aus Fachwerk waren, wurden in ihrem Grundriß flächenmäßig größer und erhielten ein zweites Geschoß, mit dem die adligen Häuser die Bauernhäuser überragten.

Die seit der Mitte des 16. Jahrhunderts anhand der Bauten erkennbaren Versuche des Kleinadels, sich stärker von der bäuerlichen Bevölkerung abzugrenzen, lassen sich anhand weiterer Beispiele belegen. Aus dieser Zeit stammen z.B. die ersten Nachrichten über Patronatslogen in den Kirchen, über die die Adligen ihre besondere Stellung sowohl als Patrone wie auch als Herrschaft über die Untertanen des Dorfes demonstrierten. Am stärksten wurde Herrschaft jedoch in der praktischen Ausübung herrschaftlicher Rechte vor allem durch die Inanspruchnahme von Gerichts- und Patronatsrechten und die verstärkte Forderung von Abgaben und Diensten demonstriert, die mit dem Ausbau der Gutswirtschaft einherging[56].

Die Abgrenzungsbestrebungen der Adligen waren auch im ganz normalen Alltagsleben zu bemerken. Während z.B. Achim von Holtzendorf zu Kutzerow (Uckermark) noch 1560 wie seine Untertanen abends am Tor seines Hofes saß, das Treiben auf der Straße beobachtete und somit am Leben der Gemeinde teilnahm, hatten große Teile des Adels schon längst begonnen, sich vom allgemeinen bäuerlichen Leben zu distanzieren. Als einige Untertanen des Herren von Wichmannsdorf mit Mist am Rittersitz des von Stotz in Felchow (Uckermark) vorbeifuhren, fühlte sich dieser

---

[55] BLHA Potsdam, Pr. Br. Rep. 37, Gutsarchiv Neuhardenberg, Nr. 24, Taxation von 1667.
[56] So auch Brunner, Landleben (wie Anm. 7) S. 86: „Die Existenz des Adels ruhte auf der Herrschaft über die „unhöfische", die von unten her andringende Welt des Bauerntums."

davon so belästigt, daß er auf einen der Führer des Gefährts einschlug⁵⁷. Unter ähnlichen Gesichtspunkten sind etwa Bestimmungen in Ordnungen vergleichbarer sächsischer Geschlechter zu sehen, in denen von den Angehörigen der Adelsfamilien gefordert wurde, nicht in Wirtshäuser zu gehen und sich *mit Bauern und Handwerksleuten vollsaufen* zu lassen⁵⁸.

Es ließen sich weitere Beispiele anführen, die die Bestrebungen des brandenburgischen Adels nach Abgrenzung vom bäuerlichen Milieu belegen. Es ist aber erkennbar, daß es sich hierbei nur um kosmetische Veränderungen handelte. Im Gegenteil, die Agrarkrise und die Kriege des 17. Jahrhunderts ließen weite Teile des Adels weiter verarmen und befestigten seine großbäuerlichen Lebensumstände. Erst mit der beginnenden Konsolidierung der märkischen Adelswelt um 1700 veränderte sich auch die adlige Wohnwelt. Ab dieser Zeit entstand ein Teil der barocken Herrenhäuser mit sich anschließenden Parkanlagen, von denen heute noch einige auf dem Land zu besichtigen sind. Daneben existierten jedoch noch bis weit ins 18. Jahrhundert weiter solche bescheidenen Rittersitze, wie sie oben für das 16. Jahrhundert beschrieben wurden⁵⁹.

---

57 Lieselott Enders, Die Uckermark, Geschichte einer kurmärkischen Landschaft vom 12. bis zum 18. Jahrhundert (Veröffentlichungen des Brandenburgischen Landeshauptarchivs Potsdam 28) S. 302.
58 Josef Matzerath, „dem gantzen Geschlechte zum besten", Die Familienverträge des sächsischen Adels vom 16. bis zum 19. Jahrhundert, in: Geschichte des sächsischen Adels (wie Anm. 8) S. 291-319, S. 313.
59 Im Jahre 1697 befand sich der Witwensitz der Frau von Barsdorf in Wustrau in einem ehemaligen Bauernhof. Das Haus bestand aus einer Stube und zwei Kammern, vgl. Carl Brinkmann, Wustrau, Wirtschafts- und Verfassungsgeschichte eines brandenburgischen Rittergutes (Staats- und sozialwissenschaftliche Forschungen 155) Leipzig 1911, S. 45f. Das adlige Wohnhaus in Mellen in der Prignitz, das bis 1768 der Familie von Rathenow gehörte, bestand noch im Jahre 1805 aus Lehmfachwerk, hatte eine Länge von etwa 14 Metern und war mit Stroh gedeckt. Damit hatte es etwa die Größe eines stattlichen Bauernhauses, vgl. Lieselott Enders, Die Vermögensverhältnisse des Prignitzer Adels im 18. Jahrhundert, in: Jahrbuch für brandenburgische Landesgeschichte 46 (1995) S. 76-93, S. 84f. Weitere Beschreibungen befinden sich in den Gutsarchiven des Brandenburgischen Landeshauptarchives Potsdam (Pr. Br. Rep. 37) und in den Akten der Ritterschaftlichen Hypothekendirektion (Pr. Br. Rep. 23 A, B).

Matthias Thumser

Chronist und ritterlicher Bürokrat. Ludwig von Eyb der Ältere (1417–1502) und seine Schriften aus dem Umkreis des Ansbacher Markgrafenhofes

Im Lapidarium am Halleschen Ufer in Berlin findet der Besucher in einer Sammlung von Skulpturen des 19. Jahrhunderts die Statuen und Büsten der ehemaligen Siegesallee. Diese Bildwerke, die Kaiser Wilhelm II. vor fast genau 100 Jahren als Ruhmesgalerie seiner Vorfahren nebst ihrer großen Berater und Minister im Tiergarten aufstellen ließ, fristen heute ein ziemlich trauriges Dasein. Viele sind beschädigt, einige fehlen ganz. Die Überbleibsel vom Glanz des siegreichen Preußens sind in einem alten Pumpwerk abgestellt. In dieser Kollektion wurden nicht allein die Protagonisten der Königszeit vereinigt. Sie führt vielmehr zurück bis in die kurfürstliche und markgräfliche Epoche und berührt damit auch das 15. Jahrhundert, als die Territorien der hohenzollerischen Dynastie in der Mark Brandenburg und in Franken mehrfach in einer Hand vereinigt waren. Jener Zeit gehörte der brandenburgische Rat und Diener Ludwig von Eyb der Ältere an, der an der Siegesallee ebenfalls verewigt worden war. Seine Büste hat sich, verglichen mit anderen Skulpturen, recht gut erhalten. Ins Auge fällt, daß der Dargestellte ein Buch in der Hand hält, ganz offensichtlich ein Hinweis auf seinen Umgang mit dem Medium Schrift.

Ludwig von Eyb der Ältere kann als ein Modellfall für den spätmittelalterlichen Fürstenrat adliger Prägung angesehen werden. Am 20. Februar 1417 im mittelfränkischen Sommersdorf geboren, war er über lange Zeit unzweifelhaft die wichtigste Persönlichkeit am Ansbacher Hof der hohenzollerischen Markgrafen von Brandenburg. Dort fungierte Ludwig als eine nicht wegzudenkende Instanz. Auf die Regierung seines langjährigen Herren, des Markgrafen Albrecht Achilles, mit dem ihn ein sehr enges Verhältnis verband, nahm er maßgeblichen Einfluß. Für ihn leitete er die Wirtschafts- und Finanzverwaltung und organisierte den Hofstaat, wobei er grundlegend zur Neuordnung des fürstlichen Regierungsapparates beitrug. Doch nicht nur am Hof selbst tat er sich hervor, auch in der betont nach außen gerichteten Politik des sehr tatkräftigen Markgrafen setzte er Akzente. Am Krieg Albrechts gegen die Stadt Nürnberg in den Jahren 1449 und 1450 wirkte er aktiv mit, ebenso nach 1459 am Kampf gegen eine süddeutsche Fürstenallianz unter Führung der Wittelsbacher. Nachdem Albrecht Achilles 1470 seinen fränkischen Territorien die Mark Brandenburg zusammen mit der Kurfürstenwürde hinzuerworben hatte und damit noch mehr Engagement in der Reichspolitik zeigen konnte, wurde Ludwig von Eyb verstärkt zu hochrangigen diplomatischen Missionen herangezogen, die ihn unter anderem an den Kaiserhof führten. Im Auftrag des neuen Kurfürsten kam er nun auch in die Mark Brandenburg, um dort die landesherrliche Verwaltung nach fränkischem Muster umzuorganisieren. Unter den seit 1486 regierenden Söhnen Albrechts, Friedrich dem Älteren und Sigmund, wurde Ludwig immer weniger außerhalb Frankens tätig. Statt dessen fungierte er jetzt regelmäßig als Richter des den beiden Markgrafen unterstehenden kaiserlichen Landgerichts, mit dem hohe Ansprüche verbunden wurden. Bereits 1484 war Ludwig Hauptmann des süddeutschen Zweiges des Schwanenordens geworden, einer Adelsgesellschaft, die stark auf die Kurfürsten und Markgrafen von Brandenburg ausgerichtet war. Am 29. Januar 1502 ist Ludwig von Eyb nach einem langen, ereignisreichen Leben gestorben[1].

Trotz seines weitgespannten Aktionsfeldes war Ludwigs wichtigstes Podium der Ansbacher Markgrafenhof. Die Stadt war von den hohenzollerischen Herrschern bereits seit dem Ende des 14. Jahrhunderts mehr oder weniger gezielt zur Hauptresidenz ausgebaut worden und hatte die nahe Fürth gelegene Cadolzburg nach und nach in dieser Funktion abgelöst. Eine Blütezeit erlebte Ansbach unter dem Markgrafen und Kurfürsten Albrecht Achilles, dem es gelang, dort einen funktionsfähigen und repräsentativen Herrschaftsmittelpunkt zu etablieren. Die Stadt mit dem Markgrafenschloß wurde ein beliebter Treffpunkt der höfischen Gesellschaft und hatte einen hervorragenden Ruf weit über die Grenzen Frankens hinaus. Um die 300 Personen gingen gegen Ende des 15. Jahrhunderts am Hof ihrer Tätigkeit

---

[1] Zur Person immer noch grundlegend Albert Werminghoff, Ludwig von Eyb der Ältere (1417-1502). Ein Beitrag zur fränkischen und deutschen Geschichte im 15. Jahrhundert, Halle 1919. Weiterhin: Max Herrmann, Albrecht von Eyb und die Frühzeit des deutschen Humanismus, Berlin 1893, S. 23ff. Ferdinand Koeppel, Günther Schuhmann, Ludwig von Eyb der Ältere, in: Fränkische Lebensbilder, Bd. 2, hg. v. Gerhard Pfeiffer, (Veröffentlichungen der Gesellschaft für fränkische Geschichte 7 A/2) Würzburg 1968, S. 177-192. Eberhard Freiherr von Eyb, Das reichsritterliche Geschlecht der Freiherren von Eyb (Veröffentlichungen der Gesellschaft für fränkische Geschichte 9/29) Neustadt/Aisch 1984, S. 90-107. Dazu die Lexikonbeiträge in: Allgemeine Deutsche Biographie 6, S. 449-451 (W. Vogel, 1877). Neue Deutsche Biographie 4, S. 706-707 (Günther Schuhmann, 1959). Verfasserlexikon 5, Sp. 997-1006 (Helgard Ulmschneider ²1985). Lexikon des Mittelalters 4, Sp. 188-189 (F. Escher, 1989).

nach. Ein reges Treiben dürfte an der Tagesordnung gewesen sein². Dabei gehörten die maßgeblichen Amtsträger, die entweder ständig in der Umgebung des Fürsten zu finden waren oder auch nur von Fall zu Fall Aufgaben der Landesregierung wahrnahmen, vornehmlich dem Niederadel der fränkischen Markgrafschaften an. Hingegen befand sich das zukunftsweisende studierte Element unter den fürstlichen Räten, repräsentiert durch die sogenannten Klerikerjuristen, damals noch weit in der Minderzahl³. Einer jener adligen Räte, die sich nicht ständig in Ansbach aufhielten, sondern ihren Hofdienst „von Haus aus" verrichteten, war Ludwig von Eyb. Er füllte am Hof eine Funktion aus wie wohl kein zweiter. Während seiner langen Tätigkeit für Albrecht Achilles und seine Söhne war er in fast allen Bereichen der markgräflichen Regierung aktiv, in der Kammer, im Gericht, in militärischer Funktion und immer wieder in der internen Hofhaltung. Dem entspricht, daß Ludwig im Laufe der Zeit eine ganze Reihe von Titeln führte. Er firmierte als Hausvogt, als Hofrichter und Landrichter, als Feldhauptmann sowie als Hofmeister der Markgräfin. Welches Amt er gerade einnahm, scheint fast schon zweitrangig gewesen zu sein. Entscheidend war, daß er in dem institutionell noch keineswegs voll durchgebildeten markgräflichen Hof über Jahre und Jahrzehnte hin mit wichtigen Aufgaben betraut war und dabei seinen Einfluß umfassend geltend machen konnte⁴.

Ludwig von Eyb war nicht in den Genuß einer wissenschaftlichen Ausbildung an einer Universität gekommen und dürfte auch von den damals in Deutschland immer weitere Kreise ziehenden humanistischen Strömungen weitgehend unberührt geblieben sein. Er hat aber vornehmlich in seinen letzten Lebensjahren eine Reihe von Aufzeichnungen verfaßt, die im folgenden etwas genauer betrachtet werden sollen. Das Hauptwerk Ludwigs stellt eine im Jahr 1500 vollendete historiographische Schrift dar, die unter dem Titel „Denkwürdigkeiten brandenburgischer Fürsten" bekannt geworden ist. Erzählt wird hier die Geschichte der fränkischen Markgrafen von Brandenburg im 15. Jahrhundert. Ludwigs umfangreichstes schriftliches Erzeugnis ist ein kanzleimäßiges Amtsbuch offiziösen Charakters mit dem Titel „Mein Buch", das in einer Abschrift aus dem Jahr 1492 erhalten ist. Darin ließ er Dokumente sehr vielfältigen Inhalts zusammentragen, die ihm

---

[2] Reinhard Seyboth, Nürnberg, Cadolzburg und Ansbach als spät-mittelalterliche Residenzen der Hohenzollern, in: Jahrbuch für fränkische Landesforschung 49 (1989) S. 1-25, hier S. 17ff.

[3] Für Ansbach: Matthias Thumser, Hertnidt vom Stein (ca. 1427-1491). Bamberger Domdekan und markgräflich-brandenburgischer Rat. Karriere zwischen Kirche und Fürstendienst (Veröffentlichungen der Gesellschaft für fränkische Geschichte, 9/38) Neustadt/Aisch 1989, S. 24f.

[4] Werminghoff, Ludwig von Eyb (wie Anm. 1) S. 96ff. Koeppel/Schuhmann, Ludwig von Eyb (wie Anm. 1) S. 180ff.

für die markgräfliche Hofhaltung und Landesverwaltung von Bedeutung waren und die zum guten Teil von ihm selbst verfaßt sein dürften. Der persönlichen Sphäre Ludwigs von Eyb entstammt eine Sammlung von Aufzeichnungen, mit der er den Besitz und die Finanzen seiner Familie regelte. Er selbst bezeichnete diesen Band, den er 1496 oder wenig später abschloß, als „Gültbuch". Von großer Wichtigkeit sind weiterhin über 20 Gesandtschaftsberichte, die Ludwig 1473 und 1474 im Westen des Reiches verfaßt hat, wo er als Vertreter Brandenburgs an den Verhandlungen zwischen Kaiser Friedrich III. und dem burgundischen Herzog Karl dem Kühnen teilnahm. Schon eine oberflächliche Betrachtung läßt die große Vielfalt in der schriftlichen Betätigung dieses Mannes erkennen[5]. Allerdings sind die Schriften Ludwigs von Eyb nur zum Teil im Druck greifbar und dann fast durchweg in Publikationen des vorigen Jahrhunderts, die modernen Ansprüchen kaum mehr genügen[6].

Im Jahr 1500 ist die wahrscheinlich erst später als „Denkwürdigkeiten" bezeichnete Chronik der fränkischen Markgrafen von Brandenburg entstanden[7]. Die in der veralteten Ausgabe von Constantin Höfler nur 38 Seiten

---

[5] Zu den Schriften im Überblick Herrmann, Albrecht von Eyb (wie Anm. 1) S. 26ff. Werminghoff, Ludwig von Eyb (wie Anm. 1) S. 331ff. Ulmschneider (wie Anm. 1) Sp. 999ff. – Die Autorschaft der bei Ulmschneider, Sp. 1001, 1005, aufgeführten „Kurbrandenburgischen Hofordnung von 1470" sowie des „Stamm- und Ankunftbuches des Burggraftums Nürnberg" ist noch nicht abschließend geklärt. Für den Bericht von einer Pilgerfahrt nach Rom 1475 (Neustadt/Aisch, Kirchenbibliothek, Ms. 28, S. 92–212) lieferte Ludwig nur die Einleitung, auf die deutsche Übersetzung der Mirabilia Urbis folgt. G. Schepss, Zu den Eyb'schen Pilgerfahrten, in: Zeitschrift des Deutschen Palaestina-Vereins 14 (1891) S. 17–29, besonders S. 27ff. Werminghoff, ibid. S. 186ff., 337f. (N 1). Ulmschneider, ibid. Sp. 999f.

[6] Der Verfasser bereitet eine kritische Edition der Schriften Ludwigs v. Eyb d. Ä. in der hier beschriebenen Zusammensetzung vor, die in den Veröffentlichungen der Gesellschaft für fränkische Geschichte erscheinen soll. Bereits vor 80 Jahren plante Albert Werminghoff mit anderer Konzeption eine Ausgabe der Schriften Eybs. Werminghoff, Ludwig von Eyb (wie Anm. 1) S. 345ff.

[7] Ed. Constantin Höfler, Ritter Ludwig's von Eyb Denkwürdigkeiten brandenburgischer (hohenzollerischer) Fürsten, Bayreuth 1849 (künftig zitiert: Denkwürdigkeiten) S. 113–150 (S. 129–144 werden fälschlich 119–134 gezählt). Höfler stützte seine Edition auf eine Handschrift des 16. Jhs. aus dem ehem. Königlichen Hausarchiv in Charlottenburg, Ms. 16, die seit dem zweiten Weltkrieg verschollen ist. Hier auf dem Vorsatzblatt der wohl jüngere Titel „Des Ritters Ludwig von Eyb Denkwürdigkeiten brandenburgischer Fürsten". Werminghoff, Ludwig von Eyb (wie Anm. 1) S. 335 (C 3). Weiterhin sind drei jüngere Abschriften bekannt, die alle auf die Charlottenburger Handschrift zurückzuführen sind: Berlin, Staatsbibliothek, Ms. Boruss. Fol. 877 (frühes 18. Jh.) Nürnberg, Germanisches Nationalmuseum, Hs. 1266 (letztes Drittel 18. Jh.) Bamberg, Staatsarchiv, Rep. A 245, Nr. 18 a (1. Hälfte 19. Jh.). Zur handschriftlichen Überlieferung Werminghoff, ibid. S. 334 (B 2, B 3) 335f. (C 3), 343 (N 3). – Zur Datierung der Chronik überzeugend ibid. S. 302.

umfassende Schrift ist auf den ersten Blick nicht eben attraktiv. Ludwigs Darstellungsweise wirkt zunächst langatmig, der Stil schwerfällig, eine Konzeption scheint völlig zu fehlen. Es fällt nicht leicht, diese Schrift zu mögen. Doch vermag eine genauere Betrachtung diese Anschauung zu wandeln. Bei Lichte besehen wird nämlich erkennbar, daß mit den „Denkwürdigkeiten" eine Kompilation vorliegt. Ludwig von Eyb hat für seine Schrift vier verschiedene Bausteine von sehr unterschiedlicher Größe herangezogen und diese zu einem durchaus sinnvollen und in sich stimmigen Ganzen zusammengefügt[8]. Sicher erscheint, daß alle vier Bestandteile von Ludwig selbst verfaßt wurden, so daß das Werk als seine persönliche Leistung anzusehen ist. Vorbilder und Quellen werden nicht erkennbar. Über weite Strecken stützte sich der Autor wohl auf eigene Notizen, die er nacheinander abarbeitete. Er selbst betont zu Beginn der Schrift seine mündlichen Quellen und sein eigenes Erleben: *Demnach will ich Ludwig von Eyb ritter der elter zu Eyburg ein wenig anzaigen, als ich von meinen voreltern gehort hab und ainstails dobey selbs gewesen bin*[9]. Gerichtet war die Schrift an den zur Abfassungszeit regierenden Markgrafen Friedrich den Älteren. Im übrigen wandte sie sich an die Ansbacher Hofgesellschaft, die Ludwig mehrfach unmittelbar anspricht[10]. Der Hof unter Einschluß des Landesherren stellte das Publikum der Chronik dar, er ist Bezugspunkt all ihrer Ausführungen.

Der erste Teil der „Denkwürdigkeiten" ist äußerst kurz gehalten. In einigen sehr kursorischen Bemerkungen behandelt Ludwig von Eyb hier die

---

8   Zum Inhalt jeweils knapp: Vogel, Des Ritters (wie unten Anm. 47) S. 33f. Ottokar Lorenz, Deutschlands Geschichtsquellen im Mittelalter seit der Mitte des dreizehnten Jahrhunderts, Bd. 1, Berlin ³1886, S. 161f. Herrmann, Albrecht von Eyb (wie Anm. 1) S. 27ff. Heinrich Vildhaut, Handbuch der Quellenkunde zur deutschen Geschichte, Band 2: Vom Falle der Staufer bis zum Auftreten des Humanismus, Arnsberg 1900, S. 206ff. Paul Joachimsen, Geschichtsauffassung und Geschichtschreibung in Deutschland unter dem Einfluß des Humanismus, Band 1 (Beiträge zur Kulturgeschichte des Mittelalters und der Renaissance 6) Leipzig-Berlin 1910, S. 10f. Karl Jacob, Fritz Weden, Quellenkunde der deutschen Geschichte im Mittelalter (bis zum Ende des 15. Jahrhunderts) Bd. 3: Das Spätmittelalter (Sammlung Göschen, 284) Berlin 1952, S. 114f. Ursula Moraw, Die Gegenwartschronik in Deutschland im 15. und 16. Jahrhundert, Diss. Heidelberg 1966, S. 86ff., 250. Ulmschneider (wie Anm. 1) Sp. 1003ff. Umfassend ausgewertet wurde die Chronik von Werminghoff, Ludwig von Eyb (wie Anm. 1) passim; hier S. 67ff. zum Charakter der Schrift.
9   Denkwürdigkeiten, S. 113. Im folgenden werden bei wörtlichen Zitaten aus der Edition von Höfler Interpunktion und Großschreibung modifiziert.
10 Z.B. bei der Begründung, warum auf eine eingehendere Beschreibung des Feldzuges gegen Burgund 1474 verzichtet werden könne: *Wie es da gehandelt ward, ist vill leuten kundig*; ibid. S. 141. Auch bei der Aufforderung an den Leser, sich zur genaueren Information schriftliche Materialien aus der markgräflichen Kanzlei zu besorgen: *... wer des vleiss haben will, der findt das auß ainstails schriftn, die die herschaft hat*; ibid. S. 150.

Frühgeschichte der Hohenzollern, ihre Zeit als Burggrafen von Nürnberg, wobei er vorgibt, er wolle *irs alten herkomens und aufnemens*, also ihre Ursprünge und ihren Aufstieg, darstellen[11]. Was er dann über die Ursprünge zu berichten weiß, ist wirklich dürftig. Erwähnt wird im Grunde nur die Erhebung Rudolfs von Habsburg zum deutschen König im Jahr 1273, die unter maßgeblicher Beteiligung eines zollerischen Grafen stattgefunden habe, wofür diesem *das fürstenthumb des burggraffenthumbs zu Nürnberg* verliehen worden sei[12]. Offensichtlich liegt hier eine historische Konstruktion vor. Denn tatsächlich gewannen die Grafen von Zollern die Nürnberger Burggrafschaft bereits im späten 12. Jahrhundert, in den Reichsfürstenstand hingegen traten sie erst 1363 ein. Rudolf von Habsburg wiederum gewährte 1273 dem Burggrafen Friedrich III. lediglich ein wichtiges Besitzprivileg[13]. Wenn auch konzediert werden muß, daß Ludwig möglicherweise nur spärlich über die Ereignisse der Burggrafenzeit informiert war, scheint er an dieser Stelle doch mehr oder weniger gezielt einen Kunstgriff vorgenommen zu haben. Mancherorts wurde nämlich die Abstammung der Markgrafen von Brandenburg am Ausgang des Mittelalters als minderwertig angesehen. Ihr Aufstieg war vergleichsweise spät und dann sehr schnell vonstatten gegangen, so daß es ihnen kaum gelang, den Geruch des Parvenuhaften abzustreifen. Wohl deshalb versuchte Ludwig gar nicht erst, in seinen „Denkwürdigkeiten" eine umfassende Ursprungslegende des hohenzollerischen Hauses aufzubauen und auf diese Weise dessen Größe und hervorragende Stellung zu dokumentieren. Damit hätte er sich unter Umständen unglaubwürdig gemacht. Sein Anliegen bestand vielmehr darin, für einen möglichst frühen Zeitpunkt die enge Verbindung der Hohenzollern zum deutschen Königtum festzustellen und ihre Ursprünge ausschließlich in diesem Zusammenhang darzulegen. Aus diesem Grund läßt er Friedrich III. wie aus dem Nichts im Erzählgang erscheinen und präsentiert ihn dann sofort als Königsmacher, als ersten hohenzollerischen Burggrafen und als Reichsfürsten zugleich[14]. Dem entspricht, daß Ludwig unmittelbar im An-

---

[11] Ibid. S. 113.
[12] Ibid. S. 113f.
[13] Im Überblick: Handbuch der bayerischen Geschichte, neu hg. v. Andreas Kraus, Bd. 3, 1: Geschichte Frankens bis zum Ausgang des 18. Jahrhunderts, München ³1997, S. 208, 393, 408f. Zu dem Privileg König Rudolfs von Habsburg: Markus Twellenkamp, Die Burggrafen von Nürnberg und das deutsche Königtum (1273-1417) (Nürnberger Werkstücke zur Stadt- und Landesgeschichte 54) Nürnberg 1994, S. 15ff.; zur Mithilfe Burggraf Friedrichs III. bei der Wahl Rudolfs ibid. S. 22ff.
[14] In diesem Sinne Jean-Marie Moeglin, „Toi, burgrave de Nuremberg, misérable gentilhomme dont la grandeur est si récente ..." Essai sur la conscience dynastique des Hohenzollern de Franconie au XVe siècle, in: Journal des savants 1991, S. 91-131, hier S. 117ff. Ders., Dynastisches Bewußtsein und Geschichtsschreibung. Zum Selbstverständ-

schluß gleichsam präventiv die Abstammung der hohenzollerischen Dynastie aus bescheidenen Verhältnissen relativiert. Denn, so führt er aus, nicht nur die Burggrafen von Nürnberg leiteten ihre Ursprünge aus einer Grafschaft ab. So wie ihre reichsfürstliche Würde auf der Grafschaft Zollern beruhe, so gelte dies auch für die Fürstentümer Österreich und Bayern, die beide gleichfalls auf Grafschaften zurückzuführen seien[15].

Fast noch kümmerlicher nehmen sich Ludwigs Ausführungen über den Aufstieg des hohenzollerischen Hauses in Franken aus. Lediglich zwei Schlaglichter wirft der Autor auf den Territorialerwerb der Burggrafen ganz am Ende des 14. Jahrhunderts. Erwähnung finden in den „Denkwürdigkeiten" zum einen der Gewinn *des bergkwergks am Fiechtelbergk*, zum anderen die Verleihung des brauneckischen Erbes durch König Wenzel. Namentlich angeführt wird in diesem Zusammenhang Burggraf Johann III.[16]. Er gilt zwar gewiß nicht als Vorreiter der hohenzollerischen Erwerbspolitik, die über lange Zeit kontinuierlich und mit großer Zähigkeit betrieben wurde, und es sind auch keine entsprechenden Maßnahmen seinerseits hinsichtlich der Berggerechtigkeit im Fichtelgebirge nachweisbar, doch ist es ihm 1390 tatsächlich gelungen, nach dem Aussterben der Herren von Hohenlohe-Brauneck deren bedeutende Reichslehen im mittel- und mainfränkischen Raum an sich zu ziehen[17]. Man fragt sich allerdings, warum Ludwig ausgerechnet diese beiden eher marginalen Ereignisse für wert erachtete, sie an so exponierter Stelle in seine Chronik einzubauen, wo ihm doch wohl Gelegenheit genug gegeben war, umfangreiche Informationen zum Ausbau der hohenzollerischen Territorien aus dem markgräflichen Archiv zu schöpfen. Doch auch hier nahm er den Griff in die burggräfliche Vergangenheit nicht beliebig vor. Vielmehr liegt in dieser Passage ein ausgesprochen autobiographischer Reflex vor. Was sich zunächst wie eine extrem geraffte Darstellung der hohenzollerischen Erwerbspolitik ausnimmt, kennzeichnet in Wirklichkeit zwei persönliche Besitzschwerpunkte Ludwigs. Nachweislich

---

nis der Wittelsbacher, Habsburger und Hohenzollern im Spätmittelalter, in: Historische Zeitschrift 256 (1993) S. 593-635, hier S. 631ff.

[15] Denkwürdigkeiten, S. 114: *Also das das fürstenthumb Osterreich angeheft ist und stet in seinem herkomen uff der grafschaft Habspurg, als auch stet das fürstenthumb Bairn in seinem herkomen auff der grafschaft Beirn, unnd nun das fürstenthumb des burggraffthums zu Nürnberg stet in seinem herkomen uff der grafschaft Zolr.* Moeglin, Toi burgrave (wie Anm. 14) S. 119 mit Anm. 68, schlägt vor, *grafschaft Scheirn* (Scheyern) für Beirn zu konjizieren.

[16] Denkwürdigkeiten, S. 114f.

[17] Twellenkamp, Burggrafen (wie Anm. 13) S. 94ff. Zum Ausbau der hohenzollerischen Territorien in Franken: Kraus, 3, 1 (wie Anm. 13) S. 579ff.

hatte er 1475 von Albrecht Achilles die brauneckischen Lehen empfangen[18], und er verfügte außerdem über Bergrechte in Goldkronach im Fichtelgebirge[19]. Gleich zu Beginn seiner „Denkwürdigkeiten" nahm Ludwig von Eyb also noch einen weiteren Kunstgriff vor. Ganz kurz nur spricht er den territorialen Zugewinn seiner Herren an, orientiert diesen in seiner Darstellung aber völlig auf die eigene Person.

Bei weitem ausführlicher und erschöpfender in seinen Aussagen ist der zweite Teil der „Denkwürdigkeiten", der fast zwei Drittel des gesamten Textes ausmacht. Ludwig erzählt hier die Geschichte des hohenzollerischen Hauses vornehmlich in der ersten Hälfte des 15. Jahrhunderts. Berichtet werden die Taten von Friedrich VI., der als Markgraf und Kurfürst von Brandenburg als Friedrich I. gezählt wird, sowie von Albrecht Achilles, dem wohl unbestritten bedeutendsten hohenzollerischen Herrscher im Mittelalter. Die Eckdaten sind 1408 und 1461, behandelt wird also ein Zeitraum von 53 Jahren[20]. Gleich zu Beginn wird Burggraf Friedrich VI. als „Ahnherr" seines Enkels Markgraf Friedrich des Älteren und damit als der eigentliche Stammvater der hohenzollerischen Dynastie vorgestellt[21]. Erst an dieser Stelle der Chronik werden die Verwandtschaftsverhältnisse der Hohenzollern überhaupt erkennbar. Vorher war dies vom Autor wohl bewußt unterdrückt worden, um die bescheidenen Ursprünge des burggräflichen Hauses nicht sichtbar werden zu lassen. Für den genannten Zeitraum aber kann der Leser die Geschichte der Hohenzollern anhand des eybschen Werkes in großen Zügen nachvollziehen, wenn auch keineswegs ein geschlossenes Bild der behandelten Epoche geboten wird. So erfährt man vom Konflikt Friedrichs VI. mit der Stadt Rothenburg ob der Tauber, der sogenannten Toppler-Fehde von 1408, weiterhin von der Verleihung der Mark Brandenburg im Jahr 1415 an Friedrich durch König Sigmund sowie von seinem anschließendem Zug in das neu erworbene Fürstentum. Ausführlich

---

[18] Werminghoff, Ludwig von Eyb (wie Anm. 1) S. 224f. Dazu Gültbuch (wie unten Anm. 50) fol. 5v, 16r, 20v.

[19] Ibid. fol. 2v: *Item ich hab Nickel Ecken, meim wirt zw Kulmpach, mir mein tayll des pergwerks zu Goldkronach zu verlegen, und er mir daran dar hatt gelihen. Bin ich im schuldig. Findet sich in der rechnung des perkmeisters. Item so findet man in der schattel in meinem schreibtisch, wie viel ich tayl hab in allen pergkwercken.* – allgemein: Beate Ritschel, Zur Bergwerksgeschichte Goldkronachs, in: Archiv für Geschichte von Oberfranken 63 (1983) S. 17–51.

[20] Denkwürdigkeiten, S. 115–138.

[21] Ibid. S. 115: *Und von demselbigen stammen des burggrafen ist kommen burggraf Fridrich, yezo meines gnedigen herrn marggraf Fridrichs anherr.* Zu Markgraf Friedrich VI. (I.) (1397–1440) Reinhard Seyboth, Friedrich VI. (I.), Burggraf von Nürnberg, Kurfürst von Brandenburg (1371–1440) in: Fränkische Lebensbilder, Bd. 16, hg. v. Alfred Wendehorst (Veröffentlichungen der Gesellschaft für fränkische Geschichte 7 A/16) Neustadt/ Aisch 1996, S. 27–48.

wird die Disposition zur Aufteilung der hohenzollerischen Territorien wiedergegeben, die Friedrich gegen Ende seines Lebens im Jahr 1437 erließ[22]. Die Erzählung setzt fort mit der Schilderung der Regierung Markgraf Albrechts Achilles. Diese Passage beinhaltet vor allem einmal eine Kette von Kriegen. Albrecht Achilles führte Krieg gegen die Wittelsbacher, gegen Nürnberg, gegen Würzburg, und dann wiederum gegen die Wittelsbacher und den von ihnen angeführten Fürstenbund[23]. Mitten in der Schilderung der Ereignisse von 1461 endet der Bericht. Es kann kein Zweifel bestehen, an dieser Stelle liegt in dem Werk ein Bruch vor[24].

Der dritte Teil der Schrift ist wieder wesentlich kürzer. Die weitgehend konsequente Erzählung der Taten Albrechts Achilles wird nicht mehr fortgeführt. Dafür folgt nun die Schilderung einiger Begebenheiten, die in besonderem Maße die markgräfliche Ritterschaft betrafen[25]. Zu einem Rechtstag in Schwabach von 1483 sowie dem Zug des Kurfürsten gegen Herzog Karl den Kühnen von Burgund im Jahr 1474 hat Ludwig jeweils eine Liste mit teilnehmenden Adligen eingereiht[26].

Mit dem abschließenden vierten Teil ändert sich der Darstellungsstil vollends. Von einem Geschichtswerk kann hier keine Rede mehr sein. Vielmehr trägt dieser Abschnitt den Charakter eines Memorandums, in dem sich der Autor Ludwig von Eyb direkt an den seit 1486 regierenden Markgrafen Friedrich den Älteren wendet[27]. Es sind dies sehr detaillierte, aber auch sehr subjektive Ausführungen zur landesherrlichen Regierung. Eine Reihe von Einkunftsquellen wird genannt, mit denen der Markgraf die finanzielle Lage seiner Herrschaften aufbessern soll. Daneben werden Vorschläge zur Erweiterung des territorialen Herrschaftsbereiches unterbreitet; von der in hessischem Besitz befindlichen Grafschaft Katzenelnbogen als möglichem Erwerbsobjekt ist die Rede, auch von den Herzogtümern Jülich und Berg. Außerdem solle sich Friedrich verstärkt um Bistümer und andere

---

[22] Denkwürdigkeiten, S. 115f., 117, 117f., 119f. Zur Erbteilung von 1437 Seyboth, Friedrich VI. (wie Anm. 21) S. 43.

[23] Denkwürdigkeiten, S. 120ff. Zu Markgraf Albrecht Achilles (1440-1486) Ernst Schubert, Albrecht Achilles, Markgraf und Kurfürst von Brandenburg (1414-1486) in: Fränkische Lebensbilder, Bd. 4, hg. v. Gerhard Pfeiffer (Veröffentlichungen der Gesellschaft für fränkische Geschichte 7 A/4) Würzburg 1971, S. 130-172. Kraus, 3,1 (wie Anm. 13) S. 592ff.

[24] Denkwürdigkeiten, S. 138.

[25] Ibid. S. 138-142.

[26] Ibid. S. 138f., 141f. Datierung des Schwabacher Rechtstages nach dem Buch Ludwigs von Eyb (wie unten Anm. 43) fol. 83v.

[27] Denkwürdigkeiten, S. 142-150. Zum diesem Teil Werminghoff, Ludwig von Eyb (wie Anm. 1) S. 303ff. Reinhard Seyboth, Die Markgraftümer Ansbach und Kulmbach unter der Regierung Markgraf Friedrichs des Älteren (1486-1515) (Schriftenreihe der Historischen Kommission bei der Bayerischen Akademie der Wissenschaften 24) Göttingen 1985, S. 391ff.

hohe Kirchenämter kümmern, die seine Söhne in geistlichem Stand übernehmen könnten[28]. Schließlich entwickelt Ludwig von sich aus ein Projekt, wonach Markgraf Friedrich zusätzlich zu seinen beiden Herrschaften im Niederland um Ansbach und im Oberland um Kulmbach noch ein drittes Fürstentum errichten sollte, das die Stadt Kitzingen und bestimmte Teile Mainfrankens bis vor die Tore von Würzburg umfaßt hätte. Diese Ausführungen sind als das Modell einer ganz auf Franken orientierten hohenzollerischen Territorialherrschaft zu verstehen, die sich aus drei verschiedenen regionalen Bereichen in Mittel-, Ober- und Unterfranken zusammensetzen sollte[29]. Der Autor Ludwig von Eyb trägt der problematischen Situation der markgräflichen Länder, die nach seiner Aussage wie Rosen zwischen Dornen und Disteln existieren müssen[30], Rechnung und sucht nach Abhilfe. Der Schlußabschnitt der „Denkwürdigkeiten" besteht in einem weitgespannten politischen Programm mit einer Vielzahl von konkreten Vorschlägen, die dem Markgrafen größere politische Bewegungsfreiheit und vor allem eine tragfähigere territoriale Basis verschaffen sollten. Wahrscheinlich war die Abfassung dieses vierten Teils überhaupt erst der Anlaß für den Autor, den gesamten Text in der beschriebenen Weise zusammenzustellen.

Vieles, was man bei der Lektüre einer dynastisch orientierten Chronik aus dem deutschen Spätmittelalter eigentlich erwartet, fehlt in den „Denkwürdigkeiten" Ludwigs von Eyb. So vermißt der Leser die weithin geläufigen legitimitätsstiftenden Elemente, etwa die Aufwertung der Ursprünge eines fürstlichen Hauses, die Begründung seines Aufstieges und auch die Propagierung seines herrscherlichen Selbstbewußtseins[31]. Weiterhin werden in der Chronik wichtige Stationen in der Geschichte der hohenzollerischen Dynastie einfach ausgelassen. Lediglich die wichtige Landesteilung von 1437 wird beschrieben, alle anderen werden übergangen. Der Aufstieg der Protagonisten in kurfürstliche Würden ist dem Autor nicht einmal eine Erwähnung wert. Sowohl der Gewinn von Friedrichs Kurwürde 1417 wie auch von jener Albrechts Achilles 1470 fehlen in der Schrift. Doch ist gera-

---

[28] Ibid. S. 144ff.

[29] Ibid. S. 147ff.; besonders deutlich S. 148: *Des ich ein red mit im het, er het (ed. hat) zu zweyen fursten ein anwesen, ains uff dem Gebirg, das ander unter dem Gebirg, das dritt dem bistumb zu Würzburg an die seiten zu machen.*

[30] Ibid. S. 150: *Dann nachdem der herschaft aufkomen bisher gestanden ist und noch <stet>, so sein sie zwischen dorn und distel auffgewachsen, als rosen oder gut plumen zwischen dorn und distel aufwachsen (Hld 2,2). Das zaig ich alles an mit den anstossenden landen Beheim, Sachsen, Bamberg, Würzburg, Pfaltz, Nidern- und Obernbairn, Eystet, auch die stet Nürnberg, Weissenburg, Nordling, Dinkelspuhel, Rotenburg, Hall.*

[31] Allgemein: František Graus, Funktionen der spätmittelalterlichen Geschichtsschreibung, in: Geschichtsschreibung und Geschichtsbewußtsein im späten Mittelalter, hg. v. Hans Patze (Vorträge und Forschungen 31) Sigmaringen 1987, S. 11–55, hier S. 31ff.

de in diesen Defiziten eine wesentliche Aussage des Werkes enthalten. Ludwig von Eyb präsentiert auf diese Weise ein Fürstenhaus, dem aufgrund seines augenblicklichen Einflusses und Ansehens ein Spitzenplatz im Reichsverband zustehen sollte. Die enge Bindung der Hohenzollern an das deutsche Königtum spielt in diesem Zusammenhang eine wichtige Rolle. Hingegen wird die burggräfliche Frühgeschichte bewußt fast völlig übergangen, denn sie war weit weniger geeignet, den Glanz der Dynastie hervortreten zu lassen. Dabei wird das Fürstenhaus voll und ganz auf seine Herrschaften in Franken orientiert. Von der Mark Brandenburg aber ist kaum die Rede, die an die Mark gebundene Kurfürstenwürde wird sogar völlig unterdrückt. Der Franke Ludwig von Eyb zieht damit die Konsequenz aus der Tatsache, daß die Gebiete im Nordosten nunmehr nicht mehr zur Verfügung standen, und er postuliert implizit die Existenz einer selbständig agierenden fränkischen Linie der Hohenzollern. Unter diesen lehrhaften Prämissen wendet sich der Autor mit seinem Werk unmittelbar an Markgraf Friedrich den Älteren und hält ihn zu einer zielgerichteten Regierungstätigkeit an. In ihm sah Ludwig einen per se vollauf legitimen Herrscher, der sich an den Taten seiner Vorfahren, Friedrichs I. und Albrechts Achilles, zu orientieren habe und an dem es nun liege, die fränkischen Territorien seines Hauses zu festigen und zu erweitern.

Die Aussage der „Denkwürdigkeiten" beschränkt sich allerdings nicht auf diesen Gesichtspunkt. Bei aller Inhomogenität der Schrift läßt sich noch eine weitere übergeordnete Idee erkennen. Durchweg nämlich wird in der Darstellung Ludwigs ein sehr gut funktionierendes Nebeneinander von adliger Ritterschaft, Fürstenräten und dem Landesherren erkennbar. Das übergreifende Moment aber, das diese drei Bereiche zusammenfaßt und eint und das vom Autor gleichsam leitmotivisch ausgearbeitet wurde, bildet das ritterliche Standesethos. Ludwig von Eyb entstammte dem Niederadel und verstand sich selbst als Ritter. Er lebte in einer sozialen und geistigen Welt, die von den Idealen des Rittertums entscheidend geprägt war. Daß diese Ideale zu jener Zeit sicher nicht mehr völlig zeitgemäß waren, wird in Ludwigs Werk nicht spürbar. Hier regiert der alte Geist des Rittertums, der von seinen militärischen Ursprüngen geprägt war und daraus seinen Tugendkodex ableitete. Auch noch am Ende des Mittelalters bewegte sich der Horizont des Rittertums zwischen fürstlichem Hof und Schlachtfeld, zwischen adliger Repräsentation und dem nach einem bestimmten Regelwerk durchgeführten Kampf[32]. Dies machen die „Denkwürdigkeiten" Ludwigs von Eyb an vielen Stellen deutlich.

---

[32] Zum Rittertum im 15. Jh. hier nur Werner Goez, Renaissance und Rittertum, in: Geschichtsschreibung und geistiges Leben im Mittelalter. Festschrift für Heinz Löwe zum 65. Geburtstag, hg. v. Karl Hauck, Hubert Mordeck, Köln-Wien 1978, S. 565–584. Roger

So sind ein wichtiges, oftmals wiederkehrendes Element in der Schrift die Handlungsweisen der markgräflichen Ritterschaft, des in der Region ansässigen Niederadels. Ludwig von Eyb hebt heraus, wie sich die Ritter auf dem ersten Zug Friedrichs VI. in die Mark Brandenburg eingesetzt hätten[33]. Eben diesem Friedrich soll noch auf dem Sterbebett das Wohl seiner Ritterschaft besonders am Herzen gelegen haben. In einer Art Vermächtnis empfahl er sie deshalb seinen Söhnen als den größten Schatz. Als Sold sollten diese der Ritterschaft Küche und Keller offenstehen lassen[34]. Im Krieg Albrechts Achilles gegen die Stadt Nürnberg beteiligten sich die Ritter dann mit so viel Fleiß, als wäre dieser Kampf die eigene Sache eines jeden einzelnen[35]. Ganz besonders wird das ritterliche Milieu im dritten Teil der „Denkwürdigkeiten" dokumentiert, wobei die beiden beigefügten Personenlisten von 1474 und 1483 den korporativen Zusammenhang der markgräflichen Ritterschaft untermauern[36]. Das Rittertum wird in der Schrift Ludwigs voll und ganz in den Bereich der markgräflichen Herrschaft einbezogen. Die Ritter repräsentieren das Land, sie sind eine wichtige Stütze der landesherrlichen Regierung, und sie tun dies alles gern und uneigennützig. Kein Wort ist zu vernehmen, daß es dabei auch einmal zu Mißhelligkeiten gekommen sein könnte. Der Grad an Identifikation der Ritterschaft mit dem Land und seiner politischen Führung ist in der Darstellung Ludwigs sehr hoch.

Gleichsam als der lange Arm der Ritterschaft am Markgrafenhof erscheinen in den „Denkwürdigkeiten" die fürstlichen Räte. Ludwig von Eyb beschreibt, wie die Räte für ihre markgräflichen Herren wichtige Aufgaben in der zentralen Landesverwaltung und hier besonders in finanziellen Fragen übernehmen. Sie führen Gesandtschaften durch und verhandeln mit auswärtigen Fürsten. Sie zeigen sich als wichtige Ansprechpartner des Landesherren in allen Lagen[37]. Tatsächlich war der Ansbacher Hof damals in hohem

---

Sablonier, Rittertum, Adel und Kriegswesen im Spätmittelalter, in: Das ritterliche Turnier im Mittelalter. Beiträge zu einer vergleichenden Formen- und Verhaltensgeschichte des Rittertums, hg. v. Josef Fleckenstein (Veröffentlichungen des Max-Planck-Instituts für Geschichte 80) Göttingen 1985, S. 532–567. Werner Paravicini, Die ritterlich-höfische Kultur des Mittelalters (Enzyklopädie deutscher Geschichte 32) München 1994, besonders S. 42ff.

[33] Denkwürdigkeiten, S. 117f.
[34] Ibid. S. 119f.: *So thu ich vor euch allen ein offenbares geschefft, das ir eur ritterschaft in eren und lieb habt, an den gib ich euch den hochsten schatz, ... und das ir eur kuchen und keler offen last steen gein der ritterschaft. Das ist der sold, den wir ine geben.*
[35] Ibid. S. 128: *Das die ritterschaft den krieg mit hohem vleiss ubten, nit anders dann wer es ir yedes aigen sach.*
[36] Ibid. S. 138ff.
[37] Ibid., besonders S. 116, 119, 120, 134f.

Maße von Räten aus dem ritterlichen Niederadel geprägt. Über sie war das ritterliche Element in den Hof und damit in die unmittelbare Umgebung der Markgrafen eingedrungen. In diesem höfisch-ritterlichen Milieu sieht der Ritter Ludwig von Eyb auch seinen eigenen Platz. Mehrmals erwähnt er, daß er selbst im Kreis der Räte mitgewirkt habe, wobei man den Stolz spürt, der in seinen Worten mitschwingt[38]. Schließlich war er es ja, der die Finanzpolitik Albrechts Achilles entscheidend mittrug und seinem Herren die notwendigen Freiräume schuf. Ludwig von Eyb vereinigte in seiner Person das Streben nach den Idealen des Rittertums mit der Begabung für die anstehenden verwaltungspraktischen Aufgaben. Auf dieser Konstellation gründete in hohem Maße sein Selbstverständnis.

In die Sphäre des Rittertums bezieht Ludwig schließlich auch den Landesherren mit ein. Gerade Markgraf Albrecht Achilles wird von ihm geradezu als ein Vorzeigeritter beschrieben. Der Autor bewegt sich dabei durchaus im Rahmen einer zu jener Zeit zu beobachtenden Tendenz, die Fürsten des Reiches verstärkt in die Sphäre von Rittertum und Turnierwesen einzubinden[39]. So werden in den „Denkwürdigkeiten" unter ausführlicher Schilderung von Kriegszügen und Kampfszenen immer wieder die feldherrlichen Qualitäten Albrechts betont. Erwähnt wird weiterhin ein sogenanntes Turnier der vier Lande, das Albrecht 1485 in Ansbach für Grafen, Herren und Ritterschaft ausrichtete[40]. Überhaupt erweist sich der Markgraf als ein Meister im Turnierwesen, auch weil es ihm gelungen ist, neue Techniken auf diesem Gebiet zu entwickeln. Schon in seiner Jugend habe Albrecht die ritterliche Übung mehr als andere Fürsten gepflegt, so beteuert der Autor in seiner Schrift[41]. Der Landesherr ist bei Ludwig vornehmlich Ritter und weit weniger der mächtige Nachfahre eines großen

---

[38] Z.B. ibid. S. 134: *Des hab ich ain wissen, dann ich dazumaln als ain junger rath damit und bey gewesen bin. Auch ibid. S. 146: In der bestellung bin ich mit unnd bey gewesen als ain rat.*

[39] Werner Paravicini, Rois et princes chevaliers (Allemagne, XIIe–XVIe siècles) in: Les princes et le pouvoir au Moyen Âge. XXIIIe Congrès de la S. H. M. E. S., Brest, mai 1992 (Société des historiens médiévistes de l'enseignement supérieur public, Série histoire ancienne et médiévale, 28) Paris 1993, S. 9–34, besonders S. 19ff.

[40] Denkwürdigkeiten, S. 140. Zu den 1479–1487 abgehaltenen Turnieren der vier Lande Andreas Ranft, Die Turniere der vier Lande: Genossenschaftlicher Hof und Selbstbehauptung des niederen Adels, in: Zeitschrift für Geschichte des Oberrheins 142 (1994) S. 83–102. Paravicini, Kultur (wie Anm. 32) S. 93ff. Das Ansbacher Turnier von 1485 findet sich verzeichnet bei Hans H. Pöschko, Turniere in Mittel- und Süddeutschland von 1400 bis 1550. Katalog der Kampfspiele und der Teilnehmer, Diss. (Mikrofiche) Stuttgart 1987, S. 111f. (1485-2; mit weiteren Quellenbelegen).

[41] Denkwürdigkeiten, S. 124f.: *Meinem gn. herrn margg. Albrechten ist auch nachzuschreiben, das er in seinen jungen tagen ritterlich ubung vor andern fürsten gubt hat mit rennen, stechen, besuchen der thurnir und der ritterschaft hofe.*

Geschlechtes. Nicht die Legitimität des Fürsten wird hervorgehoben, nicht seine Herkunft und seine Vorväter, sondern primär sein beispielhaftes Verhalten, das nach einem ritterlichen Tugendkodex ausgerichtet ist, dem auch Ludwig nacheiferte. Dies teilte der Autor dem vornehmlichen Adressaten seines Werkes mit. Markgraf Friedrich der Ältere sollte sich die Taten seines Vaters Albrecht Achilles zum Vorbild nehmen, um selbst den Ansprüchen des ritterlichen Standesethos gerecht werden zu können.

Die vielfach wiederkehrende Behandlung des ritterlichen Milieus mit all seinen Implikationen verleiht dem Werk des Ritters Ludwig von Eyb einen in hohem Maße auf seine Person und seine Lebenswelt zugeschnittenen Anstrich, obwohl es gewiß nicht als eine Autobiographie verfaßt wurde. Damit erhält die auf den ersten Blick nicht eben einsichtige und wohl jüngere Betitelung der Schrift als „Denkwürdigkeiten" einige Berechtigung. Tatsächlich werden hier persönliches Erleben und allgemeine Zeitereignisse im gegenseitigen Zusammenhang dargestellt und eng miteinander verknüpft, wie es für ein Memoirenwerk charakteristisch ist. Das subjektivistische Erzählprinzip regiert an vielen Stellen. Häufig schreibt der Autor in der ersten Person, er stellt seine Mitwirkung an den Ereignissen heraus und betont seine Teilhabe am Herrschaftswissen[42]. Vermag auch Ludwigs Chronik wegen ihres spröden Stils und ihrer bisweilen langatmigen Erzählweise den Leser vielleicht nicht gleich auf Anhieb zu gewinnen, so ist doch die Darstellung mit ihrem Blick aus der persönlichen Welt des Autors heraus und der belehrenden Wendung an Markgraf Friedrich durchaus als geglückt zu bezeichnen. Ludwig von Eyb scheint von dem Weltbild, das er vermitteln wollte, überzeugt gewesen zu sein und trug es mit viel Selbstbewußtsein vor. Er glaubte an seine Sache.

Alles, was sich neben den „Denkwürdigkeiten" vom schriftlichen Schaffen Ludwigs von Eyb erhalten hat, äußert kaum noch grundsätzliche Positionen von theoretischer Warte aus, sondern zielt weitaus stärker auf den politischen Alltag der markgräflichen Regierung sowie auf die persönlichen Erfordernisse des Autors. Eine wichtige Funktion im verwaltungstechnischen Schrifttum der Ansbacher Kanzlei nahm ein Aktenband ein, den Ludwig selbst als „Mein Buch" bezeichnete[43]. Erhalten ist von diesem

---

[42] In diesem Sinne für die Mémoires des Philippe de Commynes: Jeanne Demers, À l'origine d'une forme: les Mémoires de Commynes, in: Cahiers de l'Association internationale des études françaises 40 (1988) S. 7–21. Jean Dufournet, Philippe de Commynes. Un historien à l'aube des temps modernes (Bibliothèque du Moyen Âge 4) Bruxelles 1994, S. 17ff.

[43] StA Nürnberg, Fürstentum Brandenburg-Ansbach, Herrschaftl. Bücher, Nr. 17. Teiledition von Christian Meyer, Aus dem Gedenkbuch des Ritters Ludwig des Älteren von Eyb, Hofmeister und Rath des Markgrafen Albrecht Achilles von Ansbach, Ansbach 1890. Unter anderen Titeln wiederholt: Ders., Ein fränkisch-zollerischer Finanzminister des 15. Jahrhunderts, in: Hohenzollerische Forschungen. Jahrbuch für die Geschichte der Hohenzol-

Werk die von einer einzigen Hand sauber geschriebene, auf 1492 datierte Kopie[44]. Ihr dürfte ein heute wohl verlorenes Handexemplar Ludwigs zugrunde gelegen haben, wobei allerdings nicht zu erkennen ist, ob die Abschrift immer der Vorlage folgt. Erwiesen ist, daß Ludwigs „Buch" zumindest zeitweise in der Ansbacher Kanzlei zugänglich war, denn in den „Denkwürdigkeiten" wird an einer Stelle dezidiert darauf verwiesen[45]. Durchaus eignete dem Band ein offiziöser Charakter.

Das „Buch" mit seinen 160 Folien und rund 30 verschiedenen Bestandteilen weist in der vorliegenden Fassung weder eine stringente chronologische noch sachliche Gliederung auf. Dennoch lassen sich seine inhaltlichen Schwerpunkte gut erkennen[46]. Es finden sich hier zunächst Dokumente zur markgräflichen Hof- und Finanzverwaltung und zum Nürnberger Landgericht[47], dann eine ganze Reihe von Unterlagen zu Hochzeits- und Beerdigungsfeierlichkeiten, ausgestattet mit ausführlichen Listen der Gäste und Überlegungen zu deren Versorgung, sowie schließlich Schriftstücke zum Turnierwesen, zur Reichspolitik, zum Türkenkrieg[48] und zur markgräflichen Heeresorganisation. Bislang nicht abschließend geklärt ist die Frage, welche Einträge unmittelbar auf Ludwig von Eyb als Autor zurückzuführen sind und welche aus anderen Quellen übernommen wurden[49]. Allerdings

---

lern 7 (1902) S. 111–139. Ders., Aus einem markgräflichen Haushaltungsbuch des 15. Jahrhunderts, in: Quellen und Forschungen zur Deutschen insbes. Hohenzollerischen Geschichte 3 (1906) S. 152–234. – Zur Bezeichnung „Mein Buch" unten Anm. 45.

[44] Dazu der Beginn des Buches; ed. Meyer, Aus dem Gedenkbuch (wie Anm. 43) S. 1: *Anno dni. 1492 jar am suntag nach sant Matheis tag ist die ordnung und handelung geschriben aus herrn Ludwig von Eyb rytter buch, der herrschaft zu Brandenburg zu gut.*

[45] Beim Hinweis auf eine Heerordnung Markgraf Albrechts Achilles: *Das findet man in verzaichnus in meins herrn canzlei. Ob die verlegt wer, so findt man die bey mir in meim buch;* Denkwürdigkeiten, S. 141.

[46] Den Inhalt verzeichnet Werminghoff, Ludwig von Eyb (wie Anm. 1) S. 338ff. Ibid. S. 110ff., Ansätze einer Inhaltsanalyse. weiterhin mit knappen Bemerkungen: Vogel, Des Ritters (wie unten Anm. 47) S. 34f., 53ff.. Meyer, Aus dem Gedenkbuch (wie Anm. 43) S. XIIf. Herrmann, Albrecht von Eyb (wie Anm. 1) S. 29f.; Ulmschneider, (wie Anm. 1) Sp. 1001ff.

[47] Zu einem wohl von Ludwig v. Eyb selbst verfaßten Memorandum über das kaiserliche Landgericht Werminghoff, Ludwig von Eyb (wie Anm. 1) S. 277ff. Edition dieses Textes: Wilhelm Vogel, Des Ritters Ludwig von Eyb des Aelteren Aufzeichnung über das kaiserliche Landgericht des Burggrafthums Nürnberg, Habil.-schr. Erlangen 1867, S. 61–79.

[48] Ein mutmaßlich von Ludwig v. Eyb verfaßtes Memorandum zur technischen Vorbereitung eines Krieges gegen die Türken behandelt Matthias Thumser, Türkenfrage und öffentliche Meinung. Zeitgenössische Zeugnisse nach dem Fall von Konstantinopel (1453) in: Europa und die osmanische Expansion im ausgehenden Mittelalter, hg. v. Franz-Reiner Erkens (Zeitschrift für historische Forschung, Beiheft 20) Berlin 1997, S. 59–78, hier S. 64ff. Der Text ist ungedruckt; Buch (wie Anm. 43) fol. 131r–139r.

[49] Werminghoff, Ludwig von Eyb (wie Anm. 1) S. 112ff., 345, räumte dieser Frage einen hohen Stellenwert ein und wollte deshalb in seine geplante Edition lediglich Schriften, die

sollte diesem Problem nicht allzugroßes Gewicht beigemessen werden, denn entscheidend ist, daß Ludwig diese Stücke selbst zusammengetragen und die Sammlung ausdrücklich mit seinem Namen verbunden hat. Das „Buch" mit den vielen verschiedenartigen Texten ist auf seine eigene subjektive Auswahl zurückzuführen. Der Zweck, den er mit dem Band verfolgte, ist klar ersichtlich. Ludwig wollte damit einen Kanzleibehelf schaffen. Er verfolgte in erster Linie das Ziel, Dokumente, die ihm für die Organisation des markgräflichen Hofes exemplarisch erschienen, in einer gut benutzbaren Form zugänglich zu machen. Dabei erweist er sich als ein ausgewiesener Spezialist in allen möglichen Fragen der landesherrlichen Verwaltungstätigkeit. Mag die Vielzahl von Personenlisten, Kostenaufrechnungen, von zu beschaffenden und zu lagernden Speisen und Getränken und anderem mehr auf Anhieb auch verwirrend und bisweilen gar kurios anmuten, so liegt hier doch ein Hilfsmittel vor, das gewiß gut handhabbar war und den Anforderungen des Hofes in vielen Situationen entsprach.

Vom Gattungsprinzip her gesehen, weisen die „Denkwürdigkeiten" und das „Buch" Ludwigs von Eyb Unterschiede auf, wie man sie sich größer kaum vorstellen kann. Hinsichtlich ihrer inhaltlichen Ausrichtung lassen sich allerdings bemerkenswerte Verbindungslinien ziehen. Auch im „Buch" spielt die Vorstellung von einem Rittertum, das tatkräftig an der Landesherrschaft mitwirkt, eine wichtige, kaum zu übersehende Rolle. Breiten Raum nehmen darin vor allem Aufmärsche von Rittern ein. Sei es bei der Eheschließung Albrechts Achilles mit Anna von Sachsen, bei den Bestattungsfeierlichkeiten für die Markgrafen Friedrich I., Johann den Alchimisten, Friedrich II. und dann Albrecht Achilles selbst, beim Feldzug Albrechts gegen Burgund, beim Schwabacher Rechtstag oder dem Ansbacher Turnier der vier Lande, immer werden schier endlose Listen von teilnehmenden Adligen beigegeben, so daß auf diese Weise der feste korparative Zusammenhalt der markgräflich-fränkischen Ritterschaft dokumentiert wird. Und noch an vielen weiteren Stellen des Bandes begegnet die Ritterschaft, wobei ausführliche Aufzeichnungen zum Turnierwesen eine besondere Rolle spielen. Noch deutlicher als in den „Denkwürdigkeiten" läßt Ludwig von Eyb in seinem „Buch" das vorgeblich so glückliche Nebeneinander von landesherrlicher Verwaltung und ritterlichem Milieu hervortreten. Der Ansbacher Hof erscheint durch und durch vom Rittertum bestimmt. Ritterliche Räte gewährleisten dort den Verwaltungsbetrieb, ritterliche Kämpfer führen ihre Turniere durch, der ritterliche Adel kommt immer dann am Hof zusammen, wenn es gilt, Feste zu feiern. Dabei stellt die Verbindung von verwaltungstechnischem Detailwust und den hehren Inhal-

---

von Ludwig v. Eyb sicher verfaßt wurden oder dies zumindest vermuten lassen, aufnehmen.

ten des Ritterethos für Ludwig keinen Widerspruch dar. In seinem Buch ergänzen sich beide aufs beste und lassen so das Bild von einer idealen ritterlichen Hofhaltung entstehen. Ludwig von Eyb war ein ritterlicher Bürokrat.

Äußerlich dem „Buch" nicht unähnlich, aber von seinem Inhalt her ganz auf die persönliche Sphäre Ludwigs von Eyb bezogen ist das von ihm so bezeichnete „Gültbuch". Mit dieser Schrift liegt ein außerordentliches Zeugnis für die Organisation der Güter und Finanzen eines spätmittelalterlichen Adligen vor. Um so bedauerlicher ist es, daß das von Ludwig selbst veranlaßte und geführte Original dieses Bandes wohl endgültig verloren ist. Erhalten hat sich lediglich eine Abschrift mit 22 Blättern, die um 1850 von dem Eichstätter Dompropst David Thomas Popp angefertigt wurde. Irgendwann danach muß das damals ins Stadtarchiv Regensburg gehörige Original verlorengegangen sein. Die Wissenschaft hat es nie zu Gesicht bekommen[50]. Popps Abschrift ist nicht unproblematisch. Zum einen hat der Propst den Textbestand der Vorlage nicht vollständig übernommen. Vor allem gegen Ende wurde ihm die Kopiertätigkeit wohl allzu mühselig, so daß er von langen Passagen nur knapp gefaßte Auszüge herstellte, auf eine wörtliche Übernahme aber verzichtete. Das „Gültbuch" Ludwigs von Eyb ist heute somit nur noch als Fragment erhalten. Zum anderen stellte das Regensburger Original alles andere als eine in sich homogene, wohlgeordnete Reinschrift dar. Vielmehr hatten daran mehrere Hände mitgewirkt, und es war durchsetzt von Korrekturen, Streichungen und Randbemerkungen, so daß die Annahme eines gestreckten, sehr vielschichtigen Entstehungsprozesses naheliegt. Popp versuchte sogar, das Äußere der Vorlage weitgehend authentisch wiederzugeben. Er dokumentierte die Streichungen und brachte eine Vielzahl von Bemerkungen an wie „Leerer Raum", „Erste Hand", „Später beygesetzt" oder auch „Hucusque prima manus, caetera verba posterior manus supplevit". Allein die Gestalt des Originals tritt in der Kopie Popps nur zum Teil hervor, und vor allem wird daraus nicht ersichtlich, wo Ludwig selbst an den Einträgen Hand angelegt hatte.

Die Inhalte des „Gültbuches" wirken auf Anhieb verwirrend, lassen sich aber klar in acht Teile gliedern, ohne daß diese durch Überschriften ausgewiesen wären[51]. Den Ausgangspunkt bilden Bemerkungen zu Ludwigs Testament. Es folgen Verzeichnisse seiner Schulden und einer Reihe ihm zustehender grundherrlicher Einkünfte. Daran schließt sich der sicher far-

---

50 Abschrift: Eichstätt, Diözesanarchiv, Ms. 125, fol. 1–22. Betitelung durch Ludwig von Eyb ibid. fol. 17r: ... *Daß fint man do forn im gultpuch.* Ähnlich ibid. fol. 3r, 22r. Zur Überlieferung Werminghoff, Ludwig von Eyb (wie Anm. 1) S. 56, 336 (E).
51 Zum Inhalt: Herrmann, Albrecht von Eyb (wie Anm. 1) S. 30f. Werminghoff, Ludwig von Eyb (wie Anm. 1) S. 49ff. Ulmschneider, (wie Anm. 1) Sp. 1000f.

bigste Teil des Bandes an, eine Zusammenstellung der Ausgaben, die Ludwig für die Mitglieder seiner Familie aufgewandt hatte, wobei sehr aufschlußreiche Informationen zu den einzelnen Personen mitgeliefert werden. Auf eine Sammlung von sehr verschiedenartigen Aufzeichnungen folgt eine Auflistung der nächsten Verwandten Ludwigs, versehen mit ihren wichtigsten Lebensstationen, im allgemeinen Geburt, Eheschließung und Tod. Den Abschluß bilden zwei umfangreiche Einkunftsverzeichnisse. Der späteste datierte Eintrag des Bandes fällt in das Jahr 1496[52]. Ludwig war also bis in die letzten Jahre seines Lebens mit dessen Führung befaßt.

Dominierend im „Gültbuch" ist das finanzielle Element. Es ging Ludwig in erster Linie darum, Einkünfte, Ausgaben sowie Schulden festzuhalten, seinen Besitz zu verzeichnen und im übrigen darzulegen, inwieweit er diesen vermehrt habe. Dies vollführte er immer wieder bis ins kleinste Detail, so daß der Betrachter bisweilen geneigt ist, im Urheber dieses Bandes einen ausgemachten Pedanten, wenn nicht eine Krämerseele zu sehen. Dabei versäumte es Ludwig nicht, die eigene Person gebührend herauszustellen. Das „Gültbuch" handelt von seiner Bautätigkeit, von seinen Stiftungen, von seinem Einsatz für unversorgte Familienmitglieder. Trotz der vielen Bezüge auf die eigene Verwandtschaft liegt mit dem eybschen „Gültbuch" aber kein Familienbuch im eigentlichen Sinne vor, auch wenn die ältere Literatur diese Bezeichnung fast durchweg angewandt hat. Was dem Werk hierfür fehlt, ist der zu jener Zeit weithin übliche strenge Bezug von Familienbüchern auf die Geschichte und die Abstammungsverhältnisse eines Geschlechtes wie auch die starke Betonung des autobiographischen Elementes[53]. Statt dessen sind in Ludwigs Band in hohem Maße Fragen der Wirtschaftsführung bestimmend. Es ist in diesem Fall also eher gerechtfertigt, von einem Einkunfts- und Besitzverzeichnis zu sprechen. Lediglich jene beiden Abschnitte, in denen die Mitglieder aus der näheren Verwandtschaft behandelt werden, erinnern stärker an ein Familienbuch vom üblichen Zuschnitt.

Gewiß stand Ludwigs „Gültbuch" dem Ansbacher Markgrafenhof weitaus ferner als sein „Buch", bestimmte inhaltliche Berührungspunkte lassen sich aber dennoch entdecken. Auch im „Gültbuch" spielt die markgräflich-ansbachische Ritterschaft keine unwesentliche Rolle. Im Rahmen des ansonsten so eng auf die Familie Eyb bezogenen Bandes eigentlich ganz unmoti-

---

[52] Jüngster datierter Eintrag im Gültbuch (wie Anm. 50) fol. 21r, in der Paraphrase von Popp: *Niedersulzbach. Gült aus 2 Gütern (ao. 96)*. Werminghoff, Ludwig von Eyb (wie Anm. 1) S. 55 mit S. 428 Anm. 91.

[53] Urs Martin Zahnd, Einige Bemerkungen zu spätmittelalterlichen Familienbüchern aus Nürnberg und Bern, in: Nürnberg und Bern. Zwei Reichsstädte und ihre Landgebiete, hg. v. Rudolf Endres (Erlanger Forschungen A/46) Erlangen 1990, S. 7–37, besonders S. 9ff.

viert, finden sich auch hier Teilnehmerlisten von großen Festlichkeiten, die in der Poppschen Abschrift allerdings nur in einer extrem verkürzten Form Aufnahme gefunden haben. Im wesentlichen handelt es sich um dieselben Begebenheiten, die auch im „Buch" dokumentiert werden, die Begräbnisse der Markgrafen Johann des Alchimisten und Friedrich II., der Zug gegen Burgund, der Schwabacher Rechtstag, das Turnier der vier Lande in Ansbach und schließlich das Begräbnis Albrecht Achilles'[54]. Auch in dem durchweg auf die persönliche Sphäre abgestellten „Gültbuch" mit seiner stark wirtschaftlichen Ausrichtung mochte Ludwig also nicht darauf verzichten, sein ritterliches Standesbewußtsein zur Schau zu tragen. Neben jener Unzahl von Posten, die alle möglichen Besitz- und Geldbewegungen festhielten, findet sich wiederholt die markgräfliche Ritterschaft in ihrer korporativen Zusammensetzung. Der ritterliche Bürokrat Ludwig von Eyb handelte bei der Verwaltung seiner eigenen Güter und Finanzen nicht viel anders als in Diensten der Ansbacher Markgrafen. Mit großer Akribie widmete er sich den winzigsten Details, tat dies aber immer von einem hohen Standesethos aus.

Weniger als andere Räte Markgraf Albrecht Achilles' hat sich Ludwig von Eyb als Verfasser von Briefen hervorgetan. Dies liegt sicher darin begründet, daß er sein vornehmliches Aufgabenfeld am Ansbacher Hof selbst gefunden hatte und nur in bestimmten Fällen für Gesandtschaftsreisen eingesetzt wurde. Mindestens für eine Gesandtschaft hat sich allerdings eine umfangreiche Sammlung von Schreiben erhalten, in denen Ludwigs Tätigkeit sehr farbig beschrieben und dabei Ereignisse von höchster politischer Tragweite behandelt werden. Im Sommer 1473 wurde Ludwig von Eyb zusammen mit dem Bamberger Domdekan Hertnidt vom Stein vom Markgrafen an den Kaiserhof abgestellt, der damals gerade den Südwesten und Westen des Reiches durchquerte. Gut 20 Briefe von Ludwigs Hand, die er bis zu Hertnidts Abreise zusammen mit diesem, danach alleine unterzeichnete, dokumentieren die Gesandtschaftsreise und die Ereignisse am Hof in vielen Einzelheiten[55]. Höhepunkt war das persönliche Zusammentreffen

---

[54] Gültbuch (wie Anm. 50) fol. 12r. Popp führt bei den jeweiligen Anlässen nur die beteiligten Mitglieder der Familie Eyb auf, so daß sich nicht erkennen läßt, ob in der Vorlage die kompletten Teilnehmerlisten aufgenommen waren.

[55] Die Korrespondenz aus der Zeit von 1473 Juli 18 bis 1474 Febr. 3 einschließlich der Instruktionen und begleitenden Stücke ist zerissen und stark durcheinandergeraten. Sie findet sich verteilt auf zwei Aktenkonvolute: StA Nürnberg, Fürstentum Brandenburg-Ansbach, Ansb. RTA, Nr. 5/2; ibid. AA-Akten, Nr. 7 Fasz. 2. Adolf Bachmann, Urkundliche Nachträge zur österreichisch-deutschen Geschichte im Zeitalter Kaiser Friedrich III. (Fontes rerum Austriacarum II/46) Wien 1892, S. 202ff., edierte mit vielen Fehlern die Stücke aus den Ansb. RTA. Felix Priebatsch, Politische Correspondenz des Kurfürsten Albrecht Achilles, Bd. 1 (Publicationen aus den Kgl. Preußischen Staatsarchiven 59) Leip-

zwischen Kaiser Friedrich III. und Herzog Karl dem Kühnen in Trier im Oktober und November 1473, bei dem die Verheiratung ihrer Kinder Maximilian und Maria sowie die Krönung Karls zum König von Burgund verhandelt wurden. Die beiden brandenburgischen Gesandten nahmen an den Gesprächen, die am Ende völlig scheiterten, in der entscheidenden Phase teil und berichteten hierüber ausführlich nach Ansbach[56].

Ludwig muß besonders vom Glanz, den der Burgunderherzog und seine Begleitung ausstrahlten, tief beeindruckt gewesen sein. Dies hat in der Gesandtschaftskorrespondenz seinen Niederschlag gefunden. Das zeremonielle Gepränge des herrscherlichen Zusammentreffens mit all seinen repräsentativen Auftritten kommt dort im Sinne einer praktizierten ritterlichen Kultur ausführlich zur Sprache. Die feierlichen ersten Begegnungen zwischen Kaiser und Herzog, die kostbaren Kleider und der Schmuck Karls des Kühnen, die Ausstattung seines zahlreichen Hofstaates, ein Turnier, der gemeinsame Kirchgang und vor allem ein aufwendiges Festessen mit fester Sitzordnung, dies alles wird eindrücklich und voller Bewunderung beschrieben[57]. Die Nähe zu bestimmten Teilen von Ludwigs „Buch" ist dabei nicht zu übersehen. Fast erscheinen die Nachrichten aus Trier wie die szenische Umsetzung der exemplarisch zur Führung einer ritterlichen Hofhaltung zusammengefaßten Einträge des Kanzleibandes.

Die Schriften Ludwigs von Eyb hatten als vornehmlichen Bezugspunkt den Ansbacher Markgrafenhof[58]. Dieser war nicht nur als Stätte von Verwaltung und Regierung von Bedeutung, sondern sein Wesen wurde auch

---

zig 1894, S. 533ff., brachte alle einschlägigen Stücke in eine chronologische Ordnung und publizierte sie als Volltext oder Paraphrase. Die Stücke bis 1473 Nov. 7 verzeichnet mit Archivsignaturen und Editionen Thumser, Hertnidt vom Stein (wie Anm. 3) S. 205ff. Nr. 26–29, 31–37, 39–46.

[56] Zu den Ereignissen: Hermann Heimpel, Karl der Kühne und Deutschland (mit besonderer Rücksicht auf die Trierer Verhandlungen im Herbst des Jahres 1473) in: Elsaß-Lothringisches Jahrbuch 21 (1943) S. 1–54. Thumser, Hertnidt vom Stein (wie Anm. 3) S. 114ff.

[57] Besonders im Schreiben von 1473 Okt. 8; ed. Jos. Baader, Die Zusammenkunft Kaiser Friedrichs III. mit Herzog Karl dem Kühnen von Burgund zu Trier im Jahre 1473, in: Anzeiger für Kunde der deutschen Vorzeit Neue Folge 11 (1864) Sp. 201–207, 233–242, hier Sp. 233ff.

[58] Allgemein zum spätmittelalterlichen Hof: Paul-Joachim Heinig, Kaiser Friedrich III. (1440–1493). Hof, Regierung und Politik, Bd. 1 (Forschungen zur Kaiser- und Papstgeschichte des Mittelalters. Beihefte zu J. F. Böhmer, Regesta Imperii, 17, 1) Köln-Weimar-Wien 1997, S. 19ff. Zum Hof als Bezugspunkt von Schriftlichkeit Jan-Dirk Müller, Gedechtnus. Literatur und Hofgesellschaft um Maximilian I. (Forschungen zur Geschichte der älteren deutschen Literatur 2) München 1982. Martina Backes, Das literarische Leben am kurpfälzischen Hof zu Heidelberg im 15. Jahrhundert. Ein Beitrag zur Gönnerforschung des Spätmittelalters (Hermaea, Neue Folge 68) Tübingen 1992. Bernd Bastert, Der Münchner Hof und Fuetrers „Buch der Abenteuer". Literarische Kontinuität im Spätmittelalter (Mikrokosmos 33) Frankfurt 1993.

dadurch bestimmt, daß an ihm fähige und begabte Leute mit intellektuellem Potential zusammengezogen waren, wobei freilich konzediert werden muß, daß Ansbach nicht unbedingt als ein Musenhof gelten durfte. Ludwig von Eyb war über Jahrzehnte hin im Umkreis dieses Hofes tätig und antwortete mit seinen Aufzeichnungen in vielfacher Weise auf die spezifischen Bedürfnisse dieses Schaffenskreises. Der Ansbacher Hof gab in den meisten Fällen Anlaß und Anregung zur Anfertigung seiner Schriften, und diese richteten sich ihrerseits vornehmlich an die Hofgesellschaft. Das machen in besonderem Maße die „Denkwürdigkeiten" deutlich, die neben dem Landesherrn, Markgraf Friedrich dem Älteren, auch die anderen Angehörigen des Hofes im Auge hatten und sich verschiedentlich direkt an diese wandten. Es ist also gar nicht zwingend, daß Ludwigs schriftliche Produktion seinen unmittelbaren Anstoß vom Landesherrn erhielt und dessen Positionen in allen Belangen vertrat. Dem widersprechen schon die mitunter recht deutlichen Belehrungen an Markgraf Friedrich in den „Denkwürdigkeiten". Vielmehr begegnet hier die Konstellation, daß im näheren Umkreis des Ansbacher Hofes ein Autor wirkte, der sich sein eigenes Bild von der Wirklichkeit geschaffen hatte und es seinem höfischen Publikum mitteilte, auch wenn dieses Bild vielleicht nicht in allen Belangen mit den politischen Vorstellungen und Intentionen seines Herrn übereinstimmte. Durchaus kann bei den Aufzeichnungen Ludwigs von Eyb von pragmatischem Schriftgut gesprochen werden, von einer Schriftlichkeit, die die Vorgänge am Hof beeinflussen wollte und seinen Angehörigen hierfür Informationen bereitstellte[59].

Bemerkenswert erscheint im Rahmen der Hofbezogenheit von Ludwigs schriftlichem Schaffen, daß in allen hier behandelten Texten eine ungebrochene Identifikation des Autors mit den Idealen des Rittertums mehr oder weniger deutlich erkennbar wird. Als Adliger sieht Ludwig von Eyb das tragende und einende Element der Landesregierung in der markgräflichen Ritterschaft. Die Ritter nehmen aktiv an den Geschicken des Landes teil, sie stellen aus ihren Reihen die fürstlichen Räte, und sie beziehen sogar den Landesherrn in ihren Kreis mit ein, betrachten ihn als einen der ihren. Durch und durch ist bei Ludwig die Landesherrschaft ritterlich. Tatsächlich bewegte sich im 15. Jahrhundert die Regierungspraxis der Markgrafen in vieler Hinsicht in jenen Bahnen. Immer noch war am Ansbacher Hof das adlig-ritterliche Element stark ausgeprägt. Überhaupt nicht kommt bei Ludwig allerdings zur Sprache, daß mittlerweile auch neue, bis dahin nicht

---

[59] Zum Begriff: Hagen Keller, Pragmatische Schriftlichkeit im Mittelalter. Erscheinungsformen und Entwicklungsstufen, in: Pragmatische Schriftlichkeit im Mittelalter. Erscheinungsformen und Entwicklungsstufen (Akten des Internationalen Kolloquiums 17.-19. Mai 1989) hg. v. dems., Klaus Grubmüller, Nikolaus Staubach (Münstersche Mittelalter-Schriften 65) München 1992, S. 1-7.

gekannte Elemente in die Regierungspraxis eingedrungen waren. Besonders Markgraf Albrecht Achilles betrieb gezielt die Erneuerung seiner Landesverwaltung, indem er den adligen Räten alten Zuschnitts gelehrte Juristen, die ein Universitätsstudium absolviert hatten, an die Seite stellte[60]. Dennoch hielt Ludwig an den hergebrachten Idealen des Rittertums gerade in ihrer Hofbezogenheit fest. Er teilte diese Vorstellungen seinem höfischen Publikum mit und erfuhr, weil der Leserkreis wie er größtenteils sehr traditionalistisch eingestellt war, vermutlich auch einige Resonanz. Ludwig hat damit zumindest im Ansatz eine spezifische Theorie der fürstlichen Territorialherrschaft entwickelt, in der ritterliche Ideale eine tragende Rolle spielen. Diese Theorie machte er mit Hilfe seiner Schriften bei den Mitgliedern des Markgrafenhofes publik und empfahl sie ihnen an.

Am Ende der „Denkwürdigkeiten" zieht Ludwig von Eyb ein Resümee, in dem er sein doppeltes Streben als Chronist und Ritter zu verbinden sucht. Er habe bei einem Poeten gelesen, so schreibt er, daß zwei Dinge besonders zu loben seien, zum einen die Kühnheit der Helden und der Eifer der Ritter, zum anderen die Geschichtsschreiber, die diese hervorragenden Taten aufschreiben. Davon verdienten die Geschichtsschreiber aber das höchste Lob. Denn die Taten der Helden und Ritter allein seien vergänglich, erst die Arbeit der Geschichtsschreiber bewahre sie für die Zukunft[61]. So gerne der Historiker von heute sich dies vielleicht sagen läßt, eines bleibt doch festzuhalten. Wenn Ludwig von Eyb die Taten seiner ritterlichen Helden in der Chronik festhielt, so bewegte er sich dabei in einer Welt, die mit der Realität keinesfalls mehr in allen Belangen übereinstimmte. Es ist eine Scheinwelt, die er beschrieben hat, eine Welt, über die die Zeit damals schon weitgehend hinweggegangen war.

---

[60] Zu den gelehrten Räten des Spätmittelalters: Heinz Lieberich, Die gelehrten Räte. Staat und Juristen in Baiern in der Frühzeit der Rezeption, in: Zeitschrift für Bayerische Landesgeschichte 27 (1964) S. 120–189. Hartmut Boockmann, Zur Mentalität spätmittelalterlicher gelehrter Räte, in: Historische Zeitschrift 233 (1981) S. 295–316. Peter Moraw, Gelehrte Juristen im Dienst der deutschen Könige des späten Mittelalters (1273–1493) in: Die Rolle der Juristen bei der Entstehung des modernen Staates, hg. v. Roman Schnur, Berlin 1986, S. 77–147.

[61] Denkwürdigkeiten, S. 150: ... *Darumb sein noch vill hoher zu breisen die geschichtschreiber, die das aufschreiben, die kunheit der helt und ubung der werden ritterschaft, das bleib lang in der gedechtnus, und das sich die nachleser darinnen besehen, was gut ist, dem volg zu thon.*

Cordula Nolte

Pey eytler finster in einem weichen pet geschrieben.
Eigenhändige Briefe in der Familienkorrespondenz der Markgrafen von Brandenburg (1470–1530)*

Pey eytler finster in einem weichen pet geschrieben. – schrewen myt vnser eyghen hant myt groter hast. – in grosser eyll geschriben. – Eur lieb vorstet mich wol baß, den ich sreiben kan aber darf. – mit augener [sic] handt geschrieben vnd werlich in grosem vnvormugen. – Ich kan e[uer] l[ieb] nit mer schrayben, der pot eylt zw ser. Wenn Fürsten und Fürstinnen um 1500 entgegen ihrer üblichen Praxis, Briefe in der Kanzlei ausfertigen zu lassen, für Korrespondenz mit ihren Verwandten selbst zur Feder griffen, fügten sie ihren Zeilen gelegentlich solche Bemerkungen über ihre Schreibsituation hinzu. Damit entschuldigten sie sich für ihre Handschrift, die Kürze des Briefs oder sprachliche Unzulänglichkeiten und signalisierten zugleich, daß sie auch unter Zeitdruck oder widrigen Umständen die Mühe auf sich genommen hatten, eigenhändig zu schreiben. Ob sie das getan hatten, weil gerade kein Kanzleischreiber zur Verfügung gestanden hatte, oder ob sie bewußt auf dessen Dienste verzichtet hatten, bleibt in der Regel offen. In jedem Fall dürfte jemand, der *pey eytler finster in einem weichen pet* oder in Eile einen lesbaren und verständlichen Brief zustandebrachte, über einige Geübtheit verfügt haben[1]. Dies wird in der Regel auch durch das Schriftbild

---

* Das Thema dieses Aufsatzes wurde gegenüber dem 1997 in Potsdam gehaltenen Vortrag („Überlegungen zu eigenhändigen Familienbriefen: Die Korrespondenz Amalies von Pfalz-Zweibrücken-Veldenz mit ihren Eltern, Kurfürst Albrecht Achilles und Anna von Brandenburg") auf der Basis weiterer Autographenfunde abgewandelt und erweitert.

[1] Nur von wenigen Briefschreibern des untersuchten Zeitraums sind außer Briefen in größerem Umfang eigenhändige Notizen und Aufzeichnungen vorhanden, etwa von Markgraf Georg, Herzog Albrecht von Preußen, Markgräfin Dorothea (Äbtissin des Klarissenklosters zu Bamberg). Albrecht schrieb unter anderem viele Gebete mit eigener Hand, darunter auch einige für seine Frau Dorothea, vgl. Walther Hubatsch, Albrecht von Brandenburg-Ansbach. Deutschordens-Hochmeister und Herzog in Preußen 1490–1568 (Studien zur Geschichte Preußens 8) Heidelberg 1960, S. 152. Vgl. zu Dorotheas Schreibtätigkeit Franz Machilek, Dorothea Markgräfin von Brandenburg (1471–1520) in: Fränkische Lebensbilder 12 (1986) S. 72–90, hier S. 79f. Nähere Angaben zu den in diesem Aufsatz genannten Mitgliedern des Hauses Brandenburg finden sich in der genealogischen Übersicht im Anhang.

bestätigt². Dennoch sollte man es nicht nur als captatio benevolentiae auffassen, wenn die Absender gelegentlich bitten, der Adressat möge die *dorichte schriefft* trotz aller Unvollkommenheiten richtig verstehen bzw. *den priff nach dem sin* lesen und sich Zeit dafür nehmen. Solche Bitten deuten darauf hin, daß die Briefschreibenden sich tatsächlich schwer taten, zumindest wenn sie, wie es häufig vorkam, unter Zeitdruck schreiben mußten, weil der Bote im Aufbruch war³. Eigenhändiges Briefschreiben galt unter Adligen als Anstrengung, es war noch längst keine Selbstverständlichkeit und wurde daher von den Empfängern als ein Zeichen besonderer Aufmerksamkeit geschätzt.

Trotz des höheren Aufwands, den eigenhändige Briefe im Vergleich zu Kanzleibriefen[3a] offenbar erforderten, schrieben viele Fürsten vom späteren 15. Jahrhundert an einen Teil ihrer Korrespondenzen selbst. Von den Markgrafen von Brandenburg etwa sind, einsetzend mit den 1470er Jahren, in zunehmendem Umfang Autographen überliefert. Während von der Generation des Kurfürsten Albrecht Achilles nur einige wenige Stücke auf uns gekommen sind, liegen von fast allen Angehörigen der beiden folgenden Generationen eigenhändige Briefe vor. Diese zunehmende Verbreitung eigenhändigen Schreibens im Haus Brandenburg entsprach wohl der Tendenz im Fürstenstand allgemein, wenngleich je nach Region und Kulturkreis mit Unterschieden zu rechnen ist, von individuellen Eigenheiten ganz abgesehen⁴. So scheint Herzog Sigmund von Österreich einem Schreiben von 1459 zufolge eigenhändige Briefe von seiner Frau erwartet zu haben, was

---

2   Für paläographische Hinweise danke ich Herrn Dr. Dieter Heckmann (Geheimes Staatsarchiv Preußischer Kulturbesitz Berlin), Frau Dr. Sabine Teubner-Schoebel (Ernst Moritz Arndt-Universität Greifswald) und Herrn Dr. Martin Schoebel (Vorpommersches Landesarchiv Greifswald).

3   Vgl. die Bitte Graf Wilhelms IV. von Henneberg gegenüber seinem Schwager Markgraf Friedrich, *daß ire mein so dorichte schriefft in gutter meynung von mir versten wolt und euch die weyle dester baß nemen, den briue zu lesen, dan der canczler an im selbst nit mitt dem pesten ist. Datum mein hantschrifft, eylents geschrieben*, 1499 (ohne Monat und Tag), Geheimes Staatsarchiv Preußischer Kulturbesitz Berlin, Brandenburgisch-Preußisches Hausarchiv (im folgenden zitiert als GStA Berlin, BPH), Rep. 27 W 66, vol. I, o. Fol., gedruckt in: Deutsche Privatbriefe des Mittelalters, hg. v. Georg Steinhausen, Bd. 1: Fürsten und Magnaten, Edle und Ritter (Denkmäler der deutschen Kulturgeschichte, 1. Abteilung: Briefe, 1. Bd.) Berlin 1899, S. 339f., Nr. 508.

3a Als Kanzleibriefe bezeichne ich alle in der Kanzlei ausgefertigten Schreiben der Fürsten im Gegensatz zu ihren eigenhändigen Briefen.

4   Auf die Problematik von Verallgemeinerungen hinsichtlich der Briefkommunikation um 1500 verweist Simon Teuscher, Bernische Privatbriefe aus der Zeit um 1500. Überlegungen zu ihren zeitgenössischen Funktionen und zu Möglichkeiten ihrer historischen Auswertung, in: Mittelalterliche Literatur im Lebenszusammenhang. Ergebnisse des Troisième Cycle Romand 1994, hg. v. Eckart Conrad Lutz (Scrinium Friburgense 8) Freiburg/Schweiz 1997, S. 359–385, hier S. 366.

Katherine Walsh als einen Hinweis wertet, daß zu jener Zeit eigenhändige Familienkorrespondenz „durchaus keine Seltenheit war"[5]. Bei den Markgrafen von Mantua dagegen, die sich durch eine überaus dichte Korrespondenz auszeichneten, waren Autographen bis ins 16. Jahrhundert eine große Ausnahme[6].

Im vorliegenden Beitrag möchte ich einige erste Beobachtungen zu den Autographen der Markgrafen von Brandenburg festhalten. Diese Briefe machen einen kleinen Teil der umfangreichen Korrespondenzen aus, die ich derzeit im Zuge eines laufenden Arbeitsprojekts über das familiale und verwandtschaftliche Beziehungsnetz der Markgrafen von Brandenburg auswerte[7]. Unter den bislang gesammelten Briefen aus dem Geheimen Staatsarchiv Berlin sowie aus den Staatsarchiven Nürnberg und Bamberg sind über 200 Autographen aus dem Zeitraum von 1470–1530. Zu dieser Zahl ist zu bemerken, daß ich noch nicht die gesamten überlieferten Korrespondenzen der Markgrafen erfaßt habe. Zum einen steht die Überprüfung der Gegenüberlieferung in einschlägigen Archiven bis auf Dresden noch aus, zum anderen habe ich im Geheimen Staatsarchiv Berlin bisher nur die Bestände des Brandenburgisch-Preußischen Hausarchivs[8], nicht aber die des Ordensbriefarchivs und des Herzoglichen Briefarchivs (beide aus dem ehemaligen Königsberger Staatsarchiv) gesichtet. Die aus Königsberg stammenden Bestände enthalten unter anderem Korrespondenzen Albrechts von Bran-

---

[5] Katherine Walsh, Deutschsprachige Korrespondenz der Kaiserin Leonora von Portugal. Bausteine zu einem geistigen Profil der Gemahlin Kaiser Friedrichs III. und zur Erziehung des jungen Maximilian, in: Kaiser Friedrich III. (1440–1493) in seiner Zeit. Studien anläßlich des 500. Todestags am 19. August 1493/1993, hg. v. Paul-Joachim Heinig (Forschungen zur Kaiser- und Papstgeschichte des Mittelalters. Beihefte zu J. F. Böhmer, Regesta Imperii 12) Köln–Weimar–Wien 1993, S. 399ff., hier S. 434, Anm. 120.

[6] Ebba Severidt, Struktur und Entfaltung von Verwandtschaft im Spätmittelalter: Die Beziehungen der Gonzaga, Markgrafen von Mantua, zu den mit ihnen verwandten deutschen Fürsten (1444–1519), phil. Diss. Freiburg 1998 (noch ungedruckt), S. 13, 18. Karl-Heinz Spieß, Zum Gebrauch von Literatur im spätmittelalterlichen Adel, in: Kultureller Austausch und Literaturgeschichte im Mittelalter. Transferts culturels et histoire littéraire au moyen âge, hg. v. Ingrid Kasten, Werner Paravicini, René Pérennec (Beihefte der Francia 43) Sigmaringen 1998, S. 85–101, hier S. 100. Vgl. ebd., S. 99, Beobachtungen zu weiteren hochadligen Korrespondenzen.

[7] Vgl. dazu Cordula Nolte, Projektskizze: Studien zum familialen und verwandtschaftlichen Beziehungsnetz der Markgrafen von Brandenburg (Arbeitstitel), in: Mitteilungen der Residenzenkommission 8.2 (1998) S. 59–64.

[8] Diese Bestände wurden übrigens in den 1920er Jahren von einem Autographendiebstahl betroffen, in dessen Folge auch heute noch einige Stücke fehlen, vgl. Heinrich Otto Meisner, Die Archivdiebstähle Haucks. Tatsachen und Folgerungen, in: Archivalische Zeitschrift 3. Folge, 3. Bd., der ganzen Reihe 36. Bd. (1926) S. 178–187. Für den Hinweis auf diesen Aufsatz danke ich Herrn Dr. Lettkemann vom Geheimen Staatsarchiv Preußischer Kulturbesitz Berlin.

denburg, des Hochmeisters des Deutschen Ordens und späteren Herzogs von Preußen, mit seiner Frau Dorothea und mit seinen brandenburgischen Verwandten, darunter auch zahlreiche Autographen[9]. So sind beispielsweise 22 eigenhändige Familienbriefe aus dem Ordensbriefarchiv bei Erich Joachim teils im Wortlaut, teils als Regest wiedergegeben. Sie werden im folgenden mitberücksichtigt, wenngleich der Bearbeiter Anreden, Schlußformeln und Unterzeichnungen regelmäßig ausgelassen hat und somit wichtige Bestandteile fehlen[10].

Es sei noch einmal betont, daß angesichts des derzeitigen Arbeitsstandes die Ausführungen in diesem Beitrag noch vorläufig sind und im Laufe weiterer Untersuchungen sicherlich mannigfach differenziert werden müssen. Dies gilt besonders im Hinblick auf die Besonderheiten einzelner Briefwechsel und die individuelle Praxis einzelner Verfasser, die zugunsten allgemeinerer Aussagen im Rahmen eines ersten Überblicks notwendigerweise vernachlässigt werden. Die Forschung bietet bis dato nur verstreute Bau-

---

[9] Vgl. die Hinweise auf Eigenhändigkeit in: Regesta historico-diplomatica Ordinis S. Marie Theutonicorum 1198-1525, Pars I: Index Tabularii Ordinis S. Mariae Theutonicorum. Regesten zum Ordensbriefarchiv Vol. 3: 1511-1525, hg. v. Erich Joachim u. Walther Hubatsch, Göttingen 1973. Korrespondenzen des Ordensbriefarchivs verarbeitet Christine Schuchard, Preußen - Franken - Rom. Der Briefwechsel zwischen Hochmeister Albrecht von Brandenburg und seinen Brüdern Johann Albrecht und Gumprecht, in: Schriftkultur und Landesgeschichte. Studien zum südlichen Ostseeraum vom 12. bis zum 16. Jahrhundert, hg. v. Matthias Thumser (Mitteldeutsche Forschungen 115) Köln-Weimar-Wien 1997, S. 219-239. Auf sämtlichen Beständen aus Königsberg basieren die Arbeiten von Walther Hubatsch, Peter Gerrit Thielen und Iselin Gundermann. Von Hubatschs Werken war mir nur zugänglich: Albrecht von Brandenburg-Ansbach (wie Anm. 1). Peter Gerrit Thielen, Die Kultur am Hofe Herzog Albrechts von Preußen (1525-1568) (Göttinger Bausteine zur Geschichtswissenschaft 12) Göttingen 1953. Iselin Gundermann, Herzogin Dorothea von Preußen. 1504-1547 (Studien zur Geschichte Preußens 9) Köln 1965. Gundermanns Werk erhielt ich erst nach Manuskriptschluß. Ihre Ergebnisse wurden soweit wie möglich noch eingearbeitet. Vgl. besonders S. 48ff., 173ff.

[10] Erich Joachim, Die Politik des letzten Hochmeisters in Preußen Albrecht von Brandenburg, 3 Teile (Publicationen aus den K. Preußischen Staatsarchiven 50, 58, 61) Leipzig 1892, 1894, 1895, Nachdruck Osnabrück 1965, vgl. die Vorbemerkung S. VIII. Die meist knappen Hinweise auf Autographen in den in Anm. 9 genannten Werken sowie dort abgedruckte einzelne Briefe werden nicht mitgezählt. Die folgenden beiden Werke wurden mir erst nach Manuskriptschluß zugänglich: Urkundenbuch zur Reformationsgeschichte des Herzogthums Preußen, 3 Bde., hg. v. Paul Tschackert (Publicationen aus den K. Preußischen Staatsarchiven 43-45) Leipzig 1890, Nachdruck Osnabrück 1965. Die hier (Bd. 2) regestierten eigenhändigen Familienbriefe finden sich, von vier aus Königsberg stammenden Stücken abgesehen, in den von mir ausgewerteten Beständen (GStA Berlin, BPH). Christel Krämer, Beziehungen zwischen Albrecht von Brandenburg-Ansbach und Friedrich II. von Liegnitz. Ein Fürstenbriefwechsel 1514-1547. Darstellung und Quellen (Veröffentlichungen aus den Archiven Preußischer Kulturbesitz 8) Köln-Berlin 1977. Darin sind nach Angabe Krämers, S. 8, nur wenige Autographen der beiden verschwägerten Fürsten enthalten.

steine, die noch keine übergreifende Synthese erlauben. Grundlegend sind etwa Ingeborg Klettke-Mengels Studien zur Korrespondenz Elisabeths von Braunschweig-Lüneburg und Albrechts von Preußen, die vor allem von Elisabeth zu einem beträchtlichen Teil eigenhändig geführt wurde[11]. Jedoch ist zu bedenken, daß diese Korrespondenz erst 1547 einsetzte, also einen späteren Stand der Entwicklung repräsentiert. Für die hier untersuchte Zeit bietet Reinhard Stauber Aufschlußreiches über eigenhändige Briefe und Urkunden Herzog Georgs des Reichen von Bayern-Landshut[12]. Iselin Gundermann zählt rund 120 erhaltene Autographen der Herzogin Dorothea von Preußen, darunter über 100 an ihren Ehemann Albrecht, und wertet diese hinsichtlich Dorotheas Persönlichkeit aus[12a]. Margarete Köfler gibt Hinweise auf die zum Teil eigenhändig verfaßte Korrespondenz Eleonores von Schottland, der ersten Frau Herzog Sigmunds von Österreich[13]. Ernst Friedlaender schließlich hat einige Autographen von Fürstinnen ediert[14].

Das hier festzustellende Desiderat betrifft nicht nur die Frage der Eigenhändigkeit, sondern mittelalterliche Fürstenbriefe überhaupt. Zwar lieferte

---

[11] Ingeborg Klettke-Mengel, Aktenkundliche Untersuchungen an der Korrespondenz zwischen Elisabeth von Braunschweig-Lüneburg und Albrecht von Preußen, in: Dies., Fürsten und Fürstenbriefe. Zur Briefkultur im 16. Jahrhundert an geheimen und offiziellen preußisch-braunschweigischen Korrespondenzen (Studien zur Geschichte Preußens 38) Köln-Berlin 1986, S. 24-66; erstmals erschienen in: Archivalische Zeitschrift 48 (1953) S. 121-158). Dies., Die Sprache in Fürstenbriefen der Reformationszeit, untersucht am Briefwechsel Albrechts von Preußen und Elisabeths von Braunschweig-Lüneburg (Studien zur Geschichte Preußens 19) Köln-Berlin ²1976. Vgl. auch die Einleitung zur Edition des Briefwechsels von Ingeborg Mengel, Elisabeth von Braunschweig-Lüneburg und Albrecht von Preußen. Ein Fürstenbriefwechsel der Reformationszeit (Göttinger Bausteine zur Geschichtswissenschaft 13/14. Veröffentlichungen der Historischen Kommission für Niedersachsen, 12a Geschichte des Hannoverschen Klosterfonds, Beiband) Göttingen-Frankfurt/M.-Berlin 1954, S. XV-XLI

[12] Reinhard Stauber, Herzog Georg von Bayern-Landshut und seine Reichspolitik. Möglichkeiten und Grenzen reichsfürstlicher Politik im wittelsbachisch-habsburgischen Spannungsfeld zwischen 1470 und 1505 (Münchener Historische Studien, Abt. Bayerische Geschichte 15) Kallmünz 1993, S. 809-814. Vgl. auch die Hinweise bei Walsh, Deutschsprachige Korrespondenz (wie Anm. 5) passim.

[12a] Gundermann, Herzogin Dorothea (wie Anm. 9), v. a. S. 173ff. Die eigenhändige Korrespondenz des Paares setzt in der Brautzeit 1525/26 ein.

[13] Eleonore von Schottland, in: Margarete Köfler, Silvia Caramelle: Die beiden Frauen des Erzherzogs Sigmund von Österreich-Tirol (Schlern-Schriften 269) Innsbruck 1982, S. 15-114, hier S. 89f.

[14] Ernst Friedlaender, Briefe fürstlicher Frauen aus dem Hohenzollernhause, in: Hohenzollern-Jahrbuch 1 (1897) S. 113-125. Auch Frida Sauter hat u. a. Autographen herangezogen: Herzogin Sabine von Wirtemberg, in: Zeitschrift für württembergische Landesgeschichte 8 (1944-48) S. 298-355. Vgl. ferner Heinrich Koller, Zur Bedeutung der eigenhändigen Briefe Kaiser Friedrichs III., in: Geschichte der Zentraljustiz in Mitteleuropa. Festschrift Diestelkamp, hg. v. Friedrich Battenberg u. Filippo Ranieri, Weimar-Köln-Wien 1994, S. 119-129.

Georg Steinhausen mit dem ersten Band seiner „Geschichte des deutschen Briefes" und seiner Edition von Fürstenbriefen im Rahmen der „Deutschen Privatbriefe" grundlegendes Material, das Gottfried Petzsch unter anderem im Hinblick auf die Charakteristika fürstlicher Briefe auswertete, und Felix Priebatsch stellte mit der dreibändigen „Politischen Correspondenz" Kurfürsten des Albrecht Achilles einen noch längst nicht ausgeschöpften Fundus an Quellen zur Verfügung[15]. Dennoch steigt erst in jüngster Zeit das Interesse an fürstlichen Korrespondenzen im Zusammenhang mit einer allgemeinen „Renaissance der Brieffforschung"[16]. Diese Renaissance bringt neue Fragen mit sich, etwa nach dem Anteil von Mündlichkeit und Schriftlichkeit in der spätmittelalterlichen Briefkommunikation[17], und ist wesentlich verknüpft mit der Untersuchung sozialer Beziehungen innerhalb bestimmter Gruppen, darunter auch adlige und königliche Familien[18].

[15] Georg Steinhausen, Geschichte des deutschen Briefes. Zur Kulturgeschichte des deutschen Volkes. Erster und zweiter Teil in einem Band, Berlin 1889 u. 1891. Gottfried Petzsch, Über Technik und Stil der mittelhochdeutschen Privatbriefe des 14. und 15. Jahrhunderts, phil. Diss. Greifswald 1913, S. 8ff. Politische Correspondenz des Kurfürsten Albrecht Achilles, 3 Bde., hg. v. Felix Priebatsch (Publicationen aus den K. Preußischen Staatsarchiven 59, 67, 71) Leipzig 1894–1898. Nur summarisch sei vermerkt, daß für die Zeit nach 1500 Editionen in sehr viel größerer Zahl vorliegen.

[16] Heinz-Dieter Heimann, Mittelalterliches Briefwesen und moderne Schreibmedienkultur. – Praxis und Tagungsthematik, in: Kommunikationspraxis und Korrespondenzwesen im Mittelalter und in der Renaissance, hg. v. dems. in Verbindung mit Ivan Hlaváček, Paderborn u. a. 1998, S. 9–15, hier S. 12.

[17] Teuscher, Bernische Privatbriefe (wie Anm. 4) S. 364f., 372ff. Franz-Josef Felten, Kommunikation zwischen Kaiser und Kurie unter Ludwig dem Bayern (1314–1347). Zur Problematik der Quellen im Spannungsfeld von Schriftlichkeit und Mündlichkeit, in: Kommunikationspraxis, hg. v. Heinz-Dieter Heimann (wie Anm. 16) S. 51–89.

[18] Grundlegend: Roger Sablonier, Die aragonesische Königsfamilie um 1300, in: Emotionen und materielle Interessen. Sozialanthropologische und historische Beiträge zur Familienforschung, hg. von Hans Medick u. David Sabean (Veröffentlichungen des Max-Planck-Instituts für Geschichte 75) Göttingen 1984, S. 282–317. Vgl. außerdem Katherine Walsh, Verkaufte Töchter? Überlegungen zu Aufgabenstellung und Selbstwertgefühl von in die Ferne verheirateten Frauen anhand ihrer Korrespondenz, in: Jahrbuch des Vorarlberger Landesmuseumsvereins 135 (1991) S. 129–144. Dies., Deutschsprachige Korrespondenz (wie Anm. 5). Claudia Märtl, Aus dem Familienbriefwechsel eines bayerischen Adelsgeschlechts im 15. Jahrhundert, in: Regensburg und Ostbayern. Max Piendll zum Gedächtnis, hg. v. Franz Karg, Kallmünz 1991, S. 71–89. Hannelore Böcker, Margaretha, Markgräfin von Brandenburg, Herzogin von Pommern und Fürstin von Rügen, in: Fürstinnen und Städterinnen. Frauen im Mittelalter, hg. v. Gerald Beyreuther, Barbara Pätzold, Erika Uitz, Freiburg-Basel-Wien 1993, S. 190–211. Reinhard Seyboth: Neustadt an der Aisch als Residenz der Kurfürstenwitwe Anna von Brandenburg 1486–1512, in: Streiflichter aus der Heimatgeschichte, hg. vom Geschichts- und Heimatverein Neustadt an der Aisch, o. Bd. (1990) S. 9–35. Schuchard, Preußen (wie Anm. 9). Ebba Severidt, Familie und Politik: Barbara von Hohenzollern, Markgräfin von Brandenburg (1423–1481), in: Innsbrucker Historische Studien 16/17 (1995/1997) S. 1–25. Dies., Struktur (wie Anm. 6). Vgl. die Vorstellung der drei Wiener Projekte von Beatrix Bastl u. Gernot Heiß, darunter vor

Auch in meinem Beitrag steht die Frage nach den Beziehungen zwischen den Korrespondenten im Mittelpunkt. Ausgehend von Beobachtungen, daß Korrespondenzen Beziehungskonstellationen spiegeln und Aufschluß über bestimmte Aspekte sozialer Beziehungen geben[19], soll untersucht werden, ob Autographen, verglichen mit Kanzleibriefen, besondere Aussagekraft hinsichtlich der Beziehungen zwischen Absender und Empfänger haben. Dies scheint vor dem Hintergrund einer größtenteils mit Kanzleibriefen geführten Briefkommunikation naheliegend. Bei jedem einzelnen Autograph stellt sich die Frage, warum der Absender entgegen der üblichen Praxis beschloß, eigenhändig zu schreiben. Zwar wird es nur selten möglich sein, die jeweiligen äußeren Umstände zu rekonstruieren (also herauszufinden, ob kein Kanzleischreiber zur Hand war, ob der Brief unterwegs, auf Reisen oder heimlich zustandekam usw.) und das individuelle Motiv eindeutig nachzuweisen. Immerhin läßt sich aber feststellen, wer wem eigenhändig schrieb und welche Funktionen Autographen generell in der Kommunikation hatten. Darum soll es im folgenden gehen. Briefinhalte kommen dabei nur so weit zur Sprache, als sie naturgemäß mit der Intention der Verfasser und der Funktion von Briefen in Zusammenhang stehen[20]. Die Inhalte von Autographen unterscheiden sich im übrigen nicht grundsätzlich von den in Kanzleibriefen mitgeteilten. Keineswegs sind besonders intime oder persönliche Themen eigenhändigen Briefen vorbehalten[21]. Auch die besondere Qualität der einzelnen Autographen als individuelle Zeugnisse ist, wie schon gesagt, nicht vorrangig Gegenstand der Untersuchung, da dazu Detailuntersuchungen einzelner Briefe und Briefwechsel in ihrem Gesamtkontext vonnöten sind, wie sie exemplarisch Ingeborg Klettke-Mengel durchgeführt hat. Immerhin soll hier unterstrichen werden, daß Autographen als

---

allem das Projekt „Briefe adeliger Frauen. Beziehungen und Bezugssysteme" durch Beatrix Bastl, in: Mitteilungen der Residenzenkommission 6.1 (1996) S. 14ff. Vgl. auch den Beitrag von Jörg Rogge über wettinische Familienkorrespondenz in diesem Band. Jürgen Herold (Greifswald) arbeitet zur Zeit an einer Dissertation mit dem Arbeitstitel „Fürstenbriefe im Spätmittelalter. Eine quellenkundliche Untersuchung zum Korrespondenzwesen des 15. Jahrhunderts am Beispiel des italienisch-deutsch-lateinischen Briefwechsels der Markgrafen von Mantua mit verwandten nordalpinen Fürstenhäusern".

[19] Mathias Beer, Ehealltag im späten Mittelalter. Eine Fallstudie zur Rekonstruktion historischer Erfahrungen und Lebensweisen anhand privater Briefe, in: Zeitschrift für württembergische Landesgeschichte 53 (1994) S. 101–123, hier S. 109. Teuscher, Bernische Privatbriefe (wie Anm. 4) S. 360, 366.

[20] Vgl. zum Zusammenhang zwischen Intention und Thema Karl Ermert, Briefsorten. Untersuchungen zu Theorie und Empirie der Textklassifikation (Reihe Germanistische Linguistik 20) Tübingen 1979, S. 82f.

[21] Dies mag im Einzelfall anders sein, vgl. die Beobachtungen zur Korrespondenz Elisabeths von Braunschweig-Lüneburg bei Klettke-Mengel, Aktenkundliche Untersuchungen (wie Anm. 11) S. 26.

vom Absender selbst formulierte und niedergeschriebene Dokumente unabhängig vom Inhalt in höherem Maß individuelle Zeugnisse für seine Person sind als Kanzleibriefe[22]. Bei Kanzleibriefen ist es schwierig festzustellen, inwieweit der Absender auf die Wortwahl und die stilistische Gestaltung Einfluß genommen hat, ob er wörtlich diktiert oder nur Stichworte vorgegeben hat. Wenn etwa Kurfürstin Anna von Brandenburg sich ihrem Mann gegenüber entschuldigt, daß sie ihm nicht eigenhändig schreibt, und zugleich versichert, der Inhalt des Briefs entspreche völlig ihren Anweisungen, so legt dies zwar sehr genaue Vorgaben, vielleicht sogar ein mehr oder weniger wörtliches Diktat nahe; dennoch könnte der Schreiber bzw. die Schreiberin bei den Formulierungen im einzelnen durchaus noch Spielraum gehabt haben[23]. Dagegen melden sich die Verfasser von Autographen ohne die dazwischen geschaltete Instanz eines Schreibers unmittelbar zu Wort. Wir haben wirklich ihre individuelle Handhabung der Schriftsprache, ihren eigenen Stil, vor uns und erhalten sogar Aufschluß über ihre gesprochene Sprache, da sich dialektale Besonderheiten auch in den Briefen niederschlagen. Daneben gibt das Schriftbild Aufschluß über die Persönlichkeit des Verfassers: Es dokumentiert – neben seiner in den Formulierungen greifbaren sprachlichen und stilistischen Kompetenz – einen weiteren Aspekt seines Bildungsstandes, nämlich seine Geübtheit im technischen Vorgang des Schreibens[24], und kann unter Umständen sogar Anhaltspunkte für seine momentane psychische oder körperliche Verfassung (Erregung, Hast, Krankheit, altersbedingte Hinfälligkeit) und seine aktuellen Lebensumstände liefern, vor allem bei Personen, von denen Briefe aus verschiedenen Lebensphasen erhalten sind[25]. Für tiefergehende Untersuchungen dieser individuellen Aspekte kann ich an dieser Stelle nur auf mein laufendes Projekt verweisen.

Ich möchte nun zunächst mein Untersuchungsmaterial vorstellen, dann einen Überblick über innere und äußere Charakteristika fürstlicher Autographen im Verhältnis zu Kanzleibriefen geben und schließlich die bereits formulierten Fragen behandeln, wer wem schrieb, welche Funktionen ei-

---

[22] Vgl. Klettke-Mengel, Einführung zu: Fürsten und Fürstenbriefe (wie Anm. 11) S. 1–8, hier S. 5.

[23] Anna hat ihrem Mann vormals eigenhändig geschrieben, doch er hat darauf nicht geantwortet. *So mein ich, eur lieb kun meiner schrifft nicht lessen, darumb hab ichs ein anders lassen schreiben, wen es nichts anders darff schreiben ader dareinsezen, wen was ichs heiß. Ich mein, eur lieb kun dy geschrift paß lessen, wen meine, wen ich gar poße schrifft schreib.* 12. Febr. (1475), Steinhausen, Privatbriefe (wie Anm. 3) S. 133, Nr. 189. Vgl. zur Schreiberin in Annas Diensten Anm. 38.

[24] Vgl. zur Handschrift Herzog Georgs des Reichen im Vergleich mit der „gelehrter" Fürsten Stauber, Herzog Georg (wie Anm. 12) S. 811.

[25] Vgl. Klettke-Mengel, Sprache (wie Anm. 11) S. 17.

genhändige Briefe hatten und was sie über die Beziehungen zwischen Absender und Empfänger aussagen. Vorab noch eine kurze Bemerkung zu den Eckdaten des Untersuchungszeitraums: Das Anfangsdatum 1470 ergibt sich zwangsläufig daraus, daß von den hier behandelten Autographen keine mit Gewißheit in die Zeit vor 1470 datiert werden können (vgl. zu Datierungsproblemen weiter unten). Das Enddatum 1530 wurde gewählt, weil es den Einbezug einer dritten Generation nach den ab 1470 vertretenen Generationen des Kurfürsten Albrecht Achilles und seiner Söhne ermöglicht. Allerdings ist damit nicht die gesamte, über 1530 hinaus weitergeführte Korrespondenz der zu diesem Zeitpunkt noch lebenden Mitglieder dieser dritten Generation erfaßt. Von dem langjährigen Briefwechsel zwischen Markgraf Georg und seinem Bruder Albrecht von Preußen beispielsweise wird hier nur ein Teil berücksichtigt.

Die Beobachtungen dieses Beitrags basieren auf 228 eigenständigen Briefen. (Eigenhändige Zusätze bzw. Zettel zu Kanzleibriefen sind also in dieser Zahl nicht enthalten.) 22 davon sind, wie erwähnt, bei Erich Joachim ediert bzw. regestiert und von ihm als eigenhändige Ausfertigungen (20) bzw. eigenhändige Konzepte kenntlich gemacht[26]. 198 weitere Briefe habe ich in den Archiven zu Berlin, Nürnberg, Bamberg und Dresden als eigenhändige Ausfertigungen identifiziert, ferner sechs als Kopien von eigenhändigen Ausfertigungen, einen als eigenhändiges Konzept. Für eine weitere eigenhändige Ausfertigung liegt ein eindeutiger Beleg (Kanzleivermerk samt Inhaltsangabe) vor. Es handelt sich in allen Fällen um Familienbriefe[27]. Darunter verstehe ich sowohl die Korrespondenzen zwischen den Mitgliedern der fürstlichen Familie im engeren Sinn (etwa zwischen Eltern und Kindern sowie Geschwistern) als auch Briefe, die zwischen Verwandten innerhalb des größeren dynastischen Verbands und mit angeheirateten Verwandten (z. B. Cousinen/Cousins, Schwägerinnen/Schwagern, Schwiegertöchtern und -söhnen und Schwiegereltern) ausgetauscht wurden. Eine so weitgefaßte Definition birgt zwar das Problem geringer Aussagekraft und verschwimmender Konturen, ist bei entsprechender Binnendifferenzierung jedoch immer noch am ehesten zur Kategorisierung dieser Briefe geeignet. Den Begriff „Privatbrief" verwende ich nicht, da er voraussetzt, daß Ab-

---

[26] Joachim, Politik (wie Anm. 10). In dem von mir gesichteten Material kommen eigenhändige Konzepte bis auf eine Ausnahme nicht vor. Ebensowenig finden sich Kanzleikonzepte für eigenhändige Ausfertigungen. Es ist daher anzunehmen, daß Autographen in der Regel ohne vorangehendes Konzept ausgefertigt wurden. Herzog Albrecht von Preußen allerdings schrieb etliche Konzepte mit eigener Hand. Vgl. zu allgemeinen Merkmalen der markgräflichen Korrespondenz Felix Priebatsch, Die brandenburgische Kanzlei im Mittelalter, in: Archivalische Zeitschrift, Neue Folge 9 (1900) S. 1–27, hier S. 22ff.

[27] Die Zahl der von mir gefundenen eigenhändigen Fürstenbriefe an Nichtverwandte, etwa an Mitglieder des Hofpersonals, ist sehr klein.

sender und Empfänger in privaten Rollen handeln[28]. Dies ist bei Fürstenbriefen um 1500 nicht gegeben, auch wenn gelegentlich das persönliche Moment gegenüber anderen Aspekten der Rollen und der Partnerbeziehung stärker hervortritt und durchaus neben eher offiziellen auch persönlichere, intimere Handlungsbereiche, Beziehungs- und Kommunikationsebenen erkennbar sind. Als ein äußerliches Indiz dafür, daß Absender und Empfänger in dezidiert nicht-offiziellen Rollen auftreten, könnte der Verzicht auf Titel (bzw. den Titelersatz *etc.*) sowohl bei der Anrede als auch bei der Unterschrift geltend gemacht werden. Das findet sich in dem hier untersuchten Material jedoch äußerst selten, etwa in einem schlicht mit *Elß* unterzeichneten Brief der nach Württemberg verheirateten Markgräfin Elisabeth an ihren Vater, in dem dieser ohne Fürstentitel als *hercz lieber her vnd vater* angesprochen wird[29]. Im übrigen ist eine Klassifizierung allein anhand solch äußerer Kriterien wenig überzeugend; der Verzicht auf den eigenen Titel etwa könnte auch Devotion signalisieren. Hinzuzufügen ist, daß auch eine Einteilung der fürstlichen Autographen in Handschreiben und Privatbriefe aufgrund aktenkundlicher Kriterien, wie sie Ingeborg Klettke-Mengel in Anlehnung an Heinrich Otto Meisner vornimmt, wenig praktikabel erscheint, da die Grenzen allzu fließend sind[30].

Der Aufbau und die äußere Form der Autographen lassen sich knapp wie folgt charakterisieren. Wie bei Kanzleibriefen folgt der Aufbau auch hier in der Regel dem traditionellen fünfteiligen Schema (salutatio, exordium, narratio, petitio, conclusio), wie es durch die mittelalterlichen lateinischen Brieflehren und die seit dem späteren 15. Jahrhundert entstehenden deutschsprachigen Briefsteller vorgegeben wird[31]. Der Gruß ist in eine Erbietungs-

---

[28] Ermert, Briefsorten (wie Anm. 20) S. 75ff., 175. Dies entspricht der Definition von Steinhausen, der erkannte, daß sich der Inhalt nicht zur Kategorisierung eignet, vgl. seine Einleitung zu den Deutschen Privatbriefen (wie Anm. 3) S. VIIf.: „Privatbriefe, wie ich sie hier herausgebe, sind nicht Briefe, die von privaten Angelegenheiten handeln, sondern zur Bestimmung des Begriffes gehört auch das Moment, daß sie vom Absender, sei dieser nun Fürst oder Ritter, als Privatmann an den Empfänger ebenfalls als Privatmann gerichtet sind." Vgl. Teuscher, Bernische Privatbriefe (wie Anm. 4) S. 366, zu der hier implizierten „Grenzziehung zwischen Lebensbereichen, die um 1500 höchstens ansatzweise auseinanderdifferenziert waren." Vgl. zur Frage, ob ein Fürst jemals „privat" sprechen kann, Severidt, Struktur (wie Anm. 6) S. 21.
[29] Ohne Datum, GStA Berlin, BPH, Rep. 27 W 57, Bl. 89.
[30] Klettke-Mengel, Einführung zu: Fürsten und Fürstenbriefe (wie Anm. 11) S. 2. Dies., Aktenkundliche Untersuchungen (wie Anm. 11) S. 28.
[31] Vgl. Reinhard M. G. Nickisch, Die Stilprinzipien in den deutschen Briefstellern des 17. und 18. Jahrhunderts. Mit einer Bibliographie zur Briefschreiblehre (1474–1800) (Palaestra 254) Göttingen 1969, S. 21ff., 245ff. Darauf basierend Regine Metzler, Zur Textsorte Privatbrief in der ersten Hälfte des 16. Jahrhunderts, in: Untersuchungen zur Pragmatik und Semantik von Texten aus der ersten Hälfte des 16. Jahrhunderts, hg. v. Rudolf Grosse (Linguistische Studien, Reihe A, Arbeitsberichte 168) Berlin 1987, S. 1–74, hier S. 16ff.

formel eingekleidet (*muterlich lib vnd treu zuuor*[32]. *was ich in hercz lieb vnd gucz vermag, sey allczeit mit euch geteilt*[33]. *kintliche lieb vnd drev alczeit zuuor*[34]), auf die die Anrede folgt. Im Gegensatz zu Kanzleibriefen fehlt diese Erbietung im 16. Jahrhundert öfter, vor allem seit den 1520er Jahren, so daß der Brief direkt mit der Anrede eröffnet wird (vor allem in Korrespondenzen unter Brüdern). Dies läßt ihn etwas lockerer wirken. Die Anreden sind bei vielen Autographen nicht anders gestaltet als in Kanzleibriefen, d. h. die Adressaten werden zunächst als 'hochgeborener Fürst' bzw. als 'hochgeborene Fürstin' angesprochen, bevor die Verwandtschaftsbezeichnung, die bekanntlich nicht immer dem tatsächlichen Verwandtschaftsverhältnis entspricht, folgt, also etwa: 'Hochgeborener Fürst, freundlicher lieber Bruder'. Allerdings wird die formelle Anrede als 'hochgeborener Fürst' bzw. 'hochgeborene Fürstin' im Lauf der Zeit häufiger weggelassen, so daß der Ton weniger offiziell wirkt. Frauen verwenden in Autographen bei der Anrede, oft auch im Kontext, bevorzugt das Epitheton „herzlieb", manchmal auch „herzliebst" oder gar „herzallerliebst", was dem Schreiben einen betont herzlichen Charakter verleiht. Es scheint sich hier um ein Spezifikum eigenhändiger Frauenbriefe, vor allem von Bittbriefen, zu handeln, denn die Verfasserinnen gehen in ihren Kanzleibriefen deutlich sparsamer mit diesen Epitheta um, und Männer verwenden sie nur äußerst selten[35].

Während die weiteren Elemente des Dispositionsschemas sich in Autographen und Kanzleibriefen nicht grundsätzlich unterscheiden, weisen die Autographen zu Beginn des Untersuchungszeitraums beim Datum ein auffälliges Merkmal auf: Das Datum fehlt im Gegensatz zu Kanzleibriefen fast immer. Manchmal beschränkt es sich auf den Heiligen- bzw. Festtag, wäh-

---

Als älteste deutsche Brieflehre gilt derzeit die „Deutsche Rhetorik" Friedrichs von Nürnberg vom Jahr 1468, vgl. Franz Josef Worstbrock, Friedrich von Nürnberg, in: Die deutsche Literatur des Mittelalters. Verfasserlexikon 2 (1980) Sp. 953–957, hier Sp. 956.

[32] Kurfürstin Anna an ihren Sohn Markgraf Friedrich, ohne Datum, GStA Berlin, BPH, Rep. 27 T² 4, o. Fol., gedruckt bei Steinhausen, Privatbriefe (wie Anm. 3) S. 294, Nr. 431.

[33] Elisabeth von Württemberg, geborene Markgräfin von Brandenburg, an ihren Neffen Casimir, ohne Datum, GStA Berlin, BPH, Rep. 41 I W⁵ 2b, Bl. 54.

[34] Markgraf Friedrich an seinen Vater Albrecht Achilles, 6. Nov. 1483, Staatsarchiv Nürnberg, Rep. 103 a III, (Geheimregistratur), Bamberger Zugang 39, Bl. 41. Regest bei Priebatsch, Politische Correspondenz 3 (wie Anm. 15) S. 283, Nr. 985.

[35] Vgl. Jörg Rogges Beitrag in diesem Band zu den eigenhändigen Briefen der Herzogin Sidonie von Sachsen an ihren Sohn Georg: In ihren Schreiben mit durchwegs appellativer Funktion (Bitten, Ermahnungen, Aufforderungen) redet sie Georg als *herzallerlibste[n] son* an. Vgl. als Beispiel für einen Männerbrief mit ungewöhnlich zärtlicher Anrede (*freuntlicher liber bruder vnd hertzsausterbeltzs [herzauserwähltes?] libs puleyn*) das eigenhändige Schreiben Markgraf Johanns an seinen älteren Bruder Georg vom 30. März 1525, GStA Berlin, BPH, Rep. 41 V¹ Joh. 2, Bl. 46ff. Der Brief ist unterzeichnet *Hans dein bruder vnd pulein*.

rend das Jahr nicht genannt wird. Dies ändert sich aber von den 1490er Jahren an zusehends, bis in den 1520er Jahren das Datum fast ausnahmslos mitgeteilt wird. Auch der Ausstellungsort fehlt anfangs häufig und wird erst im Lauf der Zeit regelmäßig angegeben. Das Fehlen dieser beiden Elemente macht die chronologische Einordnung von Autographen oft schwierig, hier hilft nur der Gesamtkontext weiter[36]. Bei der Unterschrift dominieren zwei Grundformen, die sich beide von den in Kanzleibriefen üblichen Unterschriften mit vollem Titel unterscheiden: erstens die Nennung des eigenen Namens samt Titel, wobei einige oder alle Worte abgekürzt werden bis auf die Anfangsbuchstaben (*A. m. z. B.*: Anna Markgräfin zu Brandenburg) und oft ein *etc.* auf den vollen Titel verweist (*F. m. z. B. etc.*); zweitens die Nennung des Namens und der Verwandtschaftsbeziehung zum Adressaten (Courtoisie) (*Ameley ewr gnaden dochter. Casimir dein bruder*[37]), gegebenenfalls mit einer Gehorsamsbeteuerung, wenn der Absender bzw. die Absenderin dem Empfänger untergeordnet ist (*Casimirus ewern gnaden gehorsamer sonn*). Auch hier wird der volle Titel häufig durch *etc.* ersetzt (*Georg dein brvder etc.*) oder er wird abgekürzt oder ganz weggelassen. Die Unterzeichnung ist also gewöhnlich formloser als in Kanzleibriefen[38]. Die Autographen tragen in der Regel eine ebenfalls eigenhändig geschriebene Adresse samt Zustellvermerk „zu eigenen Händen", meistens nach dem Muster „dem hochgeborenen Fürsten und Herrn, Herrn Albrecht Markgraf zu Brandenburg, Kurfürst, meinem herzlieben Herrn und Vater gehört der Brief in seine Hand", wie es auch Kanzleibriefen entspricht. Bis ins

---

[36] Da ich beim gegenwärtigen Stand der Arbeit noch nicht genügend Briefe aufgrund des Gesamtkontextes exakt datieren kann, wären nähere statistische Aussagen zur quantitativen Zunahme im Untersuchungszeitraum noch verfrüht. Festzuhalten ist aber, daß seit den 1490er Jahren die Zahl der Autographen deutlich zunimmt und daß im 16. Jahrhundert die Kurve steil ansteigt.

[37] Das in diesen Formulierungen evozierte Verwandtschaftsverhältnis braucht, wie erwähnt, nicht der tatsächlichen Verwandtschaftsbeziehung zu entsprechen. Die Selbstbezeichnung als „dein Bruder" eignet sich unter Männern auch als Zeichen freundschaftlicher Verbundenheit. Herzog Wilhelm von Bayern etwa ließ am 24. Jan. 1517 einen Kanzleibrief an Markgraf Casimir aufsetzen, in dem er diesen formell mit *Ewr lieb* anredete. Den Brief unterzeichnete er eigenhändig als *dein brewder*. GStA Berlin, BPH, Rep. 41 II E 4, Bl. 22. Auch unter leiblichen Brüdern signalisierte man in Kanzleibriefen mit einer solchen eigenhändigen Unterzeichnung persönliche Nähe und geschwisterliche Verbundenheit, vgl. die Briefe Markgraf Johanns an seinen Bruder Casimir vom 27. Juni 1519 und vom 18. Nov. 1521, GStA Berlin, BPH, Rep. 41 I V¹ Joh. 2, Bl. 28-29, Bl. 31-34.

[38] Allerdings finden sich auch in Kanzleibriefen abgekürzte Unterschriften, zumindest in Briefen der Kurfürstin Anna an ihren Mann, GStA Berlin, BPH, Rep. 27 T² 3, Bl. 3-5 (die Unterschriften scheinen nicht eigenhändig zu sein). Bl. 3, ein Schreiben vom 23. Febr. (1475), ist gedruckt bei Steinhausen, Privatbriefe (wie Anm. 3) S. 134, Nr. 191. Dort ist dem Brief ein Zettel zugeordnet, dem man entnehmen kann, daß Anna eine Schreiberin beschäftigte.

16. Jahrhundert hinein beglaubigen die Verfasser ihren engen Angehörigen gegenüber nur selten, daß sie den Brief mit eigener Hand geschrieben haben. Unter entfernteren und angeheirateten Verwandten hielt man eine solche Versicherung offenbar eher für nötig. In den 1520er Jahren pflegen die Markgrafen von Brandenburg dann jedoch auch unter Brüdern Vermerke wie *datum mein hant* hinzuzufügen. Häufig geht diese Beglaubigung mit einem Hinweis auf die Schreibsituation einher, wie eingangs erwähnt. Dabei überwiegt bei weitem der Vermerk, daß der Brief *eilentz, in ayl, fast eylents* geschrieben wurde. Er reflektiert wohl vor allem die Unregelmäßigkeit der Postbeförderung, die es geraten scheinen ließ, jede Gelegenheit zur Kommunikation zu nutzen, d. h. einem ohnehin mit einem Bündel von Briefen aufbrechenden Boten rasch noch ein Schreiben mitzugeben[39]. Gegenüber dem stereotypen *eilentz*-Vermerk ist ein Zusatz wie *pey eytler finster in einem weiche pet geschrieben* aussagekräftiger über die individuelle Situation des Absenders[40]; er zeigt auch eine gewisse persönliche Nähe zum Adressaten an, die hier vielleicht zum Abweichen von der üblichen Formel zugunsten einer offeneren, vertraulicheren Formulierung geführt hat[41].

Hinsichtlich der Anrede mit 'Du' oder 'Ihr' bzw. 'Euer Lieb'[42] unterschieden Autographen sich in den Jahren nach 1470 zunächst nicht wesentlich von Kanzleibriefen, d. h. die Anrede mit 'Ihr' oder 'Euer Lieb' dominierte. In Kanzleibriefen war es üblich, rangniedrigere, gehorsamspflichti-

---

39 Vgl. Markgräfin Susanne an ihren Schwager Georg am 26. Juni 1529: *Ich kan e. l. nit mer schrayben, der pot eylt zw ser*. GStA Berlin, BPH, Rep. 41 II T 1, o. Fol.

40 Markgraf Sigmund an seinen Bruder Markgraf Friedrich, ohne Datum, GStA Berlin, BPH, Rep. 28 J 4, Bl. 1. Vgl. auch die scherzhafte Bemerkung Herzog Albrechts von Preußen gegenüber seinem Schwager Herzog Christian am 8. Juli 1526: „Wo e l den brieff nicht wol werden lesen kunnen, geben e l solcheß irer swester [Herzogin Dorothea von Preußen, C. N.] schult, den sy hat mich dy nacht nicht schlaffen wellen lassen, hab ich geschlaffen, do ich den briff gelesen (Albrecht meint wohl „geschrieben") hab". Zitiert nach Gundermann, Herzogin Dorothea (wie Anm. 9) S. 59, von der auch der Einschub in runden Klammern stammt.

41 Nach Klettke-Mengel, die zwischen Handschreiben und Privatbrief unterscheidet, ist der Vermerk *eilentz mein hant* in den Handschreiben Elisabeths von Braunschweig-Lüneburg die offizielle Versicherung der Eigenhändigkeit. Zusätze wie *mit grosser eil* finden sich aber auch in den Privatbriefen. Diese enthalten auch individuellere Bemerkungen wie *datum Munden mit vil threnen geschriben*. Klettke-Mengel, Aktenkundliche Untersuchungen (wie Anm. 11) S. 28, 41.

42 Vgl. dazu Gustav Ehrismann, Duzen und Ihrzen im Mittelalter, in: Zeitschrift für deutsche Wortforschung 1 (1901) S. 117-149, 2 (1902) S. 118-159, 4 (1903) S. 210-248, 5 (1903-04) S. 126-220. Nina Janich, Höflichkeit und Streit in Briefen. Die Varsberg-„Fehde" der Elisabeth von Nassau-Saarbrücken, in: Historische Soziolinguistik des Deutschen III. Sprachgebrauch und sprachliche Leistung in sozialen Schichten und soziofunktionalen Gruppen. Internationale Fachtagung Rostock/Kühlungsborn 15.-18.9.1996, hg. v. Gisela Brandt (Stuttgarter Arbeiten zur Germanistik 351) Stuttgart 1997, S. 95-110.

ge, untergeordnete Adressaten zu duzen (dazu gehörten auch die eigenen Kinder und die eigene Ehefrau). Dieser Aspekt kam in den untersuchten eigenhändigen Familienbriefen nicht zum Tragen, da solche nur an Gleich- bzw. Höherpositionierte in der Familienhierarchie gerichtet wurden. Dieses Phänomen wird weiter unten noch behandelt. Im Lauf der Untersuchungszeit wird das Duzen in Autographen zumindest unter männlichen Briefpartnern, soweit sie ranggleich sind, gebräuchlicher. In den 1520er Jahren reden die markgräflichen Brüder Casimir, Johann und Georg einander in ihren eigenhändigen Briefen regelmäßig mit 'Du' an, während ihre anderen Brüder und Angehörigen in der Regel auch in Autographen die formellere Form weiterverwenden. In Kanzleibriefen hielt man auch unter Familienmitgliedern an der Anrede mit 'Ihr' bzw. 'Euer Lieb' fest. Wollte man solch einem offiziellen Schreiben eine persönlichere Note geben, so schloß man einen eigenhändigen Nachtrag oder Zettel an, in dem man zum vertraulichen 'Du' übergehen konnte[43]. Das Duzen war also eigenhändigen Passagen vorbehalten, erfolgte jedoch nicht zwingend. Die Selbstbezeichnung des Absenders mit 'Ich' oder 'Wir' verweist in Verbindung mit dem Duzen und Ihrzen ebenfalls auf Ranggleichheit bzw. -ungleichheit der Korrespondenten. Wer sich selbst im Singular bezeichnet und den Adressaten mit 'Euer Lieb' anredet, signalisiert Respekt und Unterordnung. Dies gilt im Prinzip sowohl für Autographen als auch für Kanzleibriefe. Allerdings nehmen die Absender in Briefen an ein und denselben Adressaten nicht unterschiedslos dieselbe Haltung ihm gegenüber ein. Vielmehr variieren sie, je nachdem ob sie eigenhändig schreiben oder nicht und welche Intention sie verfolgen, ihre Position bzw. betonen situationsentsprechend Aspekte der Gleichrangigkeit oder des Gefälles. Die verwitwete Kurfürstin Anna etwa spricht ihren Sohn Friedrich mit 'Euer Lieb' an und bezeichnet sich selbst in Autographen im Singular, in Kanzleibriefen im Plural[44]. Ebenso verfährt die mit dem Herzog von Teschen verheiratete Markgräfin Anna in Briefen an ihren Bruder Georg[45]. In beiden Fällen dürfte für die bescheidene Selbstbezeichnung im Singular mitbestimmend gewesen sein, daß hier Frauen eigenhändig an Männer schrieben und daß es sich um Bittbriefe handelte. Unter gleichrangigen Männern ist in Autographen zunächst die Selbstbezeichnung im Plural üblich, doch ändert sich dies zu Beginn des

---

[43] Vgl. Markgraf Casimir an seinen Bruder Markgraf Georg, 21. Okt. 1524: Anrede mit E[uer] l[ieb] im Kanzleibrief, duzend im eigenhändigen Zusatz. GStA Berlin, BPH Rep. 41 II J 1, o. Fol.

[44] Vgl. den Kanzleibrief vom 25. März 1493, GStA Berlin, BPH, Rep. 27 T² 4, o. Fol. Ebd. Autograph ohne Datum (Archivvermerk: 5. März 1494).

[45] Kanzleibrief vom 25. Nov. 1524, GStA Berlin, BPH, Rep. 41 I W³ Nr. 4. Autograph vom 21. März 1530 an Georg und Albrecht, ebd., Rep. 41 I W³ Nr. 3.

16. Jahrhunderts. Brüder, Cousins und Schwager jedenfalls gehen in Autographen untereinander zur Ich-Form über, unabhängig davon, ob sie den Adressaten duzen oder ihrzen. Die Selbstbezeichnung im Singular in Verbindung mit dem Ihrzen korrespondiert hier nicht mit Unterordnung und Bescheidenheit, drückt vielleicht immerhin aber besondere Höflichkeit aus[45a].

Es war also mittels eigenhändiger Briefe möglich, auf einer weniger offiziellen, persönlicheren Ebene zu kommunizieren. Darüber hinaus konnte man vermittels Autographen betonte Höflichkeit, Bescheidenheit bis hin zur Unterordnung zeigen, indem man Selbstbezeichnungen verwendete, die in Kanzleibriefen nicht üblich waren. Insgesamt ist bei Anreden, Ehrwörtergebrauch und Selbstbezeichnungen festzuhalten, daß im allgemeinen Autographen wie auch Kanzleibriefe die für die jeweilige Briefart geltenden Konventionen befolgten, daß zugleich aber bei beiden beträchtlicher individueller Spielraum bestand. Selbst innerhalb einzelner Briefe kam uneinheitlicher Gebrauch vor, vermutlich vor allem in Zeiten des Übergangs zu neueren Umgangs- und Kommunikationsformen[46]. Vielleicht deuten diese Schwankungen aber auch an, daß das Korsett der Umgangsformen nicht ganz so fest geschnürt war, wie seitens der (älteren) Briefforschung häufig angenommen wird. Die Autographen erweisen sich generell als etwas lockerer im Umgang mit Formen, sind aber bei weitem nicht formlos. Die meisten tragen bis weit ins 16. Jahrhundert hinein noch Spuren offizieller Züge, beispielsweise Titelabkürzungen bis hin zum stellvertretenden *etc.*

Nachdem bereits wiederholt Absender und Empfänger im Zusammenhang mit Aspekten des Rangs und des Geschlechts angesprochen wurden, sollen diese Personen nun näher vorgestellt werden. Die hier untersuchten 228 Autographen stammen von 42 Personen: 20 Frauen und 22 Männern, wobei auf die Frauen 101 und auf die Männer 127 Briefe entfallen. An der Spitze stehen Markgraf Casimir mit 37 und Markgräfin Elisabeth, verheiratet mit Eberhard dem Jüngeren von Württemberg, mit 30 Briefen, genauer gesagt mit 31 Briefen, da von Elisabeths Hand ein Schreiben unter dem Namen ihrer Mutter überliefert ist[47]. Auf diese beiden folgen ebenfalls wie-

---

[45a] Vgl. Gundermann, Herzogin Dorothea (wie Anm. 9) zu den eigenhändigen Briefen Herzogin Dorotheas von Preußen an ihren Mann Albrecht: Dorothea bezeichnet sich selbst im Singular und adressiert Albrecht als e[uer] l[ieb].

[46] Vgl. den Wechsel zwischen Ich und Wir in Kanzleibriefen des Albrecht Achilles an seine Frau Anna vom 16. April (1475) und 18. Mai (1475), Steinhausen, Privatbriefe (wie Anm. 3) S. 143f., Nr. 201, 202. Markgraf Georg wechselt seinem Bruder Albrecht gegenüber sogar in einem Satz zwischen Du und Ihr, Autograph vom 31. Juli 1521, Joachim, Politik 3 (wie Anm. 10) S. 160, Nr. 24.

[47] Schreiben Annas an ihren Sohn Markgraf Friedrich, ohne Datum, GStA Berlin, BPH, Rep. 27 T² 4, o. Fol.

der ein Mann und eine Frau: der Hochmeister des Deutschen Ordens und spätere Herzog von Preußen Albrecht (19 Briefe, davon drei eigenhändige Konzepte[48]) und Elisabeths Schwester Amalie, die Ehefrau Caspars von Pfalz-Zweibrücken-Veldenz (16 Briefe). An dritter Stelle stehen Kurfürst Joachim I. mit 12 und Markgräfin Dorothea, Äbtissin im Klarissenkloster zu Bamberg, mit 11 Briefen. Von allen anderen Personen sind im Untersuchungsmaterial weniger als jeweils 10 Briefe vorhanden, von einigen sogar nur je ein Brief. Frauen und Männer sind unter den Schreibenden also in recht ausgewogenem Verhältnis vertreten. Der relativ hohe Anteil von schreibenden Frauen mag nicht überraschen: Bis ins 16. Jahrhundert waren Briefe *das* schriftliche Medium, dessen sich Frauen bedienten, bevor sie zunehmend auch andere, pragmatische und literarische Texte verfaßten[49]. Außerdem gestalteten einige fürstliche Frauen politische Beziehungen vermittels eben dieses Mediums wesentlich mit[50]. Unter den Empfängern von Autographen finden sich dagegen deutlich mehr Männer als Frauen. Gegenüber dreizehn Männern treten nur drei Frauen als Adressatinnen in Erscheinung, und von diesen erhielt nur Kurfürstin Anna mehr als einen Brief (nämlich acht)[51]. Diese Relation entspricht nicht der Präsenz von Frauen und Männern unter den Adressaten in der gesamten Briefkommunikation, wenngleich auch hier Männer überwiegen. Sie impliziert auch nicht, daß Frauen einseitig Briefe von eigener Hand schrieben, ohne Antworten zu

---

[48] In Bezug auf Albrecht sei noch einmal daran erinnert, daß in diesem Aufsatz nicht alle für ihn einschlägigen Archivbestände ausgewertet sind.

[49] Vgl. zum Platz von Frauen in der spätmittelalterlichen Briefkultur Gabriela Signori, Frauengeschichte/Geschlechtergeschichte/Sozialgeschichte. Forschungsfelder – Forschungslücken: eine biographische Annäherung an das späte Mittelalter, in: Lustgarten und Dämonenpein. Konzepte von Weiblichkeit in Mittelalter und Früher Neuzeit, hg. v. Annette Kuhn u. Bea Lundt, Ebersbach 1997, S. 29–53, hier S. 37. Elisabeth von Braunschweig-Lüneburg (1510–1558) hinterließ neben Prosawerken und Lyrik zahlreiche Briefe, die nach Klettke-Mengel „an Umfang und Qualität die bedeutendste Sammlung fürstlicher Privatbriefe in frühneuhochdeutscher Zeit" darstellen, vgl. Einführung zu: Fürsten und Fürstenbriefe (wie Anm. 11) S. 7. Übrigens hatte Elisabeth vermutlich Unterricht bei dem Orthographen Fabian Frangk genossen, vgl. Klettke-Mengel, Sprache (wie Anm. 11) S. 34f., 48ff.

[50] Die Bedeutung von Fürstinnenkorrespondenz etwa im Vorfeld politischer Entscheidungen unterstrich Katrin Keller in ihrem Vortrag: Kurfürstin Anna (1532–1585) – „Gynäkokratie" am Dresdner Hof? beim 6. Symposium der Residenzenkommission der Akademie der Wissenschaften zu Göttingen zum Thema: Das Frauenzimmer. Die Frau bei Hofe in Spätmittelalter und Früher Neuzeit, Dresden, 26.-29. Sept. 1998 (Tagungsband in Vorbereitung). Vgl. auch die in Anm. 18 genannten Studien von Ebba Severidt.

[51] Vgl. zu Dorothea von Preußen als einer vierten, in meinem Material indes nicht auftauchenden Empfängerin Thielen, Kultur (wie Anm. 9) S. 17, sowie Gundermann, Herzogin Dorothea (wie Anm. 9), S. 48ff. 199. Das bei Thielen gedruckte eigenhändige Schreiben Herzog Albrechts von Preußen an seine Braut ist die Antwort auf ein Autograph Dorotheas, vgl.dazu auch Hubatsch, Albrecht von Brandenburg-Ansbach (wie Anm. 1) S. 150.

bekommen – sie erhielten nur eben meistens Kanzleibriefe zurück statt eigenhändiger Briefe. Hier macht sich das bereits kurz erwähnte Phänomen bemerkbar, daß fürstliche Korrespondenten bevorzugt Angehörige mit eigenhändigen Schreiben bedachten, die ihnen in der familialen Rangordnung zumindest gleichgestellt waren. Die Korrespondenzen spiegeln also die Strukturen des familialen und verwandtschaftlichen Beziehungsnetzes. Wer im Mittelpunkt des Beziehungsgefüges steht, über Einfluß verfügt und maßgebliche Entscheidungen trifft, erhält die meisten eigenhändigen Briefe[52]. Die meisten Autographen gehen daher an männliche Familienoberhäupter: 38 Briefe an Albrecht Achilles, in der folgenden Generation 66 an seinen Sohn Friedrich, der sich nach dem Tod des Vaters für reichspolitische und dynastische Belange der Markgrafen engagierte, während sein älterer Stiefbruder, Kurfürst Johann, in erster Linie die Interessen der Mark Brandenburg im Auge hatte[53]. Nachdem Friedrich von seinen Söhnen abgesetzt worden war, traten die älteren unter ihnen (Casimir, Georg, Albrecht) als Regenten entsprechend auch vorrangig als Adressaten von Autographen in Erscheinung, wobei ihre Korrespondenz untereinander einen großen Teil dieser Schreiben ausmacht[54]. Betrachtet man die Beziehungen zwischen Absendern und Adressaten näher, so bestätigt sich der Befund, daß Autographen an „wichtige" Personen geschrieben werden, die in der Familienhierarchie dem Absender übergeordnet und entsprechend einflußreicher sind oder zumindest gleichen Rang beanspruchen können. So gehen 27 Briefe von Töchtern und neun von Söhnen an ihre Väter, während keiner der Väter seinem Kind eigenhändig schreibt. Fünf Briefe von Töchtern und drei Briefe von Söhnen sind an die Mütter adressiert. Umgekehrt gehen zwar acht Briefe der verwitweten Kurfürstin Anna an ihren Sohn Friedrich, doch von den Töchtern erhält keine ein eigenhändiges Schreiben der Mutter. 46 Briefe werden von Schwestern an ihre Brüder geschrieben und sechs von Frauen an ihre Schwager, doch umgekehrt enthält das Material keine von Männern an ihre Schwestern bzw. Schwägerinnen adressierten Autographen. Albrecht Achilles erhielt von seinem Schwiegersohn Caspar von Pfalz-Zweibrücken-Veldenz neben Kanzleibriefen sieben eigenhändige Briefe, er versandte seinerseits stets Kanzleibriefe. Zwischen Brüdern wiederum

---

[52] Vgl. Severidt, Struktur (wie Anm. 6) S. 159, zu Familienoberhäuptern als Adressaten in der (nicht-eigenhändigen) mantuanischen Familienkorrespondenz.

[53] Vgl. Reinhard Seyboth: Die Markgraftümer Ansbach und Kulmbach unter der Regierung Markgraf Friedrichs des Älteren (1486-1515) (Schriftenreihe der Historischen Kommission bei der Bayerischen Akademie der Wissenschaften 24) Göttingen 1985, S. 42ff.

[54] Auf Georg entfallen 47 Schreiben (einige weitere sind unsicher), auf Casimir 30, auf Albrecht 16. Drei weitere Autographen sind an Georg und Albrecht gemeinsam gerichtet. Vgl. zu Friedrichs Absetzung und zur Regierung der Brüder Seyboth, Markgraftümer (wie Anm. 52) S. 405ff.

wurden 67 eigenhändige Schreiben gewechselt, wobei auch hier Gleichheit bzw. Ungleichheit zwischen älteren und jüngeren Brüdern eine wesentliche Rolle spielt[55], zwischen Schwagern rund zehn. (Die weiteren Beziehungslinien fallen zahlenmäßig kaum ins Gewicht.) Bei diesen Zahlen ist allerdings zu bedenken, daß noch nicht alle Bestände auswertet sind und daß mit Überlieferungsverlusten zu rechnen ist. So liegen mir zwar dank dreier Briefe Markgräfin Sophias an ihren Mann Friedrich eigenhändige Briefe einer Frau an ihren Ehemann vor[56], doch umgekehrt keine Briefe von Ehemännern an ihre Frauen, obwohl es solche gab. Markgraf Casimir etwa nahm seiner Frau gegenüber darauf Bezug, daß er ihr bestimmte Nachrichten *zuuor mermals mit aigner hand auch geschribenn* hatte, fühlte sich momentan jedoch durch Krankheit am Schreiben gehindert[57]. Insgesamt entspricht die Verteilung eigenhändiger Korrespondenzen dem Aufbau des Beziehungsgefüges, in dem Frauen gegenüber Männern, Kinder gegenüber Eltern, Schwestern gegenüber Brüdern, jüngere Brüder gegenüber älteren Brüdern nach- bzw. untergeordnet sind, wobei sich die Relationen je nach Lebensphasen und damit einhergehendem Statuswandel ändern können. So finden sich eigenhändige Schreiben jugendlicher Söhne an ihre Mütter, während ein erwachsener Sohn als Regent eher seinerseits von der verwitweten Mutter mit Autographen bedacht wird, auf die er wiederum mit Kanzleibriefen antwortet[58].

Diese Beobachtungen zur Symmetrie bzw. Asymmetrie zwischen den Kommunikationspartnern verweisen auf die Funktionen von Autographen. Ich habe eingangs bereits erwähnt, daß eigenhändige Briefe besondere Aufmerksamkeit und Wertschätzung signalisierten, nicht zuletzt wegen der

---

[55] Vgl. zur Ungleichheit zwischen Brüdern Schuchard, Preußen (wie Anm. 9) S. 223.

[56] Das bei Friedlaender, Briefe (wie Anm. 14), als Nr. 3 gedruckte und als Autograph bezeichnete Schreiben Kurfürstin Annas an ihren Mann war nicht auffindbar. Der Orthographie nach zu urteilen ist es nicht eigenhändig. Vgl. zu den Briefen Dorotheas von Preußen an ihren Mann Gundermann, Herzogin Dorothea (wie Anm. 9), v. a. S. 173ff.

[57] 15. Sept. 1527, GStA Berlin, BPH, Rep. 41 II K 1, o. Fol.: *vnnd wollen wir e. l., ob gott will, zum schierstenn vff alle articckel, so vns e. l. nechst bey disem bottenn geschribenn hatt, mit aigner hand antwortt gebenn*. Vgl. auch den bei Thielen, Kultur (wie Anm. 9), im Faksimile wiedergegebenen Brief Albrechts von Preußen an seine Braut Dorothea sowie die Regesten Nr. 462 und 694
bei Tschackert, Urkundenbuch (wie Anm. 10) Bd. 2, S. 158, 233f.

[58] Markgraf Friedrich an seine Mutter Anna, 19. Okt. 1482, Sächsisches Hauptstaatsarchiv Dresden, Loc. 4331, Nr. 12, Bl. 236, gedruckt bei Steinhausen, Privatbriefe (wie Anm. 3) S. 250, Nr. 371. Markgraf Albrecht an seine Mutter Sophia, *nach den andern sontag in der heiligen fasten* (1505), GStA Berlin, BPH, Rep. 42 I J 1, o. Fol. Die eigenhändigen Briefe Annas an Friedrich fast alle ebd., Rep. 27 T² 4, o. Fol. Vgl. zur Korrespondenz der verwitweten Fürstinnen Margarethe und Sidonie von Sachsen (nur Sidonie schrieb ihrem Sohn eigenhändig) den Beitrag von Jörg Rogge in diesem Band.

damit verbundenen persönlichen Mühe des Verfassers. Deutlich wurde auch die Möglichkeit, durch bescheidene Selbstbezeichnungen in Kombination mit Ehrwörtern zusätzliche Höflichkeit an den Tag zu legen. Die Absicht, ein Zeichen besonderer Verbindlichkeit zu setzen, Respekt zu bezeigen, dürfte ein wesentliches Motiv bei der Entscheidung für Eigenhändigkeit gewesen sein. Demgegenüber liegt bei dem hier untersuchten Material der Wunsch nach Geheimhaltung durch die Umgehung der Kanzlei seltener zugrunde, wenngleich er einzelne Korrespondenzen durchaus bestimmte[59]. Hochwichtige Angelegenheiten versuchte man mündlich zu regeln anstatt sie Schriftstücken anzuvertrauen, d. h. der Bote erhielt entsprechende Instruktionen oder man bat, wenn selbst dies zu heikel schien, den Adressaten um eine persönliche Zusammenkunft[60]. Eine gewisse Rolle spielte auch die besondere Glaubwürdigkeit, die den mit eigener Hand übermittelten Inhalten zukam[61]. Sie dürfte einige der mehrfach ausgesprochenen Bitten bzw. Aufforderungen, mit eigener Hand zu schreiben, veranlaßt haben[62]. Übrigens war mit zunehmender Selbstverständlichkeit eigenhändigen Schreibens[63] den Absendern klar, daß ihre Adressaten auch unausgesprochen Autographen wünschten oder gar erwarteten. Dieses Bewußtsein spricht aus den im 16. Jahrhundert häufigen Entschuldigungen, die mit Krankheit, Schwäche, Arbeitsbelastung, Zeitmangel *vnnser vilfeltigen gescheft halber* begründen sollten, warum man einen Kanzleischreiber beauftragt hatte statt selbst zur Feder zu greifen[64]. Wer zur Niederschrift eines vollständigen Briefs keine Zeit hatte oder den offiziellen Charakter wahren wollte, konn-

---

[59] Vgl. etwa die Korrespondenz der nach Pfalz-Zweibrücken-Veldenz verheirateten Markgräfin Amalie mit ihren Eltern Albrecht Achilles und Anna, GStA Berlin, BPH, Rep. 27 W 26 sowie 27 W 27. Vgl. auch Stauber, Herzog Georg (wie Anm. 12) S. 810, zu Schenkungen, die der Herzog seiner Geliebten eigenhändig verschrieb.

[60] Kurfürstin Anna an ihren Sohn Markgraf Friedrich, Schreiben von der Hand ihrer Tochter Elisabeth, ohne Datum, GStA Berlin, BPH, Rep. 27 T² 4, o. Fol.

[61] Vgl. das beruhigende Schreiben Herzog Ernsts von Sachsen an seinen Vater und seinen Onkel nach einem Unfall. Sie sollen sich durch übertriebene Gerüchte über seinen angeblich gefährlichen Gesundheitszustand nicht in Sorge versetzen lassen und, so ein eigenhändiger Zettel, in Bezug auf seine Nachricht *ganzen glouben haben, des ich euch mit disser meiner hantschrifft also versicher*. 17. Aug. 1481, Steinhausen, Privatbriefe (wie Anm. 3) S. 236f., Nr. 353.

[62] Kurfürst Albrecht Achilles an seine Frau Anna: *Und schreib uns allwegen selbst mit deiner hendt, hastu doch die weyl wol*. 26. Dez. 1474, Steinhausen, Privatbriefe (wie Anm. 3) S. 129, Nr. 181.

[63] Vgl. etwa die bei Joachim, Politik (wie Anm. 10) wiedergegebenen Briefe: Von 43 Familienbriefen sind 22 Autographen.

[64] Vgl. etwa Albrecht von Preußen an seinen Bruder Casimir, 17. Mai 1526, GStA Berlin, BPH, Rep. 42 I J 2, Bl. 151.

te, wie erwähnt, mit einem eigenhändigen Zusatz immer noch ein persönlicheres Zeichen setzen.

Der besondere Zeichencharakter eigenhändiger Briefe steht in Verbindung mit der appellativen Funktion, die in der Briefkommunikation um 1500 gegenüber anderen Funktionen (narrativen, expressiven etc.) zu dominieren scheint[65]. Das Bitten, die Aufforderung zum Handeln, die Partnermotivierung liegt als eigentliche Intention einer Vielzahl der Schreiben zugrunde. Ablesbar ist dies nicht nur an den überlieferten Briefen selbst, sondern auch an der Brieflehre Fabian Frangks von 1531, die die Bitte „normativ zum Kernstück einer brieflichen Mitteilung erhebt" (Teuscher), ja „Brief" geradezu mit „Bittschrift" gleichsetzt: *Denn die Bitt ist der grunt / das gemüt / hertz vnd wesen / darauff alles schreiben / ... / erbawet vnd gerichtet ist / Weil kein Brieff zum andern geschrieben / darinne nicht ettwas geheissen odder gefordert wird*[66]. Die von mir ausgewerteten Autographen bestätigen die besondere Rolle von Bitten. In über der Hälfte der 228 Schreiben werden Bitten ausgesprochen: dringendes Ersuchen um Hilfe in schwierigen Lebenslagen, Bitten um Nachricht oder um eine Zusammenkunft, um Ratschläge oder um Fürbitte bei Dritten, gelegentlich auch um Geschenke oder Leihgaben. Der Stellenwert der Bitten innerhalb der Briefe ist unterschiedlich, und es wäre näher zu untersuchen, wieviele Schreiben als Bittbriefe im engeren Sinn zu charakterisieren sind, d. h. als Briefe, „die eine dominante Sprechhandlung des Bittens enthalten"[67]. Zu überprüfen wäre vorab auch, ob die Funktion des Bittens in Autographen insgesamt stärker ins Gewicht fällt als in Kanzleibriefen, ob also der Anteil von Bittbriefen hier noch größer ist. Dies erscheint naheliegend, da Autographen als Zeichen von Ehrerbietung und Aufmerksamkeit sich besonders gut zum Transport von Bitten eigneten. Mit der eigenen Handschrift verliehen die Verfasser ihrem Anliegen mehr Gewicht und unterstrichen seine Dringlich-

---

[65] Vgl. zu den Grundfunktionen von Briefen Reinhard M. G. Nickisch, Brief (Sammlung Metzler 260) Stuttgart 1991, S. 12ff. Ermert, Briefsorten (wie Anm. 20) S. 69ff. Metzler, Textsorte (wie Anm. 31) S. 33ff. Klettke-Mengel, Einführung zu: Fürsten und Fürstenbriefe (wie Anm. 11) S. 5. Teuscher, Bernische Privatbriefe (wie Anm. 4) S. 363ff., 374ff., 383ff., ebd. auch zum Überwiegen der appellativen Funktion in Berner Privatbriefen um 1500.

[66] Fabian Frangk, Ein Cantzley und Titel büchlin / Darinnen gelernt wird / wie man Sendebriefe förmlich schreiben / vnd einem jdlichen seinen gebürlichen Titel geben sol [...], Wittenberg 1531, Nachdruck Hildesheim–New York 1979 (Documenta Linguistica. Quellen zur Geschichte der deutschen Sprache des 15. bis 20. Jahrhunderts. Reihe IV. Deutsche Grammatiken des 16. bis 18. Jahrhunderts) ohne Folio- bzw. Seitenangabe. Vgl. Teuscher, Bernische Privatbriefe (wie Anm. 4) S. 377.

[67] Helmut Ebert, Bemerkungen zur Syntax frühneuhochdeutscher Bittbriefe, in: Neuere Forschungen zur historischen Syntax des Deutschen. Referate der Internationalen Fachkonferenz Eichstätt 1989, hg. v. Anne Betten, Tübingen 1990, S. 224–238, hier S. 224.

keit. Zugleich korrespondiert der sprachliche Aufwand mit der Dringlichkeit der Bitte[68]. Diese wird im Lauf des Schreibens mehrfach wiederholt – daher auch die Tendenz der Bittbriefe zu relativer Länge – oder überaus flehentlich vorgebracht.

In dem von mir untersuchten Corpus stammen die meisten Schreiben, die als Bittbriefe im eigentlichen Sinn bezeichnet werden können, von Frauen, vor allem die besonders inständig appellierenden. Die Verfasserinnen verfolgen eine doppelte rhetorische Strategie: Unter Klagen über ihre Situation prägen sie dem Adressaten ein, daß sie allein von ihm „Trost" und „Zuflucht" (so die einschlägigen Stichworte) zu erwarten haben. Mit ausgesprochen herzlichen, gelegentlich geradezu zärtlichen Anreden sowie Beschwörungen der gegenseitigen Verbundenheit geben sie diesem Appell zusätzlichen Nachdruck[69]. All dies verleiht den Briefen eine intensivere emotionale Färbung und Expressivität, die zu untersuchen lohnenswert wäre[70]: Handelt es sich hier um ein mehr oder weniger festgelegtes Formenvokabular, um an Emotionen „appellierende Sprachformeln"[71]? Einige Formulierungen erweisen sich als feststehend, einzelne, immer wiederkehrende Begriffe verweisen zeichenhaft auf bestimmte Situationen und Erfahrungen. Wird das Vokabular individuell unterschiedlich angewendet, haben bestimmte Gruppen eigene Stile „literarisierter Emotionalität"[72]? Welche

---

[68] Vgl. Ibid., S. 236.
[69] Vgl. Markgräfin Margarethe, Äbtissin zu Hof, an ihr *hercze libes bruderlein* Markgraf Friedrich, dem gegenüber sie ihre *gancz demutig herczlich freundlich bit* wiederholt. Als ihr *einiges libes bruderlein* möge er ihrer beider vertrauensvollen Beziehung gedenken, die sie bisher hatten *vnd ob got wil haben welen, dy weil wir leben*. 23. Nov. 1508, GStA Berlin, BPH, Rep. 27 W 21, o. Fol.
[70] Es ist zu überlegen, inwieweit die Ergebnisse Gerd Althoffs über „öffentliche Emotionen" auf den brieflichen Kommunikationsstil übertragen werden können: Empörung, Tränen, Zerknirschung. „Emotionen" in der öffentlichen Kommunikation des Mittelalters, in: Frühmittelalterliche Studien 30 (1996) S. 60–79. Ders., Der König weint. Rituelle Tränen in öffentlicher Kommunikation, in: „Aufführung" und „Schrift" in Mittelalter und früher Neuzeit, hg. v. Jan-Dirk Müller, Stuttgart–Weimar 1996, S. 239–252. Vgl. die Kritik Michael Borgoltes, Der König weint fürs Publikum. War Konrad III. lediglich ein großer Tragöde? Gerd Althoffs positivistischer Zweifel an den Berichten über mittelalterliche Emotionen, in: Frankfurter Allgemeine Zeitung, 21. Juni 1997, S. 41. Vgl. ferner Cordula Nolte, „Ir seyt ein frembs weib, das solt ir pleiben, dieweil ihr lebt". Beziehungsgeflechte in fürstlichen Familien des Spätmittelalters, in: Geschlechterdifferenz im interdisziplinären Gespräch. Kolloquium des Interdisziplinären Zentrums für Frauen- und Geschlechterstudien an der Ernst-Moritz-Arndt Universität Greifswald, hg. v. Doris Ruhe, Würzburg 1998, S. 11–41, hier S. 33.
[71] Joachim Knape, „Empfindsamkeit" in Mittelalter und Früher Neuzeit als Forschungsproblem. Eine Bestandsaufnahme, in: Liebe in der deutschen Literatur des Mittelalters. St. Andrews-Colloquium 1985, hg. v. Jeffrey Ashcroft, Dietrich Huschenbett, William Henry Jackson, Tübingen 1987, S. 221–242, hier S. 238.
[72] Ibid., S. 222ff.

Schlüsse sind möglich auf die individuelle Lebenssituation, die persönliche Beziehung zwischen der Verfasserin und dem Adressaten und ihre jeweilige Rollen? Sehr aufschlußreich ist in diesem Zusammenhang der Briefwechsel zwischen dem Kurfürstenpaar Albrecht Achilles und Anna und ihrer Tochter Amalie sowie deren Ehemann, Caspar von Pfalz-Zweibrücken-Veldenz, der seitens der jungen Leute eigenhändig geführt wurde[73]. Vor allem Amalies Schreiben, die fast durchwegs Bittbriefe und Hilferufe angesichts schwerer Konflikte in der Schwiegerfamilie sind, lassen erkennen, wie bestimmte Situationen individuell wahrgenommen und erfahren werden, wie dieses Erleben artikuliert und welche Erwartungen den Adressaten entgegengebracht werden. Parallelen dazu finden sich in der Korrespondenz der Paola Gonzaga, Markgräfin von Mantua und Ehefrau des Grafen Leonhard von Görz, mit ihrem Bruder Federico als dem Oberhaupt der Gonzaga. Innerhalb der ansonsten weitgehend mittels Kanzleibriefen unterhaltenen Familienkorrespondenz der Gonzaga stellen Paolas eigenhändige Bitt- und Bettelbriefe – ihr Mann verweigerte ihr jegliche Zuweisungen – eine Ausnahme dar[74]. Es überrascht nicht, daß einer computerphilologischen Analyse Jürgen Herolds zufolge „bitten" (*pregare*) das in Paolas Briefen am häufigsten verwendete Verb ist[75]. Man kann hier wohl spezifische rhetorische Strategien von Frauen in Schwäche- und Abhängigkeitspositionen erkennen; zumindest sind mir keine Briefe von Männern bekannt, in denen mit vergleichbarem sprachlichen Aufwand gebeten, gebettelt, geklagt, geworben, beschworen und beteuert wird. Ob darin Anhaltspunkte für einen insgesamt spezifischen weiblichen Briefstil im Fürstenstand zu sehen sind, muß beim gegenwärtigen Untersuchungsstand noch offenbleiben; hier bedarf es weiterer Analysen einzelner Korrespondenzen[76].

---

[73] GStA Berlin, BPH, Rep. 27 W 26 und W 27. Vgl. zu Caspars Korrespondenz mit seinem Schwiegervater nach Amalies Tod Staatsarchiv Nürnberg, C 3, 201. Nur Bl. 44 ist eigenhändig.

[74] Severidt, Struktur (wie Anm. 6) S. 13, 103, 188.

[75] Vgl. Anm. 18 zu Herolds laufendem Projekt.

[76] Vgl. Severidt, Struktur (wie Anm. 6), und Herold (wie Anm. 18) zu den Markgrafen von Mantua sowie den Beitrag von Jörg Rogge in diesem Band zu den Wettinern. Jürgen Herold hat mir ferner in Bezug auf den Briefwechsel Elisabeths von Nassau-Saarbrücken mit ihrem Bruder den Hinweis gegeben, daß Elisabeths (appellierende) Briefe viel länger sind als die Schreiben des Bruders. Ich bereite eine Untersuchung der Korrespondenzen der verwitweten Landgräfin Anna von Hessen mit ihren Brüdern, den Herzögen Albrecht und Heinrich von Mecklenburg, und mit Herzog Georg von Sachsen vor. Zwischen 1510 und 1518 bat Anna in zum Teil eigenhändigen Briefen wiederholt um politische Unterstützung und Waffenhilfe im Kampf um die Landesherrschaft und die Vormundschaft für ihren Sohn. Vgl. Hans Glagau, Eine Vorkämpferin landesherrlicher Macht: Anna von Hessen, die Mutter Philipps des Großmütigen (1485–1525), Marburg 1899, S. 38, 41, 90 (Anm. 1), 96, 143, 186, 196 (Anm. 1). Hessische Landtagsakten, Bd. 1: 1508–1521, hg.

Abschließend ist noch einmal die Eingangsfrage aufzugreifen, ob fürstliche Autographen, verglichen mit Kanzleibriefen, besonders aussagekräftig sind im Hinblick auf die Beziehungen zwischen Absender und Empfänger. Von zentraler Bedeutung ist dafür die Beobachtung, daß eigenhändiger Briefe nur Adressaten gewürdigt wurden, die in Relation zum Absender einen gleichwertigen oder höheren Platz in der familialen und verwandtschaftlichen Hierarchie innehatten. Damit einher geht die Feststellung, daß viele Briefe appellative Funktion hatten und daß Autographen sich aufgrund ihres zeichenhaften Charakters besonders für regelrechte Bittbriefe eigneten. Wie man Gleich- und Höherrangigen durch eigenhändiges Schreiben besondere Aufmerksamkeit erwies, so richtete man tunlichst auch seine Bitten an diese Personen, von denen man sich am ehesten Erfüllung versprechen konnte. Das Rangverhältnis von Absender und Empfänger ist daher nach Aussage des hier untersuchten Materials derjenige Aspekt der sozialen Beziehungen, der mittels Autographen besonders beleuchtet wird. Er tritt unter der Voraussetzung zutage, daß man Autographen nicht isoliert, sondern vor dem Hintergrund der Gesamtkorrespondenz betrachtet, d. h. ihren qualitativen und quantitativen Stellenwert ermißt und im Einzelfall prüft, ob einer von zwei Kommunikationspartnern einseitig eigenhändig schreibt. Daß darüber hinaus noch weitere Aspekte sozialer Beziehungen anhand von fürstlichen Autographen besonders greifbar werden, etwa verwandtschaftliche und familiale Verbundenheit oder persönliche Nähe, darf als sicher angenommen werden. Dazu bedarf es jedoch eingehender Untersuchungen einzelner Korrespondenzbeziehungen, die im Kontext meines laufenden Projekts über das Beziehungsnetz der Markgrafen von Brandenburg noch zu leisten sind.

---

von Hans Glagau (Veröffentlichungen der Historischen Kommission für Hessen und Waldeck 2) Marburg 1901, S. 92, 94ff., 173f. (Anm. 2), 320f., 337ff., 388.

Cordula Nolte

Genealogische Übersicht über die hier untersuchten Mitglieder des Hauses Brandenburg

Die Übersicht nennt nach Generationen geordnet die Angehörigen des Hauses Brandenburg, soweit sie nicht im Kindesalter verstorben sind, mit Geburts- und Sterbejahren[77]. Personen, von denen Autographen in dieser Untersuchung verarbeitet wurden, sind **fett** gedruckt. Ehepartner der Markgrafen werden namentlich nur angeführt (ebenfalls **fett**), sofern auch von ihnen Autographen ausgewertet wurden.

1. Generation

Kinder Kurfürst Friedrichs I. (Albrecht Achilles und seine Geschwister)
Elisabeth, 1403–1449, spätere Herzogin von Liegnitz und von Teschen
Johann der Alchimist, 1406–1464
Cäcilie, ?–1449, spätere Herzogin von Braunschweig-Lüneburg
Margarethe, 1410–1465, spätere Herzogin von Mecklenburg, dann von Bayern-Ingolstadt
Magdalena, ?–1454, spätere Herzogin von Braunschweig-Lüneburg
Friedrich II., 1413–1471
Albrecht Achilles, 1414–1486, verheir. in 2. Ehe mit Herzogin **Anna von Sachsen**, 1437–1512
Dorothea, 1420–1491, spätere Herzogin von Mecklenburg
Friedrich der Fette, um 1424–1463, verh. mit Herzogin **Agnes von Pommern**, (1443? um 1434?)–1512

---

[77] Den Angaben liegen folgende Genealogien zugrunde, die in Details voneinander abweichen: Europäische Stammtafeln. Stammtafeln zur Geschichte der europäischen Staaten, begründet v. Wilhelm Karl Prinz zu Isenburg, fortgeführt v. Frank Baron Freytag von Loringhoven, Neue Folge hg. v. Detlev Schwennicke, Bd. 1: Die deutschen Staaten, Marburg 1980, Tafeln 153, 154. Günther Schuhmann, Die Markgrafen von Brandenburg-Ansbach. Eine Bilddokumentation zur Geschichte der Hohenzollern in Franken (Jahrbuch des Historischen Vereins für Mittelfranken 90) Ansbach 1980, S. 630ff. „Deutschland's Schirmpalme oder Stammbaum des Hauses Hohenzollern vom Jahre 800 bis in die Gegenwart 1881", Geheimes Staatsarchiv Preußischer Kulturbesitz Berlin, I. HA Rep. 176 VI H 370.

2. Generation

Kinder Johanns des Alchimisten
Dorothea, 1422–1495, spätere Königin von Dänemark
Barbara, 1423–1481, spätere Herzogin von Mantua
Elisabeth, 1425–1465, spätere Herzogin von Pommern

Kinder Friedrichs II.
Dorothea, 1446–1519, spätere Herzogin von Sachsen-Lauenburg
Margarethe, (um 1450)–1489, spätere Herzogin von Pommern-Wolgast

Kinder Friedrichs des Fetten
Magdalena, 1460–1496, spätere Gräfin von Hohenzollern

Kinder Albrecht Achilles'
Margarethe, 1453–1509, Äbtissin zu Hof
Ursula, 1450–1508, spätere Herzogin von Münsterberg
Elisabeth, 1451–1524, spätere Herzogin von Württemberg
Johann Cicero, 1455–1499
Friedrich der Ältere, 1460–1536, verheir. mit Prinzessin **Sophia** von Polen, 1464–1512
Amalie, 1461–1481, verheir. mit Herzog **Caspar** von Pfalz-Zweibrücken-Veldenz, 1458–1527
Barbara, 1464–1515, spätere Herzogin von Schlesien
Sibylle, 1467–1524, verheir. mit Herzog **Wilhelm IV.** von Jülich-Berg, 1455–1511
Sigmund, 1468–1495
Dorothea, 1471–1520, Äbtissin zu Bamberg
Elisabeth, 1474–1507, spätere Gräfin von Henneberg-Aschach
Anastasia, 1478–1534, verheir. mit Graf **Wilhelm IV.** von Henneberg-Schleusingen, 1478–1559

3. Generation

Kinder Johann Ciceros

Joachim I., 1484–1535, verheir. mit Prinzessin **Elisabeth** von Dänemark, 1485–1555

Anna, 1487–1514, spätere Königin von Dänemark

Ursula, 1488–1510, verheir. mit Herzog **Heinrich** dem Friedfertigen von Mecklenburg-Schwerin, 1479–1552

Albrecht, 1490–1545, Erzbischof von Mainz

Kinder Friedrichs des Älteren

Casimir, 1481–1527, verheir. mit Herzogin **Susanne** von Bayern, 1502–1543

Margarethe, 1483–1532

Georg, 1484–1543

Sophie, 1485–1537, spätere Herzogin von Liegnitz

Anna, 1487–1539, spätere Herzogin von Teschen

Albrecht, 1490–1568, Deutschordens-Hochmeister und später Herzog von Preußen, verheir. in 1. Ehe mit Prinzessin **Dorothea**[78] von Dänemark, 1504–1547

Johann, 1493–1525

Elisabeth, 1494–1518, verheir. mit Markgraf **Ernst** von Baden, 1482–1553

Barbara, 1495–1552, spätere Landgräfin von Leuchtenberg

Friedrich, 1497–1536, Dompropst in Würzburg

Wilhelm, 1498–1563, Erzbischof von Riga

Johann Albrecht, 1499–1550, Erzbischof von Magdeburg

Gumprecht, 1503–1528, Domherr in Würzburg und Bamberg

---

[78] Die von ihr überlieferten Autographen befinden sich in den hier nicht ausgewerteten Beständen aus Königsberg (heute Geheimes Staatsarchiv Preußischer Kulturbesitz Berlin).

Jörg Rogge

muterliche liebe mit ganzen truwen allecit. Wettinische Familienkorrespondenz in der zweiten Hälfte des 15. Jahrhunderts

„Keys to the doors of private life and emotionality are never easy to turn" hat Joel T. Rosenthal treffend festgestellt[1]. Wenn mit den folgenden Ausführungen dennoch versucht wird, die Schlüssel zu drehen und die Türen wenigstens einen Spalt weit zu öffnen, um einen Einblick in die familiäre Sphäre und die Gefühlswelt des Hochadels am Beispiel der Wettiner zu gewinnen, dann muß man zuerst Rechenschaft darüber ablegen, unter welcher Perspektive das Thema betrachtet werden soll. Wenn man sich – wie mit diesem Thema – auf die Schnittstelle von verschiedenen Problemkreisen begibt, dann stellen sich dementsprechend viele Fragen nach den Familienbeziehungen im engeren Sinn. Dazu zählen z. B. die Alltagsgeschichte von Frauen als Witwen und Fürstengemahlinnen, das Verhältnis von Eltern zu ihren erwachsenen Kindern und von Großmüttern zu ihren Enkeln sowie die Handlungsmöglichkeiten von (adeligen) Frauen gegenüber ihren Ehemännern – Untersuchungsfelder, die bisher vor allem für die Zeit vor dem 15. Jahrhundert erforscht worden sind[2]. Dabei wurde immer auch nach der Interde-

---

[1] Joel T. Rosenthal, Fifteenth-Century Widows and Widowhood: Bereavement, Reintegration, and Life Choises, in: Wife and Widow in Medieval England, ed. by Sue Sheridan Walker, Ann Arbor 1993, S. 33–58, hier S. 39. Auch David Herlihy, The Family and Religious Ideologies in Medieval Europe, in: Women, Family and Society in Medieval Europe. Historical Essays 1978-1991, hg. v. dems., Oxford 1995, S. 154–173, stellt S. 167f. fest, „the emotional life of the medieval familiy [is] indisputably the most elusive of subjects".

[2] George Duby, Héloise, Isolde und andere, Frankfurt/M. 1997. Ders., Mütter, Witwen, Konkubinen, Frankfurt/M. 1997. Ders., Eva und die Prediger, Frankfurt/M. 1998. Frau und spätmittelalterlicher Alltag (Veröffentlichungen des Instituts für mittelalterliche Realienkunde Österreichs 9) Wien 1986. Claudia Opitz, Frauenalltag im Mittelalter, Biographien des 13. und 14. Jahrhunderts, Weinheim ³1991. Dies., Frauenalltag im Spätmittelalter, in: Geschichte der Frauen 2, hg. v. Christiane Klapisch-Zuber, Frankfurt/M.-New York 1993, S. 283–339. Dies., Emanzipiert oder marginalisiert? Witwen in der Gesellschaft des späten Mittelalters, in: Auf der Suche nach der Frau im Mittelalter. Fragen, Quellen, Antworten, hg. v. Bea Lundt, München 1991, S. 25–48. Ursula Liebertz-Grün, Frau und Herrscherin. Zur Sozialisation deutscher Adeliger (1150–1450), Ibid., S. 165–188. Wer-

pendenz von gesellschaftlichen Verhältnissen und menschlichen Bedürfnissen gefragt[3]. Besonders im Falle von hochadeligen Familien bewegten sich persönliche und familiäre Belange im Spannungsverhältnis dieser beiden Pole. Denn die Mitglieder jeder Herrscherfamilie lebten mit dem Bewußtsein, daß eine ihrer Hauptfunktionen war, Herrschaft öffentlich zu repräsentieren. Von der Umsetzung dieser Aufgabe war ihre Lebensführung ohne Zweifel auch wesentlich geprägt[4]. Doch gab es daneben durchaus noch Bereiche des Lebens, die nicht primär dieser Aufgabe dienten. Bereiche, in denen sie sich als Eltern und Kinder, Ehepartner und Verwandte begegneten und kommunizierten; Bereiche, in denen die Grenzen zwischen Denken und Handeln in öffentlicher Funktion und engeren familiären Belangen häufig

---

ner Rösener, Die höfische Frau im Hochmittelalter, in: Curialitas. Studien zu Grundfragen der höfisch-ritterlichen Kultur, hg. v. Josef Fleckenstein (Veröffentlichungen des Max-Planck-Instituts für Geschichte 100) Göttingen 1990, S. 171–230. Margret L. King, Die Frau, in: Der Mensch der Renaissance, hg. v. Eugenio Garin, Frankfurt/M.-New York 1990, S. 282–340. Christiane Klapisch-Zuber, Die Frau und die Familie, in: Der Mensch des Mittelalters, hg. v. Jacques LeGoff, Frankfurt/M.-New York, S. 312–339. Jennifer C. Ward, English Noblewomen in the later Middle Ages, London-New York 1992. David Herlihy, The Family (wie Anm. 1). Fürstinnen und Städterinnen. Frauen im Mittelalter, hg. v. Gerald Beyreuther, Barbara Pätzold u. Erika Uitz, Freiburg 1993. Cordula Nolte, Studien zum familialen und verwandtschaftlichen Beziehungsnetz der Markgrafen von Brandenburg (Projektskizze) in: Mitteilungen der Residenzen-Kommission der Akademie der Wissenschaften zu Göttingen 8, 1998, Nr. 2, S. 59–64. Dies., „Ir seyt ein frembs weib, das solt ir pleiben, dieweil ihr lebt". Beziehungsgeflechte in fürstlichen Familien des Spätmittelalters, in: Geschlechterdifferenz im interdisziplinären Gespräch, hg. v. Doris Ruhe (im Druck). Vgl. auch die Angaben bei Röckelein, Historische Frauenforschung (wie Anm. 13).

[3] Hans-Werner Goetz, Geschichte des mittelalterlichen Alltags. Theorie – Methoden – Bilanz der Forschung, in: Mensch und Objekt im Mittelalter und in der Frühen Neuzeit. Leben – Alltag – Kultur (Veröffentlichungen des Instituts für mittelalterliche Realienkunde Österreichs 13) Wien 1990, S. 67–101, hier S. 77.

[4] Jürgen Habermas, Strukturwandel der Öffentlichkeit, Darmstadt-Neuwied [13]1982 (zuerst 1962) S. 19f. Horst Wenzel, Öffentlichkeit und Heimlichkeit in Gottfrieds „Tristan", in: Zeitschrift für deutsche Philologie 107 (1988) S. 335–361. Höfische Repräsentation: das Zeremoniell und die Zeichen, hg. v. Hedda Ragotzky, Horst Wenzel, Tübingen 1990. Thomas Zotz, Präsenz und Repräsentation. Beobachtungen zur königlichen Herrschaftspraxis im hohen und späten Mittelalter, in: Herrschaft als soziale Praxis. Historische und sozial-anthropologische Studien, hg. v. Alf Lüdtke (Veröffentlichungen des Max-Planck-Instituts für Geschichte 91) Göttingen 1991, S. 168–194. Werner Paravicini, Alltag bei Hofe, in: Alltag bei Hofe, hg. v. dems. (Residenzenforschung 5) Sigmaringen 1995, S. 9–30. – Einen fulminanten Auftakt zur Befreiung des Begriffspaars „öffentlich/privat" aus dem Turm der Habermasschen Deutung und zu seiner Operationalisierung für die deutsche Mittelalterforschung bietet Peter von Moos, Die Begriffe „öffentlich" und „privat" in der Geschichte und bei den Historikern, in: Saeculum 49 (1998) S. 161–192, besonders S. 179f. Ders., Das Öffentliche und das Private im Mittelalter. Für einen kontrollierten Anachronismus, in: Das Öffentliche und Private in der Vormoderne, hg. v. Gert Melville u. Peter von Moos (Norm und Struktur 10) Köln-Weimar- Wien 1998, S. 3–83.

verwischt waren. Einen Einblick in die familiäre Sphäre erlauben die Äußerungen von Dynastiemitgliedern im Rahmen von persönlicher bzw. intimer Kommunikation untereinander, soweit sie in schriftlicher Form, in den meisten Fällen als Brief, geführt worden ist. Diesen Überlegungen entsprechend stehen im Mittelpunkt der folgenden Darstellung „Privatbriefe" von Mitgliedern der wettinischen Dynastie[5]. Ab der Mitte des 15. Jahrhunderts erweitert sich nämlich für die Erforschung der angesprochenen Fragen und Probleme als Folge der zunehmenden Verschriftlichung die Materialbasis, weil die Kommunikation mit Briefen – auch zwischen den Dynastiemitgliedern der Wettiner – zunahm. Auf der Grundlage der Briefe eröffnet sich die

---

[5] Die Bezeichnung „Privatbrief" wird gemeinhin als Gegensatz zu den Briefen der politischen Korrespondenz verwendet. In formaler Hinsicht wird mit dem Begriff in der Mittelalterforschung die weder päpstlich-curiale noch kasierlich-königliche Korrespondenz bezeichnet. Eine eindeutige Unterscheidung zwischen den Briefsorten ist in der Praxis nicht möglich, weil auch in Briefen mit überwiegend persönlichen Äußerungen nicht selten auch politische Aspekte angesprochen werden. Unter „Privatbriefe" wird dennoch in unserem Zusammenhang die Korrespondenz subsumiert, welche überwiegend familiäre oder persönliche Belange und Befindlichkeiten betraf. Rolf Köhn, Dimensionen und Funktionen des Öffentlichen und Privaten in der mittelalterlichen Korrespondenz, in: Das Öffentliche und Private (wie Anm. 4) S. 309–357, hier S. 334 spricht vom „alltäglichen, vertraulichen Brief". Eine systematische inhaltliche Auseinandersetzung mit den Fürstenbriefen in der zweiten Hälfte des 15. und zu Beginn des 16. Jahrhunderts ist bisher ein Desiderat der Forschung. Hartmut Hoffmann, Zur mittelalterlichen Brieftechnik, in: Spiegel der Geschichte. Festgabe für Max Braubach, hg. v. Konrad Repgen, Stephan Skalweit, Münster 1964, S. 141–170 behandelt die Zeit um 1200 und beschäftigt sich vor allem mit den Echtheitskriterien von Briefen. Allgemeine Hinweise bei Georg Steinhausen, Geschichte des deutschen Briefes. Zur Kulturgeschichte des deutschen Volkes, Teil 1, Berlin 1889 (Nachdruck Zürich 1968). Hubert Kreiten, Untersuchungen über den Briefwechsel Kaiser Maximilians I. mit seiner Tochter Margareta, Wien 1907, S. 11. Karl Ermert, Briefsorten. Untersuchungen zu Theorie und Empirie der Textklassifikation (Reihe germanistische Linguistik 20) Tübingen 1979, S. 175. Reinhard M. G. Nickisch, Brief (Sammlung Metzler 260) Stuttgart 1991. Katherine Walsh, Deutschsprachige Korrespondenz der Kaiserin Leonora von Portugal. Bausteine zu einem geistigen Profil der Gemahlin Kaiser Friedrichs III. und zur Erziehung des jungen Maximilian, in: Kaiser Friedrich III. (1440–1493) in seiner Zeit. Studien anläßlich des 500. Todestags am 19. August 1493/1993, hg. v. Paul-Joachim Heinig (Forschungen zur Kaiser- und Papstgeschichte des Mittelalters 12) Köln-Wien-Weimar 1993, S. 399–445. Werner Faulstich, Medien und Öffentlichkeit im Mittelalter 800–1400 (Die Geschichte der Medien 2) Göttingen 1996, S. 251–267. Heinz-Dieter Heimann, Mittelalterliches Briefwesen und moderne Schreibmedienkultur - Praxis und Perspektiven der Tagungsthematik, in: Kommunikationspraxis und Korrespondenzwesen im Mittelalter und in der Renaissance, hg. v. dems., Paderborn 1998, S. 9–18. Für die erste Hälfte des 16. Jahrhunderts ist aber zu verweisen auf Ingeborg Klettke-Mengel, Die Sprache in Fürstenbriefen der Reformationszeit untersucht am Briefwechsel Albrechts von Preußen und Elisabeths von Braunschweig Lüneburg (Studien zur Geschichte Preußens 19) Köln ²1976 und Dies., Fürsten und Fürstenbriefe. Zur Briefkultur im 16. Jahrhundert an geheimen und offiziellen preußisch-braunschweigischen Korrespondenzen (Studien zur Geschichte Preußens 38) Köln 1986.

Möglichkeit, Aspekte des Alltags, Fühlens und Denkens von hochadeligen Frauen und Männern in konkreten Kontexten zu veranschaulichen und somit die Ebene der Vorstellungen von (Ehe-)Theoretikern und Didaktikern über das Geschlechterverhältnis und die Familienstrukturen um die Alltagsdimension zu erweitern[6].

Ausgewertet werden im folgenden Briefe, die von Mitgliedern der Familie der Kurfürsten von Sachsen, Markgrafen von Meißen und Landgrafen von Thüringen geschrieben wurden. Im einzelnen handelt es sich dabei um fünfundzwanzig Briefe, die Margareta, die Gemahlin des Kurfürsten Friedrichs II. zwischen 1468 und 1484 an ihre Söhne Ernst und Albrecht geschickt hat[7], um acht Briefe, die zwischen Kurfürst Ernst und seinem gleichnamigen Sohn von 1479 bis 1482 gewechselt wurden[8] und um fünfundneunzig Briefe, die die Gemahlin Herzog Albrechts, Sidonia, zwischen 1487 und 1510 an ihren Sohn Georg gerichtet[9] hat[10].

---

[6] Heinz-Dieter Heimann, Über Alltag und Ansehen der Frau im späten Mittelalter – oder: vom Lob der Frau im Angesicht der Hexe, in: Frau und spätmittelalterlicher Alltag (wie Anm. 2) S. 243–282. Vgl. auch die Interpretation der einschlägigen Passagen der Ökonomik des Konrad von Megenberg durch Gisela Drossbach, Die „Yconomica" des Konrad von Megenberg. Das „Haus" als Norm für politische und soziale Strukturen (Norm und Struktur 6) Köln-Weimar-Wien 1997, S. 52ff.

[7] Sächsisches Hauptstaatsarchiv Dresden, Wittenberger Archiv (weiter zitiert „SächsHStA W. A.") Locat 4342: Handschreiben, Bl. 86–112 und Locat 4375: Turniere, Nr. 2 und Nr. 3. Ein Teil der Briefe ist ediert in Deutsche Privatbriefe des Mittelalters 1: Fürsten und Magnaten, Edle und Ritter, hg. v. Georg Steinhausen, Berlin 1899 (zitiert als „Steinhausen, Nr."). – Die Briefe von Margareta verteilen sich zeitlich folgendermaßen: 1468 ein Brief. 1469 neun Briefe. 1471 sieben Briefe. 1472 drei Briefe. 1473 ein Brief. 1477 ein Brief. 1478 zwei Briefe. 1484 ein Brief. Außerdem vier Briefe von Ernst und Albrecht an ihre Mutter aus den Jahren 1471 und 1472, die sich auf deren Schreiben beziehen.

[8] SächsHStA W. A., Locat 4342: Handschreiben, bis auf einen Brief von 1482 (Bl. 169, 22. April: Ernst an Kurfürst Ernst und seinen Onkel Albrecht) ediert bei Steinhausen, Privatbriefe. 1479 drei Briefe, 1480 drei Briefe, 1481 ein Brief, 1482 ein Brief.

[9] SächsHStA Dresden, Geheimes Archiv, Locat 8498, Bl. 137–233. (weiter zitiert „SächsHStA G. A."). Es handelt sich um eigenhändige Briefe von Sidonia an ihren Sohn, deren zeitliche Einordnung große Probleme bereitet, weil bis auf wenige Ausnahmen die Jahresangabe fehlt. Fünfzehn Briefe sind ediert von Steinhausen, Privatbriefe. – Sidonias Briefe sind verwendet worden von Elisabeth Werl, Herzogin Sidonia von Sachsen und ihr ältester Sohn Herzog Georg, in: Herbergen für Christenheit 3 (1959) S. 8–19. Sie wurden auch benutzt von Friedrich Albert von Langenn, Züge aus dem Familienleben der Herzogin Sidonie und ihrer fürstlichen Verwandten aus dem 15. und 16. Jahrhundert, Dresden 1852. Weil Langenn die von ihm in Auszügen abgedruckten Briefe von Sidonia nicht in Originalfassung abgedruckt hat, sondern die Sprache modernisierte, sie nicht systematisch auswertet und auch deren Archivsignaturen bzw. Fundstellen nicht nachweist, ist diese Arbeit nur mit Einschränkungen zu benutzen.

[10] Auf die Unterscheidung der hier analysierten Briefe im Hinblick auf ihre Gattungen (Kanzleischreiben, Handschreiben, Privatbrief) wird in diesem Zusammenhang verzichtet, weil im Mittelpunkt der Untersuchung die mit den Schreiben kommunizierten Inhalte ste-

Die Briefe werden nicht in ihrer chronologischen Ordnung vorgestellt, sondern die drei Briefbeziehungen werden nach Themengruppen und Sachverhalten geordnet und analysiert[11]. Die in den Briefen kommunizierten Inhalte lassen sich unterscheiden in Sach-, Emotions-, und Beziehungsinformationen[12]. Im Rahmen unserer Fragestellung wird zwar auch den Sachinformationen in den Briefen Aufmerksamkeit geschenkt, aber insbesondere darauf geachtet, ob die Briefschreiber in ihren Briefen persönliche Befindlichkeiten kommuniziert haben.

In diesem Zusammenhang ist von Interesse, ob aus den Sachinhalten und emotionalen Äußerungen in den Briefen auf das persönliche Verhältnis bzw. den Charakter der Beziehung zwischen den Beteiligten geschlossen werden kann. Erschöpfte sich die Gefühlswelt der Briefschreiber in den konventionellen Anrede- und Schlußformeln oder gestatten die Briefe einen tieferen Einblick in das Gefühlsleben und somit auch in das „Private" der Briefschreiber? Die Quellenlage erlaubte es, zu ermitteln, wie das Eltern-Kind-Verhältnis bei den betreffenden Wettinern ausgebildet war. Hierbei ist zu berücksichtigen, daß die Fürstinnen Margareta und Sidonia zwar an ihre Söhne geschrieben haben, diese aber während des Untersuchungszeitraumes nicht mehr Kinder im eigentlichen Sinne, sondern regierende Fürsten – so Ernst und Albrecht – bzw. Stellvertreter für den abwesenden Vater – so Georg – waren. Anhand der Briefe können wir erfahren, wie bei diesen Beziehungen die Anteile der Ebenen „Mütter an ihre Söhne" und „Fürstenwitwe bzw. Fürstengemahlin an die regierenden Herrscher" verteilt waren[13]. Bei der hier verfolgten Fragestellung konzentriert sich die Vorstel-

---

hen. Außerdem haben die Fürsten zwischen Handschreiben und Privatbriefen selber keine begriffliche Trennung vorgenommen. Zu den Gattungsunterschieden Hans Otto Meisner, Urkunden- und Aktenlehre der Neuzeit, Leipzig 1950, S. 34f. Klettke-Mengel, Fürsten (wie Anm. 5) S. 27–30.

[11] Bei der Interpretation von Briefen muß man ein spezifisches Charakteristikum dieser Quellengruppe immer in Rechnung stellen. Schon Georg Simmel, Soziologie. Untersuchungen über die Formen der Vergesellschaftung (Gesamtausgabe 11) Frankfurt/M. 1992 (zuerst 1908) S. 432 hat festgestellt, daß der „Brief, trotz oder, richtiger, wegen seiner Deutlichkeit, viel mehr als die Rede der Ort der „Deutungen" und deshalb der Mißverständnisse" ist. Diese Feststellung ist für die Interpretation von Briefen von wesentlicher Bedeutung, denn man muß als beobachtender Dritter auf der Ebene der schriftlichen Kommunikation mit Deutungen und Zweideutigkeiten zwischen den Schreibern und den Empfängern der Briefe rechnen oder mit Submitteilungen, deren tatsächliche Bedeutung sich nicht mehr erschließt.

[12] Diese Differenzierung schlägt Ermert, Briefsorten (wie Anm. 5) S. 54 vor.

[13] Die Erforschung der emotionalen Beziehungen zwischen Eltern und (erwachsenen) Kindern des hohen Adels speziell im 15. Jahrhundert ist weitgehend ein Desiderat. Bezeichnenderweise konnte Hedwig Röckelein, Historische Frauenforschung. Ein Literaturbericht zur Geschichte des Mittelalters, in: Historische Zeitschrift 255 (1992) S. 377–407 keinen einschlägigen Titel zum Thema in diesem Zeitraum verzeichnen. Erste Hinweise bei Karl-

lung und Diskussion der Briefe von Mitgliedern der wettinischen Dynastie mit überwiegend familiär-persönlichen Aussagen auf die Ebenen Mutter-Söhne bzw. Vater-Sohn. Es sei jedoch darauf hingewiesen, daß dieses Quellenkorpus allgemein für die Erforschung des Denkens, Handelns und Fühlens von adeligen und fürstlichen Frauen (und Männern) seit der Mitte des 15. Jahrhunderts einen besonderen Stellenwert hat und seine weitere Bearbeitung dazu beitragen kann, die Frauen des Adels – stärker als es bisher geschehen ist – als Persönlichkeiten einerseits und die Familienstrukturen der Dynastien andererseits schärfer herauszuarbeiten[14].

Betrachtet man zunächst nur die Eingangs- und Schlußformeln[15] der Briefe, dann entsteht der Eindruck, daß das Verhältnis von Kurfürst Ernst zu seinem Sohn Ernst und von Margareta zu ihren Söhnen einigermaßen distanziert war. Ernst grüßte seinen Vater entweder mit: *Angeborene liebe zuvor. Lieber herre und vater*, bzw. *Angeborene liebe zuvor. Hochgeborner furste, lieber herre und vatter*[16] oder mit: *Sonliche liebe mit ganzenn truwen zuvor*[17], bzw. *Sonliche liebe mit ganzenn truwen und unnser fruntlich dinste mit was wir liebs und guts vermogen, allezit zuvor*[18]. Er beendete seine Brief mit der Schlußformel: *Das wil ich umbe e.l. alleweg zu vordienen*

Heinz Spieß, Familie und Verwandtschaft im deutschen Hochadel des Spätmittelalters, Stuttgart 1993, S. 479–483. Margarte L. King, Frauen in der Renaissance, München 1993, S. 32ff. Walsh, Kaiserin Leonora (wie Anm. 5) S. 419f., S. 437 zur Beziehung der Kaiserin Eleonora zu ihrem Sohn Maximilian im Alter von fünf bis sieben Jahren. Die Erforschung der Kindheit und des Verhältnisses Eltern und Kinder wurde bisher konzentriert auf die Altersgruppen bis etwa sieben Jahre, weil in dem Alter die Kinder die Familie verlassen haben, bzw. bis 13/14 Jahren (*puerita, adolescentia*) vgl. Klaus Arnold, Kind und Gesellschaft in Mittelalter und Renaissance, Paderborn 1980, S. 18–21. Ders., Die Einstellung zum Kind im Mittelalter, in: Mensch und Umwelt im Mittelalter, hg. v. Bernd Herrmann, TB-Ausgabe Frankfurt/M. 1989, S. 53–64. Cornelia Löhmer, Die Welt der Kinder im fünfzehnten Jahrhundert, Weinheim 1989. Otto Ulbricht, Der Einstellungswandel zur Kindheit in Deutschland am Ende des Spätmittelalters (ca. 1470 bis ca. 1520) in: Zeitschrift für Historische Forschung 19 (1992) S. 159–187. Siehe dazu auch das Kapitel „Familienforschung und Geschlechtergeschichte" von Michael Borgolte, Sozialgeschichte des Mittelalters, München 1996 (Historische Zeitschrift, Beihefte N.F. 22) S. 385ff.

[14] Darauf weist auch Liebertz-Grün, Frau und Herrscherin (wie Anm. 2) S. 187 hin. In England sind Briefe von Frauen ebenfalls erst ab dem 15. Jahrhundert in größerem Umfang überliefert. Ward, English Noblewomen (wie Anm. 2) S. 9 unterstreicht die Tatsache, daß diese Briefe Innenansichten der Familienstrukturen und Beziehungen ermöglichen, „which cannot be gleaned from other sources". – Vgl. den Beitrag von Cordula Nolte in diesem Band sowie ihre in Anm. 2 genannten Arbeiten.

[15] Zu den Anredeformeln vgl. Steinhausen, Privatbriefe (wie Anm. 5) S. 44ff. Klettke-Mengel, Fürsten (wie Anm. 5) S. 40–43.

[16] Steinhausen, Nr. 308.

[17] Ibid., Nr. 334.

[18] Ibid., Nr. 353.

bereit sein[19] oder *Wollen wir umbe euer liebe allezit gerne vordinen*[20]. Ähnlich ist der Befund für die Briefe Margaretas an ihre Söhne Ernst und Albrecht[21]. Die Kurfürstin gebrauchte die Anredeformen: *Mutterliche liebe mit ganczen truwen allezcit zcuvor*, bzw. *Hochgeborner furste, lieber sone*, und endete mit der Schlußformel: *Wullen wir fruntlich und gerne umb uwer liebe verdynen*[22]. Sehr viel wärmer und direkter war dagegen die Anrede der Herzogin Sidonia für ihren Sohn Georg: *Herzallerlibster son*[23], genauso wie die Schlußformel: *Domit bis got beffollen, herzallerlibster son*[24] oder *Domit bis got beffollen*[25]. Sie schloß ihre Briefe üblicherweise mit der Wendung *geschryben eylend*.

Die Untersuchung der Briefinhalte wird deutlich machen, daß man von der distanzierteren und formaleren Anrede in den Briefen nicht ohne weiteres auf fehlende Emotionen der Briefsteller für die Adressaten schließen darf. Karl-Heinz Spieß hat für den nichtfürstlichen hohen Adel darauf aufmerksam gemacht, daß schon die hier vorgestellten Anredeformeln „herzliche Zuneigung" zum Ausdruck bringen[26]. Diese Einschätzung wird durch den Befund anhand der im folgenden präsentierten Wettinerbriefe unterstützt und vertieft werden können.

1. Briefe der Kurfürstin Margareta an ihre Söhne Ernst und Albrecht in den Jahren 1468 bis 1484.

Margareta (*1416/17) war Tochter des Erzherzogs Ernst I. von Österreich. Am 23. April 1428 beurkundete ihr Vater mit dem Vater von Friedrich II. (*1412) eine Eheverabredung; die Vermählung erfolgte am 3. Juni 1431 in Leipzig[27]. Aus der Ehe gingen acht Kinder hervor (jeweils vier Töchter und Söhne). Als viertes Kind und zweiter Sohn wurde im März 1441 Ernst

---

[19] Ibid., Nr. 331.
[20] Ibid., Nr. 334.
[21] SächsHStA, W. A., Locat 4342: Handschreiben.
[22] Diese Formel ist einerseits Dienstversicherung, vgl. Steinhausen, Privatbriefe (wie Anm. 5) S. 48 doch wird damit andererseits ein bestimmtes Verhalten der Söhne angemahnt, die gehalten sind wegen der Liebe, die sie ihrer Mutter schulden, ihren Wünschen zu entsprechen.
[23] Ibid., Nr. 401.
[24] Ibid.
[25] Ibid., Nr. 438.
[26] Spieß, Familie (wie Anm. 13) S. 482 mit Anm. 136.
[27] Otto Posse, Die Wettiner. Genealogie des Gesamthauses Wettin. Mit Berichtigungen und Ergänzungen der Stammtafeln bis 1993 von Manfred Kobuch, Leipzig 1994, Tafel 6 (zuerst 1897).

Jörg Rogge

geboren, dessen jüngerer Bruder Albrecht am 31. Juli 1443[28]. Ernst und Albrecht regierten nach dem Tod ihres Vaters – Kurfürst Friedrichs II. – im Jahr 1464 gemeinsam den wettinischen Herrschaftsbereich, der das Herzogtum Sachsen, die Mark Meißen, das Osterland und das Pleißenland umfaßte. Nach dem Tod ihres Onkels, Wilhelms III., fielen 1482 auch die Landgrafschaft Thüringen sowie der fränkische Herrschaftsteil an die beiden Brüder zurück. Im November 1485 teilten Ernst und Albrecht ihren Besitz in Leipzig; an Albrecht fiel der Teil mit Meißen, Ernst erhielt den Teil mit Thüringen[29].

Die Herzogin Margareta wurde also mit knapp fünfzig Jahren 1464 Witwe. Ihr Lebensunterhalt war in ihrem Leibgedinge festgelegt worden, das zuerst im Zusammenhang mit ihrer Hochzeit 1431 aufgestellt, und in den Jahren 1437, 1441, 1443 und 1446 modifiziert wurde[30]. Nach der letzten Fassung aus dem Jahr 1446 bestand ihre Ausstattung aus den Städten Grimma, Colditz, Naunhof, Eilenburg, Groitsch sowie Stadt und Kloster Pegau. Aus den Einnahmen dieser Städte und Schlösser sollten ihr jährlich 6000 Gulden zufallen[31]. Außerdem gehörten seit Juni 1443 auch Schloß und Stadt Liebenwerda zu ihrem Leibgedinge, und sie erhielt jährlich je acht Fuder Wein aus den Pflegen Dresden und Jena (bzw. seit 1446 aus Burgau). Zur Ergänzung ihres Leibgedinges, das *so statlich als daz nach irem fürstlichen stamme und herkommen wol billichen were nicht vorsehen ist*, genehmigte ihr Gatte Kurfürst Friedrich II. im September 1463, daß sie eine eigene Münze in Grimma betreiben dürfe, solange sie lebe[32]. Margareta bezog ihren Witwensitz in Altenburg und verfügte dort über ein Hofla-

---

[28] Vgl. auch die Charakterisierung der Brüder bei Rudolf Kötzschke, Hellmut Kretschmar, Sächsische Geschichte, Dresden 1935, S. 140f. Hellmuth Rössler, Albrecht der Beherzte, in: Neue Deutsche Biographie 1, Berlin 1953 (ND 1971) S. 174f.

[29] Karlheinz Blaschke, Der Fürstenzug zu Dresden, Leipzig 1991, S. 110–113 (zu Ernst) und S. 113–117 (zu Albrecht). Ders., Geschichte Sachsens im Mittelalter, Berlin ²1991, S. 294–298.

[30] SächsHStA, Originalurkunde 6194 (16. Juni 1431). Copialbuch 40, Bl. 182a–184a (18. Dezember 1437). Copialbuch 40, Bl. 197a–198b (5. März 1441). Copialbuch 42, Bl. 116a–118b (26. Juli 1443). Copialbuch 43, Bl. 58b–60b (14. Februar 1446).

[31] Dabei handelt es sich um das Leibgedinge der 1442 verstorbenen Mutter Friedrichs II., Katharina von Braunschweig-Lüneburg, SächsHStA, Copialbuch 43, Bl. 59a: *die vormals unsere libe fruwe muter seliger gedechtnisse zcu irer lipzucht ynnegehabt hat*. Vgl. auch Hubert Ermisch, Kurfürstin Katharina und ihre Hofhaltung, in: Neues Archiv für Sächsische Geschichte 45 (1924) S. 47ff. Helga Möhring-Müller, *...wenn sie ihren Witwenstuhl unverrückt läßt*. Zur materiellen Absicherung adeliger Frauen im spätmittelalterlichen Franken, in: Strukturen der Gesellschaft im Mittelalter. Interdiziplinäre Mediävistik in Würzburg, hg. v. Dieter Rödel, Joachim Schneider, Wiesbaden 1996, S. 18–34.

[32] SächsHStA Dresden, Copialbuch 45, Bl. 147a–148b.

ger mit eigenem Kanzler, Marschall, Hofmeister und Kammermeister[33]. Sie starb am 12. Februar 1486, ein halbes Jahr vor ihrem Sohn Ernst, der am 26. August 1486 in Colditz nach einem Sturz vom Pferd für immer die Augen geschlossen hatte.

Einen großen Anteil an den von Margareta an ihre Söhne gerichteten Schreiben hatten Petitionen (Bittbriefe) für bzw. im Namen ihrer Klientel. Die folgende Auswahl illustriert die Spannbreite der dabei behandelten Themen. Sie bat 1469 darum, daß ihre Söhne Ernst und Albrecht den alten Juden von Dresden, einen Arzt, zu ihr nach Altenburg schicken, damit er nach ihrem Hofdiener Georg Stange sehe. Stange hatte sich eine Verletzung, wahrscheinlich eine tiefe Wunde, zugezogen, zu deren Heilung oder wenigstens Linderung *der joden artzten, die bey im sint* nichts beitragen könnten. Darüber hinaus konnte der Stange, weil er von den Juden Arznei genommen habe und *sich der furder nicht entslahen wil*, auch nicht absolviert werden. Darum sollten die Brüder den Fall dem Doktor Tronitz in Meißen vorlegen und ihn um einen Brief bitten *doruff er moge absolvirt und mit den sacramenten bewart werden*[34]. Sie wollte also für ihren Diener erreichen, daß er mit den Sterbesakramenten versehen werden konnte, wenn absehbar war, daß er an den Folgen der Verletzung sterben würde.

Ebenfalls noch 1469 bat sie Ernst und Albrecht, ihren Diener Hans von Schönfelt, der an seinen Gütern, die er von ihnen zu Lehen hat, geschädigt worden war, zu schützen[35]. Im selben Jahr antwortete sie auf ein Schreiben von Ernst, in dem er mitgeteilt hatte, daß er dem Scheffer in Meißen auf ihre Bitte hin befohlen habe, Simon Bretdiener, nachdem dieser eine Urfehde geschworen hatte, aus dem Gefängnis zu entlassen. Außerdem hatte er mit dem Rat der Stadt Dresden wegen ihrer Dienerinnen, der Krahenschenckerin, verhandelt. *und dancken uwer liebe fruntlicher willefarunge, die ir uff unser furebete dem obgenanten Symon Bretdyner bezeigt habet, auch des andern gein dem Rat von dresden unser dyneryn halben beschee*

---

[33] Brigitte Streich, Zwischen Reiseherrschaft und Residenzbildung: der wettinische Hof im späten Mittelalter (Mitteldeutsche Forschungen 101) Köln-Wien 1989, S. 407. Namentlich bekannt sind der Kanzler Friedrich Busch 1470–1484 (ebd. S. 591), der Marschall Hans Marschall 1473 (ebd. S. 597), die Hofmeisterin Anna von Weißenbach 1456 (ebd. S. 600) sowie als Hofmeister Nickel von Schönberg 1471 (ebd. S. 152f.).
[34] SächsHStA, W. A., Locat 4342, Bl. 91 (Altenburg 1. Mai 1469). gedruckt bei Steinhausen, Nr. 119. Der alte Jude von Dresden ist der Meister Baruch, den die Brüder Ernst und Albrecht am 26. Mai 1468 mit seiner Familie in ihren Schutz und in Dresden aufgenommen haben, vgl. Urkundenbuch von Dresden und Pirna (Codex Diplomaticus Saxoniae regiae 2, 5) hg. v. Carl von Possern-Klett, Leipzig 1875, Nr. 334.
[35] SächsHStA, W. A., Locat 4342, Bl. 92 (Altenburg, 27. Mai 1469).

zere gutlich[36]. Aus dem Jahr 1471 ist ein Brief überliefert, in dem sie berichtete, daß ihrem Küchenmeister Matthias Zabelstein, ihrem Diener Niklas Reynbarbe, dem Leipziger Bürger Heinz Franck und Erhart Zwelner ein Faß, in dem sie Tücher nach Frankfurt/Oder transportierten, im Herrschaftsbereich des Markgrafen von Brandenburg bei Eberswalde aufgehauen und daraus vierzig rheinische Tücher entwendet worden waren. Die Geschädigten wüßten nicht, wer die Verantwortlichen für diesen Überfall waren. Darum hat sie an Albrecht von Brandenburg, ihren Schwiegersohn[37], geschrieben und forderte ihre Söhne auf, ihm ebenfalls zu schreiben *uff meynung das sin liebe wulle allenthalben erfaren haben ob dieselben beschedigung irgent zcuinfragen und ankommen weren darbey vlis zcutun, das den vorgenanten Burgern ir habe und gut wider gekart moge werden*[38].

Besonderes Engagement entwickelte die Herzogin, wenn es darum ging, ihre Hofjungfrauen angemessen und in einem würdigen Rahmen zu verheiraten. Daher bat sie 1469 ihre Söhne darum, ihren Obermarschall Hugolt von Schleinitz mit der Vermittlung einer Hochzeit zu beauftragen. Denn sie hat *gedacht uff ein frihung zwischen Cord von Amendorff und Felicitas von Birckicht unser hofe Junckfrawen*. Sie beabsichtigte also, eine ihrer Hofjungfrauen zu verheiraten, hatte sich einen ihrer Meinung nach geeigneten Kandidaten ausgesucht und wollte den Obermarschall ihrer Söhne als Vermittler für diese Ehe gewinnen, denn nach ihrem Wissen *sal er* [d.h. Hugolt von Schleinitz] *mit dem genanten Amendorff gar wol doran sin*[39].

Zusätzlichen Glanz erhielt die Hochzeit einer Hofjungfrau, wenn die Regenten daran teilnahmen. Doch nicht nur für die Braut, sondern auch für die

---

[36] Ibid., Bl. 93c. (Meißen, 15. August 1469). Über den Sachhintergrund im Fall Bretdiener ist nichts bekannt. – Ihre Dienerin hatte vermutlich wegen einer Erbschaftsangelegenheit einen Konflikt mit dem Rat in Dresden (in dem Brief ist die Rede von *gerete*, die sie als *ir anestorben gerechtigkeit vormeynt*), vgl. dazu auch Streich (wie Anm. 33) S. 428. Mit dem Siegelwachs sind zwei Zettel an den Brief geklebt. Auf dem einen bittet Margareta, daß Ernst den Melchior von Meckau, wenn der aus Rom zurück sei, zu ihr zu schicken, und auf dem anderen bittet sie ihn, keinen *vordriß* zu haben, weil *wir den Boten lang uffgehalten*.

[37] Ihre im März 1437 geborene zweite Tochter Anna war seit dem 12. November 1458 mit dem Kurfürsten von Brandenburg, Albrecht Achilles verheiratet, vgl. Posse, Wettiner (wie Anm. 27) Tafel 6.

[38] SächsHStA W. A., Locat 4342, Bl. 102 (Altenburg 19. November 1471). Dieser Vorfall gehört in eine ganze Reihe ähnlicher Überfälle auf Sachsen in der Mark Brandenburg, aus denen Spannungen zwischen den jungen Herzögen und Markgraf Albrecht erwuchsen. Die Wettiner haben sich mit Nachdruck dafür eingesetzt, daß ihre geschädigten Untertanen Schadensersatz erhielten. Albrecht Achilles ist der Aufforderung tatsächlich nachgekommen und hat sowohl nach den Tätern als auch nach den Tüchern fahnden lassen, vgl. Politische Correspondenz des Kurfürsten Albrecht Achilles, Bd. 1 (1470–1474) hg. v. Felix Priebatsch, Leipzig 1894, Nr. 251 und Nr. 260.

[39] Ibid, Bl. 93 (Altenburg 5. Februar 1469). Dazu auch Streich (wie Anm. 33) S. 426f.

Herzogin war es eine besondere Ehre, wenn ihre Söhne zu den Feierlichkeiten erschienen. Im Jahr 1471 lud Margareta ihre Söhne Ernst und Albrecht zur Hochzeit einer ihrer Hofjungfrauen für den 4. Februar nach Grimma ein: *Als bitten wir uwer liebe gar fruntlich Ir wullet uff denselben tag auch gein Gryme komen und frolich mit uns sin.* Die Einladung verband sie mit einer weiteren Bitte: *Auch bitten wir uwer liebe Ir wullet uns auch mit wiltpret vorsorgen*[40]. Auch aus dem Jahr 1472 ist eine Einladung Margaretas an ihre Söhne erhalten, an der Hochzeit einer Hofjungfrau in Grimma teilzunehmen: *Als bitten wir uwer liebe gar fruntlich Ir wullet uff den selben Dinstag zcu uns gein Gryme komen und mit uns auch andern frolich sin. Uns diser bete nicht versagen dann wir uch zemale gerne haben und sunt nymants libers dorzcu wissen*[41].

Doch in den Briefen erscheint die Herzogin nicht nur als Bittstellerin, sondern auch als Unterstützerin ihrer Söhne bzw. der dynastischen Belange. Dann kehren sich die Rollen um, ihre Söhne erscheinen als Petenten, die ihre Mutter vor allem um Unterstützung mit Silbergeschirr, Personal, Pferden und Wagen bitten. Sie antwortete z. B. 1472 auf ein entsprechendes Schreiben von Herzog Albrecht, daß sie die zwei Pferde, um die er gebeten hatte, am nächsten Sonntag mit nach Meißen bringen werde[42].

Ihre Söhne teilten 1471 der Fürstin mit, daß sie sich wegen politischer Angelegenheiten außer Landes begeben müssen; und zwar Albrecht nach Prag zum König und Ernst nach Hessen auf einen Tag. Die Entscheidung dazu sei so kurzfristig gefallen, daß keine Zeit mehr für eine Gespräch des Obermarschalls mit ihr war, um das sie für den Fall der Reise gebeten hatte. Doch wenn sie etwas am Hofe in Prag zu bestellen hätte, *das wulle uns uwer liebe hinach czuerkennen geben und wissen lassen, wullen wir dorynne unsen des zcutune nicht sparen.* Sie baten dann, daß Margareta ihrem Hofmeister erlaube, Ernst auf seinen Ritt nach Hessen zu begleiten. Außerdem fragten sie an wegen Bereitstellung eines Kammerknechtes aus ihrem Hofpersonal, was ihnen etwas unangenehm war, denn sie *hetten u.l. des nicht gesonnen, so merckt uwer liebe wol, das wir eines Cammermanns nicht emperen konnen unde haten doch iczunt bruch daran so und als wir herzog Albrecht unsern eigen iczunt mitte gein prage nemen. Uwer liebe wulle uns*

---

[40] SächsHStA W. A., Locat 4375, Bl. 2. Vgl. auch den Brief in gleicher Sache von 1472. – Hofjungfrauen, die die nächste Umgebung der Fürstinnen bildeten, wurden bevorzugt behandelt. Vor allem ihre Hochzeiten waren Gelegenheiten für die Fürstinnen, den Hofdamen und dem ganzen Hof ihre Wertschätzung zu zeigen. Dies war insbesondere dann offensichtlich, wenn es gelang, die Teilnahme der regierenden Fürsten zu vermitteln. Dazu auch Ermisch, Kurfürstin (wie Anm. 31) S. 57.
[41] Ibid. Bl. 3 (27. Dezember 1472).
[42] SächsHStA W. A., Locat 4342, Bl. 109 (Altenburg, 11. November 1472).

hirynne zcuwillen sin und uns unser Bete nicht versagen[43]. Margareta antwortete ihnen, daß sie ihren Hofmeister *uff dismal zcu uch lassen komen will. Aber nach dem Itzunt allenthalben die leuffte gestalt sind, Ist uns wol not, das wir unsern hofemeister bey uns haben, das wir nicht entperen konnen. Und bitten uwer liebe fruntlich, Ir wullet yn nicht lange uffhalten, sundern vonstunt wider zcu uns kommen lassen*[44]. Der Briefwechsel entstand im Zusammenhang mit der Vorbereitung von Albrechts Zug im April 1471 nach Prag, um dort seine – von der Verbindung mit Sidonia abgeleiteten Ansprüche auf die Krone von Böhmen durchzusetzen. Das Vorhaben scheiterte jedoch. Albrecht mußte auf den Thron verzichten und im August 1471 wurde Wladislaw II., ein Sohn des Königs von Polen, den Georg Podiebrad designiert hatte, zu dessen Nachfolger gekrönt[45].

Die nächste wichtige Unternehmung führte die Brüder nach Süddeutschland. Unter der Federführung von Ernst bereiteten sie eine Reise nach Regensburg vor, wohin Kaiser Friedrich III., nach siebenundzwanzig Jahren Abwesenheit vom Reich im Juni 1471 erscheinen wollte, um den dort stattfindenden Reichstag offiziell zu eröffnen[46]. Im Zusammenhang mit seinen Reisevorbereitungen hatte Ernst einen – allerdings nicht erhaltenen – Brief an seine Mutter Margareta geschrieben, in dem er sie bat, ihm ihr *sylber nynen gerete* zu leihen. In ihrer Anwort ließ sie ihn wissen, *das an dem selben unnsern silberyn gerete etlich stuck zcerbrochen wurden sint, das wir nicht ehe haben irfaren dann itzunt do wir die stucken haben wullen u.l. senden, die wir alsbalde wullten bestellen wider zcu bessern und zcumachen lassen. Und wanne uns u.l. anderwyt schribet und zcuerkennen gibet, wohin ir sulch gerete habin wullet, so wullen wird uch das vonstund dohin senden, dann womit wir u.l. wusten zcuwillen zcusin das teten wir zcumale gerne*[47].

---

[43] Ibid. Bl. 114. Briefkonzept von Ernst und Albrecht, Weimar ohne Datum aber inhaltlich eindeutig auf die Antwort Margaretas vom 15. Mai 1471 bezogen (siehe nächste Anm.).

[44] Ibid. Bl. 96 (Altenburg 15. Mai 1471).

[45] Kötzschke, Kretschmar, Sächsische Geschichte (wie Anm. 28) S. 142. Jörg K. Hoensch, Geschichte Böhmens, München 1987, S. 164. Ferdinand Seibt, Die Zeit der Luxemburger und der hussitischen Revolution, in: Handbuch der Geschichte der böhmischen Länder 1, hg. v. Karl Bosl, Stuttgart 1967, S. 552. Peter Moraw, Das Mittelalter, in: Deutsche Geschichte im Osten Europas: Böhmen und Mähren, hg. v. Friedrich Prinz, Berlin 1993, S. 165. – Zur Hochzeit von Albrecht und Sidonia vgl. oben Anm. 77.

[46] Karl-Friedrich Krieger, Die Habsburger im Mittelalter. Von Rudolf I. bis Friedrich III., Stuttgart 1994, S. 209.

[47] SächsHStA W. A., Locat 4342, Bl. 97 (Altenburg, 27. Mai 1471). – Auch 1479 forderten die Herzöge für eine Reise nach Breslau bei ihrer Mutter repräsentatives Silbergeschirr an, vgl. Streich, Reiseherrschaft (wie Anm. 33) S. 506. Teures Geschirr gehörte wohl zu den Dingen, die in der Familie nach Bedarf kreisten. jedenfalls verfügte offensichtlich nicht jeder Hofhalt der Wettiner über eine ausreichende Anzahl von repräsentativen Gerätschaften.

Sie wollte Ernst ihre *silberyn gerete* gern leihen, wenn er nach *Regensburg wurdet ryten*. Sie erinnerte ihn aber noch einmal eindringlich daran, daß sie ihren Hofmeister, Nickel von Schönberg, nur schwer entbehren könne. *Und so u.l. sin auch zcu abewesen der anderen Rete notlich bedarff, wullen wir tun wie wir mogen und yn dhewile bisslange die andern Rete zcu u.l. komen bey uch lassen. So aber u.l. wirde gein Regenspur g ryten Bitten wir als vor gutlich Ir wullet Im doheyme und wider zcu uns komen lassen.* Ebenfalls in den Zusammenhang mit den Reisevorbereitungen nach Regensburg gehört ein Brief der Brüder an ihre Mutter, der gleichsam den Charakter eines präventiven Entschuldigungsschreiben hatte und in dem sie Margareta aufforderten, nicht in unwillen zu geraten, weil sie einige Wagen, die ihr gehörten, mit nach Regensburg nehmen wollten und deshalb nicht zurückschicken würden[48].

Diese Bündelung der Ressourcen der Dynastie, um am Hofe des Kaisers repräsentativ und standesgemäß auftreten zu können, ist einerseits ein Hinweis darauf, daß privater Besitz von Familienmitgliedern zur Verfügung gestellt werden mußte, wenn er für die Interessen der Dynastie, welche den Belangen der einzelnen übergeordnet waren, erforderlich war. Andererseits zeigt diese Bitte an, daß die Wettiner nicht sehr üppig mit vorzeigbarem, repräsentativem Silbergeschirr ausgestattet waren[49].

Daß Margareta den engen Zusammenhang zwischen privatem Glück und der Familienraison bzw. dem Daseinszweck der Dynastie bedacht hat, wird besonders deutlich in ihren Ausführungen anläßlich der bevorstehenden Hochzeit von Ernsts Tochter Christina mit Johann von Dänemark im Jahr 1478. In einem Brief an Ernst gab sie ihrer Freude darüber Ausdruck, daß Christina *euer und unser liebe tochter* dem dänischen Thronfolger als Frau versprochen wurde. Der Grund für ihre Freude, so erläuterte sie, sei, daß sie *uß groz begirlichen gemute zumale gerne alles [erführe], was domit eur liebe und den euern zu irhohung eurs stands widerfaren mag. Dann es ist ye mit uns also gestalt und dorzu naturlich und billich, nachdem ir unsers*

---

48 Ibid. Bl. 116 (Konzept ohne Datum und Ort). Albrecht verfügte über fünf eigene Reisewagen, vgl. Streich, Reiseherrschaft (wie Anm. 33) S. 388.

49 Die Ursache dafür war möglicherweise die katastrophale Finanzsituation der Wettiner in den Jahren um 1470, die erst ab der zweiten Hälfte der 1470er Jahren verbessert werden konnte, vgl. Hans-Stephan Brather, Die Verwaltungsreformen am kursächsischen Hofe im ausgehenden 15. Jahrhundert, in: Archivar und Historiker. Studien zur Archiv- und Geschichtswissenschaft zum 65. Geburtstag von Heinrich Otto Meisner, Berlin 1956, S. 254–287, hier, S. 285. Uwe Schirmer, Grundzüge, Aufgaben und Probleme einer Staatsbildungs- und Staatsfinanzgeschichte in Sachsen, in: Neues Archiv für Sächsische Geschichte 67 (1996) S. 31–70, hier S. 45ff. Ders., Die Finanzen der Kurfürsten und Herzöge von Sachsen zwischen 1485 und 1547, in: Landesgeschichte als Herausforderung und Programm. Karlheinz Blaschke zum 70. Geburtstag, hg. v. Uwe John, Josef Matzerath, Stuttgart 1997, S. 259–283.

stames und gebluts seyt, das wir uns euer liebe und der euern außbreitung, die von gote zuvor und von uns ankomen haben, freuen und dovon frolokkung unsers hertzen entpfahen. Weiter teilte sie ihm auf seine Bitte hin mit, daß ihre Mutter Eimbarka von Masovien gewesen ist. Und schließlich freute sie sich darüber, daß er seine schon genannte Tochter wieder zu ihr schicken will und *uns furder der ding underrichten lassen wullet, das sehen wir zumals gerne, wullen dieselbe euer und unser tochter, die wir von gantzem hertzen sovol als uch lieben, nirgent liebers dann bey uns wissen und gerne gruntlichere underrichtung nemen, wie die glebde (Eheabrede) vorfast und beslossen sint*[50].

Ein weiterer wichtiger Aspekt der Korrespondenz Margaretas mit ihren Söhnen betraf die Sicherung der ihr laut Leibgedingverschreibung zustehenden Leistungen – besonders der Weinlieferungen. Im Herbst 1469 erklärte sie sich damit einverstanden, ein Fuder Kötzschenbroder Wein von ihren Söhnen zu nehmen und verlangte gleichzeitig *Ir wullet uns auch ein fuder Mißnischen wyn geben, de uch die nach diesen Jareslouffen so wir vernomen haben etwas baß (besser ?) dann unse angesessen und gewachsen sint. Wir des nicht versegen anzcusehen, daz unnser wynwachse zcu Missen und auch an der Sale uff disimal das meyste teyl sint vorterben und uns zcumale wenig wurden ist*[51]. Einige Jahre später, im September 1472, beschwerte sie sich darüber, daß nur die Hälfte des Weines, auf den sie in jedem Jahr als Teil ihres Leibgedinges Anspruch hatte, geliefert worden sei. *Lieben sone, wir haben itzunct die vorgangen Jare bißhere do die weyn misseraten sundt mit u.l. gedult gehabt und uns mit gar wenig lassen vorgnugen, [...]. Weren auch wol geneigt u.l. bete aber stat zcugeben, nu sint aber unser keller so ganz entploßt und geraumet, das wir nichts von weynen haben. So dann uff diß Jare von gotegnaden die weyne wol furaugen szehen wulten, wulten wir unser keller gerne wyder vorsorgen, ab u.l. und ander unser herrn und frunde oder zcufellige gastung zcu uns quemen, das wir ichs zcu eren und notturfft by uns hetten. Doch glichwol so haben wir uch Jungst geschriben wie wir uch uff dißmal vier fuder wullen irlassen, das konnen wir nicht gemynnern und wullen es dobey u.l. zcugefallen lassen bliben. Bittende gar frundlich Ir wullet uns die anderen zcwelf fuder also wie u.l. nechst haben*

---

[50] Steinhausen, Nr. 267 (Altenburg, 7. Dezember 1477). Christina (*1462) war das älteste Kind von Kurfürst Ernst. Jedoch nicht ihr Vater, sondern ihr Onkel Herzog Albrecht begleitete sie nach Dänemark (Steinhausen, Nr. 281) wo sie am 6. September 1478 in Kopenhagen mit Johann von Dänemark vermählt wurde, vgl. Posse, Wettiner (wie Anm. 27) Tafel 7. Herzog Albrecht hat seinen Bruder Ernst über den Verlauf der Reise, über das Hochzeitsfest und über die Vorbereitung des Beilagers ausführlich berichtet, vgl. dazu Friedrich Albert von Langenn, Herzog Albrecht der Beherzte, Stammvater des königlichen Hauses Sachsen, Leipzig 1838, S. 455–458.

[51] SächsHStA W. A., Locat 4342, Bl. 94 (Grimma, Herbst 1469).

geschriben geben und folgen lassen[52]. Auf diesen Brief haben ihre Söhne reagiert und ihr die zwölf Fuder Wein zugesagt, wie aus ihrem nächsten erhaltenen Brief hervorgeht. *Nachdem ir uns geschriben habet wie das uns u.l. uff unsere begerunge zwelff fuder wyns wullen geben, die wir alsdann von uch zcu grossem dank wullen uffnemen*[53].

Doch außer diesen Briefen, in denen sie sich als Fürstin mit eigenem Hof, für deren Mitglieder sie verantwortlich ist und als Herzoginwitwe, die auf die Leistungen ihres Leibgedinges besteht, darstellte, wird immer wieder deutlich, daß sie einen Sinn für die Familie hatte und am Leben ihrer erwachsenen Kinder weiterhin auch als Mutter Anteil nahm. Dies belegen Briefe, wie der, den sie zur Vorbereitung eines Familientreffens in Leipzig am 24. Oktober 1471 an Ernst und Albrecht schrieb. Sie stellte darin ihren Söhnen anheim, die Unterbringung zu organisieren *wie das awer liebe ebent, ist unß ganz gefellichen; wir wollen nimant nicht dohin bestellen*[54]. In diesem Zusammenhang ist von Margaretas Tochter Anna, der Kurfürstin von Brandenburg eine klare emotionale Aussage überliefert. Sie freue sich, nach Leipzig zu kommen und ihre Mutter dort zu treffen, schrieb sie am 21. Oktober 1471 an Margareta. *Dann wir sunder begirde und frolockung haben, eur liebe zu sehen*[55].

Mütterliche Sorge um einen ihrer Söhne wird in ihren Briefen eindeutig faßbar, als sie am 3. Februar 1472 Ernst aufforderte, seinen Bruder Albrecht zu bewegen, eine geplante Reise nach Jerusalem zu verschieben[56]. Daß Albrecht eine solche Pilgerreise plane, sei ihr *uß lantmannßreden* bekannt geworden. Von Astronomen, die die Himmelsläufe deuten können, sei ihr aber vorausgesagt worden, daß dieses Jahr ein schlechtes und unglückliches Jahr werden würde. *Und dorumb in hertzlicher liebe und muterlicher trau so raten wir uwer liebe im allerbesten gar getraulich, ir wullet sulch ferlich grosse und swere reiße uff dismal lassen anstehen.* Sie forderte Ernst auf, auf seinen Bruder einzuwirken und ihn zu überzeugen, die Reise zu verschieben *und getraulich dofür sin, das es domit lenger biß zu bequemer zit bestehe, und dise unnser schrifft, die wir, so got weys, uß rechter trau und im allerbesten tun, gutlich und dencklich vorstehen*[57].

---

[52] Ibid. Bl. 106 (Altenburg, 23. September 1472).
[53] Ibid. Bl. 107 (Altenburg, 28. September 1472).
[54] Steinhausen, Nr. 137.
[55] Ibid., Nr. 136.
[56] Ibid., Nr. 140.
[57] Albrecht ist erst 1476 zu der Pilgerfahrt aufgebrochen und nahm vorher in Altenburg von seiner Mutter Abschied, vgl. Langenn, Albrecht (wie Anm. 50) S. 110. Ob tatsächlich die Sorge der Mutter für den Aufschub im Jahr 1472 ausschlaggebend war, muß offen bleiben. Zur Reise Herzog Albrechts in das heilige Land siehe Cordula Nolte, Erlebnis und

Als Großmutter sorgte sie sich um die Gesundheit ihrer Enkel, und ihr war daran gelegen, diese oft bei sich zu haben. Deswegen schrieb sie 1478 an Ernst und äußerte die Bitte *u.l. wulle uns irlouben und vorgonnen das wir die hochgebornen fursten u.l. Sone* [Friedrich (*1463) und Johann (*1468)] *mochten zcu Rochlitz*[58] *holen laßen diese lobliche zceit dy pfingsten auß und etliche tage hirnach bey und mit uns zcu Altenburg eine frolichheit zcu haben.* Sie versprach, den Aufenthalt der beiden jungen Wettiner so vorzubereiten, daß *yn ab gotwil nichts widerwertiges begegnen sal*[59]. Ernst antwortete seiner Mutter auf ihre Anfrage aber ablehnend, bedauerte, daß er ihr seine Söhne jetzt nicht schicken könne und hoffte, daß sie nicht deswegen *unwillen* erleide. Doch weil die Hofmeisterin seiner Frau, die auf einer Reise seine Söhne unbedingt begleiten sollte, am Hoflager seiner Frau nicht abkömmlich sei, können die Söhne in absehbarer Zeit nicht zu ihr kommen. Er beendete den Brief mit guten Wünschen für Margaretas Gesundheit: *got der almechtige möge sie zcu lang wehrenden zciten frischs unde gesundes leibs erhalten*[60]. Ein weiter Beleg für die Sorge der Herzogin um das Wohlergehen ihrer Familie ist aus dem Jahr 1484 erhalten. Sie schrieb an ihren Sohn Herzog Albrecht, daß in den Städten und der umliegenden Gegend ihres Leibgedinges (Grimma, Colditz und Leisnig), aber auch in Altenburg, Pegau, Borna und Zeitz eine schwere Seuche wüte, an der schon mehrere Menschen gestorben seien. Sie konnte Albrecht aber die erfreuliche Mitteilung machen, daß sein Sohn Friedrich noch gesund ist. *Wir sein bisher mit unserm und eurem sone, herzog Friderich, und unserm hofgesinde noch zu Aldemburg bliben, und, got sey gedanckt, so ist der unsern uff dem slos noch nymant kranck wurden. So es aber gestalt had, stehit zu besorgen, es bleibe kaum dobey, und in dem haben wir, ab got wil, unsers leibs keinforcht, das wir zu willen des almechtigen gots setzen. Und unser große sorge ist, wie itzt uwer und unser lieber sone, herzog Fridrich, mocht enthalten werden. Danne wir wissen noch haben kein sicher stat noch zuflucht.* Darum forderte sie ihren Sohn auf, für ihren Enkel einen sichern, nur wenig bewohnten Ort zu benennen und ihn dahin zu holen bzw. von ihr schicken zu lassen. *Wanne auch dise swere zeit des sterbens uffheret und besser sicherung wirdet, danne itzt ist, wullen wir denselben eurn sone*

Erinnerung. Fürstliche Pilgerfahrten nach Jerusalem im 15. Jahrhundert, in: Fremdheit und Reisen im Mittelalter, hg. v. Irene Erfen, Karl-Heinz Spieß, Stuttgart 1997, S. 65–92.

[58] Rochlitz war nach Streich, Reiseherrschaft (wie Anm. 33) S. 408, eine „Prinzenresidenz" auf der die Söhne von Kurfürst Ernst ihre eigene Hofhaltung hatten.

[59] SächHStA W. A., Locat 4342, Bl. 111 (Altenburg, 4. Mai 1478). Margaretas Interesse am Wohlergehen ihrer Enkel belegt auch ein Brief vom Januar 1475 an ihre Tochter Anna, in dem sie explizit nach der Gesundheit von Annas Kindern fragt, vgl. Steinhausen, Nr. 184.

[60] Ibid. Bl. 113 (Entwurf ohne Datum).

wider zu uns nemen, den wir so lip als uns selbs haben. Und sein ym sowol als eür liebe gneigt muterlich, hertzlich liebe und treu zu pflegen. Abschließend wünscht sie Albrecht und den seinen *gesuntheit und gluckseligs wolfarens*[61].

In ihren Briefen beklagte Margareta immer wieder, daß sie auf ihrem Witwensitz zuwenig Informationen erhielt, denn sie war sehr daran interessiert, zu erfahren, was ihre Söhne unternahmen und was sonst noch in der Welt passierte. Sie war mit den Mitteilungen und deren Wert, die sie in Altenburg erreichten, insgesamt nicht zufrieden. Ihre Söhne waren oft zu beschäftigt, um sie zu besuchen und aus erster Hand zu berichten. So z.B. im Jahr 1478, als sie nach Herzog Albrechts Rückkehr aus Kopenhagen, wohin er sich wegen der Hochzeit seiner Nichte Christina begeben hatte[62], ihre Söhne um einen Besuch bat, denn sie habe erfahren, daß die beiden Brüder wieder gesund und fröhlich zusammengekommen seien. Das habe sie in ihrem *muterlichen herzen hoch und groß erfreuet*, und sie sei darauf gespannt, mit ihnen selbst zu sprechen. Ihre Söhne antworteten darauf, daß sie ein solches Treffen mit ihr verschieben müssen. Ebenso sagten sie ihre Teilnahme an der für den 11. November geplanten Hochzeit ihrer Hofjungfrau Brigitta, Burggräfin von Leisnig ab. Denn sie hatten für diese Tage Audienztermine vergeben, die sie in der Kürze der Zeit nicht mehr rückgängig machen konnten, zumal auch ein Patriarch mit einer Botschaft vom Papst erwartet würde: *deshalbin wir uff dis mal bey uwer liebe zu komen und mit euer liebe fruntlich zu underreden vorhindertz, das wir doch sust zu thun gantz begirig und willig weren.* Doch sie haben sich fest vorgenommen, *in kurzer zit bey euer liebe zu komen und uns mit uch uffs allirfruntlichst unnd liplichst zu underreden*[63]. Auch der letzte Abschnitt eines Briefes vom 24. Mai 1471 läßt vermuten, daß die Fürstin auf ihrem Witwensitz über wenig gesicherte Informationen verfügte. *Auch haben wir an lantreden gehoret wie das der konig von Hungarn sulle mit eym pferde zcu tode gefallen sey. Sulcher und ander zcitung komt uns vil zcu horen, der wir nicht [...] warheit wissen. Und bitten u.l. fruntlich Uns zcuerkennen zcugeben ab uch der oder ander zcutrag halben ichts warfaffts angelangt sey*[64].

Die Söhne haben aber einiges unternommen, um Margareta über ihre Reisen und Vorhaben in Kenntnis zu setzten. Ernst hat versucht, soweit es die Umstände zuließen, seine Mutter über sein Handeln und seine Aufenthaltsorte während seiner Reise nach Rom vom Februar bis Juni 1480 zu informieren. Er hat auf dieser Fahrt mehrfach veranlaßt, daß seine Mutter

---

61 Steinhausen, Nr. 386 (Altenburg, 23. September 1484).
62 Vgl. oben bei Anm. 50.
63 Steinhausen, Nr. 283 (Dresden, 8. November 1478).
64 SächsHStA W. A., Locat 4342, Bl. 99 (Altenburg 24. Mai 1471).

über den Stand der Dinge unterrichtet wurde. Am 15. April 1480 schrieb er seinem Bruder Albrecht, den Zeitpunkt seiner Rückkehr aus Italien *vnserm lieben vettir, herzog Wilhelm vnd vnser lieben fraw muter auch wissen [zu] lassen.* Und am 3. Mai des Jahres forderte er seinen Bruder auf, eine Abschrift seines Briefes, der Neuigkeiten enthält, an *vns beider frawen muter auch* zu schicken[65].

Zur Festigung der Beziehung zwischen der Mutter und ihren Söhnen war die Kommunikation mit Briefen ein wesentliches Hilfsmittel. Doch das Schreiben allein reichte nicht aus. Die schriftlich übermittelten Informationen über das Leben, Handeln und die Gesundheit ihrer Kinder und Enkel waren letzlich nur ein mäßiger Ersatz für die fehlenden Gelegenheiten, sich regelmäßig zu sehen und zu unterhalten. In Margaretas Briefen finden sich immer wieder Hinweise auf die positiven Empfindungen, die persönliche Begegnungen mit ihren Töchtern, Söhnen, Enkeln und Nichten bei ihr auslösen. Die Treffen mit ihren Söhnen oder die Betreuung der Enkelkinder wird für sie eine stets willkommene Abwechslung in ihrem vermutlich wenig aufregenden Leben auf ihrem Witwensitz gewesen sein. Aber mit der persönlich- emotionalen Ebene ist nur die eine Hälfte der Bedeutung dieser Treffen erfaßt. Das Zusammentreffen im kleinen Kreis mit ihren Söhnen, aber auch mit den weiteren Verwandten bis hin zu einem Familientreffen – z. B. bei hohen Feiertagen – diente neben der Pflege der familiären Beziehungen auch zur Demonstration der dynastischen Eintracht nach außen. An diesem Punkt wird besonders deutlich, daß in einer Dynastie der Ausdruck und die Pflege von persönlichen Belangen und Emotionen der Mitglieder füreinander kaum zu trennen waren von der Funktion der Herrschaftsrepräsentation.

2. *Erzbischof Ernst von Magdeburg an seinen Vater Kurfürst Ernst und Onkel Herzog Albrecht in den Jahren 1479 bis 1482.*

Von den fünf Söhnen und zwei Töchtern von Kurfürst Ernst, dem ältesten Sohn von Margareta, interessiert in unserem Zusammenhang der im Juni 1464 geborene zweite Sohn, der nach seinem Vater Ernst genannt wurde. Für diesen Ernst war eine Laufbahn in der Kirche vorgesehen. Schon im Jahr 1476, im Alter von zwölf Jahren, wurde er zum Erzbischof von Magdeburg postuliert und 1479 vom Kapitel in Halberstadt zum Administrator

---

[65] Franz Thurnhofer, Die Romreise des Kurfürsten Ernst von Sachsen im Jahre 1480, in: Neues Archiv für Sächsische Geschichte 42 (1921) S. 1–63, S. 52 und S. 56 mit Anm. 4.

angenommen⁶⁶. Die Politik des jugendlichen Bischofs in den ersten zehn Jahren seiner Regierung war geprägt von den Vorgaben seines Vaters, der besonderes Interesse an der Herstellung eines Untertanenverbandes und die engere Einbindung der größeren Städte des Erzbistums und des Bistums (Magdeburg, Halle, Halberstadt) in seinen Herrschaftsverband bzw. deren Anbindung an den wettinischen Einflußbereich hatte. Aus dieser Zeit, nämlich den Jahren von 1479 bis 1482 sind die Briefe überliefert, die nunmehr behandelt werden. Politische Themen kamen in ihnen nicht zur Sprache. Im Mittelpunkt von sechs der acht Briefe des jungen Ernst standen die Sorge um die Gesundheit bzw. die körperliche Befindlichkeit seines Vaters oder Bruders sowie Mitteilungen über seinen eigenen körperlichen Zustand. So schrieb er wegen einer Krankheit (Fieber und Kopfschmerzen) seines Bruders Albrecht, der ihn auf Burg Giebichenstein (der erzbischöflichen Residenz bei Halle) besuchte, an seinen Vater und fragte diesen, *ob es e.l. gefylle, ir wolten doctorem Hildebrandum von stund zu mir gen Gebichenstein geschickt und ym befolen haben, vliß, ob es nott sein wurde, ankeren*. Wenn der Doktor vor dem nächsten Montag kommen könne, an dem Ernst nach Calbe reisen wollte, sollte der Arzt entscheiden, ob ihn sein Bruder Albrecht begleiten kann oder ob er wegen seiner Beschwerden in Giebichenstein bleiben solle⁶⁷. Auf einem beiliegenden Zettel bat Ernst seinen Vater

---

66 Am 6. Januar postulierte ihn das Kapitel und am 28. Oktober hielt er seinen feierlichen Einzug in Magdeburg. Kaiser Friedrich III. verlieh ihm am 6. November die Regalien und Papst Sixtus IV. gewährte am 19. März 1478 die Dispens wegen Ernsts Minderjährigkeit und providierte ihn zum Administrator von Magdeburg. 1479 wählte das Kapitel in Halberstadt Ernst zum Administrator. Am 2. April 1485 ordinierte ihn Bischof Thilo von Merseburg in Giebichenstein bei Halle zum Presbyter und am 22. November 1489, Ernst war 26 Jahre alt, erfolgte durch denselben Bischof und den Bischof von Havelberg seine Weihe zum Erzbischof im Magdeburger Dom. Im Jahr 1513 starb Ernst, vgl. Berent Schwineköper, Ernst, Herzog von Sachsen, Erzbischof von Magdeburg, Administrator von Halberstadt, in: Allgemeine Deutsche Biographie 4, Berlin 1959, S. 615f. Josef Pilvousek, Ernst, Herzog von Sachsen, in: Die Bischöfe des Heiligen Römischen Reiches 1448 bis 1648. Ein biographisches Lexikon, hg. v. Erwin Gatz, Berlin 1996, S. 171. Es ist wohl kein Zufall, daß Kurfürst Ernst in Rom war, als Papst Sixtus IV. am 22. März 1480 die Wahl bestätigte und die notwendige Dispens erteilte, weil eine *pluralitas beneficiorum* nach Kirchenrecht verboten war, vgl. Boettcher, Neue Halberstädter Chronik von der Gründung des Bistums i. J. 804 bis zur Gegenwart, Halberstadt 1913, S. 321. Raphaela Averkorn, Die Bischöfe von Halberstadt in ihrem kirchlichen und politischen Wirken und in ihrer Beziehung zur Stadt von den Anfängen bis zur Reformation, in: Bürger, Bettelmönche und Bischöfe in Halberstadt hg. v. Dieter Berg (Saxonia Franziscana 9) Werl 1997, S. 1-80, hier S. 46f. Thurnhofer, Romreise (wie Anm. 65) S. 31f. und S. 47.

67 Steinhausen, Nr. 290 (Giebichenstein, 13. April 1479). – Der erwähnte Doktor Hildebrand, *doctorem beyder arcznyen*, war seit 1462 Hofarzt der Wettiner. Er erhielt im Jahr 100 Gulden Gehalt, zwei Diener, drei Pferde, zwei Kleider *also eynem wirdigen doctor uns und ym zcu eren zcutragen wolfuget*, die Übernahme seiner Verpflegungs- und Unterkunftskosten auf seinen Reisen und das Recht *so wir siner bie uns nicht bedurfften, zcu*

um einen Leithund für die Jagd, der dem Boten mitgegeben werden sollte. Die Bitte um den Jagdhund zeigt an, daß der junge Ernst auch als Administrator des Erzbistums Magdeburg eine standesgemäße Lebensführung als Fürst anstrebte. Und dazu gehörte als ein essentieller Bestandteil die Möglichkeit, auf die Jagd gehen zu können[68].

Reisen waren immer mit Unwägbarkeiten verbunden und konnten schlimmstenfalls zur Gefahr für Leib und Leben werden. Deswegen bekundete Ernst im August 1479 seinem Onkel Albrecht seine Freude über dessen gesunde Rückkehr von einer Reise nach Olmütz *und das euer liebe wolmogende, frisch und gesündt und es eur liebe uff derselben reyße glücklich und alles dinges wol zugestanden were, horten und vernemen wir von gantz unserem herzen gerne*[69]. Geradezu mitgelitten hat Ernst, wenn er von Krankheiten oder Unfällen seines Vaters hörte, wie im Oktober 1480, als er über einen Sturz seines Vaters durch den Bischof Johann V. von Meißen[70]

---

hern, Rittern und knechten sich zcufugen in iren kranckheyten zcuraten, so das an In gelanget, SächsHStA, Copialbuch 45, Bl. 184a-184b. Vgl. auch Streich, Reiseherrschaft (wie Anm. 33) S. 451f.

[68] Es war für die Mitglieder der Dynastie, die im 14. und 15. Jahrhundert eine kirchliche Laufbahn einschlugen und Bischöfe wurden, eine wesentliche Voraussetzung für ihre Verzichtserklärungen auf ihren Anteil am Erbe des Herrschaftsbereiches, daß ihnen durch die Familie eine standesgemäße Lebensführung zugesichert wurde. Als 1437 Sigmund gegenüber seinen Brüdern Friedrich II. und Wilhelm III. seinen Verzicht auf seinen Erbanteil erklärt und Geistlicher wird, läßt er in den Vertrag schreiben: *Gelustet uns auch eyns, zweyer, drystund oder vierstund in eyne Jare zcu Jagen ... darczu sollin sie Ire Jeger und hunde sendin anvorsagit. Dieselbin sollen uns danne iczlich mal zcwen, drye odir vier tage yagen nach unser lust und uns zcu nucze*, SächsHStA, Originalurkunde 6431. Und 1390, als Friedrich IV., Wilhelm II. und Georg einen Vertrag untereinander abschlossen, in dem der zu letzt Genannte zustimmte, ein Bistum übernehmen zu wollen, wenn ihm das ein standesgemäßes Auskommen garantierte, vgl. Urkunden der Markgrafen von Meißen und Landgrafen von Thüringen 1381-1395, hg. v. Hubert Ermisch (Codex Diplomaticus Saxoniae regiae 1B, 1) Leipzig 1899, Nr. 324.

[69] Steinhausen, Nr. 297 (Giebichenstein, 30. August 1479). – In Olmütz, wo der Vertrag vom 7. Dezember 1478 über den Ausgleich zwischen Matthias Corvenius von Ungarn und Wladislaus von Böhmen feierlich am 21. Juli 1479 bestätigt werden sollte, hielt sich Herzog Albrecht seit dem Mai des Jahres auf. Während seines Aufenthaltes erkrankte der Wettiner. Am 12. August 1479 schrieb Albrecht seinem Bruder Ernst, daß er die Krankheit überwunden habe und sich auf den Rückweg mache, der Brief ist ediert bei Langenn, Züge (wie Anm. 9) S. 70. Ders., Albrecht (wie Anm. 50) S. 126-129. Zu den Verhandlungen zwischen Matthias Corvenius und Wladislaus vgl. Hoensch, Geschichte (wie Anm. 45) S. 164.

[70] Johann von Weißenbach, von 1476 bis 1487 Bischof von Meißen, war seit 1470 Rat bei Kurfürst Ernst. Er diente dem jungen Erzbischof von Magdeburg als Berater und vertrat ihn bei Pontifikalhandlungen, vgl. Gatz, Bischöfe (wie Anm. 66) S. 743f. und Willi Rittenbach, Siegfried Seifert, Geschichte der Bischöfe von Meißen 968-1581 (Studien zur katholischen Bistums- und Klostergeschichte 8) Leipzig 1965, S. 336-346, besonders S. 338.

unterrichtet worden war: *wie das e.l. sere gefallen und nicht frisch sie, das ich dann großlich erschrocken und vaßt bekumert bin. Und bitt euwer liebe gar fruntlich, mir grunt dießer euwer liebe kranckheit, ouch ob got der almechtig e.l. izt besserunge zuschikt hätte, schriftlich zu verstheen wollen lassen*[71]. Einige Wochen später – sein Vater hatte die Folgen des Unfalls noch nicht überwunden – schrieb er an diesen, daß er *swermütig* aufgrund dieses Umstandes sei. Darum bat er, *euer liebe wolle uns geinwertig widder zu erkennenn geben, wie gethanheit derselben euer krangkheit und wetage, wanne wir swarheit und betrüpniß unsers gemütz nicht entladen, wir haben danne des, das eur liebe widder zu macht und gesuntheit kommen, von euer liebe als unserem lieben herrenn und vater fröliche botschaft entphangen und vernommen*[72]. Darauf antwortete der Kurfürst Ernst, daß er das Schreiben mit der Anfrage wegen seiner Gesundheit *van euch als auß besunder liebe und warhaffter trau gescheen ze besundern danck gerne vernommen habe*. Es gehe ihm schon besser. Er könne gehen, stehen und in Maßen reiten. Er müsse allerdings seinen rechten Arm noch schonen. *Solchs wolle unns euer lieb glauben und sich unserhalb nicht mehr bekommeren adder der eynche beswerung haben, euer lieb ze leichterung euers gemuts und unns ze besundern dangnemem (= willkommenen) gefallen.*

Auch der Administrator von Magdeburg blieb während des Untersuchungszeitraumes von Blessuren nicht verschont. Er teilte seinem Vater und seinem Onkel mit, daß er sich unvorsichtigerweise gestoßen und die Verletzung einige Tage ignoriert habe, *bis so lange das wir wehtage und geschwülste gefüllt*. Und weil er Schlimmeres befürchtete (*ergerüng besorgte*), bat er Wilhelm III., den Onkel seines Vaters und Regent in der Landgrafschaft Thüringen, ihm den Doktor Hildebrand zu schicken. Weil er aber nicht ausschließen konnte, daß Hildebrand vielleicht nicht bei Wilhelm III. war oder nicht abkömmlich gewesen sein könnte, hat er gleichzeitig – *umb sicherheit willen* – nach zwei Ärzten in Leipzig geschickt. Doch Hildebrand konnte ihn schließlich doch behandeln und hat mit *gotlicher* Hilfe erreicht, *das sich die geswulst das meiste teil gesazt und die wehtage gelegert, also das wir nü gute ruhe haben und von gots gnaden keyne serlichkeit mehir tragen*. Er war besorgt, daß sie beide von seiner Krankheit Gerüchte hören würden und deshalb *bekummernisse inbilden mochten*. Um dem zuvorzukommen, hat er ihnen den Stand der Krankheit mitgeteilt und den Bericht mit der Hoffnung verbunden, daß sie anderen oder schlimmeren Berichten nicht glauben werden. Er sei trotz der Krankheit in die Kirche gegangen, habe getan was notwendig war und hoffe mit göttlicher Hilfe und Rat der

---

[71] Ibid., Nr. 331 (Halberstadt, 27. Oktober 1480).
[72] Ibid., Nr. 334 (Giebichenstein, 15. November 1480).

Ärzte in Kürze wieder ganz gesund zu sein. Auf einem beigelegten Zettel beglaubigte er eigenhändig den Briefinhalt. *Als ich euweren lieben hir thun schriben, das wollet ganzen glouben, des ich euch mit disser meiner hantschrifft also versicher*[73].

Daß Ernst sich als junger Mann auf der Burg Giebichenstein zwischenzeitlich gelangweilt hat oder die Gesellschaft seiner Brüder vermißte, wird in einem Brief vom Dezember 1479 deutlich, in dem er seinen Vater bat, daß seine Brüder Friedrich und Hanns (= Johann) sowie sein Schwager Herzog Heinrich von Lüneburg *einmal zu mir komen mochten und besehen mein wonung und haushalten*. Er wiederholte mit diesem Brief eine schon einmal geäußerte Bitte und wünschte sich, daß sein Vater den Genannten erlaube, Weihnachten nach Giebichenstein zu kommen *ein clein zeit aldo zu bliben und frolich mit mir sein. Alßdann wollen wir die lernüng dennocht nicht ganz underwegen laßen, ouch darnach, ob wir etwaß vrsaumen wurden, mit großenn vliß wider eynbringen*[74]. Die Trennung von der Familie, insbesondere von den Geschwistern, wurde von ihm als eine Belastung empfunden. Nach dem letzten Brief zu schließen war der junge Ernst in diesen Jahren noch in der Ausbildung und hatte ein Lernprogramm zu absolvieren. So wie es üblich war, daß die Söhne nach dem siebten Lebensjahr zur Ausbildung an die Höfe anderer Adeliger zur weiteren Erziehung und Ausbildung geschickt wurden[75], so galt das auch für Ernst, der auf seine Rolle und Funktion als geistlicher Fürst vorbereitet wurde[76]. Es ist

---

[73] Ibid., Nr. 353 (Giebichenstein, 17. August 1481).

[74] Ibid., Nr. 308 (Giebichenstein, 17. Dezember 1479).

[75] Shulamith Shahar, Kindheit im Mittelalter, Zürich 1991, S. 238f. Yvonne Knibiehler, Geschichte der Väter. Eine kultur- und sozialhistorische Spurensuche (Frauen-Kultur-Geschichte 5) Freiburg-Basel-Wien 1996, S. 139–142.

[76] Eine ausführliche Untersuchung der Prinzenerziehung der Wettiner für die Zeit um 1500 fehlt. Deswegen weiterhin grundlegend die Ausführungen bei Julius Richter, Das Erziehungswesen am Hofe der Wettiner Albertinischer (Haupt-) Linie (Monumenta Germanica Pädagogica 52) Berlin 1913, S. 4–13. Hinweise auf das Personal (die Prinzenerzieher) in der zweiten Hälfte des 15. Jahrhunderts auch bei Streich, Reiseherrschaft (wie Anm. 33) S. 455–458. Zur Ausbildung von Ernsts Brüdern Friedrich und Johann vgl. Langenn, Albrecht (wie Anm. 50) S. 476, der eine Instruktion Kurfürst Ernsts aus dem Jahre 1480 zitiert, in der als Erziehungsziel festgeschrieben ist, daß sie *so ihnen Gott Lebtage gebe und sie erwachsen würden, mit den Leuten nach ihrem Stande und Wesen erbarlich zu handeln wüßten*. Fast nichts ist bisher bekannt über die Inhalte der Erziehung (Lehrstoff) und Ausbildung. Ausführliche Instruktionen liegen erst vor für die Zeit um 1560, vgl. Felix Pischel, Zur Geschichte der sachsen-ernestinischen Prinzenerziehung am Ende des 16. Jahrhunderts, in: Neues Archiv für Sächsische Geschichte 39 (1918) S. 235–287. Außerdem Laetitia Boehm, Konservatismus und Modernität in der Regentenerziehung an deutschen Höfen im 15. und 16. Jahrhundert, in: Humanismus im Bildungswesen des 15. und 16. Jahrhunderts, hg. v. Wolfgang Reinhard (Deutsche Forschungsgemeinschaft. Mitteilungen der Kommission für Humanismusforschung 12) Weinheim 1984, S. 61–93.

nicht bekannt, ob der Vater die Bitte von Ernst erfüllt hat; der Sohn wußte aber, daß er der Ansicht war, daß durch Besuche, der Lernerfolg gefährdet war. Dieser Annahme wollte der junge Ernst mit dem Hinweis auf den Fleiß beim Nachholen, falls sie etwas versäumen würden, die Grundlage entziehen.

3. Herzogin Sidonia an ihren Sohn Georg in den Jahren von 1487 bis 1510.

Margaretas jüngerer Sohn Albrecht (1443 bis 1500) war seit 1459 mit Sidonia, einer Tochter König Podiebrads von Böhmen verlobt und seit 1464 verheiratet[77]. Aus dieser Ehe entstammten acht Kinder, von denen jedoch vier schon sehr jung verstarben[78]. Eine besonders enge Beziehung entwickelte sich zwischen Sidonia und ihrem ältesten Sohn Georg (1471 bis 1539). Ihren Niederschlag hat diese Beziehung auch in Form von Briefen gefunden, die nunmehr in Auswahl vorgestellt werden. Ihr Gemahl, Herzog Albrecht, war seit 1488 die meiste Zeit im Reichsdienst außer Landes tätig. Deswegen mußte Georg im Alter von siebzehn Jahren die Regierung als Vertreter seines Vaters antreten[79], obwohl besonders Herzogin Sidonia es gern gesehen hätte, wenn Georg, der 1484 ein Kanonikat im Domkapitel

---

[77] Am 25. April 1459 wurde durch den Markgrafen Albrecht Achilles von Brandenburg zwischen König Podiebrad von Böhmen und Kurfürst Friedrich II. von Sachsen eine Eheverabredung für deren Kinder Sidonia und Albrecht getroffen. Die Mitgift Sidonias bestand aus 20000 Gulden rh., für die der Kurfürst bzw. Albrecht eine ebenso große Summe als Gegengeld leisten sollten. Die Zusammenführung der Brautleute, um die Verlobung zu beschließen, sollte am 11. November des Jahres in Eger erfolgen, vgl. SächsHStA, Originalurkunde 7616. Diese Vereinbarung wurde auch realisiert. vgl. Robert Reiche (Bearb.), Die Chronik Hartung Kammermeisters, Halle 1896, S. 169f. Vollzogen wurde die Ehe jedoch erst am 11. Mai 1464, vgl. Langenn, Albrecht (wie Anm. 50) S. 38–41. Blaschke, Fürstenzug (wie Anm. 29) S. 113. Posse, Wettiner (wie Anm. 27) Tafel 28. – Diese Eheabrede sollte offensichtlich machen, daß der Konflikt zwischen Kurfürst Friedrich II., der in den Jahren 1457/58 erfolglos Ansprüche gegenüber Georg Podiebrad auf die Krone Böhmens erhoben hatte, und Podiebrad beigelegt war. Sie steht in der Tradition der Hochzeiten mit denen ein Friedensschluß zusätzlich dokumentiert und öffentlich gemacht wurde. Die Rolle und Funktion der Frauen in diesem Zusammenhang beschreibt treffend Opitz, Frauenalltag (wie Anm. 2) S. 314: „Als Unterpfand und Instrument der Eintracht wird ihr so eine Rolle zugewiesen, die über ihr Einzelschicksal und ihre persönlichen Wünsche hinausgeht".

[78] Vgl. Posse, Wettiner (wie Anm. 27) Tafel 28 mit S. 87f.

[79] Langenn, Züge (wie Anm. 9). Heinrich von Welck, Georg der Bärtige, Herzog von Sachsen. Sein Leben und Wirken, Braunschweig 1900, S. 9–19. Kötzschke, Kretschmar, Geschichte (wie Anm. 28) S. 167. Werl, Sidonia (wie Anm. 9) S. 9. Diese., Georg der Bärtige, in: Neue Deutsche Biographie 6, Berlin 1964 (ND 1971) S. 224–227. Blaschke, Fürstenzug (wie Anm. 29) S. 131–135.

von Meißen erhalten hatte, dem kurze Zeit später ein weiteres in Mainz folgte[80], eine Kirchenkarriere gemacht hätte. Er residierte mit seinen Räten überwiegend in Dresden, seine Mutter Sidonia hielt sich bis 1500 vor allem auf der Albrechtsburg in Meißen auf und zog sich nach dem Tod ihres Mannes Albrecht im Jahr 1500 nach Tharandt auf ihren Witwensitz zurück. In Meißen war für sie die Nähe zum Domstift attraktiv und sie richtete sich dort ihr Leben so ein, als wäre sie schon verwitwet. Sie behielt nur einen kleinen Hofstaat um sich, erhielt von ihrem Gatten vierteljährlich 100 Gulden als Unterhalt und lebte vor allem für die Ausübung ihrer Frömmigkeit[81].

Die Kurfürstin Margareta hat in ihren Briefen an ihre Söhne Ernst und Albrecht weitgehend darauf verzichtet, sie in irgendeiner Hinsicht zu erziehen oder ihnen Ratschläge zu geben. Ganz anders dagegen ist der Grundtenor in den Briefen von Margaretas Schwiegertochter Sidonia an ihren Sohn Georg. Sidonia war darum bemüht, explizit auf ihn einzuwirken und auf Verhaltensweisen einzuschwören, die sie für richtig hielt. Sie appellierte vor allem an ihn, sich im Hinblick auf die Ausübung der Religion bzw. Frömmigkeit richtig zu verhalten. Als sie ihm 1487 ein Ablaßbuch schickte, riet sie ihm gleichzeitig, wie er sich in Kirchen benehmen soll und ermahnte ihn: *Auch ap underweylen der aplas auff eyn jar ader wenig mher lauten wirdt, vorschmach yn nicht: nym yn mit an, den er ist dir nicht schedlich. Dynt er dir nicht vor dy peyn (Strafe), so meret er dir aber das vordinst pey got.* Überhaupt legte sie Wert darauf, die Wirkung von Ablässen auch für die eigenen Verwandten zu nutzen: *ich bitt dych, kumm deyns fettern, herzog Ernests´ sel* (gestorben im August 1486) *mit dem aplas zu hylff und ordens also, so es dy sel nicht dirrfft, das der enelendesten selen dy ym fegfeuer, zu hylff kum.*[82] Schließlich äußerte sie in diesem Schreiben noch

---

[80] Welck, Georg der Bärtige (wie Anm. 79) S. 1.
[81] SächsHStA, G. A., Locat 8498, Bl. 132b-133a: Brief von Herzog Albrecht an seinen Sohn Georg, in dem er mit Bedauern die Entscheidung Sidonias akzeptiert, die *nyd wyllen had yn nederland zcu zyn ouch nyd wyllens yst by dy an dyn hoff] czu zyn*, sondern statt dessen allein nach Meißen auf das Schloß ziehen will, um dort *unssern hergot czu dynen bey dem lobelychen stiffte*. Der Herzog befahl seinem Sohn weiter, Sidonia das Schloß so herzurichten, daß sie darin gut leben kann, besonders die *kemnaten czurychten, daryn sy wammig gehabin mag*. Außerdem sollte er die Auszahlung der Pension für Sidonia übernehmen. Vgl. auch Welck, Georg der Bärtige (wie Anm. 79) S. 6.
[82] In ähnlichem Sinne schreibt sie nach dem Tod ihres Mannes Albrecht im Jahr 1500 an ihren Sohn Heinrich, Hochmeister des Deutschen Ordens, und fordert ihn auf, sie in seinen Gebeten zu bedenken und auch die Seele seines lieben Vaters nicht zu vergessen, sondern täglich für diese zu beten, weil er ihr damit vor dem Angesicht Gottes hilft, vgl. Langenn, Züge (wie Anm. 9) S. 11.

einen Wunsch an Georg: *Herzallerlibster son, ich bitt dych, du wollest mich auff die heylige zeyt mit wilpert vorsorgen: ich wils vordinen*[83].

In einem einige Zeit später abgefaßten Brief sprach die Herzogin ihr Erziehungsziel klar aus: *Ich schick dir hy doctor Broles. Dem hab ich beffollen, das er eyn frommen menschen auß dir machen sol.* Sie ermahnte ihn außerdem, Weihnachten bei dem Doktor zu beichten. Weiterhin kündigte sie ihm an, daß Broles für ihn ein Marienbild mitbringen wird, und bat ihren Sohn, ihr das Bild zu schenken[84]. Es war eine sehr pragmatische Frömmigkeit, die sie ihrem Sohn vermittelte und die den Bedürfnissen der Wettiner als der landesherrlichen Dynastie dienen sollte. Sidonia hatte außerdem persönliche Gründe für ihren religiösen Eifer. Sie sind in dem Umstand zu suchen, daß sie durch ihre Frömmigkeit und geistlichen Werke ihrem 1471 im päpstlichen Bann gestorbenen Vater Georg Podiebrad noch zum Seelenheil verhelfen wollte[85].

Für Sidonia war es selbstverständlich und sie hatte keine Probleme damit, daß fromme Leistungen gegen Bezahlung verrichtet wurden. Sie wußte aber auch sehr genau, wann solche Leistungen für die Dynastie ohne Bezahlung vom Klerus erbracht werden mußten. Diese Einstellung wird klar in einem Schreiben von 1492, in dem sie an Georg berichtete, daß ihr Mann Albrecht Sluys erobert habe. *Got der herre hat ym sycherlich ganz treulichen peygestanden und ym nicht durch menschlichs vordynen, sünder durch seyn unaußsprechliche, grundelose guttickeyt und barmherzickeyt gnediglich vor obil behutt und enthalden.* Darum forderte sie ihren Sohn auf, wenn er es nicht schon getan habe, dafür zu sorgen, daß man in den Klöstern und Pfarren in Altendresden *got darum lob mit gesang und geleute. Darfft dych nicht forchten, das du gelt darumb gybst, sy mussen es umb sünst thun.* Auf dem Schloß soll eine Messe zu Ehren der hl. Dreifaltigkeit mit Orgeln und

---

[83] SächsHStA G. A., Locat 8498, Bl. 180. Steinhausen, Nr. 401 (Ohne Ort, vor 12. 04. 1487).
[84] SächsHStA G. A., Locat 8498, Bl. 202. Steinhausen, Nr. 404 (Ohne Ort und Datum, aber wohl 13. Dezember 1487/92). Andreas Proles war zeitweise Generalvikar des Augustinerordens und wurde der Beichtvater des Herzogs. Seine Bemühungen um die Ordensreform und die Einhaltung der strengen Observanz brachten ihn in Konflikt mit dem Ordensgeneral, vgl. Janicke, Andreas Proles, in: Allgemeine Deutsche Biographie 26, Leipzig 1888, S. 661ff.
[85] Werl, Sidonia (wie Anm. 9) S. 9 macht darauf aufmerksam, daß sie gelobte, wenn ihr zweites Kind ein Sohn werden würde, ihn Georg zu nennen, „und auf diese Weise der Kirche für den abtrünnigen Georg, ihren Vater, einen kirchentreuen Georg, ihren Sohn, zu schenken". Vgl. dazu auch Otto Eduard Schmidt, Des Böhmenkönigs Georg von Podiebrad Lösung vom Kirchenbann und sein Tod, in: Neues Archiv für Sächsische Geschichte 59 (1938) S. 39–65. Blaschke, Fürstenzug (wie Anm. 29) S. 131.

Sanctus sowie *Tedemum* gehalten werden. Gedankt werden sollte aber darüber hinaus in den Pfarren und Klöstern des ganzen Landes[86].

Am 29. März 1498 richtete sie die Bitte an Herzog Georg, er möge dafür sorgen, daß die in Leipzig gedruckten Predigten Johannes Taulers verkauft werden dürfen. Nach ihrer Ansicht war das bestehende Verkaufsverbot das Werk des *veynt des menschlicher selickeyt*, der befürchtete, daß ihm durch den Verkauf manche Seele entzogen würde. Nur der böse Geist verhindere den Verkauf und sie wußte zu berichten, daß sich durch die Lektüre *VI menschen, dy ich weis, fast sere gebessert haben und von irem irrigen leben yngütt, vollkumen leben gegangen und von tage zu tage zunemen*. Darum ermahnte sie ihn, er solle sich *aller gutten werk teylhafftig machen, dy von den inenschen gescheen und nach gescheen werden, welche sych des buchs gebessert ader noch bessern werden*. Wenn er ihrer Aufforderung Folge leiste, würde er dafür *ewige froliche lon von gote entpfahen*[87]. Auch bei einer anderen Gelegenheit vermittelte sie ihm ihre Auffassung von der Bedeutung des guten und richtigen Herrscherhandelns für sein Seelenheil und empfahl ihm, das Wohl seiner Seele als Leitfaden für seine Entscheidungen zu nehmen. Am 25. August 1498 war der Anlaß ihrer Beschwerde der Umstand, daß Georg einen Gefangenen weiter in Haft hielt, obwohl sie ihm dazu geraten hatte, diesen freizulassen. Im Anschluß an die Beschwerde reflektierte sie über die menschliche Barmherzigkeit, über das angemessene Verhalten von Herrschern und kritisierte die Entscheidung ihres Sohnes. *Und fürcht, uns wird zu erzeit mit der ellen gemessen werden, als wir unsern nachsten messen [...] Man sold gedencken, das der almechtige got allezeit sen gerechtickeyt vormischt mit der barmherzickeyt, und sold nicht*

---

86   SächsHStA G. A., Locat 8498, Bl. 207. Steinhausen, Nr. 438 (Ohne Ort und Jahr, aber wohl Ende 1492). 1488 übertrug König Maximilian Herzog Albrecht die Statthalterschaft der Niederlande. Bis 1493 hatte der Wettiner die Gegner des Habsburgers besiegt. Aber diese konnten dem Statthalter die Kosten nicht ersetzen, deswegen wurde Albrecht zum Gubernator von Friesland eingesetzt. Doch erst 1498 erkannten die Stände der Provinzen Albrecht als erblichen Regenten an. Die Wettiner konnten sich jedoch langfristig nicht in Friesland etablieren. Herzog Georg von Sachsen trat seinen Anspruch auf das Gebiet im Jahr 1515 gegen die Zahlung von 200000 Gulden an den Erzherzog Karl von Burgund ab. Vgl. Günther Wartenberg, Die Albertiner in Friesland, in: Herrschaft und Verfassungsstrukturen im Nordwesten des Reiches: Beiträge zum Zeitalter Karls V., hg. v. Bernhard Sicken (Städteforschung. Reihe A, Darstellungen 35) Köln-Weimar-Wien 1994, S. 105–112. Welck, Georg der Bärtige (wie Anm. 79) S. 11–22. Kötzschke, Kretschmar, Geschichte (wie Anm. 28) S. 164. – Der Anlaß für Sidonias Hinweis auf die liturgischen Leistungen ohne Bezahlung war wohl die Sparsamkeit Georgs. Unter dem Eindruck der permanenten Geldsorgen seines Vaters entwickelte er sich zu einem sehr sparsamen Haushälter, vgl. Werl, Sidonia (wie Anm. 9) S. 17.

87   SächsHStA G. A., Locat 8498, Bl. 141. Steinhausen, Nr. 492. Vgl. auch Langenn, Züge (wie Anm. 9) S. 9f.

also gar schwind mit der straff sein. Was wurd dych und deyn rette helffen, so der arm mensch yn dem thurm stürb?[88]

Ein weiteres Schreiben von 1493, in dem sie sich für andere Personen bei ihrem Sohn verwendete, betraf nicht zufällig zwei Mönche aus Kamenz, denen er ein Zugpferd für ihren Klosterbau überlassen sollte, denn *das werden sy vor dych keygen den almechtigen got mit yrem ynnygen gebethe getreulichen vorgleychen*[89]. Besonders deutlich erkennbar wird Sidonias Lebenseinstellung, daß der Fluchtpunkt des menschlichen Handelns die Sammlung von Fürsprechern bei Gott sein solle, in einem Brief, in dem sie sich für einen ihrer ehemaligen Diener, der in den Dritten Orden der Fanziskaner eintreten wollte, bei ihrem Sohn einsetzte. Sie bat Georg, diesen Mann ein Jahr lang zu unterstützen. Die Aufnahme in den Orden war nämlich daran gebunden, daß der Bewerber vorher ein Handwerk lernte, wenn er noch keine Ausbildung hatte. Dies traf auch auf den Bittsteller zu, der während dieser Zeit über kein Einkommen verfügte und darüber hinaus noch das Lehrgeld bezahlen mußte. Die Herzogin verband ihre Bitte mit dem Hinweis auf den Nutzen, den ihr Sohn durch die Gewährung der Unterstützung letztlich erhalten würde, denn der Knecht werde diese Zuwendung als Mitglied des Ordens *vor dych keygenn dem almahtigen got mit seyn eynfeldigen gebethe auffs getrawlichste vorleychen*[90]. Sidonia stellte ihrem Sohn immer wieder vor Augen, daß gute Werke das eigene Seelenheil fördern. Es wandten sich Petenden mit der Bitte um Fürsprache bei ihrem Sohn an sie[91], die vermutlich – ähnlich wie schon im Fall von Margareta – darauf hofften, daß die Fürsten die Bitten, von ihren Müttern vorgetragen und unterstützt, aus Sohnesliebe erfüllen würden.

Ihre brieflich geäußerten Bitten betrafen jedoch auch ihre eigenen, persönlichen Belange[92]. Im August 1493 bat sie ihren Sohn um die Übersendung von Wild. *In sunderheyt bitt ich dych, das du mir haselhüner und*

---

[88] SächsHStA G. A., Locat 8498, Bl. 169. Steinhausen, Nr. 498. Aufgrund ihrer Religiosität neigte sie generell zur Milde und bat ihren Sohn wiederholt um eine gnädige Behandlung von Gefangenen und Beschuldigten wie Langenn, Züge (wie Anm. 9) S. 19f. und Werl, Sidonia (wie Anm. 9) S. 14f. mit mehreren Beispielen belegen.

[89] Steinhausen, Nr. 441. (Ohne Ort und Jahr, vermutlich Ende August 1493). Außerdem setzte sie sich etwa für die Beförderung ihres Kaplans Simon auf die Pfarrstelle in Senftenberg ein, vgl. SächsHStA G. A., Locat 8498, Bl. 179.

[90] SächsHStA G. A., Locat 8498, Bl. 172.

[91] Weitere Briefe von Petenden, die über Sidonia an den Herzog herantraten, sind zusammengestellt bei Werl, Sidonia (wie Anm. 9) S. 18.

[92] Nach dem Tod ihres Mannes Albrecht änderte sich das aber erkennbar. Sie versuchte dann häufiger auf die Entscheidungen ihres Sohnes Einfluß zu nehmen und machte dessen Räte dafür verantwortlich, wenn sie mit ihren Vorschlägen und Wünschen nicht durchdrang, vgl. Langenn, Züge (wie Anm. 9) passim.

eychhorner fahen lest und mir dy schickest[93]. Am 8. November 1496 ermahnte sie ihren Sohn, ihr so schnell wie möglich fünfzehn Ellen schwarzen Damast zu schicken, *so du des sammets, den ich doch fast gern hett, nicht geratten (entbehren) weldest ader kondst*. In einem weiteren Brief forderte sie Georg auf: *Libes sonichen, schick mir doch Jorgen schneyder her, das er mir den rock recht mach*[94].

Ähnlich wie ihre Schwiegermutter Margareta hatte Sidonia Anlaß, sich über nicht erfüllte Leistungen ihres Sohnes zu beschweren. So z.B. darüber, daß er wohl Wein geschickt habe, aber nicht das ihr zustehende Wachs. *Aber ich forcht, das du Jorgen hast vorgessen, davon zu sagen ader zu beffelen*. Sie war über das fehlende Wachs jedenfalls sehr aufgebracht. *Und ist nach meyn bethe und ernste meynung, das du mir solich wachs auff mantag ader dynstag erstkunfftig schickst, anders eyn freyntliche mutter haben*. Er sollte ihr einen Zentner Wachs in seiner Gegenwart abwiegen lassen[95]. Mit dem Brief schickte sie ihm ein Buch des Doktors Andreas Schwertfeger, in dem ein Gebet enthalten war, das er jeden Morgen beten sollte. *Den es ist eyn bewert gebeth und dorch den heyligen geyst dem heyligen Augustino geoffenbart und ist nüz vor aller serlichkkeyt der selen und des leybes und vor dy reyser (Krieger), dy dych von dem pferd werffen*[96]. Am 22. Januar (1488 bzw. 1493) bedankte sie sich dafür, nunmehr das Wachs erhalten zu haben. *Ich hald dych nü vor eyn warhafften mann, so du mir das wachs geschickt hast*. Dann teilte sie mit, daß sie am gestrigen Montag ein kleines Gewölbe aufbrechen ließ und darin einen Beutel mit Münzen gefunden habe. *und wen dir got zu mir gehylfft, denselbigen sack mit solichem geld weysen und er meysten augen mit dir darum werffen, wer solichen großen gefunden schaz behald*. Sie legte dem Brief wiederum ein Gebetbuch des Doktor Schwertfeger bei, weil sich darin ein Gebet über die *heyligen funff wunden* befand[97].

Doch nicht nur mit dem Wachs gab es Schwierigkeiten. Auch die ihr von ihrem Gemahl Albrecht ausgesetzte Unterhaltszahlung von 100 Gulden erreichte sie nicht immer pünktlich, obwohl sie auf das Geld dringend angewiesen war, *den es will mir um sunst nymands nichts lassen noch geben, ich mus gelt darum ausgeben*[98].

---

93 Wie Anm. 91.
94 Steinhausen, Nr. 449 (ohne Ort und Jahr wohl 1493/99).
95 Sidonia spendete den Kirchen viel Wachs, wofür der fürstliche Haushalt aufkommen mußte. Das wurde von Georgs Räten nicht sonderlich gern gesehen, vgl. Langenn, Züge (wie Anm. 9) S. 17f. Werl, Sidonia (wie Anm. 9) S. 12f.
96 Steinhausen, Nr. 405 (Ohne Ort und Jahr, 18. Januar 1488 oder 1493).
97 SächsHStA G. A., Locat 8498, Bl. 142. Steinhausen, Nr. 406 (Ohne Ort und Jahr).
98 SächsHStA G. A. Locat 8498, Bl. 212. Vgl. auch Werl, Sidonia (wie Anm. 9) S. 10.

Georgs persönliche und politische Erfolge kommentierte sie lebhaft. Vermutlich auch deshalb, weil sie diese für ein Ergebnis ihrer Erziehung und Unterweisung hielt. Im Mai 1496 antwortete sie auf ein Schreiben von Georg, das sie heute *als ich nach essens zu der predig ging* erhalten hatte. Sie brachte ihre Freude darüber zum Ausdruck, daß er bei einem Empfang durch König Maximilian, bei dem auch sein Bruder Heinrich anwesend war, *eyn sermon vorm konige [...] gethan [...] und wol von [sich] bracht [habe]. Hab ich nicht ungern gehort und vorsehe mich, auff lenger tag wirt eyn gutter prediger auß dir werden*[99]. Außerdem teilte sie ihm mit, daß der König seinen Vater Albrecht vor die Wahl gestellt habe, entweder gegen Frankreich oder gegen Ungarn zu ziehen. Darüber war sie sehr ungehalten, denn der König *spricht villeycht nicht: Ich will dir deyn schaden richten und, das du darauff gewant hast, widdergeben*. Sidonia wußte offensichtlich genau, daß die Kosten, die ihrem Gatten Albrecht durch sein Engagement entstanden waren, vom König nicht oder nur zu einem kleinen Teil erstattet wurden. Aus diesem Grunde war die finanzielle Situation in Sachsen für den jungen Regenten Georg eine erhebliche Belastung, der seinen Vater deswegen mehr als ein Mal, aber vergeblich, um Rückkehr in das Herzogtum gebeten hat[100]. Sie ermahnt ihr *herzlibes sonichen* zum Schluß noch, nicht zu vergessen, den Rosenkranz und *zu dem wenigist funff pater noster und sovil ave Marien* [zu beten]. *Und wenn es dir woll ghet, gedencke auch an deyne getrau mutter!*[101].

Aufmerksam begleitete Sidonia auch die Vorbereitungen zur Hochzeit ihres Sohnes mit Barbara von Polen (*1478), die am 21. November 1496 in Leipzig stattfand, weil in Dresden die Pest herrschte[102]. Im Gegensatz zu Margareta war für sie die Hochzeit nicht in erster Linie eine Angelegenheit der dynastischen Raison oder des Auftrags der Dynastie – jedenfalls thematisierte sie dies nicht – sondern eine Veranstaltung, die organisiert und vorbereitet werden mußte und bei der der zukünftige Ehemann konkrete Dinge nicht außer Acht lassen durfte. Sie empfahl Georg, seiner Braut kein Ehrengeschenk zu machen, denn dies habe weder ihr Mann Albrecht für sie, noch dessen Bruder (Ernst) für seine Braut (Elisabeth von Baiern) getan[103].

---

99 Wohl eine Anspielung auf Sidonias ursprüngliche Absicht, ihren ältesten Sohn eine Priesterlaufbahn ergreifen zu lassen, vgl. oben bei Anm. 80.
100 Welck, Georg der Bärtige (wie Anm. 79) S. 10ff.
101 SächsHStA G. A., Locat 8498, Bl. 143. Steinhausen, Nr. 462 (Ohne Ort und Jahr, wohl 6. Mai 1495).
102 Posse, Wettiner (wie Anm. 27) Tafel 28. Langenn, Herzog Albrecht (wie Anm. 50) S. 488–493. Welck, Georg der Bärtige (wie Anm. 79) S. 13.
103 SächsHStA G. A., Locat 8498, Bl. 145. Steinhausen, Nr. 473 (Ohne Ort und Jahr, aber datierbar auf 1496. geschrieben zwischen Mitternacht und ein Uhr).

Am 21. August 1496 berichtete sie Georg, daß er Briefe an Kurfürst Friedrich[104] und an sie verwechselt habe. Der Bote Heinz habe ihr nämlich nicht den für sie bestimmten Brief gebracht. Darum meinte sie, auf ihn träfe das Sprichwort *du ghest yn gedancken als eyn vorlobte may*t genau zu. Doch anschließend wünschte sie ihm für die bevorstehende Hochzeit alles Gute. *Herzallerlibster son, got gebe dir und deiner gemahel gar vil glucks und heyles, auch seyn gotliche gnade, libe, friden und eyntracht, auch fruchtbarheyt der selen und auch des leibes und vorley auch beyden ym anfang guttes mittel zu begreyffen und alsden den anffanng und mittel mit eynem gutten, fruchtbarn, auch seligen ende zu beschlissen! Amen.* Zum Abschluß regte sie an, den Termin für die Hochzeit wegen drohender Seuchengefahr genau zu bedenken – und die Feier hat dann ja auch in Leipzig stattgefunden.

Am 8. November 1496 teilte sie ihm mit, daß sie für ihn beständig bete und ermahnte ihn, vor der Eheschließung zu beichten, *das du dych deyner sunden mit waree reu und leuter beycht entladest, auch gutten vorsaz hast, deyn leben zu bessern und also gutter meynüng, got dem almechtigen zu eynem ewigen lobe, das hochwirdige sacrament der heyligen ee an dych nemen und entpfahen, des ich an zweyffel pin, du es thün wirdest.* An die Aufforderung zur Beichte schloß sie noch eine Reflexion über den Sinn und Nutzen der regelmäßigen Beichte von Jugend an, weil man auf diese Weise *von peyn und schult* entbunden wird[105].

Im September 1497 wünschte sie Georg und dessen Frau Barbara[106] Glück zur Geburt ihres ersten Sohnes. *Und der almechtige got gebe dir und deyner gemahel, auch dem liben cleynen soneleyn gar vill glucks und heyles und vorley uns allen, das wir an dem liben kindeleyn ere und heyl leybes und der selen erleben! Amen.* Sie war darüber erfreut, daß er seinen Sohn sobald als möglich taufen lassen wollte. Doch ihr Versprechen, an der Taufe teilzunehmen, konnte sie nicht halten, weil der Termin zu kurzfristig bestimmt worden war. Darum wolle sie ihren Besuch nunmehr solange verschieben, bis die Wöchnerin sich wieder erholt hat, und dann so will ich *den komen und mich gestellen mit meynm kostlichen geschenck.* Abschließend wünschte sie der *sechswocherin gar vil glucks von meinen wegen!*[107]

---

104 Friedrich der Weise regierte 1486 bis 1525 als Nachfolger von Kurfürst Ernst den sogenannten ernestinischen (westlichen) Teil des wettinischen Herschaftsgebietes.
105 Steinhausen, Nr. 476.
106 Zu ihrer Schwiegertochter hatte sie soweit ersichtlich ein gutes Verhältnis. jedenfalls trug sie ihrem Sohn auf *sag deiner gemahel vil libs und guts von meinen wegen*, SächsHStA G. A., Locat 8498, Bl. 229.
107 SächsHStA G. A., Locat 8498, Bl. 140. Steinhausen, Nr. 488. Die guten Wünsche für den ersten Sohn von Barbara und Georg haben nicht geholfen. geboren am 8. September

Einen guten Rat hatte sich auch nach der Geburt von Georgs zweitem Sohn parat. Sie empfahl, den Sohn bei der Taufe Johannes zu nennen und von den Paten nicht mit Hans anreden zu lassen[108]. Zu diesem Enkel Johann entwickelte Sidonia in den folgenden Jahren eine enge Beziehung. Sie bat ihren Sohn Georg z. B. 1508 darum, ihr den Jungen – *ihr herzliebes Söhnlein* – für einige Zeit zu schicken, wobei sie betonte es werde an allen *czwyffel deynm und meym liben soneleyn an allen schaden, sunder seyn grosser nutz seyn*[109].

4. Zusammenfassung und Vergleich

Es liegen zwar jeweils unterschiedliche Anteile der Briefinhalte auf den Ebenen Sach-, Emotions- und Beziehungsinformation vor. Doch gleichwohl spiegeln sich persönliche Anteilnahme und Emotionalität in allen drei brieflichen Kommunikationszusammenhängen wider. Die Anteilnahme von Margareta und Sidonia am Leben ihrer Söhne umfaßte nicht nur deren Rolle als regierende Fürsten, sondern fand auch auf der Mutter-Sohn Ebene statt. In der familiären Praxis der Wettiner in der zweiten Hälfte des 15. Jahrhunderts spielten die Mutter-Kind-Beziehungen eine nicht zu verkennende Rolle, auch nachdem die Kinder erwachsen geworden waren[110]. Die beiden Frauen waren darüber hinaus auch an engen Kontakten mit ihren Enkeln interessiert, die sie gerne um sich hatten.[111] In dieser Hinsicht waren keine

---

108 Steinhausen, Nr. 498. Gemeint ist Georgs zweiter Sohn Johann, der am 24. August 1498 geboren wurde. – Die Praxis, die kleinen Kinder mit Kosenamen anzureden, war offensichtlich weit verbreitet. Denn wie in diesem Fall Sidonia, haben auch Verfasser von spätmittelalterlichen Erziehungslehren gefordert, die Namen der Kinder nicht durch Kurz- oder Koseformen zu verballhornen bzw. zu „entstellen", weil der Name viel zur Ehre und Würde der Person beiträgt. Vgl. z. B. K. A. Kopp (Bearb.), Mapheus Vegius, De educatione liberorum – Erziehungslehre (1445) (Bibliothek der katholischen Pädagogik 2) Freiburg i.B. 1889, S. 47.
109 SächsHStA G. A., Locat 8498, Bl. 231.
110 Claudia Opitz, Von Kinderwunsch und Kindsmord. Mutterschaft und Mütterlichkeit vom 13. bis zum 15. Jahrhundert, in: Diese., Evatöchter und Bräute Christi: weiblicher Lebenszusammenhang und Frauenkultur im Mittelalter, Weinheim 1990, S. 54–86, hier S. 83f. weist darauf hin, daß für Kinder in den Gesellschaften des Mittelalters sehr wohl Platz gewesen ist. Mütter haben den Lebensweg ihrer kleinen und großen Kinder mit Aufmerksamkeit und Liebe begleitet. Auch Ward, English Noblewomen (wie Anm. 2) S. 107 kommt zu dem Ergebnis: „there is no reason to deny the existance of maternal love". Vgl. außerdem David Herlihy, Medieval Children, in: Ders., Women (wie Anm. 1) S. 215–243.
111 Die Pflege des Kontaktes zu den Enkeln sowie die Fürsorge für diese ist als ein hervorstechendes Merkmal der Beziehungspflege auch bei anderen Fürstinnen zu fassen. Siehe z. B.

Unterschiede zwischen Margareta und Sidonia zu erkennen, obwohl letztere sich bewußt für ein zurückgezogenes Leben entschieden hatte, während Margaretas Lebensführung wesentlich aus ihrer Situation als Witwe resultierte.

Nachdem die tendenziellen Gemeinsamkeiten der beiden Frauen im Hinblick auf ihr Verhältnis zu den anderen Familienmitgliedern hervorgehoben wurden, muß auch deutlich betont werden, daß sich die Intensität der mütterlichen Fürsorge bei Margareta und Sidonia – jedenfalls nach dem Ausweis ihrer Briefe – erheblich unterscheiden. Dies liegt wohl – neben Charakterunterschieden – auch darin begründet, daß die Herzogin Margareta während des Überlieferungszeitraums auf ihrem Witwensitz zurückgezogen lebte und ihre Söhne Ernst und Albrecht die regierenden Fürsten mit eigenen Familien waren. Dagegen erscheint Sidonias Schreiben und Verhalten ambivalenter. Sie richtete sich auf der Albrechtsburg in Meißen schon zu Lebzeiten ihres Mannes ein Refugium ein, in dem sie sehr zurückgezogen lebte. Doch konnte (und wollte) sie sich als Gattin des regierenden Fürsten Albrecht nicht völlig dem politischen Geschehen entziehen. Sie hatte als Mutter des designierten Nachfolgers Georg[112] vor allem dessen Charakter zu festigen und ihm moralische Kategorien für sein Handeln als Herrscher zu lehren, zumal der Vater häufig außer Landes war und der Sohn nach seinen eigenen Worten als junger und unerfahrener Mann unter der Verantwortung für die Regierungsgeschäfte gelitten hat.

Die unterschiedlichen Lebenssituationen der beiden Fürstinnen erklären auch die unterschiedliche Anlage und inhaltliche Gestaltung bzw. Gewichtung ihrer Briefe an die Söhne. In den meisten Fällen (Hilfegesuche für ihre Klientel) sprach Margareta in ihren Briefen ihre Söhne Ernst und Albrecht als Landesherren, die ihr übergeordnet sind, an. Sie unterstützte sie außerdem immer, wenn sie die Dynastie angemessen vertreten und repräsentieren mußten, indem sie ihnen ihren Hofmeister und andere Diener zur Verfügung stellte und das Silbergeschirr oder Reisewagen auslieh. Ihre Söhne sorgten andererseits dafür, daß die Bestimmungen ihres Leibgedinges erfüllt wurden (Wein bei schlechten Ernten) und machten auch schon mal ein Ge-

---

Otto von Boehn, Anna von Nassau, Herzogin von Braunschweig-Lüneburg. Ein Fürstenleben am Vorabend der Reformation, in: Niedersächsisches Jahrbuch für Landesgeschichte 29 (1959) S. 24–120, besonders S. 81, 88f. und 92–96. Ähnliche Verhaltensweisen beim Verhältnis Enkel und Großmütter im englischen Adel dokumentiert Ward, English Noblewomen (wie Anm. 2) S. 100f.

112 Herzog Albrecht hatte 1499 in seinem Testament die Primogenitur festgelegt. Das Herzogtum Sachsen sollte künftig nicht mehr geteilt werden und die Herrschaft nach seinem Tode der älteste Sohn Georg übernehmen, vgl. Kötzschke, Kretschmar, Geschichte (wie Anm. 28) S. 166.

schenk (Pferd). Margaretas Lebensmittelpunkt war ihr (Witwen-)Hof[113]. Sie sorgte sich um ihr Personal und bat bei verschiedenen Anlässen ihre Söhne um Unterstützung (Hochzeiten ihrer Jungfrauen, kranke Diener). Sie führte ein diszipliniertes und zurückgezogenes Leben, das vermutlich alles in allem den Erwartungen ihrer Söhne und der anderen Verwandten an sie in ihrer Rolle als Herzogin-Witwe entsprach[114]. Ihre Briefe vermitteln allerdings stellenweise den Eindruck, daß sie mit ihrem relativ abgeschiedenen Leben nicht in allen Belangen zufrieden war. Eine Folge dieses zurückgezogenen und wohl auch phasenweise einsamen Lebens war nämlich ihr Informationsdefizit[115]. Sie sprach in ihren Briefen mehrmals an, daß sie in Altenburg nicht besonders gut informiert war und oft nur unbestimmte Gerüchte und verwässerte Informationen bekam.

Für die Mitglieder der Familie äußerte sie warmes Interesse und echte Anteilnahme. Sie suchte so häufig wie möglich den persönlichen Kontakt zu ihren Söhnen und hatte Freude sowohl am Zusammensein mit ihrer Enkelin Christina als auch mit ihrer Tochter Anna von Brandenburg. Sie verfolgte mit den Briefen die Intention, ihre Beziehungen zu pflegen, d.h. ihre sozialen Kontakte aufrecht zu erhalten oder zu verbessern. Besonders deutlich ist ihre Absicht erkennbar, über die indirekte, briefliche Kommunikation – die für Margareta nur ein mäßiger Ersatz für den persönlichen Kontakt war – die Familienmitglieder aufzufordern, direkte, d.h. face-to-face-Kommunikation mit ihr zu pflegen. Margaretas Gefühle speziell gegenüber ihren Söhnen waren besonders deutlich zu erkennen in dem Einladungsschreiben für eine Hochzeit ihrer Hofjungfrau, der Bitte von 1472 an Albrecht, nicht ins Heilige Land zu ziehen und in dem Brief von 1477 über die Eheabrede von Ernsts Tochter Christina mit dem Prinzen von Dänemark. Doch gerade dieser Brief ist auch ein Beleg für ihre Grundhaltung, daß persönliche Belange und auch Emotionen letztlich hinter das Gedeihen und den Erfolg der Dynastie zurückzutreten haben. Im Hinblick auf die Frage nach dem Verhältnis von Eltern und Kindern ist auffallend, daß Margareta keinen ihrer

---

113 Zum Verhältnis von Witwen und den Erben der Herrschaft vgl. allgemein Spieß (wie Anm. 13) S. 181–187. Möhring-Müller, Witwenstuhl (wie Anm. 31) S. 18–34.

114 Zu den Möglichkeiten, die eine Frau als Witwe hatte, um ihr Leben nach dem Tod ihres Mannes neu zu gestalten und zu organisieren vgl. Rosenthal, Widows (wie Anm. 1). Jack Goody, Die Entwicklung von Ehe und Familie in Europa, Frankfurt/M. 1989, S. 75. Claudia Opitz, Emanzipiert oder marginalisiert? Witwen in der Gesellschaft des späten Mittelalters, in: Lundt, Suche (wie Anm. 2) S. 25–48.

115 Wie einsam und verlassen sich hochadelige Witwen gefühlt haben, wird sich vermutlich nicht erfassen lassen. In den Quellen wird dieser Aspekt des Witwendaseins fast nie thematisiert. Joel T. Rosenthal, Other Victims. Peresses as War Widows, 1450–1500, in: History 72 (1987) S. 213–230 erklärt dies S. 227 mit dem Umstand, daß Männer und Frauen in der spätmittelalterlichen Gesellschaft „were socialized not to give vent to expressions of personal feeling".

Söhne besonders bevorzugt behandelt hat. Anhand ihrer Briefe kann man jedenfalls nicht annehmen, daß sie zu ihrem ältesten Sohn eine besonders enge Beziehung hatte. Damit liegt ein von dem Standard der Mutter-Sohn-Beziehungen abweichendes Verhaltensmuster vor[116], dem jedoch das Verhältnis von Sidonia und Georg wieder entsprach[117].

In den Briefen von Sidonia an Georg ist von übergeordneten dynastischen Belangen vor der Hand nichts zu bemerken[118]. Sie sparte nicht mit Beweisen für ihrer mütterlichen Liebe, übte aber andererseits auch keine Zurückhaltung bei der Belehrung ihres Sohnes über die Ausübung der Frömmigkeit und das richtige Verhalten eines Herrschers[119]. Ihre Briefe an Georg hatten fast alle eine offensichtliche appelative Funktion[120], ihre Erziehungsabsicht ist deutlich zu erkennen. Sie wollte auf dem Wege der brieflichen Kommunikation in erster Linie Einfluß auf die Lebensführung ihres Sohnes nehmen, vor allem um sicher zu gehen, daß er das Möglichste zugunsten seines Seelenheils unternimmt. Zusätzlich betete sie für Georg und erwartete von ihm das Gleiche für sich; sie waren gleichsam in einer „Gebetsgemeinschaft" verbunden[121]. Außerdem forderte sie ihren Sohn oft auf, zu ihr zu kommen, um Dinge zu besprechen, die sie ihm brieflich nicht mitteilen wollte[122]. Möglicherweise wollte sie der wettinischen Dynastie einen ver-

---

116 Shahar, Kindheit (wie Anm. 75) S. 247.
117 Langenn, Züge (wie Anm. 9) S. 20 stellt fest: „Georg scheint der Liebling der Mutter gewesen zu sein". so auch Werl, Sidonia (wie Anm. 9) S. 9: „Georg stand der Mutter am nächsten".
118 Es gibt nur in einem Brief einen Hinweis darauf, daß sie in dynastischen Dimensionen gedacht hat, der jedoch dadurch relativiert wird, weil gleichzeitig der Familienfrieden bedroht war. Es handelt sich dabei um ihr Angebot, einen Konflikt zwischen ihren Söhnen Georg und Heinrich zu schlichten, weil *das ir vor fremden lewten nicht handeln dorffset, so wold ich auch in eygener persone do hin kommen* und drei Räte als *hendler* mitbringen, vgl. SächsHStA G.A., Locat 8498, Bl. 226. Der Konflikt sollte also von ihr und engen Vertrauten beigelegt werden. Es ist nicht endgültig zu entscheiden, aber nicht unwahrscheinlich, daß Sidonia durch dieses Verfahren sowohl das Ansehen der Dynastie vor Schaden bewahren als auch den Familienfrieden wiederherstellen wollte.
119 So rügte sie 1508 Georgs Wortwahl in einem Brief an ein Kloster, den er an die Priorin und Nonnen adressiert hatte. Sidonia weigerte sich, den Brief weiterzuleiten, weil er „Nonnen" schrieb, obwohl es korrekt gewesen wäre, von der „Sammlung" (Konvent) zu sprechen, vgl. SächsHStA G. A., Locat 8498, Bl. 227.
120 Zur Unterscheidung der bei brieflicher Kommunikation möglichen dominierenden Intentionen der Schreiber vgl. Ermert, Briefsorten (wie Anm. 5) S. 69. vgl. auch Nickisch, Brief (wie Anm. 5) S. 14.
121 Ein Beispiel in SächsHStA G. A., Locat 8498, Bl. 150: *Herzallerliebster son, ich wils gern so halden als du mir geschriben hast, aber was ich dy wyll aplas vorseume, den mustu vorbethen.* Vgl. auch Steinhausen, Nr. 476 und Werl, Sidonia (wie Anm. 9) S. 14.
122 SächsHStA G. A., Locat 8498, Bl. 147: *auch bitt ich dych, so du es schicken kandst, du wollest morrungen auff morrungen essen zcu mir komen, dem ich mit dir zcu reden hab, das ich dir nicht schreiben nach entpitten kann.* Ähnliche Formulierungen auch ibid., Bl. 152, 155, 157, 163, 167,

antwortungsbewußten und charakterlich gefestigten Herrscher erziehen und auf diese Weise einen Beitrag zur dynastischen Räson leisten. Doch läßt sich diese Annahme nur indirekt erschließen, in den Briefen spricht Sidonia dieses Thema nicht an.

Neben den Ermahnungen zu religiösem Eifer nahmen in den Briefen ihre persönlichen Wünsche, die ihr Georg erfüllen sollte, einen beträchtlichen Raum ein. Dieser Umstand bietet einen Anknüpfungspunkt zur Erklärung dafür, daß Sidonia Georg gegenüber ihren anderen Söhnen offensichtlich bevorzugt hat. Es ist zwar anzunehmen, daß sie sich zu Georg als dem Erstgeborenen besonders hingezogen fühlte[123], doch mütterliche Gefühle hat sie auch für ihre anderen Kinder gehabt. Ihre Bevorzugung Georgs läßt sich schlüssiger erklären, wenn man annimmt, daß emotionale Äußerungen keineswegs völlig zweckfrei waren, sondern bei der konkreten Ausgestaltung der Eltern-Kind-Beziehungen außer der Gefühlsebene auch die materiellen Interessen der Beteiligten eine Rolle gespielt haben[124]. Sidonias Interesse war es zum einen, aus ihrem Sohn einen tiefreligiösen Menschen zu machen, der als Ersatz für ihren „ungläubigen" Vater ein treuer Diener der Kirche sein sollte. Aber zum anderen war von ihren Kindern nur Georg als Statthalter seines Vaters und Regent in der Lage, ihre Wünsche und Vorstellungen auch in materieller Hinsicht zu befriedigen. Ohne ihrer Beziehung damit ihre affektuelle Ebene absprechen zu wollen, kann mit diesem Hinweis auf die Interessen ein weiterer, möglicherweise genauso wichtiger Grund dafür angeführt werden, warum in der brieflichen Kommunikation der Herzogin die Geschwister Georgs eine so auffällig unauffällige Rolle spielten.

In den Briefen von Kurfürst Ernst und seinem Sohn Ernst dominieren Krankengeschichten und Mitteilungen über die persönliche Befindlichkeit. Der Sohn erkundigte sich sehr besorgt nach der Gesundheit des Vaters, dessen Krankheiten ihn fast so wie die eigenen belasten. In diesen Briefen wird ein zentraler Aspekt des hochadeligen Fühlens faßbar, der auch in den anderen hier behandelten Briefen immer wieder durchschimmert – nämlich die Sorge um die Gesundheit und das Wohlergehen aller Familienmitglieder. Auf dieser Ebene ist – neben der affektuellen Betroffenheit – ein weiterer wesentlicher, funktionaler Aspekt nicht zu unterschätzen. Die Sorge um die Gesundheit ist ein „zentrales Muster der Beziehungsaktivitäten", denn

---

[123] SächsHStA G. A., Locat 8498, Bl. 209: *Ich bitte dich du wolltest auf erst künftigen Dienstag zu mir kommen denn ich hab lang nicht deine Gestalt gesehen, da sehn ich mich danach und bitte bleib nicht außen.*
[124] Hans Medick, David Sabean, Einleitung, in: Emotionen und materielle Interessen. Sozialanthropologische und historische Beiträge zur Familienforschung, hg. v. dens. (Veröffentlichungen des Max-Planck-Instituts für Geschichte 75) Göttingen 1984, S. 17–21.

sie ist nicht nur „Segensbeweis, sondern auch äußeres, sichtbar zu machendes Zeichen von Lebensfähigkeit und Macht der Dynastie"[125]. Deshalb wurde auch vermieden, Krankheiten von Dynastiemitgliedern öffentlich zu machen. Doch im Rahmen der privaten Kommunikation konnte „Gesundheit" so wie hier nicht nur ein Briefinhalt sein, der Mitgefühl implizierte, sondern durchaus die Qualität einer Sachinformation erreichen. Denn die Umsetzung von politischen Planungen in die Realität hing nicht zuletzt davon ab, ob die Akteure ohne Einschränkungen handlungsfähig, d.h. gesund waren. Der Erfolg von Kurfürst Ernsts (Kirchen-)Politik im Erzbistum Magdeburg hing wesentlich davon ab, daß der junge Ernst gesund blieb und seine ihm zugedachten Aufgaben als Administrator in Magdeburg und Halberstadt auf längere Zeit ausfüllen konnte. Es ist nach dem Tenor der Briefe nicht unwahrscheinlich, daß der junge Ernst auch positive Emotionen für seinen Vater gehegt hat. Ihm wird aber ebenfalls bewußt gewesen sein, daß seine persönliche Position und der Verlauf seiner Kirchenkarriere wesentlich auf dem Einfluß, der Macht und dem Willen des Kurfürsten beruhten.

Im übrigen vermitteln die Briefe den Eindruck, daß zu dem Zeitpunkt ihrer Abfassung ein gutes Verhältnis zwischen Vater und Sohn bestanden hat. Es wurde grundsätzlich auch nicht dadurch in Frage gestellt, daß der Sohn um den Besuch seiner Brüder beim Vater bitten mußte. Der junge Ernst hatte wohl akzeptiert, daß sein Vater für ihn – im Interesse und zum Nutzen der Dynastie – seinen Lebensweg vorherbestimmt hatte. Auch anhand dieser Briefbeziehung kann noch einmal die Verwobenheit der in den Briefen zum Ausdruck gebrachten persönlichen Gefühle mit der Dimension der überpersönlichen, für den Erfolg der Dynastie notwendigen Belange unterstrichen werden. Dies gilt in besonderer Weise für die schriftliche Kommunikation der Regenten mit ihren Söhnen, weil vor allem die Söhne taktisch und strategisch eingesetzt wurden, um die Macht und die Ehre der Dynastie zu erhöhen sowie deren Fortbestand zu sichern. Und deswegen haben Aspekte der Herrschaftssicherung in der Briefbeziehung zwischen Kurfürst Ernst und seinem Sohn implizit immer eine Rolle gespielt, auch wenn über solche scheinbar so private Angelegenheiten wie die Gesundheit kommuniziert wurde. An diesem Punkt scheint mir auch ein grundsätzlicher Unterschied in den Kommunikationsbeziehungen von Müttern und Söhnen bzw. Vätern und Söhnen zu liegen, der auf die verschiedenen Rollen und Funktionen zurückzuführen ist, die sie in der Dynastie jeweils inne hatten. Doch wenn man die behandelten ca. 120 Briefe insgesamt betrachtet, dann läßt sich – unbeschadet der hervorgehobenen Unterschiede festhalten, daß der Erhalt der dynastischen Räson und die Notwendigkeiten, die sich für die

---

[125] Roger Sablonier, Die Aragonesische Königsfamilie um 1300, in: Medick, Sabean (wie Anm. 124) S. 282–317, hier S. 298.

Mitglieder der Dynastie aus ihren verschiedenen Rollen ergaben, die sie auszufüllen hatten[126], keineswegs zu einer emotionalen Verödung geführt haben. Es gab sie in der Tat: die mütterliche Liebe, die väterliche Liebe und auch die Liebe und Achtung der (erwachsenen) Kinder gegenüber ihren Eltern. Die Begrüßungs- und Schlußformeln der Briefe waren zwar im allgemeinen konventionell gehalten, aber ehrlich gemeint. Sie kamen von Herzen und wurden auch auf dem Weg der Kommunikation mit Briefen gleichsam mit Inhalt gefüllt.

---

[126] Diese Fragen werden im Rahmen meines Habilitationsprojekts über die familiäre Organisation, Formen der Konfliktregelung und Herausbildung der dynastischen Disziplin der Wettiner für die Zeit von der Mitte des 13. bis zum Beginn des 16. Jahrhunderts untersucht. Im Hinblick auf die Erforschung der Binnenstrukturen der Fürstenfamilien besteht noch ein erheblicher Nachholbedarf. Erste Ergebnisse bei Heinz-Dieter Heimann, Hausordnung und Staatsbildung. Innerdynastische Konflikte als Wirkungsfaktoren der Herrschaftsverfestigung bei den wittelsbachischen Rheingrafen und den Herzögen von Bayern, Paderborn 1993. Vgl. auch die Überlegungen bei Wolfgang E. J. Weber, Dynastiesicherung und Staatsbildung. Die Entfaltung des modernen Fürstenstaats, in: Der Fürst. Ideen und Wirklichkeiten in der europäischen Geschichte, hg. v. dems., Köln-Weimar-Wien 1998, S. 91–136, vor allem S. 94–106.